Der Zweite
Weltkrieg
Tag für Tag

Chris Bishop • Chris McNab

Der Zweite Weltkrieg Tag für Tag

tosa

Bildnachweis:

TRH: 12t, 12b, 13, 16, 20t, 21, 24t, 25, 29, 32t, 32b, 36, 37, 40t, 40b, 41, 44t, 44b, 45, 49t, 52t, 53, 56b, 60, 61b, 64t, 64b, 65, 68t, 69t, 72, 76, 81, 84, 88, 92t, 97, 105, 108, 109, 112t, 113, 116t, 116b, 117, 120b, 124, 125t, 125b, 128, 140b, 144, 145, 148, 152t, 152b, 153, 156t, 157, 160t, 160b, 164, 165t, 168t, 168b, 170, 176t, 176b, 177, 186t, 186b, 191t, 194, 195, 196, 197, 206t, 206b, 207, 210t, 214, 215, 226, 227t, 227b, 234t, 234b, 235, 239t, 239b, 242t, 242b.

TRH/IWM: 24b, 49b, 73t, 77, 80t, 80b, 93, 104, 129t, 132, 133, 136, 137, 156b, 238, 243.

TRH/DOD/IWM: 8–9, 20b, 28b, 33, 48, 52b, 56t, 57, 61t, 68b, 69b, 73b, 89, 92b, 101, 112b, 121, 136t, 141, 149t, 78–179, 187, 191b, 198, 203, 210b, 219t, 230b, 243.

TRH/US DOD: 120t.

TRH/US Air Force: 129b.

TRH/US Army: 85, 100, 161, 165b, 183.

TRH/USNA: 28t, 28b, 140t, 149b, 218, 222, 223, 230t, 231.

TRH/US Navy: 17, 182b, 190, 202, 219b.

TRH/USMC: 211.

Übersetzung: two4u – communication by design, Achau
Covergestaltung: Joseph Koó
Druck: MKT Print d.d., Slovenia

www.tosa-verlag.com

Inhalt

Einleitung

Von Westeuropa bis zu den Steppen Russlands und tief in die Dschungel Südostasiens überzog der II. Weltkrieg den Erdball sechs Jahre lang zu Lande, zu Wasser und in der Luft mit in ihrer Ausdehnung und Heftigkeit beispiellosen Kämpfen.

In dem Buch *Der Zweite Weltkrieg – Tag für Tag* dokumentieren Chris Bishop und Chris McNab Tapferkeit und Opferwillen genauso wie Gräuel und Terror, die für Millionen von Soldaten – Frauen wie Männer –, aber auch für die Bevölkerung zum täglichen Leben gehörten.

Das umfassende Referenzwerk gliedert sich in zwei Teile, welche die Ereignisse in Europa und Nordafrika sowie die Auseinandersetzungen im Pazifik behandeln. Beiden Abschnitten gemeinsam sind detaillierte Beschreibungen und fachlich fundierte Analysen jeder einzelnen Schlacht. Originalfotografien in Farbe und Schwarzweiß sowie exakte Karten und Illustrationen liefern einen aufrüttelnden, oft erschütternden Einblick in das Kriegsgeschehen.

In einer vollständigen Chronologie wird aufgezeigt, wie sich der Krieg täglich weiter ausbreitete; von den Anfängen als rein europäische Angelegenheit bis zu seinem katastrophalen Höhepunkt, dem Einsatz von Atombomben in Japan.

Bis heute gilt der II. Weltkrieg als die größte militärische Auseinandersetzung der Menschheitsgeschichte. Dieses Buch erzählt von seinen Schlachten – Tag für Tag.

Der Krieg in Europa und Nordafrika

Der Blitzkrieg beginnt

Polen wird überrannt

September 1939: Hitler wagt ein riskantes Spiel, indem er darauf vertraut, mit dem Angriff auf Polen keinen gesamteuropäischen Konflikt auszulösen.

Am 31. August 1939 befahl Hitler den Einmarsch in Polen. Tags darauf forderten England und Frankreich den sofortigen Abzug aller deutschen Truppen, hatten sich jedoch angesichts des beharrlichen Schweigens, mit dem man dieser Aufforderung in Berlin begegnete, bald zu überlegen, wie sie ihren Beistandspakt mit Polen in die Tat umsetzen könnten. Dass man die Versprechen halten müsse, darüber war man sich sofort und uneingeschränkt einig, aber das Wie, Wann und Wo wurde zum Gegenstand endloser Diskussionen und ist in der Tat bis heute nicht eindeutig geklärt. Als Endprodukt der Verhandlungen wurde ein Ultimatum gestellt – und ignoriert. Um 11.00 Uhr am 3. September 1939 gab Großbritanniens Premier Neville Chamberlain im Radio die Nachricht bekannt: Das Vereinigte Königreich hatte Deutschland den Krieg erklärt.

Die Luftwaffe in Aktion

Am 1. September um 04.45 Uhr überquerten Bomber und Jäger der Luftwaffe die Grenze zu Polen und begannen mit der systematischen Zerstörung der militärischen Infrastruktur des Landes. Der erste Blitzkrieg hatte begonnen.

Polen war ein idealer Schauplatz für Hitlers Angriff. Das Land ist einigermaßen flach und seine Grenzen waren viel zu lang, als dass man sie angemessen hätte verteidigen können. Darüber hinaus war Polen auf zwei Seiten dem Feind ausgesetzt – Ostpreußen im Norden und der vor kurzem besetzten Tschechoslowakei im Süden – und die wertvollsten Regionen des Landes lagen genau dazwischen. Wie eine Zunge ragte Polen in Feindesland hinein – und im September 1939 war die polnische Armee überall über diese Zunge verstreut, anstatt sich hinter der Linie von Weichsel und San zu konzentrieren, wo die Defensivkraft weit effektiver einzusetzen gewesen wäre. Der fatale Schwachpunkt der polnischen Verteidigung lag jedoch in ihrer katastrophalen Unterbewaffnung. Die Hauptstreitmacht von 30 Infanteriedivisionen wurde von 11 Kavallerie- und zwei motorisierten Brigaden unterstützt. Ihnen warfen die Deutschen 6 Panzer-, 8 motorisierte und 27 Infanteriedivisionen entgegen. Letztere sollten vor allem die polnische Infanterie binden, die motorisierten Einheiten hingegen blitzschnell die Flanken umgehen, um auf Kontroll- und Nachschubzentren vorzustoßen.

Im August hatten die Deutschen in der Freien Stadt Danzig eine SS-Einheit aufgestellt, die bei Ausbruch der Feindseligkeiten die Danziger Polizei beim Angriff auf das von den Polen gehaltene Postamt und die Westerplatte unterstützte.

UMKLAMMERUNG: DIE VIERTE TEILUNG POLENS

Die deutsche Strategie sah vor, die polnische Armee auf klassische Weise „in die Zange zu nehmen". Die Polen kämpften verbissen, doch die technische und numerische Überlegenheit der deutschen Truppen ließ keine Illusionen über den Ausgang der Kämpfe zu.

1939 standen Polen 100 leichte Bomber PZL P23 Karas zur Verfügung, die jedoch nur wenig ausrichten konnten. 327 polnische Flugzeuge wurden zerstört, die meisten davon auf dem Boden, 98 Maschinen gelang die Flucht in das neutrale Rumänien, als die Niederlage Polens unvermeidbar geworden war.

Die polnische Armee war schlecht ausgerüstet und wurde schlecht geführt. Trotz strategischer Fehlentscheidungen und eines fast rücksichtslosen Hangs zur Offensive hielten die Polen 36 Tage stand. 66.000 polnische Soldaten starben, 130.000 wurden verwundet.

Eine Stunde nach dem Angriff der Luftwaffe preschte die Heeresgruppe Süd unter General Gerd von Rundstedt vor: Am linken Flügel marschierte die 8. Armee Richtung Lódź, am rechten die 14. Armee mit dem Ziel Krakau und der Weichsel-Linie. In der Mitte drang die eigentliche Hauptstreitmacht, die 10. Armee unter General Walther von Reichenau, in den Spalt zwischen den polnischen Armeen von Lódź und Krakau ein, vereinigte sich mit den mobilen Einheiten der 8. Armee und rückte auf Warschau vor.

Bis zum 4. September waren die Speerspitzen der 10. Armee 80 km auf polnisches Gebiet vorgedrungen, hielten nach Norden auf die Hauptstadt zu und hatten die Armee von Lódź von ihren Nachschublinien abgeschnitten. Im Süden hatte die 14. Armee den San beiderseits der Stadt Przemyśl erreicht.

Die Heeresgruppe Nord unter General Fedor von Bock rückte unterdessen von Pommern und Ostpreußen vor: Die 4. Armee marschierte die Weichsel entlang auf Warschau, die 3. Armee folgte dem Bug nach Brest-Litowsk und Lemberg, wo sie sich mit der 14. Armee, die von den Karpaten heraufkam, vereinigen wollte.

Fanatisches Bemühen

Zwei massive Ringe hatten sich gebildet, wobei der äußere all jene abblocken sollte, die dem inneren entkamen. Am Ende der ersten Woche war es allein die Verwirrung des Kampfgetümmels, die den außerordentlichen Erfolg der deutschen Angreifer verbarg. Die inneren Zangen waren erfolgreich geschlossen, doch innerhalb der Falle herrschte Chaos, niemand war sich gewiss, was wirklich geschah. In dem verzweifelten Bemühen, den Feind oder den eigenen Nachschub zu finden, irrten polnische Einheiten umher und wirbelten derart viel Staub auf, dass die Luftaufklärer nichts melden konnten außer Bewegungen unidentifizierbarer Einheiten nicht feststellbarer Stärke, die in nicht zu erkennenden Aktionen nicht zu deutende Ziele verfolgten.

Kämpfe am Bzura

In der Folge herrschte im deutschen Hauptquartier einige Unklarheit darüber, ob die Einkesselung eines Großteils der polnischen Armee gelungen war. Daher sandte man die Panzer der 10. Armee nach Norden, um entlang des Bzura, westlich von Warschau, einen weiteren Block zu bilden. Hier fanden die heftigsten Kämpfe dieses Feldzugs statt, die doch nur in einer Niederlage der Polen enden konnten. Hatten diese doch nichts als ihre verzweifelte Tapferkeit, um einem starken, allzu gut aufgestellten Feind zu trotzen, der nur stehen bleiben musste, um zu siegen. Zudem fielen ihnen nach dem ersten Tag Teile der 8. Armee von Süden und der 14. Armee von Norden her in den Rücken. Wen überrascht es, dass es nur wenigen gelang, den gepanzerten Schildwall der Deutschen zu durchbrechen und sich nach Warschau durchzuschlagen – nur um herauszufinden, dass der Weg nach Osten durch den Außenzirkel abgeschnitten war.

Nur ein Bruchteil der polnischen Streitkräfte konnte noch hoffen, dieser doppelten Zange zu entkommen. Eine Hoffnung, die am 17. September zerbrach. Der geheime Inhalt des Hitler-Stalin-Pakts, der einen Monat zuvor unterzeichnet worden war, trat in all seiner Grausamkeit zutage: Die Rote Armee rückte von Osten an, um sich ihren Anteil an der Plünderungsaktion zu sichern. Die Republik Polen hatte aufgehört zu existieren, eine neue Grenze wurde gezogen: von Ostpreußen über Bialystok, Brest-Litowsk und Lemberg bis zu den Karpaten.

Radzymin, 27. September 1939: Ein „Panzerbefehlswagen" Panzer I. Ein junger deutscher Panzerkommandant führt eine Panzerkolonne auf der Straße nach Warschau. Das weiße Kreuz diente den Deutschen während des Polenfeldzugs als Erkennungszeichen.

Der Blitzkrieg beginnt

Chronologie

Der Einmarsch in Polen gilt als der Auslöser des II. Weltkriegs. Er zeigt aber auch deutlich die technische Überlegenheit der Deutschen in der Kriegsführung. In weniger als vier Wochen brach die gesamte Verteidigung Polens unter der Taktik des Blitzkriegs zusammen.

1939

31. August
Adolf Hitler befiehlt den Einmarsch in Polen.

1. September
In den frühen Morgenstunden beginnen deutsche Flugzeuge mit dem vorbereitenden Bombardement der polnischen Verteidigungsstellungen. Um etwa 6.00 Uhr früh überqueren deutsche Infanterie- und Panzereinheiten in zwei Gruppen die Grenze: Die Heeresgruppe Nord greift von Ostpreußen und Norddeutschland aus Nordpolen an, die Heeresgruppe Süd stößt von Schlesien aus über die Karpaten nach Warschau vor.

3. September
Der britische Premier Neville Chamberlain gibt die Kriegserklärung Großbritanniens an Deutschland bekannt.

8. September
Erste deutsche Verbände dringen in die Randbezirke Warschaus ein. In nur einer Woche hatten sie fast 321 km zurückgelegt.

Page 10 THE DAILY MIRROR Monday, September 4, 1939

WANTED!

FOR MURDER . . . FOR KIDNAPPING . . . FOR THEFT AND FOR ARSON

ADOLF HITLER

ALIAS

Adolf Schicklegruber, Adolf Hittler or Hidler

Last heard of in Berlin, September 3, 1939. Aged fifty, height 5ft. 8½in., dark hair, frequently brushes one lock over left forehead. Blue eyes. Sallow complexion, stout build, weighs about 11st. 3lb. Suffering from acute monomania, with periodic fits of melancholia. Frequently bursts into tears when crossed. Harsh, guttural voice, and has a habit of raising right hand to shoulder level. DANGEROUS!

Can be recognised full face by habitual scowl. Rarely smiles. Talks rapidly, and when angered screams like a child.

Profile from a recent photograph. Black moustache. Jowl inclines to fatness. Wide nostrils. Deep-set, menacing eyes.

FOR MURDER Wanted for the murder of over a thousand of his fellow countrymen on the night of the Blood Bath, June 30, 1934. Wanted for the murder of countless political opponents in concentration camps.
He is indicted for the murder of Jews, Germans, Austrians, Czechs, Spaniards and Poles. He is now urgently wanted for homicide against citizens of the British Empire.
Hitler is a gunman who shoots to kill. He acts first and talks afterwards. No appeals to sentiment can move him. This gangster, surrounded by armed hoodlums, is a natural killer. The reward for his apprehension, dead or alive, is the peace of mankind.

FOR KIDNAPPING Wanted for the kidnapping of Dr. Kurt Schuschnigg, late Chancellor of Austria. Wanted for the kidnapping of Pastor Niemoller, a heroic martyr who was not afraid to put God before Hitler. Wanted for the attempted kidnapping of Dr. Benes, late President of Czechoslovakia. The kidnapping tendencies of this established criminal are marked and violent. The symptoms before an attempt are threats, blackmail and ultimatums. He offers his victims the alternatives of complete surrender or timeless incarceration in the horrors of concentration camps.

FOR THEFT Wanted for the larceny of eighty millions of Czech gold in March, 1939. Wanted for the armed robbery of material resources of the Czech State. Wanted for the stealing of Memelland. Wanted for robbing mankind of peace, of humanity, and for the attempted assault on civilisation itself. This dangerous lunatic masks his raids by spurious appeals to honour, to patriotism and to duty. At the moment when his protestations of peace and friendship are at their most vehement, he is most likely to commit his smash and grab.
His tactics are known and easily recognised. But Europe has already been wrecked and plundered by the depredations of this armed thug who smashes in without scruple.

FOR ARSON Wanted as the incendiary who started the Reichstag fire on the night of February 27, 1933. This crime was the key point, and the starting signal for a series of outrages and brutalities that are unsurpassed in the records of criminal degenerates. As a direct and immediate result of this calculated act of arson, an innocent dupe, Van der Lubbe, was murdered in cold blood. But as an indirect outcome of this carefully-planned offence, Europe itself is ablaze. The fires that this man has kindled cannot be extinguished until he himself is apprehended—dead or alive!

THIS RECKLESS CRIMINAL IS WANTED—DEAD OR ALIVE!

All the above information has been obtained from official sources and has been collated by CASSANDRA

Rechts: Anti-Nazi-Propaganda aus den ersten Kriegstagen. Allein am 9. September 1939 warfen britische Bomber 12 Millionen solcher Flugblätter über Hamburg, Bremen und dem Ruhrgebiet ab.

Unten: September 1939 – polnische Zivilisten bauen Gräben. Die Polen konzentrierten den Großteil ihrer Verteidigung an den Grenzen, sodass sie von den deutschen Panzern leicht überrannt und in die Zange genommen werden konnten.

Deutsche Soldaten entfernen polnische Straßenschilder. Die deutschen Besatzer wollten die polnische Kultur auslöschen, vor allem im Gebiet des so genannten „Generalgouvernements", früher Zentralpolen, das unter der Kontrolle der SS stand.

9. September
Die polnischen Verteidiger von Posen (Posnań) starten bei Kutno am Bzura einen Gegenangriff auf die Deutschen.

17. September
Von Osten her marschieren sowjetische Truppen in Polen ein und stoßen Richtung Wilna (Vilnius) and Bialystok vor. Die eingekesselten Polen, die noch am Bzura Widerstand leisten, werden nördlich von Lódż von den Deutschen aufgerieben, 170.000 polnische Soldaten werden gefangen genommen.

18. September
Wilna fällt an die Sowjets. Die polnische Regierung flieht nach Rumänien und wird interniert.

19. September
Sowjets und Deutsche treffen in Brest-Litovsk aufeinander.

22. September
Sowjetische Truppen nehmen Bialystok und Lwow ein.

27. September
Die Verteidigung Warschaus bricht endgültig zusammen. Die Aufteilung Polens zwischen Deutschland und der Sowjetunion beginnt.

28. September
Polnische Truppen, welche die 36 km von Warschau entfernte Festung Modlin gehalten hatten, kapitulierten nach 18-tägiger Belagerung.

29. September
Molotow und von Ribbentrop unterzeichnen den „Deutsch-Sowjetischen Freundschaftsvertrag", Polen wird in einen von Deutschland kontrollierten West- und einen Ostteil unter sowjetischer Kontrolle geteilt.

2. Oktober
Der letzte Funke der polnischen Verteidigung, eine 4.500 Mann starke Einheit unter Admiral Unruh, die nördlich von Danzig auf der Halbinsel Hela (Heia) ausgehalten hatte, ergibt sich den deutschen Truppen.

Internationale Ereignisse 1939

3. September
Etwa 1.5 Millionen Briten – vor allem Kinder, schwangere Frauen oder Frauen mit Kleinkindern – werden in Erwartung deutscher Luftangriffe aus den großen Städten evakuiert. Die britische Armee macht mobil.

4. September
In einem schlecht geplanten Luftangriff auf die Militärbasen von Wilhelmshaven und Brunsbüttel verliert die britische RAF sieben Flugzeuge.

10. September
Kanada erklärt Deutschland den Krieg.

11. September
Mehr als 150.000 britische Truppen werden als Verstärkung gegen die Deutschen nach Frankreich übergesetzt.

15. September
Russland und Japan unterzeichnen einen Friedensvertrag, der die Kämpfe an den Grenzen der Mongolei und der Mandschurei beendet.

17. September
Ein deutsches U-Boot, *U-29*, versenkt den britischen Träger *Courageous* vor den Hebriden.

22. September
Der rumänische Regierungschef Armand Calinescu wird von nationalsozialistischen Terroristen erschossen.

Ein unfassbarer Sieg
am Rio de la Plata

Hitlers „Westentaschen-Schlachtschiffe“ waren eigens dafür gebaut, jedem Schiff davonzufahren, das sie nicht versenken konnten.

Obwohl die Geschichte kein Beispiel dafür gibt, dass man eine mächtige Seenation je durch einen Handelskrieg bezwungen hätte, kam die kaiserliche Marine einem solchen Erfolg über England so nahe, dass Hitler es ebenfalls versuchen wollte. Die „Westentaschen-Schlachtschiffe“, drei Panzerschiffe der Deutschland-Klasse, wurden nur für diesen Zweck gebaut. Ihre Hochleistungs-Dieselmotoren von großer Reichweite machten sie weit schneller als mächtige Schlachtschiffe. Schnellere Schiffe hingegen übertrafen sie in Panzerung und Bewaffnung.

Ende August 1939, noch vor dem Ausbruch der eigentlichen Feindseligkeiten, brachen zwei von ihnen, die KMS *Deutschland* und die KMS *Graf Spee*, mit ihren Trossschiffen in Einsatzgebiete im Nord- bzw. Südatlantik auf. Beginnend mit dem 5050-BRT-Handelsdampfer *SS Clement* vor Pernambuco am 30. September zerstörte die *Graf Spee* in den nächsten Monaten in weitläufigen Operationen mehrere einzelne Handelsschiffe. Nicht weniger als acht anglo-französische Suchtrupps wurden aufgestellt, um sie zu jagen.

Ein Notruf

Vom 2. auf den 3. Dezember 1939 wurden zwei britische Schiffe, die *Doric Star* und die *Tairoa*, auf offener See versenkt. Beide konnten Notrufe mit genauer Positionsangabe absetzen, die darauf schließen ließen, dass das deutsche Panzerschiff Kurs auf die stark befahrene Region vor Rio de Janeiro und der Mündung des Rio de la Plata nahm. Für dieses Gebiet waren Commodore Henry Harwood und seine als „Force G“ bekannte Kreuzerflotte zuständig. Den Notrufen der Handelsschiffe entnahm Harwood, dass Kapitän Hans Langsdorff mit der *Graf Spee* auf die Mündung des Rio de la Plata zuhielt und diese um den 13. Dezember erreichen würde. Daher konzentrierte er seine drei verfügbaren Kreuzer sowie das Flaggschiff HMS *Exeter* (203 mm) und ihre beiden 152-mm-Schwesternschiffe, die HMS *Ajax* und die HMS *Achilles* (mit neuseeländischer Besatzung), etwa 240 km vor der Küste Uruguays. Er traf am 12. 12. ein und instruierte seine Kapitäne.

Um 06.08 Uhr am 13. 12. machte die *Ajax* tatsächlich den Gegner aus, jedoch unerwarteter Weise im Nordwesten. Tatsächlich lauerte Langsdorff einem kleinen Konvoi auf. Er meinte, dessen Kurs aus Papieren eines weiteren britischen Schiffes zu kennen, der *Streonshalh*, die er am 7. Dezember versenkt hatte, bevor sie einen Notruf hatte absetzen können. Um 05.30 Uhr sichtete die *Graf Spee* Harwoods Schiffe und hielt sie im Gegenlicht der aufgehenden Sonne für den Konvoi. Langsdorff kam heran.

Harwood hatte einen respektablen Gegner vor sich. Langsdorff standen unter anderem sechs 280-mm-Geschütze in zwei Drillingstürmen und acht 150-mm-Geschütze zur Verfügung. Durch die 80 mm starke Rumpfpanzerung konnten Geschosse bis zu Kaliber 150 bis 200 mm dem deutschen Schiff keinen ernsthaften Schaden zufügen. Der einzige Vorteil der Briten lag in ihrer Schnelligkeit, und diesen nützte man vortrefflich. Die drei Kreuzer griffen in zwei Abteilungen an: Die *Exeter* näherte sich von Süden, während die beiden schnelleren leichten Kreuzer den Feind umschifften und von Osten kamen. So war man sich gegenseitig aus der Schusslinie und konnte obendrein hoffen, die geballte Feuerkraft der *Graf Spee* aufzusplittern.

Langsdorff eröffnete das Feuer um 06.17 Uhr aus einer Entfernung von etwa 17.350 m und konzentrierte sich nach einigem Hin und Her auf die größte Bedrohung, die *Exeter*.

Die Waffen der **Deutschland** *waren bei ihren erfolgreichen Kaperfahrten im Nordatlantik höchst effektiv. Vor seiner Rückkehr nach Deutschland versenkte das wendige deutsche Panzerschiff den bewaffneten britischen Handelskreuzer* **Jervis Bay.**

LANGSDORFF: JAGD AUF EINEN PIRATEN

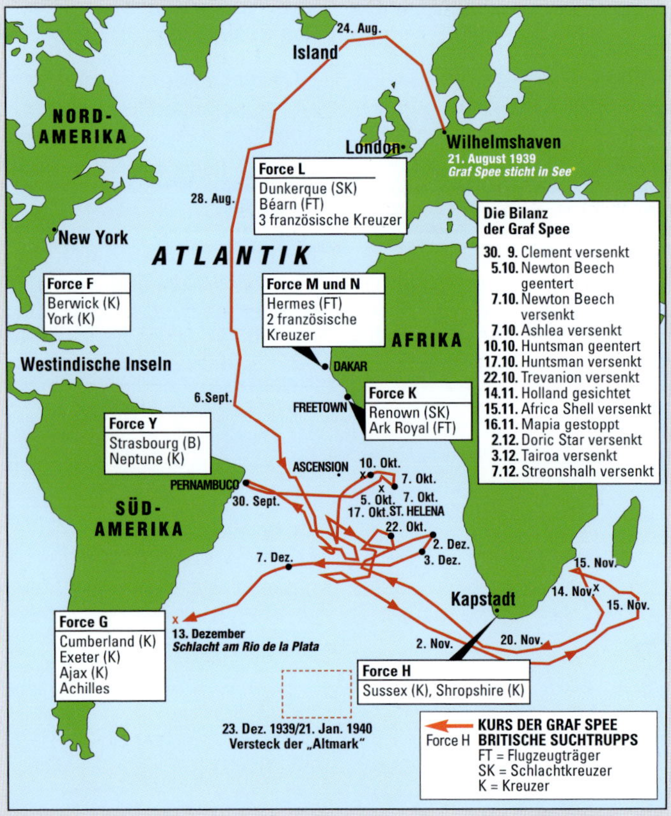

Kapitän Langsdorff führte sein Schiff mit beträchtlichem Geschick vom Südatlantik bis zum Indischen Ozean. Dabei sorgte er bei den Alliierten für reichlich Verwirrung. Er versenkte zwar nur neun Handelsschiffe, doch dies ohne ein einziges Todesopfer. In der Folge zog er vier Schlachtschiffe, vier Schlachtkreuzer, sechs Flugzeugträger und über 20 Kreuzer auf sich. Sein größtes Handicap war sein einziges Flugzeug, die berühmt unzuverlässige Arado Ar 96. Am 11. 12. versagte die Maschine endgültig den Dienst, sodass er nicht mehr über den Horizont sah, gerade, als sich eine feindliche Kreuzerflotte näherte.

Außer auf ganz geringe Entfernung konnten die 150-mm-Geschosse der* Ajax *und der* Achilles *der 76 mm starker Rumpfpanzerung und den Geschütztürmen der* Graf Spee *nichts anhaben. Selbst hätten sie hingegen der Feuerkraft der* Graf Spee *kaum standgehalten.

Dabei konnte er noch einen weiteren Trumpf ausspielen: Als nur einem von zwei deutschen Kriegsschiffen stand der *Graf Spee* bereits Zielradar zur Verfügung. Innerhalb weniger

Die* Exeter *wurde von der* Graf Spee *schwerst beschädigt und kehrte nach notdürftigen Reperaturen auf den Falkland-Inseln zur Instandsetzung nach England zurück. Am 1. März 1942 wurde sie von japaischen Kreuzern in der Javasee versenkt.

Minuten hatte man das Ziel anvisiert, drei Salven aus den 280-mm-Geschützen zerstörten die Brücke der *Exeter* und setzten die vorderen Türme außer Gefecht. Trotz heftigster Feuer an Bord und schwerer Schlagseite kämpfte sie tapfer weiter. Man stellte auf Handsteuerung um und schoss nur mehr aus den hinteren Türmen. Um 06.40 Uhr hatte sich der Zustand der *Exeter* so sehr verschlechtert, dass sie noch eine Torpedosalve abfeuerte, die nur mehr den Zweck hatte, ihren Rückzug zu decken.

Trotz seines offensichtlichen Erfolgs war Langsdorff, der zuvor auf Zerstörern gedient hatte, sehr besorgt über die Gefahr, die von den Torpedos der zwei leichten Kreuzer auszugehen schien. Die britische Finte brachte ihn dazu, seinen ursprünglichen Süd-Ost-Kurs zu ändern und schrittweise über Ost und Nord bis West abzudrehen, zurück zur Küste Uruguays. Während die *Exeter* den Deutschen nur dreimal getroffen hatte, musste er von den leichten Kreuzern an die dreizehn Treffer einstecken. Zwar richteten die 152-mm-Geschosse kaum tatsächlichen Schaden an, der psychologische Effekt auf Langsdorff war jedoch beträchtlich.

Zweifelhafter Schutz

Um 07.16 Uhr fuhr die *Graf Spee* ein plötzliches Wendemanöver, offensichtlich um der noch immer vor Ort treibenden *Exeter* den Garaus zu machen. Sofort griffen die anderen ein, wobei die *Ajax* drei Treffer abbekam und zwei ihrer Türme einbüßte. Während sich die *Exeter* südwärts, dem zweifelhaften Schutz der Falklands zuwandte, kamen die leichten Kreuzer bis auf 7.300 m heran und feuerten aus allen Rohren. Da man den Deutschen jedoch auch dadurch nicht stoppen konnte, ging man auf Abstand und nahm die Verfolgung auf, um unter Umständen nach Einbruch der Dunkelheit noch mals anzugreifen. Zu diesem Zeitpunkt standen der *Ajax* nur mehr drei Geschütze und 20 % ihrer Munition zur Verfügung. Überraschender Weise nahm Langsdorff Kurs auf Montevideo, anstatt sich über das offene Meer in Sicherheit zu bringen, und feuerte nur, wenn ihm die Briten zu nahe kamen. Am Morgen des 14. Dezember erreichte er neutrale Gewässer – sein Schiff war noch immer voll kampftauglich. Er hatte alles in allem 36 Mann verloren, die Briten hingegen zählten die doppelte Zahl an Toten.

Nach internationalem Recht hätte das Schiff 24 Stunden später wieder ablegen müssen, doch die Deutschen baten um eine Fristverlängerung, um die nötigen Reparaturen durchführen zu können. Den Briten kam jede Verzögerung gelegen, wollten sie doch Verstärkung herbeiholen. Die diplomatische Schlacht wurde mit gezielter Fehlinformation geschlagen, sodass Langsdorff letztendlich davon überzeugt war, dass ihn nach Verlassen des Hafens der Flugzeugträger HMS *Ark Royal* und ein Schlachtkreuzer erwarteten.

In den frühen Morgenstunden des 17. Dezember begab sich die *Graf Spee* wieder in internationale Gewässer, die Mannschaft ging von Bord und das Schiff wurde gesprengt. Die Rauchsäule war für die wartenden Briten deutlich auszumachen, allerdings bestand deren „Übermacht" nur aus der *Ajax*, der *Achilles* und der neu hinzugekommene *Cumberland* (mit nur zwei funktionsfähigen Turbinen).

Am 20. Dezember erschoss sich der desillusionierte Langsdorff. Napoleon hatte einst gesagt, dass sich Krieg und Moral schlecht vertrügen. Wie Recht hatte er doch.

Dieses Bild zeigt die* Deutschland*, das erste der insgesamt drei Panzerschiffe, gegen Ende des Krieges. Nach dem Desaster der* Graf Spee *wurde sie in* Lützow *unbenannt, da es unerträglich gewesen wäre, wenn einem Schiff ein ähnliches Schicksal wie der* Graf Spee *zustoßen sollte, das den Namen des Vaterlandes trug. Bewaffnet mit sechs 28-cm-Geschützen und acht 15-cm-Geschützen waren die Schiffe der „*Deutschland*"-Klasse jedem konventionellen Kreuzer überlegen.

Ein unfassbarer Sieg
am Rio de la Plata: Chronologie

Die Zerstörung des deutschen Panzerschiffs *Graf Spee* war einer der ersten Siege der Alliierten und ein peinlicher Schlag für die Kriegsflotte der Deutschen. Schlachtschiffe der Royal Navy jagten sie über den gesamten Südatlantik, bevor sie vor der uruguayanischen Hauptstadt Montevideo sank.

Die brennende **Graf Spee** *vor der Küste Uruguays. Sie wurde nicht vom Feind, sondern von der eigenen Mannschaft zerstört. Mit dem darauf folgenden Selbstmord von Kapitän zur See Hans Langsdorff fand eine glänzende Militärkarriere ein trauriges Ende. Seit 1912 hatte er im Dienst der deutschen Marine gestanden und im I. Weltkrieg unter anderem in der Schlacht um Jütland gekämpft.*

1939

21. August
Die *Graf Spee* unter dem Kommando von Kapitän zur See Hans Langsdorff und sein Trossschiff, die *Altmark,* verlassen Wilhelmshaven und gehen im Nordatlantik auf Wartestellung.

27. September
Die *Graf Spee* und ihr Schwesternschiff *Deutschland,* beide nun im Nordatlantik stationiert, erhalten die Freigabe, alle alliierten Schiffe anzugreifen, die zwischen Nord- bzw. Südamerika und Großbritannien unterwegs sind.

30. September
Die *Graf Spee* zieht in den Südatlantik und versenkt das erste Handelsschiff, die SS *Clement*, vor der Küste Brasiliens.

Oktober
In diesem Monat werden vier weitere Schiffe der Alliierten von der *Graf Spee* versenkt.

November
Die *Graf Spee* kreuzt vor der afrikanischen Küste und versenkt am 15. November den Tanker *Africa Shell* vor Madagaskar. Am 20. November nimmt sie wieder Kurs auf den mittleren Südatlantik. Eine große Kreuzerflotte der Royal Navy, der unter anderem die Kreuzer *Cumberland, Exeter, Ajax* und *Achilles* angehören, nimmt die Verfolgung auf.

13. Dezember
Nach der Zerstörung von drei weiteren Schiffen im Südatlantik – der *Doric Star,* der *Tairoa* und der *Streonshalh* – nimmt die *Graf Spee* Kurs auf die Mündung des Rio de la Plata vor Uruguay, um die südamerikanischen Schifffahrtslinien zu überwachen. Am Morgen des 13. Dezember wird sie von einer britischen Kreuzerflotte unter Commodore H. H. Harwood ausgemacht.

06.14 Uhr
Die *Graf Spee* eröffnet das Feuer auf die beiden leichten Kreuzer *Ajax* und *Achilles*, welche sie von Osten her angreifen, während sich der schwere Kreuzer *Exeter* von Süden nähert.

06.40 Uhr
Die *Achilles* wird von Geschossen aus den 28-cm- und 15-cm-Geschützen der *Graf Spee* beschädigt.

06.50 Uhr
Der britische Kreuzer *Exeter* wird durch das deutsche Granatfeuer schwer beschädigt. Er steht in Flammen und kann nur mehr einen Turm einsetzen.

07.25 Uhr
Durch gezieltes Feuer von der *Graf Spee* verliert die *Ajax* zwei Geschütztürme.

07.40 Uhr
Ajax und *Achilles* ziehen sich aus der Schacht zurück, um weitere Schäden zu vermeiden. Außerhalb der Reichweite von deren Hauptbewaffnung folgen sie der *Graf Spee.*

07.50 Uhr
Die *Exeter* verlässt den Schauplatz und zieht sich auf die Falkland-Inseln zurück.

08.00 Uhr
Trotz nur leichter Schäden nimmt die *Graf Spee* Kurs auf Montevideo in Uruguay. Die beiden britischen Kreuzer bleiben ihr auf den Fersen.

12.00 Uhr
Die *Graf Spee* läuft im Hafen von Montevideo ein. Langsdorff will den Aufenthalt nützen, um sein Schiff zu reparieren. Die britischen Behörden üben diplomatischen Druck auf die Regierung Uruguays aus, sodass Langsdorff nur 72 Stunden Zeit für Reparaturen bleiben. Dann muss er Uruguay wieder verlassen.

17. Dezember
Langsdorff wird in dem Glauben gehalten, vor Montevideo würde ihn eine starke Streitmacht der Royal Navy erwarten. In der irrigen Ansicht, dass seine Lage aussichtslos sei, gibt er den Befehl, die *Graf Spee* zu sprengen.

20. Dezember
Langsdorff begeht Selbstmord.

Internationale Ereignisse 1939

17. September
Die Sowjetunion fällt in Ostpolen ein, um die deutschen Operationen im Westen des Landes zu unterstützen.

21. September
Gemäß einer Order von Reinhard Heydrich, dem Leiter des Reichssicherheitshauptamts (RSHA), werden die polnischen Juden in Ghettobezirken zusammengetrieben. Eine Maßnahme, die die Durchführung der „Endlösung" – der Deportation und Auslöschung der europäischen Juden – erleichtern soll.

27. September
Warschau fällt und Polen kapituliert. Der polnische General Wladyslaw Sikorski bildet in Paris eine polnische Exilregierung und wird deren Premierminister.

29. September
Lettland, Estland und Litauen unterzeichnen einen so genannten Beistandspakt mit der Sowjetunion.

14. Oktober
Das britische Schlachtschiff *Royal Oak* wird von *U 47* in der Bucht von Scapa Flow versenkt.

30. November
Die Sowjetunion überfällt Finnland. Finnische Truppen unter Feldmarschall Carl von Mannerheim fügen der Roten Armee im Verlauf der Kampfhandlungen beträchtliche Verluste zu.

3. Dezember
Finnland bittet den Völkerbund um Unterstützung gegen die russischen Aggressoren.

4. Dezember
Die UdSSR missachtet den Appell des Völkerbundes und behauptet, im Namen der neuen finnischen Volksregierung zu handeln, die von deren Führer Otto Kuusinen proklamiert worden war.

14. Dezember
Die Sowjetunion wird aus dem Völkerbund ausgeschlossen.

Die* Graf Spee *im August 1939. Die deutschen „Westentaschen-Schlachtschiffe" waren so konstruiert, dass sie in ihrer Tonnage den Auflagen für Kriegsschiffe gemäß dem Versailler Vertrag von 1919 entsprachen.

Schlacht um Finnland

Der Winterkrieg

Im Jahr 1939 erweiterte die UdSSR ihre Grenzen – auf Kosten einiger ihrer Nachbarländer. Doch Finnland leistete Widerstand.

Polen war nicht der einzige Staat, dessen Schicksal im Hitler-Stalin-Pakt von 1939 besiegelt wurde. Auch die Baltischen Republiken Lettland, Estland und Litauen sowie Finnland waren betroffen. Sie alle wurden der Interessenssphäre der Sowjetunion zugeteilt. Als Joseph Stalin sah, wie leicht es Hitlers Heer gefallen war, einen kleinen Staat zu verschlingen, hielt auch er die Zeit für reif, von seiner Roten Armee ähnlich spektakuläre Erfolge einzufordern.

Politischer Druck und geografische Realität reichten aus, um die Baltischen Republiken dazu zu bewegen, einen Beistandspakt zu unterzeichnen, der es der Sowjetunion gestattete, innerhalb ihrer Grenzen Kasernen zu errichten und Truppen zu stationieren. Finnland hingegen sah sich weit weniger verwundbar. Durch den Finnischen Meerbusen und den Ladogasee einerseits, undurchdringliche Wälder, Seen und Sümpfe andererseits sowie durch die riesigen Distanzen in eisiger Arktis glaubte es seine Ostgrenze, die vom Ladogasee bis zum Nordpolarmeer reichte, hinlänglich geschützt. Auch schätzte man Moral und Ausbildung der eigenen Streitkräfte hoch genug ein, um dem ersten Ansturm standzuhalten und so den Rest der Welt dazu zu bewegen, den eigenen David im Kampf gegen den russischen Goliath aktiv zu unterstützen.

David gegen Goliath

Als am 28. November – nach zwei Monaten rüder Verbalattacken von Molotow, die von der finnischen Delegation unter Paasikivi und Tanner erfolgreich abgewehrt worden waren – die UdSSR letztendlich die Verhandlungen abbrach und zwei Tage später die finnischen Verteidigungslinien angriff, schienen die Finnen fürs Erste Recht zu behalten. Die finnische Standhaftigkeit wurde von ganz Westeuropa einschließlich den USA bejubelt – und ihre militärischen Erfolge übertrafen anfangs alle Erwartungen. Trotz zahlenmäßiger Unterlegenheit (der Höchststand betrug 16 Divisionen), trotz des akuten Mangels an Artillerie und schwerer Munition, trotz der Probleme bei Nachschub und Kommunikation und ohne einen einzigen Panzer hielt die finnische Armee dem russischen Angriff stand. Die Rote Armee griff von der Karelischen Landenge aus entlang der gesamten Mannerheim-Linie (der finnischen Verteidigungsstellung) an, die sich vom Finnischen Meerbusen bis zum Vuoksen zog. In der Tat gelang es dem II. und III. Korps der Finnen, die 7. und 13. Armee der Russen zurückzuschlagen, wobei der Feind empfindliche Verluste erlitt: die Infanterie durch gezieltes Feuer aus MGs und Gewehren, die Panzer durch Benzin-Wurfgeschosse, die berühmten „Molotow-Cocktails“.

Die Sowjettruppen, die in langen Kolonnen in Zentralfinnland einfielen, wurden im Dezember in Stücke gehauen. In zermürbendem Kleinkrieg (Motti-Taktik) wurden an die 30.000 Russen getötet oder gefangen genommen, viele erfroren, da der Nachschub ausblieb. Die 44. und 163. Division der Roten Armee wurden aufgerieben.

FINNLAND: IM VISIER DER RUSSEN

Schauplatz des Winterkriegs war ein kaum besiedeltes Land mit Wäldern, Sümpfen und grausamem Klima. Von Oulu nach Süden waren die Wälder so dicht, dass mechanisierte Einheiten kaum vorankamen. Nach dem Einmarsch der Deutschen in Russland 1941 holte sich Finnland die 1940 verlorenen Gebiete zurück, nur um sie nach Kriegsende wieder abgeben zu müssen.

Am 22. Dezember, nach sechstägigem erfolglosem Anrennen gegen eine nicht zu durchbrechende Linie, zogen sich die Sowjets zur Neuformierung und zum Nachdenken zurück.

Im Norden des Ladogasees stand die Sache der Finnen nicht ganz so gut. Sechs Divisionen der russischen 8. Armee überschritten die Grenze und rückten unerbittlich auf die Verteidigungslinie der Finnen zwischen Kitelä and Ilomantsi vor. Doch dies geriet zum Vabanque-Spiel: Man glaubt es kaum, aber die Russen hatten nicht eine Einheit auf Schiern, während jeder finnische Soldat in dieser Fortbewegungsart ausgebildet und ein wahrer Experte in ihrem Einsatz im Kampf war. Daher fanden sich die Russen bald von ihren Nachschub- und Kommunikationslinien getrennt; kleine Verbände wurden dezimiert, einige Einheiten aufgerieben.

Den finnischen Truppen mangelte es in erster Linie an Ausrüstung. Verschärft wurde die Situation noch durch die Unübersichtlichkeit jener Unzahl verschiedenster Waffen, die von befreundete Nationen zur Verfügung gestellt worden waren. Die* Suomi M1931 *aus finnischer Produktion war eines der besten SMGs seiner Zeit: robust, genau verlässlich – und immer in zu geringer Zahl verfügbar.

Dieser Rotarmist trägt den üblichen Wintermantel der Sowjetarmee und hohe Stiefel. Die typische* Budionovka *erwies sich allerdings in Finnland als höchst unpraktisch, Fellmützen wären weit wärmer gewesen. Rote Kragenspiegel kennzeichnen eine Versorgungseinheit.

Störrische Finnen

Noch höher im Norden, bei Suomussalmi, war die 163. Division der Sowjets eingekesselt worden, bis sie am 29. Dezember völlig zusammenbrach; die Überlebenden ließen auf der Flucht 11 Panzer, 25 Kanonen und 11 Lastwägen für die begeisterten Sieger zurück.

Selbstverständlich konnte das nicht so weitergehen. Zwar hatten Briten, Franzosen, Amerikaner und Schweden ihren Willen zu helfen lautstark bekundet, doch ließen sie kaum Taten folgen – Erstere, weil sie all ihre Mittel für die eigene Verteidigung brauchten, die beiden anderen ihrer sorgsam behüteten Neutralität zuliebe; obendrein machte Schweden allen Plänen, britische und französische Entsatztruppen zu entsenden, ein Ende: Man ließ sie nicht passieren.

Die sowjetischen Angriffe von Dezember 1939 waren so schlecht organisiert, dass sich die russische Infanterie den finnischen MG-Schützen als bloße Menschenmauer darbot, ohne jeden Schutz durch Artillerie oder Panzer. Ein Blutbad war die Folge.

Anfang Januar hatte Stalin genug. Er übertrug General Semjon Timoschenko das Kommando, ließ schwere Artillerie auffahren, und am 15. Januar begann die systematische Zerstörung der Mannerheim-Linie.

Die Finnen verbrachten ihre Tage in Schützengräben, welche die Befestigungsanlagen verbanden, des Nachts hatten die Soldaten vernichtete MG-Stellungen und zerschossene Bunker wieder aufzubauen. Und bald bekamen sie es auch jede Nacht mit sowjetischen Panzern zu tun. Pure Erschöpfung kennzeichnet das Ende der Mannerheim-Linie und, in unausweichlicher Folge, auch jeder anderen Verteidigungsstellung der Finnen.

Der Weg nach Helsinki

Bis Anfang März hatten die Russen die Finnen bis Viipuri zurückgedrängt. Von dort bog sich die finnische Linie beinahe bis Tali und weiter nach Vuosalmi nach hinten und wich dann bis an das Ufer des Ladogasees bei Taipale zurück. Am 3. März sandte Timoschenko ein Bataillon und eine Brigade über das Eis nach Vilajoki. Die finnischen Stellungen fielen, der Weg nach Helsinki war frei.

Am 13. März hatte sich der finnische Regierungschef Ryti dem Unausweichlichen zu beugen: Der Moskauer Vertrag schrieb die russisch-finnische Grenze in etwa dort wieder fest, wo sie Peter der Große 1721 gezogen hatte.

In einer heftigen Offensive stürmte die 14. Armee der Russen auf Petsamo, um eine mögliche Landung von britischen oder französischen Entsatztruppen zu verhindern. Die Finnen konnten sie nicht stoppen und fielen Richtung norwegische Grenze zurück.

Schlacht um Finnland
Chronologie

1939 bewies der russische Angriff auf Finnland, wie schrecklich unzulänglich die sowjetische Taktik war. Die Sowjets verloren über 200.000 Mann, die heroischen Finnen weniger als 25.000.

1939

30. November
Russische Truppen marschieren in Finnland ein. Fünf Armeen überschreiten die Süd- und Ostgrenze Finnlands auf beinahe ihrer gesamten Länge. Helsinki steht unter schwerem Bombardement. Die Finnen unter Feldmarschall Baron von Mannerheim leisten tapfer Widerstand.

1. Dezember
Russland setzt in Terijoki eine finnische Marionettenregierung unter Otto Kuusinen ein.

5. Dezember
Die Russen durchqueren die Karelische Landenge und erreichen die „Mannerheim-Linie“, finnische Befestigungsanlagen, die vom Finnischen Meerbusen bis zum südöstlichen Zipfel des Landes reichen. Dort kommt der Vormarsch der Roten Armee zum Stillstand.

9. Dezember
Die Angriffe auf Helsinki – aus der Luft und zu Wasser – kommen aufgrund des schlechten Wetters zum Erliegen. Der finnische Winter ist der größte Verbündete der an das Klima gewöhnten Finnen, die bei Temperaturen weit unter dem Gefrierpunkt viel beweglicher sind. Dennoch gelingt es der 163. und der 44. Division der Roten Armee, die Stadt Soumussalmi im Nordosten einzunehmen, ein Gebiet, in dem die finnischen Truppen am wenigsten konzentriert sind.

15. Dezember
Die russische Offensive im Süden und Südosten wird durch die arktischen Temperaturen

Oben: Die finnische Bevölkerung war schnell mobilisiert, um ein umfangreiches System an Schützengräben auszuheben. Der Zickzack verhinderte die Konzentration des Feuers auf eine Linie.

Unten: Die geschlagenen finnischen Verteidiger Kuhmos kehren am 13. März 1940, nach Unterzeichnung des Friedensvertrags, heim. Sie hatten der 54. Division der Russen schwere Verluste zugefügt.

Finnische Fabrikarbeiterinnen stellen Schneeanzüge für die Langlauf-Patrouillen des finnischen Heeres her. Der Mangel an Baumwolle zwang viele Bürger dazu, sich für diesen Zweck von Ihren Bettlaken zu trennen.

und das finnische Geschick in der Verteidigung jäh gestoppt. Die amphibischen Angriffe auf Helsinki werden zurückgeschlagen, die Mannerheim-Linie hält stand. Soumussalmi wird zurückerobert. Weit im Norden kann die 14. Armee Petsamo einnehmen, scheitert aber vor Nautsi.

17. – 31. Dezember
Im Anschluss an die Rückeroberung Soumussalmis gelingt es finnischen Truppen, die russische Grenze zu Karelien zu überschreiten. Im Verein mit dem gnadenlosen finnischen Winter fügen sie den russischen Truppen eine schwere Niederlage zu – 27.000 Rotarmisten fallen, die 163. und 44. Division werden stark dezimiert.

1940

2. Januar
Eine weitere russische Offensive über die Karelische Landenge scheitert.

7. Januar
Die Sowjetarmee geht zur Defensive über, da die Offensivvorstöße von den Finnen immer wieder abgeblockt worden waren. Die permanenten Luftangriffe werden jedoch (so es die Wetterlage zulässt) fortgeführt. Stalin übergibt das Kommando an General Semjon Timoschenko. Der bereitet eine entscheidende Offensive vor.

28. Januar
Während sich die Verteidiger entlang der Mannheimer-Linie auf eine neuerliche Offensive der Truppen Timoschenkos vorbereiten, gewinnen andere finnische Einheiten gegenüber der 54. Division der Roten Armee bei Kuhmo an Boden.

1. Februar
Die 7. und 13. Armee der Sowjets beginnen mit dem Ansturm auf die Mannerheim-Linie. Schweres Artillerie-Dauerfeuer bereitet dafür den Boden, mit 300.000 Granaten wird die Verteidigungslinie zusammengeschossen.

11. – 17. Februar
Nachdem Taktik und Ausbildung der Soldaten verbessert worden waren, gelingt es der 7. Armee endlich, die Mannerheim-Linie bei Summa zu durchbrechen. Die finnische Armee wird zum Rückzug nach Norden gezwungen, ihr bleiben nur noch 15 Divisionen.

23. Februar
Die Sowjetunion übermittelt Finnland die Bedingungen der Kapitulation. Sie stellt nicht nur immense Gebietsansprüche – die gesamte Region der Karelischen Landenge und des Ladogasees sollen abgetreten werden –, Finnland soll fortan auch ein Bollwerk gegen alle Angriffe aus dem Norden bilden.

5. März
Finnland tritt mit der Sowjetunion in Verhandlungen über die Bedingungen für einen Frieden. Am 12. März wird der von der Sowjetunion unterbreitete Vorschlag vom finnischen Parlament mit 145 zu 3 Stimmen angenommen.

Internationale Ereignisse 1939

5. Dezember
US-Präsident Roosevelt verlangt eine Erhöhung des Verteidigungsetats auf insgesamt $ 1,3 Milliarden.

8. Dezember
Als die Briten eine Seeblockade über Deutschland verhängen wollen, protestiert die US-Regierung gegen das, was sie als „Einschränkung des freien Warenverkehrs" bezeichnet.

14. Dezember
Ob ihres Einfalls in Finnland wird die Sowjetunion aus dem Völkerbund ausgeschlossen.

24. Dezember
Papst Pius XII. richtet einen allgemeinen Friedensappell an die Welt, eifrig bemüht, nicht in die politischen Ereignisse verwickelt zu werden.

1940

8. Januar
Im Vereinigten Königreich werden Lebensmittel rationiert.

14. Februar
Die britische Regierung kündigt an, ab sofort alle Handelsschiffe zu bewaffnen.

15. Februar
Ein „Führerbefehl" erlaubt den Kommandeuren von Hitlers U-Booten, fortan alle Handelsschiffe anzugreifen, die auf britische Hoheitsgewässer zusteuern, selbst wenn sie unter neutraler Flagge fahren.

28. Februar
Drei Rotoren der deutschen Chiffriermaschine „Enigma" werden von alliierten Tauchern vor Schottland aus einem gesunkenen U-Boot geborgen. Der Fund bringt einen bedeutenden Durchbruch in der Entschlüsselung des Enigma-Codes.

Durchbruch bei Sedan

10. Mai 1940: Die lang erwartete deutsche Offensive im Westen beginnt. Die französischen Grenzbefestigungen werden strategisch umgangen.

Die Panzereinheiten, die 1940 derart überraschende Erfolge erzielten, waren nur ein Bruchteil des deutschen Heeres. Die Masse der Infanterie war noch ebenso ausgerüstet wie ihre Väter 1918, doch fand man ganz andere Gegner vor: Die Armeen der Franzosen und Briten hatten gegenüber der kompetenten, siegreichen Streitmacht von vor 20 Jahren ein Gutteil an Professionalität eingebüßt.

Kurz nach 02.30 Uhr am 10. Mai 1940 überschreiten 64 deutsche Soldaten die niederländische Grenze; die ersten Vorboten der Invasion. Drei Stunden später landen deutsche Fallschirmspringer in Belgien mit dem Ziel, die riesigen Festungsanlagen von Eben-Emael einzunehmen und zu zerstören. Weitere fünf Minuten später überqueren 30 Divisionen der Heeresgruppe B unter General Fedor von Bock die Grenze zu Belgien und strömen von Maastricht nordwärts zur Küste und zur Mündung der Ems. Gleichzeitig prescht im Süden General Gerd von Rundstedts Heeresgruppe A mit 44 Divisionen vor, darunter die Hauptmacht von sieben Panzerdivisionen unter General Ewald von Kleist. Ihre Marschrichtung: die Ardennen – jenes waldreiche Gebiet, das die französische Militärführung seit 1919 ein unüberwindliches Hindernis für Panzer nannte.

Das Auftauchen dieser monströsen Panzer versetzte die Deutschen in Angst und Schrecken, da ihnen die Standard-37-mm-Pak nichts anhaben konnte. Allerdings spottete die französische Organisation jeder Beschreibung: Viele wurden gekapert, nachdem ihnen der Treibstoff ausgegangen war.

Der selbstmörderische Eifer, mit dem die Alliierten ihre Verteidigungsstellungen verließen, die sie den gesamten bitterkalten Winter hindurch unter größter Mühsal errichtet hatten, muss Hitler Freudentränen in die Augen getrieben haben: Fünf Divisionen des Britischen Expeditionskorps (BEF), acht Divisionen der französischen 1. Armee zu ihrer Rechten und sieben Divisionen der französischen 7. Armee an der Küste bei Dünkirchen rückten vor, um sich nach dem Dyle-Plan mit den belgischen Streitkräften zu vereinigen und die vorgesehene Linie entlang der

DEUTSCHES GLÜCKSSPIEL: ÜBER DIE ARDENNEN

Der deutsche Plan war ein dreistes Spiel, das Hitlers Fantasie beflügelte, seine Generäle jedoch in Schrecken versetzte. Der Erfolg hing allein davon ab, dass die deutschen Panzer schnell genug die Wälder der Ardennen durchbrachen, bevor die Franzosen ihre Blockaden in Stellung brachten. In der Tat erreichten deutsche Speerspitzen die Meuse in nur zwei Tagen. Wie das II. Reich vor ihr ging auch die III. Republik im Gewehrfeuer von Sedan unter.

Mit seiner 37-mm-Kanone, die nur die Außenhaut der leichter Feldpanzer durchschlagen konnte, war der H-39 im Jahr 1940 hoffnungslos unterlegen. Die Wehrmacht erbeutete hunderte seiner Klasse und setzte sie später im Kampf gegen Partisanen in Russland und am Balkan ein.

Flüsse Dyle und Maas einzunehmen. Schon unterwegs gab es einige Schwierigkeiten, denn die Luftwaffe war keineswegs müßig, und die Truppen der Alliierten machten erstmals mit deutschen Stukas Bekanntschaft – deren nervenzerfetzendes Geheul war einigermaßen gewöhnungsbedürftig. Obendrein waren die Straßen bald von Zivilisten verstopft, die sich vor der vorrückenden Infanterie von Bocks in Sicherheit zu bringen suchten.

Nichtsdestotrotz stand die alliierte Verteidigungslinie mit dem Abend des 14. Mai. Von der Mündung der Schelde bis Antwerpen waren drei Divisionen der französischen 7. Armee in Stellung; 13 belgische Divisionen hielten den 80 km langen Abschnitt im Sudosten bis Louvain; für die Strecke von Louvain bis Wavre war das BEF zuständig und von Wavre bis Namur standen sechs Divisionen der 1. Armee der Franzosen. Einige Brigade- und Bataillonskommandanten zeigten sich ob der Behelfsmäßigkeit der neuen Stellungen bestürzt – verglichen mit jenen, die man eben verlassen hatte. Die Befehlshaber auf Divisionsebene und darüber wurden allerdings von Nachrichten über die Ereignisse im Süden alarmiert. Doch keiner von allen ahnte, dass die langsam vorrückende Heeresgruppe von Bocks nichts anderes war als der Mantel des Toreros: Einem Bullen gleich stürmte die Masse der Alliierten voran und bot so der Panzergruppe Kleist nur zu willig ihre Flanke für den Todesstoß.

Wettlauf an die Maas

Und der aberwitzige Plan wurde wahr: Als ob es sich um ein Manöver zu Friedenszeiten handelte, durchbrachen die drei Divisionen des XIX. Panzerkorps von General Heinz Guderian die „unpassierbaren“ Ardennen, fegten die französische Einheit leichter Kavallerie, die sie „aufhalten“ sollte, beiseite und hatten am Nachmittag des 12. Mai die Grenze zu Frankreich überschritten. Als die Nacht hereinbrach, hatten die deutschen Panzer beiderseits von Sedan die Maas erreicht und kontrollierten das rechte Flussufer bis hinauf nach Dinant, und innerhalb von nur 24 weiteren Stunden hatten sie den Fluss überquert – ein Manöver, von dem das französische Oberkommando (nachdem es den Schock des Eintreffens der Deutschen an der Maas erst einmal überwunden hatte) behauptet hatte, dass dessen Vorbereitung mindestens vier, die Ausführung weitere zwei Tage in Anspruch nähme. Bis zum Morgen des 14. Mai hatte Guderian zwei Brückenköpfe errichtet, einen dritten, flussaufwärts bei Dinant, hielt General Hermann Hoth mit der 7. Panzerdivision des XV. Panzerkorps (unter Generalmajor Erwin Rommel) gegen verzweifelten, jedoch dünn gesäten französischen Widerstand.

Kreischende Stukas

Frühmorgens am 15. Mai brach die Flut über Frankreich herein. Ein unendlicher Strom von Panzern ergoss sich aus jedem der Brückenköpfe, jeder Vorstoß vorbereitet von einer Wolke kreischender Stukas und von marodierenden Messerschmitts gegen Angriffe britischer oder französischer Jäger geschützt. Massen von Flüchtenden verstopften die Straßen: Immer wieder bedroht von Jägern der Luftwaffe und von verängstigten, demoralisierten Soldaten oder Gendarmen der eigenen Seite schikaniert, mussten sie sich mehr als einmal in den Straßengraben werfen, wenn beängstigend fremdartige Fahrzeuge vorbeipreschten, bemannt mit jungen, blonden Riesen, die triumphierend winkten, sie zwar kaum je absichtlich verletzten, die aber nichtsdestotrotz das Flair der Unbesiegbaren umgab. Noch am selben Abend wurden die deutschen Panzer nur 19 km vor Laon gemeldet. Als Edouard Daladier, damals Frankreichs Verteidigungsminister, den Gegenangriff befahl, musste ihm der französische Oberbefehlshaber General Maurice Gamelin antworten, dass er dafür keine Reserven hätte, der Großteil seiner Truppen säße an der von den Deutschen umgangenen Maginot-Linie fest. Gleichzeitig gab Gamelin bekannt, dass er die Verteidigung von Paris nicht garantieren könne, und befahl allen französischen Truppen den Rückzug aus Belgien. Eine glückliche Fügung ließ diesen Befehl auch in die Hände des britischen Oberkommandierenden Lord Gort gelangen und verhinderte so, dass die BEF-Einheiten an der Dyle isoliert zurückblieben.

Das atemberaubende Tempo des deutschen Vormarschs nahm dem französischen Heer schnell allen Mut. Während das Oberkommando eifrig Nadeln in Karten steckte, hatten sich die verschreckten Soldaten bereits ergeben. Es gab zwar tapfere Einzelkämpfer, aber keinerlei strategische Koordination.

Durchbruch
bei Sedan: Chronologie

Am 10. Mai marschierten die Deutschen in Belgien und den Niederlanden ein. In nur vier Tagen durchbrachen sie die französisch-belgische Verteidigung bei Sedan und drangen ins Innere Frankreichs vor.

1940

10. Mai
Deutsche Truppen marschieren in Belgien und den Niederlanden ein. Fallschirmjäger erobern strategische Schlüsselpositionen und Brücken, gefolgt von deutschen Panzerkolonnen, die über die Grenze vorstoßen. Die mächtige belgische Festung Eben-Emael mit 2.000 Mann wird von nur 89 deutschen Fallschirmjägern genommen. Auch Rotterdam und Den Haag werden von Fallschirmjäger-Einheiten angegriffen.

11. Mai
In dem verzweifelten Versuch, den deutschen Vormarsch zu stoppen, nehmen die Alliierten, darunter das Britische Expeditionskorps und drei französische Heere Defensivpositionen in Belgien ein. Die Verteidigungslinie beginnt südlich von Rotterdam, führt über Antwerpen und östlich an Brüssel vorbei und folgt dann der Maas bis Sedan am Westrand der bewaldeten Ardennen. Die größte Truppenkonzentration findet sich im Gebiet von Louvain in der Nähe von Brüssel, doch die Deutschen lassen ihre 12. Armee die als unüberwindlich geltenden Ardennen durchqueren und die Stellungen im Süden bei Sedan angreifen.

14. Mai
Das XV., das XLI. und das XIX. Panzerkorps errichten je einen Brückenkopf an der Maas bei Dinant, Montherme und Sedan ohne auf nennenswerten Widerstand zu treffen. Die südlichen Verteidigungsstellungen der Alliierten werden umgangen. Im Lauf des Tages durchbrechen das XV. Panzerkorps bei Dinant und das XIX. Panzerkorps bei Sedan die alliierten Linien und stoßen nach Frankreich vor.

15. Mai
Das XLI. Panzerkorps von Montherme erreicht die beiden anderen. Gemeinsam dringen sie weiter nach Frankreich vor. Der Durchbruch bei Sedan erlaubt es den Deutschen, die französische Maginot-Linie im

Die Angst steht diesen französischen Flüchtlingen ins Gesicht geschrieben. Von Zivilfahrzeugen verstopfte Straßen bereiteten den Einheiten der Alliierten größte Probleme bei dem Versuch, den deutschen Vormarsch abzublocken.

Deutsche Truppen bei ihrer Siegesparade durch Paris nach dem Fall Frankreichs. Erstklassige Lebensmittel, hervorragende Weine und viel Sonnenschein im Süden machten das Land bald zum beliebtesten Ziel von im Ausland stationierten deutschen Soldaten, Offizieren und Unteroffizieren.

Französische Kriegsgefangene schälen Kartoffeln fürs Abendessen. Viele Kriegsgefangene, aber auch freie Bürger wurden nach Deutschland gebracht, um der Industrie beim Bau oder in der Fertigung als Arbeiter zur Verfügung zu stehen. Viele meldeten sich auch freiwillig, um, wie sie dachten, den Einschränkungen eines besetzten Landes zu entkommen.

Süden zu umgehen. Die Franzosen hatten sich auf die Belgier verlassen, die ihre Nordgrenze schützen sollten.

15. Mai
Die holländische Armee ergibt sich nach heftigen Bombenangriffen auf Rotterdam den Deutschen.

17. – 18. Mai
Brüssel und Antwerpen werden von den Deutschen eingenommen. Die Alliierten sind voll auf dem Rückzug an die französische und belgische Küste.

21. Mai
Briten und Franzosen wollen den deutschen Vormarsch durch einen gezielten Angriff im Gebiet von Arras stoppen. Die Attacke kommt zu spät und wird von den Panzerdivisionen der Deutschen unterlaufen, die von Norden herabstoßen.

28. Mai
König Leopold von Belgien befiehlt seinem Heer sich zu ergeben. Der Rest der belgischen Regierung ist nach Paris geflohen. Die Deutschen nähern sich der belgischen Atlantikküste.

Internationale Ereignisse 1940

8. Mai
Nach einem Misstrauensantrag und heftigen Debatten im britischen Unterhaus legt Neville Chamberlain sein Amt als Premierminister zurück.

10. Mai
Winston Churchill wird neuer britischer Premier. Er bildet eine Koalitionsregierung und nimmt Oppositionspolitiker als Minister in sein Kriegskabinett auf, um die Abwehr dieser immensen Bedrohung des Landes über parteipolitisches Hickhack zu stellen.

14. Mai
Rotterdam wird von der Deutschen Luftwaffe bombardiert. Der Angriff fordert fast 1.000 Todesopfer und macht mehr als 78.000 Menschen obdachlos.

16. Mai
Neunzig britische Bomber fliegen Angriffe auf militärische Ziele an der Ruhr und in Belgien – der bis dahin größte Einzelangriff des britischen Bomber Command.

18. Mai
Italiens Diktator Benito Mussolini sagt voraus, dass auch Italien unausweichlich in das Kriegsgeschehen verwickelt werden würde.

Evakuierung
aus Dünkirchen

26. Mai 1940, Abenddämmerung: Die Deutschen haben Calais genommen, die 1. französische Armee, die Belgier und das BEF stehen mit dem Rücken zur See.

Als die Deutschen im Mai 1940 die alliierte Front durchstießen, standen ihnen südlich des Durchbruchs noch französische Einheiten beträchtlicher Stärke und im Norden sogar noch größere Verbände einschließlich des Britischen Expeditionskorps gegenüber. Was wäre nahe liegender, als die deutschen Kolonnen dazwischenzulocken, sie dann zum Stillstand zu bringen und mit Gegenangriffen aus Nord und Süd in die Zange zu nehmen, um die Speerspitze des Feindes von Nachschub und Unterstützung abzuschneiden?

Durcheinander

Wegen der Luftunterlegenheit zutiefst verzweifelt, setzte die französische Führung jedoch keine Hoffnung in die Durchführbarkeit dieser Strategie, es sei denn, Churchill würde die zur Verteidigung Goßbritanniens zurückbehaltenen Jagdgeschwader nach Frankreich verlegen. Selbst dann schien es nahezu gewiss, dass die deutschen Truppen binnen weniger Tage in Paris, an der Kanalküste oder gar an beiden Orten zugleich stünden. In diesem Fall wären die britischen und französischen Heere im Norden wohl vorzeitig geschlagen und zersprengt – oder gar, so sie nicht ein allgemeiner Waffenstillstand rettete, zur Gänze aufgerieben worden. Churchill gelang es vor seiner Heimreise am Morgen des 17. Mai, etwas von seinem eigenen Mut der Verzweiflung auf die französische Führung zu übertragen. Er konnte sie dazu motivieren, einige seiner Vorschläge aufzugreifen und einen Gegenangriff auf die deutschen Speerspitzen zu befehlen. Doch die Trägheit des alliierten Stabes führte zu einer Planungszeit von vier Tagen und einer verpfuschten Aktion: Die ersten Panzer von General Heinz Guderian erreichten am Abend des 20. Mai Abbéville an der Mündung der Somme, die deutschen Linen waren geschlossen. Am 21. Mai wurden vier Infanteriebrigaden und die 1. Panzerbrigade der

Ein aufgegebener leichter Renault R-35 Panzer ist inmitten ausgebrannter Fahrzeuge liegen geblieben. Die Deutsche Luftwaffe flog zur Unterstützung der auf Dünkirchen vorrückenden 18. Armee Tag und Nacht Angriffe, gegen die es kaum Abwehr gab.

DÜNKIRCHEN: DER RÜCKZUG VOM KONTINENT

Das BEF von 1939/40 glich kaum der glorreichen Armee von 1914. Es war für den Krieg in Europa nicht gerüstet und wurde von jenem Feind, den man 1918 besiegt hatte, schmählich geschlagen. Doch sein Kommandant Lord Gort ignorierte die wenig sinnvollen Befehle Londons und zog sich nach Dünkirchen zurück. Er rettete das BEF, das zum Kern einer neuen Armee wurde.

Vom überfüllten Strand in Dünkirchen wurden durch die Royal Navy und hunderte freiwillige zivile Schiffe 224.717 britische Soldaten evakuiert. Von über 100.000 evakuierten Franzosen kehrten fast alle nach der Kapitulation Frankreichs in die Heimat zurück.

Briten, auf dem Papier unterstützt von zwei französischen Infanteriedivisionen an der einen Flanke und einer leichten mechanisierten Division an der anderen, von Arras nach Süden geworfen. Französische Einheiten derselben Stärke sollten von Süden aus angreifen.

Geplante Evakuierung

Tatsächlich setzten sich aber nur die britischen Kräfte und die leichte mechanisierte Division der Franzosen in Bewegung, wurden aber bald von Generalmajor Erwin Rommels 7. Panzerdivision blockiert. Nach einer heftigen Schlacht fielen sie in ihre Ausgangspositionen zurück und waren von der Einkesselung bedroht. Am Abend des 23. Mai zog Field Marshal Lord Gort die britischen Brigaden weiter nach Norden zurück. Zwei Tage später hatte er das Offensichtliche erkannt: Nur ein rascher Rückzug an die Küste und die Evakuierung nach England böte noch eine Chance, zumindest ein Viertel seiner Männer zu retten.

Schlacht am Strand

Lord Gort erteilte auf eigene Verantwortung die nötigen Befehle. Das III. britische Korps sicherte die Strände an beiden Seiten Dünkirchens, das I. Korps wurde zurückgezogen und schützte gemeinsam mit einer französischen Division zu seiner Rechten und dem II. britischen Korps zur Linken die Westflanke. Die belgische Armee sollte den Ostabschnitt des Verteidigungsringes halten. Als jedoch der belgische König Leopold am 28. Mai ein Waffenstillstandsabkommen mit den Deutschen unterzeichnete und die Belgier kapitulierten, klaffte zur Linken der Briten eine gefährliche Lücke. Trotz außerordentlich schwieriger Bedingungen konnte die 3. Infanteriedivision unter dem Kommando von Major-General B. L. Montgomery über Nacht in einem mit bewundernswerter Effizienz durchgeführten Manöver die Reihen schließen. Es ist nicht vermessen zu behaupten, dass diese Operation die Rettung für das Britische Expeditionskorps war.

Der leichte Aufklärungspanzer Vickers Mk VI war mit einem Zwillingsmaschinengewehr bewaffnet. Er stand bis 1942 in Dienst.

Nun begann Operation „Dynamo“ – der Versuch, die britische Armee und möglichst viele französische Soldaten aus der Falle, in der sie steckten, zu retten. Über tausend Schiffe aller Größen waren daran beteiligt: Mächtige Kreuzer der Royal Navy, private Yachten, von den Eignern selbst gesegelt, aber auch hunderte kleine Boote liefen von der Südküste Englands und dem Unterlauf der Themse aus. Mindestens 50 Schiffe wurden versenkt, viele Yachteigner getötet oder verwundet, dennoch konnten bewundernswert viele Soldaten gerettet werden, die zum Kern neuer Armeen werden sollten.

Vor Beginn der Evakuierung hätte kaum jemand zu hoffen gewagt, mehr als 50.000 Mann vor Gefangenschaft oder Tod zu bewahren. Tatsächlich erreichten während dieser einmaligen neun Tage 338.226 Soldaten die englische Küste, darunter, dank Churchills Hartnäckigkeit, auch 100.000 Franzosen. Als er am 31. Mai nach Paris zurückkehrte, kam man überein, dass britische und französische Truppen die Rückzugsgefechte gemeinsam führen würden und beide im selben Verhältnis aus dem Brückenkopf zu evakuieren wären. Im Südabschnitt des Brückenkopfs banden verbissen kämpfende französische Einheiten starke deutsche Verbände, die andernfalls Dünkirchen selbst angreifen hätten können. Sie erreichten das Meer nicht mehr. Viele andere, die gegen Ende der Operation an der Küste anlangten, lehnten eine Evakuierung ab. So stachen die letzten Schiffe nahezu leer in See. Viele jener Franzosen, die evakuiert worden waren, entschieden bald, dass sie nicht in Großbritannien leben wollten, und kehrten nach Frankreich zurück, wo die meisten sofort in Kriegsgefangenenlagern landeten. So blieb Churchills gut gemeinte Geste weitgehend nutzlos.

Die auf Rouen vorrückende 7. Panzerdivision, fotografiert von ihrem Kommandanten Erwin Rommel aus seinem fliegenden Gefechtsstand, einem Fieseler Storch. Nach Dünkirchen befanden sich noch 140.000 britische Soldaten in Frankreich. Die 51. Highland Division ergab sich bei St. Valéry Rommels Männern.

In den Augen der britischen Bevölkerung aber war die Rettung des größten Teils des Britischen Expeditionskorps aus Dünkirchen kaum weniger als ein Wunder.

Dünkirchen
Chronologie

Die Evakuierung der britischen Truppen von den Stränden um Dünkirchen war eine außergewöhnliche Rückzugsoperation, die Großbritannien vor der Niederlage und einer Besetzung durch die Deutschen gerettet haben dürfte. Mehr als 338.000 Alliierte, darunter 113.000 Franzosen, wurden gerettet.

1940

20. Mai
Churchill legt der Admiralität nahe, eine für die Evakuierung des Britischen Expeditionskorps von der französischen Küste geeignete Flotte zusammenzuziehen. In Paris übernimmt General Maxime Weygand aus den Händen von General Maurice-Gustave Gamelin das Oberkommando über die alliierten Streitkräfte in Frankreich.

24. Mai
Hitler befiehlt den vorstoßenden Panzern, die Linie Lens – Béthune – Saint-Omer – Gravelines nicht zu überschreiten. Die Ursachen für den Haltebefehl sind unklar, aber er verschaffte den sich nach Dünkirchen zurückziehenden britischen und französischen Truppen kostbare Zeit, um die Küste erreichen zu können.

24. Mai
Die Luftwaffe beginnt schwere Bombenangriffe auf die Stellungen der Alliierten um Dünkirchen, die bis zum Ende der Evakuierung am 4. Juni andauern. Dabei verliert sie 200 Flugzeuge an Jäger der RAF, die von Südengland anfliegen.

25. Mai
Die Deutschen nehmen Boulogne. Die Alliierten sind im Kessel von Dünkirchen eingeschlossen.

Rechts: Französische Flüchtlinge werden in Le Havre verpflegt. Ein trauriges Detail: Darunter waren 350.000 Juden, die Ende der 1930er-Jahre aus Deutschland geflohen waren.

26. Mai
Hitler hebt seinen Haltebefehl auf, der bisher verhinderte, dass die Deutschen Dünkirchen vor den sich zurückziehenden Alliierten erreichten. Operation „Dynamo“ – die Evakuierung der britischen Streitkräfte – beginnt um 18.57 Uhr. Auch über 850 kleinere zivile Seefahrzeuge der Briten nehmen teil, die als Fähren zwischen der Küste und den auf See wartenden Kriegsschiffen dienen oder die Soldaten direkt nach England bringen.

28. Mai
Die belgische Armee, welche die rechte Flanke der Alliierten decken sollte, ergibt sich angesichts des bevorstehenden Angriffs der 18. und 6. Armee der Deutschen. Obwohl Belgien in nur 18 Tagen besiegt wurde, hatte sein hinhaltender Widerstand den Alliierten die

Eine deutsche Flak in Westeuropa. Die Präsenz alliierter Flugzeuge über Frankreich sank, als Air Chief Marshal Dowding entschied, seine Jäger für die Verteidigung der Heimat in England zurückzuhalten.

Eine Reihe zerstörter alliierter Fahrzeuge am Strand von Dünkirchen. Die britische Armee musste nicht nur 84.500 Fahrzeuge in Frankreich zurücklassen, sondern auch 2.500 Feldgeschütze, 77.000 Tonnen Munition und 165.000 Tonnen Treibstoff.

Möglichkeit zum Ausbruch verschafft. Am Ende des 28. Mai sind 25.473 Briten evakuiert.

29. Mai
47.000 britische Soldaten werden aus Dünkirchen evakuiert.

30. Mai
120.000 alliierte Soldaten, darunter 6.000 Franzosen, werden von den Stränden um Dünkirchen evakuiert.

31. Mai
150.000 alliierte Soldaten – 15.000 davon Franzosen – können ins Vereinigte Königreich gelangen.

1. Juni
Das XVI. französische Korps übernimmt die Verteidigung des Rings um Dünkirchen.

4. Juni
Offizielles Ende der Operation „Dynamo“. Insgesamt wurden 338.226 alliierte Soldaten vor Gefangenschaft oder Tod bewahrt, darunter 113.000 Franzosen. Rund 40.000 französische Soldaten geraten nach dem Fall Dünkirchens in deutsche Gefangenschaft.

5. Juni
Beginn der „Schlacht um Frankreich“ – der französische Widerstand entlang von Somme, Seine, Aisne und Mosel soll gebrochen, Paris genommen werden. Am 12. Juni bricht die deutsche Heeresgruppe B unter General Gerd von Rundstedt durch die französischen Linien.

10. – 25. Juni
Weitere Evakuierungsoperationen der Alliierten an der französischen Küste. Vor dem 15. Juni konzentrieren sich diese auf die nördlichen Häfen wie Le Havre und St. Valéry. Ab 15. Juni werden, mit Beginn der Operation „Ariel“, auch die südlichen Häfen in der Biskaya genutzt. Bei diesen Unternehmen werden nahezu 250.000 alliierte Soldaten gerettet.

14. Juni
Paris wird zur offenen Stadt erklärt, deutsche Truppen marschieren ein. Der letzte französische Widerstand bricht unter den deutschen Angriffen im ganzen Land zusammen.

22. Juni
Der französische General Charles Huntziger schließt ein Waffenstillstandsabkommen mit den Deutschen. Als ob die Franzosen nicht schon genug gedemütigt worden wären, findet die Unterzeichnung in eben jenem Eisenbahnwagon statt, in dem auch die Deutschen am Ende des I. Weltkriegs kapitulieren mussten.

Internationale Ereignisse 1940

22. Mai
Britische Dechiffrierer im englischen Bletchley Park knacken den „Code Rot“ der von der Luftwaffe eingesetzten Variante der Verschlüsselungsmaschine *Enigma*. Diese Meisterleistung gelingt mit Hilfe einer elektromechanischen Rechenmaschine, welche man „Bombe“ nannte.

26. Mai
Die britische Regierung beginnt mit der Requirierung von Schrott und Metallüberschüssen für die Kriegsindustrie.

10. Juni
Italien erklärt Frankreich und Großbritannien den Krieg. Mussolini proklamiert: „Wir ziehen gegen jene reaktionären und plutokratischen Demokratien ins Feld, die sich immer dem Fortschritt des italienischen Volkes entgegengestellt und sich häufig gegen seine Existenz verschworen haben.“

11. Juni
Die Insel Malta erlebt den ersten deutschen Luftangriff. Eine der schwersten Bombenkampagnen des Krieges hat begonnen.

12. Juni
Als Antwort auf die italienische Kriegserklärung gegen Großbritannien und Frankreich bombardiert die Royal Air Force Mailand und Genua.

14. Juni
Im polnischen Auschwitz werden 728 Gefangene aus Tarnow als erste Häftlinge in das berüchtigte Konzentrationslager eingeliefert.

20. Juni
Im Fernen Osten warnt Japan die französischen Kolonialregierungen in Indochina davor, antijapanische Aktionen der nationalchinesischen Regierung in Chunking zu unterstützen.

Luftschlacht
um England

22. Juli 1940: Die deutsche Wehrmacht bereitet sich auf die Invasion Großbritanniens vor. Man will die Lufthoheit erringen, damit das Heer einmarschieren kann.

Im Mai und Juni 1940, nachdem Norwegen besetzt und Frankreich sowie die Beneluxländer gefallen waren, war die RAF damit beschäftigt, ihre Wunden zu lecken. Die Luftwaffe hingegen verlegte erhebliche Kräfte auf küstennahe Stützpunkte, England genau gegenüber. Da man in Vorbereitung der „Unternehmen Seelöwe" genannten Invasion Großbritanniens das RAF Fighter Command ausschalten wollte, bündelten die Deutschen ihre Kräfte und stellten drei Luftflotten auf: die III. Luftflotte im Nordwesten Frankreichs, die II. Luftflotte im Nordosten Frankreichs und in den Beneluxländern und die V. Luftflotte in Norwegen und Dänemark.

Anfang Juli bestand die gegen England zusammengezogene Luftstreitmacht aus 2.800 Flugzeugen, darunter 1.300 Heinkel He 111, Junkers Ju 88 und Dornier Do 17 Bomber, 280 Junkers Ju 87 Sturzkampfbomber, 790 einsitzige Messerschmitt Bf 109 Jäger, 260 schwere Messerschmitt Bf 110 und Junkers Ju 88C Jäger sowie 170 Aufklärer unterschiedlichsten Typs. Etwa die Hälfte dieser Maschinen war kampftauglich.

Der Oberbefehlshaber des Fighter Command, Air Chief Marshal Sir Hugh Dowding, teilte seine Verteidigungskräfte in drei Gruppen: die Nr. 11 Fighter Group im Süden unter Air Vice-Marshal Keith Park, die Nr. 12 in den Midlands unter Air Vice-Marshal Trafford Leigh-Mallory sowie die Nr. 13 im Norden unter Air Vice-Marshal Richard Saul. Wenig später wurde eine vierte Gruppe, die Nr. 10, unter Air Vice-Marshal Quintin Brand aufgestellt, um den Südwesten zu schützen.

Dowding verfügte Anfang Juli über insgesamt 640 Jagdflugzeuge, unter ihnen 347 Hawker Hurricane, 199 Supermarine Spitfire, 69 Bristol Blenheim Nachtjäger sowie 25 Boulton Paul Defiant. Etwas mehr als die Hälfte war im Süden stationiert. Die wichtigsten Fliegerhorste waren Biggin Hill, Kenley, Croydon, Hornchurch, Manston und Tangmere. Sie bildeten einen Verteidigungsring um London und die Themsemündung. An der Süd- und Ostküste wurde als Frühwarnsystem eine Kette von Radaranlagen errichtet, die Angreifer bereits in einer Entfernung von 160 km entdecken konnten.

Die deutschen Angriffe richteten sich im Juli vor allem gegen Schiffe und Objekte an der Südküste. Dadurch gerieten die britischen Piloten, die fast ununterbrochen Begleitschutz für Konvois fliegen mussten, unter erheblichen Druck. Doch bald erkannte man, dass gerade dies die Absicht der Deutschen war, und suchte jeden nicht absolut nötigen Kampf mit den Feindjägern zu vermeiden. Die Briten verloren im Juli etwa 77 Jäger und etwa halb so viele Piloten.

Die RAF hatte den großen Vorteil, über eigenem Land zu kämpfen. Britische Piloten, die abspringen mussten, konnten schnell wieder eingesetzt werden, während deutsche Besatzungen in Gefangenschaft gerieten und notgelandete Maschinen wertvolle Erkenntnisse lieferten. Trotzdem begannen Ende August die unbarmherzigen Angriffe auf britische Feldflugplätze Wirkung zu zeigen. Teile der Deutschen Wehrmacht übten bereits, wenn auch mit wechselnder Begeisterung, Landungsoperationen.

DIE SCHLACHT BEGINNT: ANGRIFFE AUF SÜDENGLAND

Eine Serie von Luftangriffen auf die Küstenschifffahrt und die Kanalhäfen waren Anfang August 1940 der Auftakt zur Luftschlacht um England. Am 11. August griff die Luftwaffe erstmals Ziele im Landesinneren an, vor allem Feldflugplätze und Radarstationen. Das Tempo nahm bis Mitte August zu: Die Deutschen flogen bis zu 1.800 Angriffe pro Tag. Großbritanniens Sicherheit hing von einer Hand voll unersetzbarer junger Piloten ab.

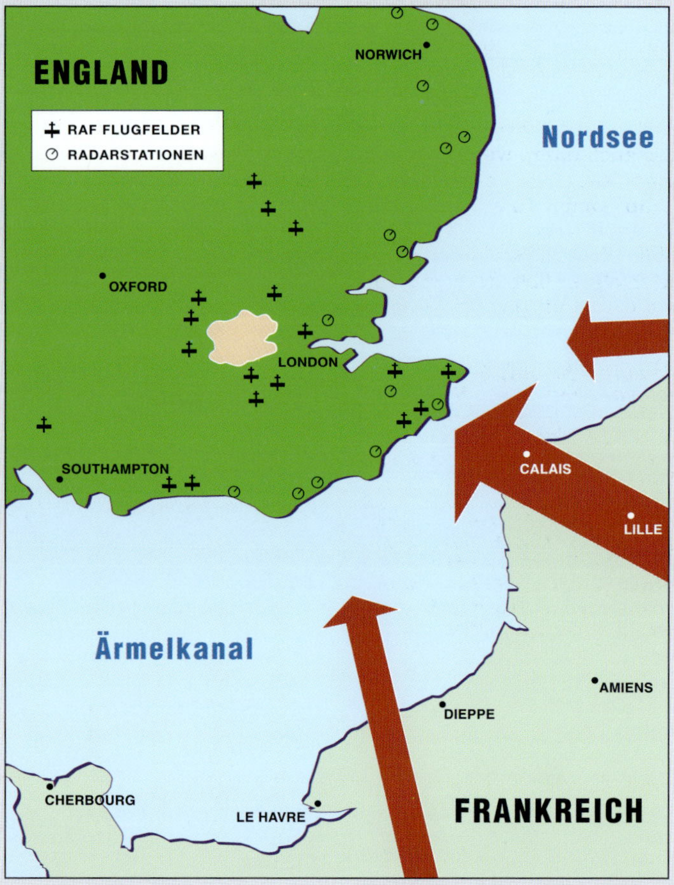

Die Geschwader Parks konnten den ersten Hauptschlag vom 8. August ausgezeichnet parieren, da die Piloten die Schwächen der Junkers Ju 87 und der Messerschmitt Bf 110 schnell ausgemacht und effektive Kampftaktiken entwickelt hatten. Als die Messerschmitt Bf 109, die der Hurricane in fast allen Bereichen überlegen war, in großen Formationen zum Einsatz kam, sandte die Führung der Briten vor allem die Spitfire gegen die Feindjäger, während die Hurricane die langsameren und tiefer fliegenden Bomber angriff.

Diese Hawker Hurricane Mk I (links) gehörte zur 85. Squadron unter dem Kommando von Squadron Leader Peter Townsend, der in der Schlacht um England sechs Feindflugzeuge abschoss. Auf das Konto der Hurricane, die zwar langsamer, aber auch wendiger war als ihre Gegner, gehen mehr Anschüsse als auf alle anderen Jagdflugzeuge zusammen.

Diese Supermarine Spitfire Mk IIA (rechts) wurde von Squadron Leader D. O. Finlay geflogen, als seine 41. Squadron im Dezember '40 in Hornchurch stationiert war. Air Chief Marshal Dowding hatte sich allen Wünschen, diese Maschinen auch in die Schlacht um Frankreich zu senden widersetzt, da er die modernen Jäger für die Schlacht, die kommen musste, zurückbehalten wollte.

Ab nun trugen die Deutschen ihre Angriffe tiefer ins Landesinnere vor. Am 15. August versuchte die V. Luftflotte sogar Ziele im Norden Englands zu attackieren. Sie erlitt jedoch so schwere Verluste, dass sich Angriffe dieser Art während der restlichen Schlacht nicht mehr wiederholten.

Eine neue Taktik der Luftwaffe führte in der nächsten Phase der Schlacht, die Ende August begann, zu einer markanten Verschiebung. Aufgrund der Klagen der Bf 109-Piloten, dass sie durch ihre Aufgabe als Begleitschutz für die Bomber erheblich eingeschränkt wären, erhielten die Jagdgeschwader die Erlaubnis, über Südengland nach eigenem Ermessen anzugreifen. In der Folge schossen sie häufig Jäger der RAF beim Start oder bei der Landung ab oder auch dann, wenn diese auf dem Rückflug nach einem Kampf knapp an Munition oder Treibstoff waren.

Für die Luftwaffe war dies die erfolgreichste Zeit: Sie würde die Verteidiger wohl schnell in die Knie gezwungen haben, hätte sie diese Strategie konsequent weiterverfolgt. Göring aber, über die anhaltenden Verluste außer sich, befahl, von der RAF abzulassen und schwere Angriffe gegen die Zivilbevölkerung zu fliegen. Am späten Nachmittag des 7. September wurde Ostlondon massiv bombardiert.

Wendepunkt

Dies war jedoch zugleich der Wendepunkt der Schlacht. Das Nachlassen des Drucks auf die Jäger verschaffte den Piloten die dringlichst benötigte Atempause. Bei weiteren schweren Tagangriffen deutscher Bomber, insbesondere am 15. September auf London sowie gegen Ende des Monats auf Südostengland, konnten den Deutschen schwere Schläge zugefügt werden. Die britischen Jagdpiloten, nun nicht mehr im Kampf über ihren Fliegerhorsten gebunden, konnten sich auf die großen Armaden konzentrieren, die sich schwerfällig auf den Weg gemacht hatten, um wiederum eine unglückliche Stadt heimzusuchen.

Zur selben Zeit gerieten die von Park und Leigh-Mallory bevorzugten, höchst konträren Einsatztaktiken ins Kreuzfeuer der Kritik. Vor allem wohl deswegen, weil ihm im Süden nur wenig Reaktionszeit blieb, bevorzugte Park den Einsatz einzelner Staffeln und Schwärme. Leigh-Mallory hingegen sandte am liebsten ganze Geschwader in die Schlacht. Unter den jeweils herrschenden Bedingungen ihrer Kommandobereiche hatten wohl beide Recht. Überdies versuchte Park durchaus, so die Vorwarnzeit ausreichte, zwei bis drei Staffeln zugleich einzusetzen. Anderseits erwies sich Leigh-Mallorys Geschwadertaktik immer dann als ineffizient, wenn er die Staffeln nicht schnell genug zusammenziehen konnte.

Bei der vorwiegend am Tag geführten Luftschlacht um England verlor die Luftwaffe insgesamt 2.020 Flugzeuge. Mehr als 5.200 Mann fliegendes Personal wurden getötet oder als vermisst gemeldet. Die Briten konnten zwar den Ausgang der Schlacht als überwältigenden Sieg betrachten, dies stellte jedoch keinesfalls das Ende der Luftangriffe dar: Diese wurden, wenn auch mit wechselndem Erfolg, im Schutz der Nacht weitergeführt.

Der Preis für den Sieg war hoch. Viele der wichtigsten Fliegerhorste waren schwer beschädigt, manche mussten vorübergehend geschlossen werden. Mehr als 500 Piloten waren gefallen oder vermisst. Dennoch besaß das Fighter Command am 31. Oktober, dem letzten Tag der Schlacht, acht Geschwader mehr als am ersten Tag – und es traten zweimal mehr neu ausgebildete Piloten ihren Dienst an, als dies noch im Juli der Fall gewesen war. Sie waren bereit, eine Tradition fortzusetzen, an die sich die dankbare Nation für alle Zeiten erinnern wird: Ihr Überleben war durch die Fähigkeiten von nicht einmal 3.030 Fliegern gesichert worden.

Die Luftwaffe griff Großbritannien vor allem mit drei Bombertypen an: der Heinkel He 111H-3, der Dornier Do 17 und der Junkers Ju 88. Die Heinkel 111 (rechts) war ein sehr erfolgreicher mittlerer Bomber, der den ganzen Krieg hindurch in Dienst stand. Zum Glück der Briten hinkte die Luftwaffe bei der Entwicklung schwerer viermotoriger Bomber den Alliierten hinterher.

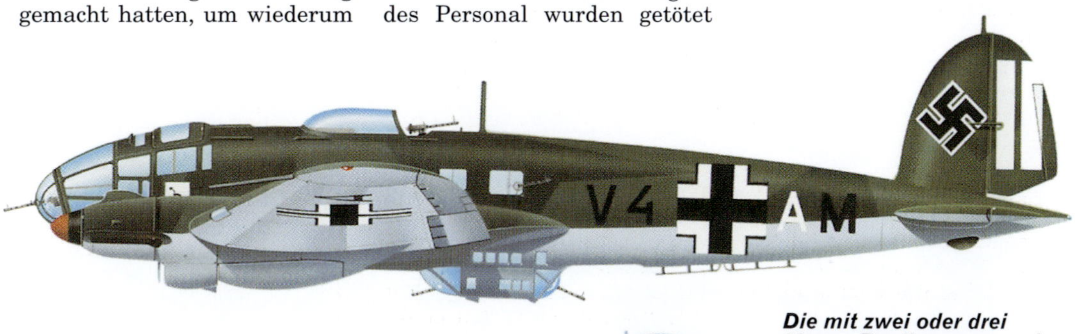

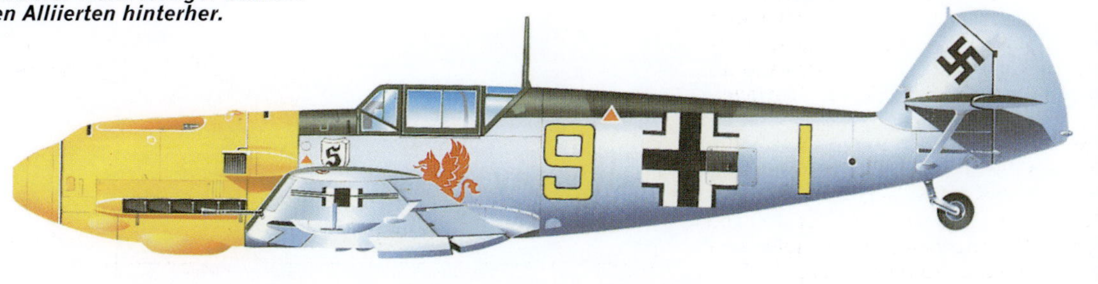

Die mit zwei oder drei 20-mm-Bordkanonen und einem Paar 7,92-mm-Maschinengewehren bewaffnete, schnelle und wendige Messerschmitt Bf 109 (links) kam bis zum Kriegsende zum Einsatz. Die Bf 109 erzielte ihre größten Erfolge Anfang September 1940, als sie das britische Radar unterflog und Jäger der RAF bei der Landung angriff.

Luftschlacht um England

Chronologie

1940 brüstete sich Reichsmarschall Hermann Göring vor Hitler, dass er in der Lage sei, Großbritannien mit der Luftwaffe allein niederzuringen. Er hatte jedoch nicht mit der außerordentlichen Flexibilität der Royal Air Force und dem Talent ihrer Piloten gerechnet.

Oben: Eine Gruppe zu evakuierender Briten steigt in einen Zug. Im Verlauf des Krieges wurden mehr als sechs Millionen britischer Kinder evakuiert, mehr als in jedem anderen europäischen Land.

1940

Juni – 12. August

Die Luftwaffe konzentriert ihre Angriffe vor allem auf die Schifffahrt im Ärmelkanal und in der Nordsee und zerstört dabei Frachtschiffe von insgesamt 30.000 BRT.

12. August

Deutsche Jäger und Bomber greifen erstmals gezielt die Fliegerhorste britischer Jagdgeschwader sowie Radaranlagen an der Küste an. Hitlers Ziel ist die Vernichtung der Royal Air Force, um in Vorbereitung der „Unternehmen Seelöwe“ genannten Invasion Englands die Lufthoheit zu erringen. Die für die Invasion vorgesehene Zeitspanne sind laut Führerbefehl 17 vom 16. Juli die Tage vom 19. bis zum 26. September.

Unten: Ein Bild völliger Zerstörung nach einem deutschen Bombenangriff. Die schwerste Standardbombe der Deutschen war die SC2000 mit einem Gewicht von 1.953 kg.

Als Ende 1940 die deutschen Nachtangriffe zunahmen, entwickelte Großbritannien Nachtjäger wie diese Bristol Beaufighter.

13. August
Am „Adlertag" beginnt eine viertägige Offensive der Luftwaffe mit dem Ziel, die RAF und ihre Radareinrichtungen zu zerstören. Wegen Schlechtwetters am Morgen werden die Starts auf den Nachmittag verschoben, aber auch dann erzielen die Angriffe nicht das gewünschte Ergebnis. Bombardiert werden unter anderem Portland, Andover und Southampton. Die Deutschen verlieren 40 Flugzeuge.

15. August
Die Luftwaffe verliert an dem als „schwarzer Donnerstag" bekannt gewordenen Tag 74 Flugzeuge. Die Bomberverbände der V. Luftflotte, die ohne Begleitschutz aus Norwegen und Dänemark anfliegen, werden so schwer dezimiert, dass sich die V. Luftflotte nie mehr von diesem Schlag erholt und bei der Luftschlacht um England ohne Bedeutung bleibt.

17. August
Freiwillige des Bomber Command sollen die schweren Verluste unter den Jagdpiloten der RAF ersetzen.

19. – 24. August
Aufgrund des schlechten und bewölkten Wetters kommen die Aktivitäten in der Luft so gut wie zum Erliegen. Während dieser Ruhepause entscheidet Göring die Taktik zu ändern und befiehlt, Jagdflugzeuge der RAF im Luftkampf zu stellen, nachdem sie durch gezielte Bombardements wichtiger Fliegerhorste in die Luft gelockt wurden. Allerdings ist Göring nicht klar, dass die RAF über 600 und nicht, wie er glaubt, über 300 Jäger verfügt.

24. – 31. August
Die britischen Flugfelder werden mit Bombenteppichen belegt. Nahezu 200 RAF-Jäger werden zerstört. Allerdings verliert die Luftwaffe im selben Zeitraum 330 Maschinen.

3. September
Der Beginn des Unternehmens „Seelöwe" – der Invasion Großbritanniens – wird wegen der enttäuschenden Ergebnisse bei der Luftschlacht um England auf 21. September verschoben.

7. September
Die Bomber der Luftwaffe konzentrieren sich nicht mehr auf die Flugfelder, sondern fliegen konzentriert auf London. Diese strategische Fehlentscheidung ermöglicht es der RAF, ihre Verluste auszugleichen und effektiver gegen die Geschwader des Feindes vorzugehen. Es kommt zum bisher schwersten deutschen Angriff, an dem 348 Bomber und 617 Jäger beteiligt sind.

15. September
An diesem in Großbritannien offiziell als „Battle of Britain Day" bezeichneten Tag trifft die RAF auf die bisher größte Ansammlung deutscher Flugzeuge. Zwei verschiedene deutsche Bomberflotten werden von mehr als 300 RAF-Jägern angegriffen. Die Deutschen verlieren 80 Flugzeuge, der Mythos, dass die RAF praktisch besiegt sei, ist gebrochen. Von diesem Tag an greifen die Deutschen zwar gelegentlich noch Flugfelder, hauptsächlich aber nur noch im Schutz der Nacht britische Städte an.

17. September
Operation „Seelöwe" wird auf unbestimmte Zeit verschoben.

Internationale Ereignisse 1940

18. August
Die USA und Kanada errichten das gemeinsame Joint Defense Board.

2. September
Das Vereinigte Königreich erwirbt im Gegenzug für die Öffnung der britischen Marinehäfen auf den Westindischen Inseln von den USA 50 alte Zerstörer als Geleitschiffe.

9. September
Flugzeuge des RAF Bomber Command greifen mehrere Städte in Deutschland und Europa an, darunter Hamburg, Bremen und Boulogne.

10. September
Italien zieht in Vorbereitung der für den 28. Oktober geplanten Invasion Griechenlands 200.000 Mann in Albanien zusammen.

12. September
Der Außenminister der USA wird von Botschafter Joseph Grew gewarnt, dass Japan als Antwort auf das begrenzte Ölembargo schwere Vergeltungsmassnahmen plane.

13. September
Italienische Truppen fallen aus Äthiopien in die benachbarte britische Kolonie Kenia ein.

5. Oktober
Japans Premier Konoye kündigt den Krieg mit den USA an, „so sich die USA weiter weigern, die wahren Absichten des Bündnisses von Japan, Deutschland und Italien zu verstehen und jene Allianz herausfordern, die zu einer positiven Neuordnung der Welt geschlossen wurde".

Operation „Judgement“
Angriff auf Tarent

Während die japanische Marine einen Angriff auf Pearl Harbor plante, lieferte ihr die Royal Navy mit einer ähnlichen Operation ein taktisches Vorbild.

In der Nacht vom 11. auf den 12. November 1940 griffen 21 Fairey Swordfish Torpedobomber, auf Trägerschiffen stationierte Doppeldecker des Fleet Air Arm, die italienische Flotte im Hafen von Tarent an. Der erste große und erfolgreiche Angriff von Flugzeugen der Marine verschob das militärische Gleichgewicht im Mittelmeer zu Gunsten der Briten.

Nachdem Italien im Juni in den Krieg eingetreten und die französische Flotte eliminiert worden war, beherrschten die Achsenmächte das Mittelmeer. Dies brachte britische Konvois, die lebenswichtige Güter aus den Kolonien östlich von Suez nach Großbritannien transportierten, in ernsthafte Gefahr. Die Situation verschärfte sich, als nach dem Angriff Italiens auf Griechenland im Oktober 1940 die Achsenmächte Ägäis und Adria als ihren „Hinterhof“ betrachten konnten und somit die Versorgung jedes auch nur denkbaren britischen Stützpunkts am Balkan nahezu ausgeschlossen gewesen wäre.

Voraussetzung für sämtliche Operationen der Royal Navy im Zentralbereich des Mittelmeers war der Weiterbestand Maltas als Marine- und Luftwaffenstützpunkt. Nicht ohne Sinn für Geschichte wollte man am „Trafalgar Day“, dem 21. Oktober, mit einer britischen Flotte aus vier Schlachtschiffen und Schlachtkreuzern, zwei Trägern (HMS *Eagle* und *Illustrious*), zehn Kreuzern und vier Zerstörern die Italiener zur Schlacht zwingen. Obwohl zwei Konvois durch das Mittelmeer liefen, blieb die italienische Flotte, die aus fünf Schlachtschiffen, 14 Kreuzern und 27 Zerstörern bestand, in ihrem Heimathafen Tarent. Noch dazu hatte der Träger *Eagle*, nachdem ihn mehrere italienische Bomben nur knapp verfehlt hatten, so große Probleme, dass seine Swordfish auf die *Illustrious* transferiert werden mussten.

Drei Kreuzer der Zara-Klasse lagen im Zentrum des Mar Grande (der Reede), als die Swordfish angriffen. Jede Maschine trug neben der Hauptbewaffnung 16 zweifach verwendbare 100-mm-Kanonen als mächtige Flak-Batterie.

Luftaufklärung

Kurzum: Der Angriff musste verschoben werden und für den 10. November wurde zur Vorbereitung lediglich die Aufklärung des Hafens von Tarent befohlen. Eine Martin Maryland mit Pilot Officer Adrian Warburton von der Nr. 431. Flight der RAF startete in Malta und lieferte Rear Admiral Lumley Lyster, dem Flaggoffizier der *Illustrious*, nach einer hoch dramatischen Erkundungsaktion unter schwerstem Flakfeuer ein detailreiches Bild der italienische Flotte. Am selben Abend meldete ein Flugboot der RAF, dass ein sechstes Schlachtschiff in den Hafen von Tarent eingelaufen sei.

Durch das Durchkommen der Maryland ermutigt, befahl Lyster einen Angriff auf die italienischen Schiffe im Hafen. Am Abend des 11. November starteten zwei Swordfish-Wellen von Bord der *Illustrious*, die sich 275 km südöstlich von Tarent befand. Die erste Welle, unter Lieutenant Commander Kenneth Williamson, bestand aus 12 Flugzeugen (sechs mit Torpedos, vier mit Bomben und

Die* Vittorio Veneto *blieb beim Angriff auf Tarent heil, ihr Schwesterschiff, die* Littorio, *bekam drei Torpedotreffer ab, die sie bis April 1941 außer Gefecht setzen. Das 30 Knoten schnelle und mit 381-mm-Hochgeschwindigkeitsgeschützen bewaffnete mächtige Schlachtschiff war eine ernste Gefahr für die Briten.

TARENT: DIE NACHT DER SWORDFISH

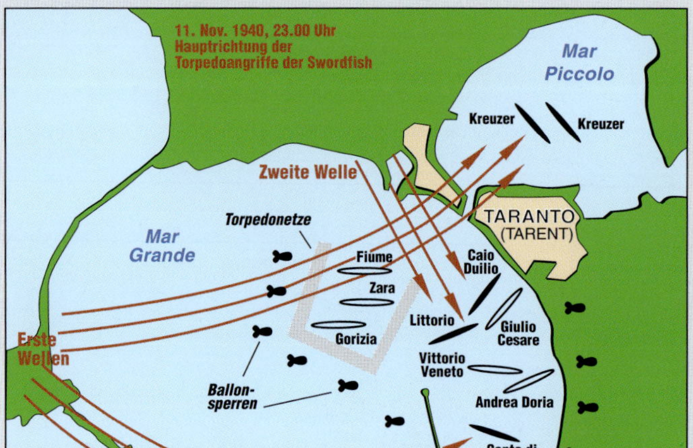

Der italienischen Luftwaffe war entgangen, dass die britische Flotte Tarent gefährlich nahe war. Einige wenige und schwerfällige Flugboote, die sie ausgemacht hatten, waren von den mit Radar geleiteten Fulmar-Jägern abgeschossen worden: Der Angriff kam für die Italiener überraschend, sie verloren die Hälfte ihrer Schlachtschiffe. Mit einem Schlag war das Kräfteverhältnis im Mittelmeer umgekehrt. Die Briten hatten Glück: Stürme am Wochenbeginn hatten bis zur Angriffsnacht 63 der 90 Sperrballone vom Himmel gefegt und die Torpedonetze allein reichten nicht tief genug, um die Schiffe sichern zu können.

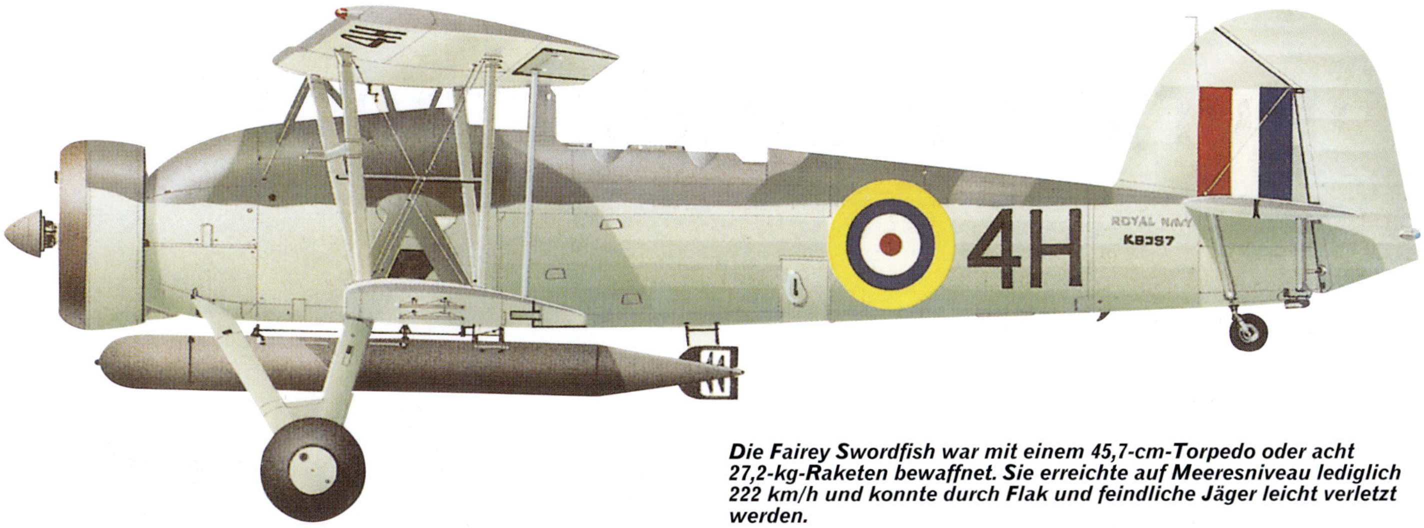

Die Fairey Swordfish war mit einem 45,7-cm-Torpedo oder acht 27,2-kg-Raketen bewaffnet. Sie erreichte auf Meeresniveau lediglich 222 km/h und konnte durch Flak und feindliche Jäger leicht verletzt werden.

zwei mit Bomben und Leuchtbomben). 40 Minuten später folgte die zweite Welle von neun Maschinen (fünf mit Torpedos, zwei mit Bomben sowie zwei mit Bomben und Leuchtbomben). Sie wurde von Lieutenant Commander John Hale geführt.

Obwohl am Vortag die Maryland über ihrer Marinebasis aufgetaucht war – eine nur zu deutliche Warnung, sollte man meinen –, waren die Italiener völlig überrascht, als die Einheit Williamsons über den Hafen von Tarent hinwegfegte. Ein weiterer Vorteil für die Angreifer war, dass die erwarteten Ballonsperren, die einen Luftangriff auf den Hafen behindern hätten sollen, am Vortag von einem Sturm fast zur Gänze zerstört worden waren. Überdies hatten die Italiener darauf verzichtet Torpedonetze zu spannen, da diese auch die Bewegungsfreiheit ihrer eigenen Schiffe eingeschränkt hätten.

Zwei Leuchtbomben zeigten schnell die Position des neuen Schlachtschiffs *Littorio* (35.000 Tonnen) an: Es wurde sofort von drei Torpedos getroffen und an seinem Ankerplatz versenkt. Zwei ältere Schlachtschiffe, die *Conte di Cavour* und die *Caio Duilio* (beide zu 23.600 Tonnen) bekamen ebenfalls Treffer ab: Erstere sollte nie wieder in See stechen, Letztere setzte man am Ufer auf Grund, um ihr Sinken zu verhindern. Im inneren Hafen wurden ein schwerer Kreuzer und ein Zerstörer getroffen. Dann erst reagierte die Fliegerabwehr: Zwei Swordfish wurden abgeschossen, eine davon war jene von Williamson. Er und sein Bordschütze überlebten und wurden gefangen genommen. Bei einer anderen Swordfish versagte der Auslösemechanismus des Torpedos.

Bei einem einzigen Angriff war die Hälfte der italienischen Kriegsmarine außer Gefecht gesetzt worden – ein Schlag, von dem sich die Italiener niemals zur Gänze erholen sollten. Während der darauf folgenden drei Jahre musste die italienische Marine bei zahlreichen Gelegenheiten der Royal Navy den Kampf verweigern, da sie hier in Tarent ihrer Überlegenheit bei den Großkampfschiffen beraubt worden war. Bei der Seeschlacht von Matapan am 28. März 1941 hätte die Übermacht italienischer Schlachtschiffe Admiral Sir Andrew Cunninghams Mittelmeerflotte unter anderen Umständen wohl vernichtet, so aber mussten die beiden Großkampfschiffe der Italiener, von denen eines beschädigt war, ihr Heil in der Flucht suchen und drei Kreuzer und zwei Zerstörer zurücklassen, die versenkt werden konnten. Später dann, als die Briten ihre Truppen aus Kreta und Griechenland evakuierten, waren die Verluste unter den Schiffen der Royal Navy, die vor allem aus der Luft angegriffen wurden, sehr schmerzlich. Wäre jedoch der Kern der italienischen Kriegsmarine noch intakt gewesen, wären sie wohl ins Unermessliche gestiegen.

Die Italiener besaßen viele ausgezeichnet bewaffnete Zerstörer. Wie die meisten italienischen Kriegsschiffe waren sie schnell und leicht. Ihre leichte Konstruktion erwies sich aber nach der Schlacht an der Syrte als Nachteil: Zwei Zerstörer sanken in der rauen See.

Die HMS* Eagle*, hier nach der Schlacht von Tarent, war nicht in der Lage, ihre vorgesehene Aufgabe zu erfüllen. Sie war bei Luftangriffen vor Kalabrien durch zahlreiche in ihrer Nähe detonierende Bomben schwer beschädigt worden. Einige der auf ihr stationierten Swordfish wurden samt ihren Besatzungen für den Angriff auf die* Illustrious *überstellt.

Operation „Judgement"
Chronologie

Obwohl sie mit der Swordfish einen veralteten Doppeldecker flogen, gelang es den britischen Marinepiloten, durch den Angriff auf den Marinehafen Tarent das militärische Kräfteverhältnis im Mittelmeer umzudrehen. Binnen weniger Minuten wurden drei wichtige italienische Schlachtschiffe ausgeschaltet und vier weitere Schiffe schwer beschädigt.

1940

21. Oktober
Die für diesen Tag vorgesehene Operation „Judgement", der britische Angriff auf den Hafen der italienischen Kriegsmarine in Tarent, muss wegen eines Brandes auf dem Träger *Illustrious* und technischer Probleme des Trägers *Eagle* verschoben werden.

9. November
Die *Illustrious* erreicht die für den Angriff vorgesehene Position. Eine Swordfish macht aufgrund von Problemen des Motors eine Bruchlandung.

10. November
Die britische Flotte wird von einem italienischen Bomber angegriffen, während sie sich Malta nähert. Die Schäden sind klein, der Bomber wird abgeschossen. Eine weitere Swordfish geht wegen Motorschadens verloren.

11. November
Am dritten Tag geht die dritte Swordfisch wegen technischer Probleme verloren. Verunreinigter Treibstoff war die Ursache. Der Angriffsbefehl ergeht: Gegen 22.00 Uhr startet die erste Swordfish-Welle von Bord der *Illustrious,* die etwa 290 km von Süditalien entfernt vor der griechischen Insel Kefallonia liegt.

22.58 Uhr
Die ersten Flugzeuge erreichen Tarent. Zwei Maschinen markieren die Ziele für die Torpedobomber mit Leuchtbomben.

23.14 Uhr
Das italienische Schlachtschiff *Conte di Cavour* wird von einem Torpedo der Swordfish L4A getroffen. Die Maschine wird von einer Flak abgeschossen, beide Besatzungsmitglieder überleben.

23.15 Uhr
Die *Andrea Doria* wird vorschiffs von zwei Torpedos getroffen. Kurz danach trifft Lt. N.M. Kemp trotz engstem Schutz durch Sperrballons das Schlachtschiff *Littorio* im Bugbereich an Steuerbord. Das Heck an Steuerbord wird von einem Torpedo der L4M getroffen. Die letzten beiden Torpedos der ersten Welle treffen nicht. Einer läuft auf die *Vittorio Veneto* zu, sinkt jedoch und explodiert am Hafengrund, der andere trifft zwar die *Libeccio,* detoniert jedoch nicht.

Das italienische Schlachtschiff **Caio Duilio** *liegt am Morgen nach der Operation „Judgement" beschädigt im Hafen von Tarent. Die* **Duilio** *wurde auf Grund gesetzt, um einen Untergang zu verhindern. Bergungsexperten machten sie binnen eines Monats schwimmfähig, innerhalb von sechs Monaten war sie repariert.*

Dieses Luftbild des Hafens von Tarent machte ein britischer Aufklärer am Tag nach dem Angriff. Die Ölteppiche rund um die durch Torpedos beschädigten Schiffe sind deutlich zu erkennen.

23.35 Uhr
Die zweite Welle ist in Angriffsposition.

23.50 Uhr
Zwei Maschinen werfen Leuchtbomben über dem Zielgebiet ab und greifen danach mit ihren Bomben das Treibstofflager des Hafens an, allerdings ohne Erfolg.

24.00 Uhr
Das Schlachtschiff *Caio Duilio* im Mar Grande erhält in Bugnähe einen Torpedotreffer.

12. November
00.01 Uhr
Die bereits aufgrund früherer Treffer vom Sinken bedrohte *Littorio* wird erneut getroffen. Die Swordfish E4H wird von einer Flak abgeschossen, ihr Copilot getötet. Die *Vittorio Veneto* erhält bei einem Angriff der Swordfish E5H (Wellham-Humphrey) keinen weiteren Treffer. Die *Trento* wird von einer Bombe der L5F getroffen, die jedoch nicht explodiert.

1.22 Uhr
Die Verteidiger von Tarent stellen das Feuer ein, der Angriff ist vorüber.

3.00 Uhr
Alle bis auf zwei Swordfish sind wieder an Bord der *Illustrious.*

Internationale Ereignisse 1940

21. Oktober
Der britische Premier Winston Churchill hält eine Radioansprache an das französische Volk. Er fordert die Franzosen zum Widerstand gegen die Deutschen auf und versichert: „Wir werden alles tun, um Hitler und den Geist des Nationalsozialismus zu schlagen, das ist unser einziges, das ist unser immer währendes, das ist unser Ziel bis zum Letzten.“ Liverpool erlebt den 200. Bombenangriff des Krieges.

6. November
Franklin D. Roosevelt wird als Präsident der USA wiedergewählt.

9. November
In Elsass-Lothringen beginnen die Deutschen mit der Vertreibung und Zwangsumsiedlung von 200.000 Franzosen.

11. November
Im Konzentrationslager Dachau kommt es zur ersten Massenhinrichtung: 55 polnische Akademiker werden ermordet. Bis Kriegsende werden dort mehr als 40.000 Insassen zu Tode gekommen sein.

11. November
In Paris demonstrieren Studenten am Arc de Triomphe gegen die deutsche Besatzung. Die Demonstration wird vom deutschen Militär mit brutaler Gewalt aufgelöst.

12. November
Hitler befiehlt alles zu unternehmen, um Spanien als Verbündeten der Achse zu gewinnen. Er wollte Spanien als Ausgangspunkt für einen Angriff auf Gibraltar nutzen und den Zugang zum Mittelmeer kontrollieren. Trotz Hitlers Druck beharrt Generalissimo Franco auf „wohlwollender Neutralität“.

O'Connors Sieg

Operation „Compass"

Dezember 1940: Die Western Desert Force der Briten bereitet einen Gegenangriff auf die italienische Armee vor, welche Ägypten bedroht.

Im September 1940 kam die italienische Invasion Ägyptens bei Sidi Barrani 96 km vor Mersa Matruk zum Stehen. Höchstwahrscheinlich waren den Truppen Treibstoff und Wasser, vielleicht aber auch der Schwung ausgegangen. Die Speerspitzen der Italiener verbrachten die nächsten beiden Monate damit, zur Sicherung des Gebietes in einem Quadranten von Maktila an der Küste bis tief in die Wüste bei Sofafi eine Reihe befestigter Lager auszubauen.

Am 9. 12. befahl General Richard O'Connor den Beginn der Operation „Compass", einem auf fünf Tage anberaumten Angriff durch beide Divisionen der Western Desert Force. Ziel des Vorstoßes war es, zwei oder mehr befestigte italienische Stellungen zu nehmen, die die Flanke der Briten berohten: die Kasernen und Garnisonen der Italiener in Sidi Barrani und Maktila. Ging alles gut, wollte man bis zur Grenze vorstoßen und dort die Stellungen des Feindes zerstören. Nachdem möglichst viele Feinde gefangen genommen worden waren, würde man sich entlang der Küste nach Mersa Matruk oder in die Wüste zurückziehen.

Die Italiener wurden völlig überrascht: Die meisten Soldaten bereiteten sich gerade auf ihr Frühstück vor, plötzlich erschien auf einem Dünenkamm, etwa 800 m vom Haupteingang des Camps entfernt, eine Kette schwerfälliger, jedoch beinahe unzerstörbarer Matildas. Die Panzer überrollten jedes Hindernis, zermalmten die Lagertore und schwärmten, Racheengeln gleich, im Gelände aus. Jedes Geschoss der italienischen Artillerie, und sei es noch so gewaltig, prallte von ihrer Panzerung ab.

Am Nachmittag war Nibeiwa in britischer Hand, das Feldlager Tummar im Norden am Abend und jenes Lager, das der Küste am nächsten lag, am Morgen darauf, ohne dass ein einziger Schuss abgegeben worden war. Mittlerweile war auch Sidi Barrani besetzt worden und die Spitzen der 7. Panzerdivision stießen im Westen auf die Grenze vor. Am 10. Dezember abends hatte die Western Desert Force vor allem ein großes Problem: Was sollte man mit 20.000 Kriegsgefangenen tun?

Australische Truppen kesselten am 17. Dezember Bardia ein und nahmen es am 3. Januar.

Die Italiener nannten die Wüstenpiste zwischen Sollum und Sidi Barrani „die Straße zum Sieg". Das wurde sie auch, jedoch anders, als sie gehofft hatten. Das Wrack dieses Fiat CR 42 Jägers liegt auf einem besetzten Flugfeld. Die italienischen Hoheitszeichen sind von Souvenierjägern abmontiert worden.

EIN HERKULESAKT: DER EINMARSCH IN LIBYEN

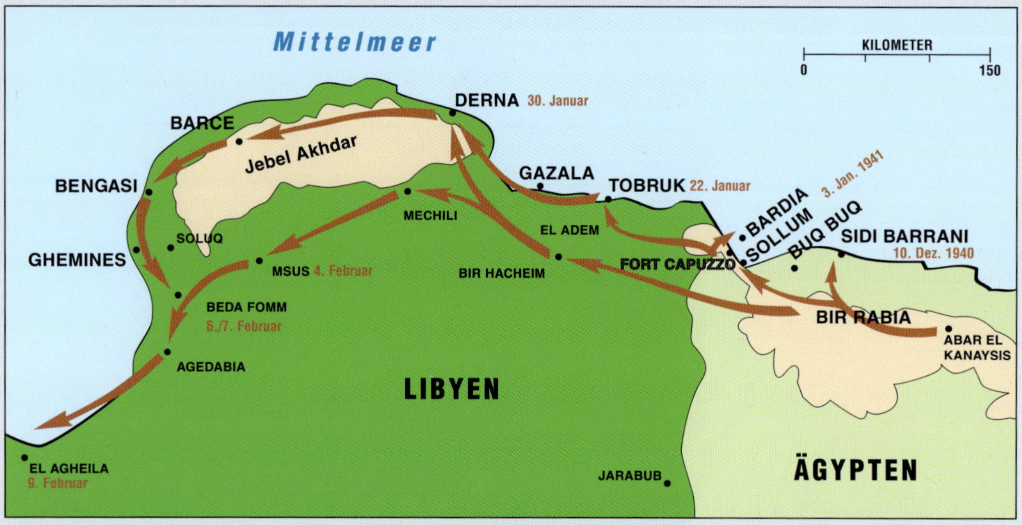

O'Connor verdankte seinen erstaunlichen Sieg übermenschlichen Leistungen seiner Soldaten. Die lange Jagd durch die Kyrenaika war eine Belastungsprobe für Männer und Maschinen, am Ende der Operation waren nur noch 20 Prozent der britischen Fahrzeuge einsatzfähig.

Am Abend des 6. Januar brach der letzte italienische Widerstand zusammen, weitere Kolonnen aus tausenden Kriegsgefangenen schleppten sich gen Osten. Die 7. Panzerdivision der Briten hatte El Adem erreicht und wollte Tobruk abriegeln. Ihr Fahrzeuge hätten dringlichst der Wartung bedurft, die Fahrer hatten dunkle Ringe unter den Augen und jeder litt stärkeren Hunger und Durst, als er es je für möglich gehalten hatte – aber sie siegten und das entschädigte für alles.

Die 19. australische Brigade und die Schützen der 7. Support Group erreichten den Belagerungsring um Tobruk am 12. Januar, zwei weitere australische Divisionen stießen am 17. dazu. Am 21. Januar griff die australische Infanterie im Schutz der Geschütze der Support Group sowie der kleinerkalibrigen Panzer Tobruk

Der schwerfällige und lediglich 13 km/h schnelle Panzer Matilda konnte durch die Panzerabwehrwaffen der Italiener nicht verwundet werden. Das aus England entsandte Matilda-Regiment führte die Angriffe auf die italienischen Lager um Sidi Barrani an. Der einzige Nachteil des Panzers bestand darin, dass seine 40-mm-Kanone nicht dazu in der Lage war, sowohl Explosivgeschosse als auch panzerbrechende Munition abzufeuern.

Die reguläre italienische Armee trug graugrüne Uniformen. Die Einheiten in Nordafrika waren jedoch mit Khakiuniformen ausgestattet. Dieser Offizier trägt die leichtere Uniform aus Baumwolle und eine Beretta Pistole. Beim Feldanzug war das Hoheitszeichen an der Mütze in schwarz gestickt.

erstmals an. Nach 36 Stunden war alles vorüber: Nur wenige italienische Einheiten kämpften mit Hingabe, die um den Hafen positionierte Marinegarnison ergab sich gar ohne einen einzigen Schuss.

Am Morgen darauf erreichten neue Befehle die Männer der Western Desert Force: Sie sollten Richtung Bengasi vorrücken und ihre Erfolge nach Westen tragen. Die Australier marschierten nach Darnah, die 7. Panzerdivision konzentrierte sich auf Mechili auf den Hügeln von Trig el Abd südlich des Jabal Akhdar Gebirges. Am 2. Februar waren sie dort.

Allein die Erregung trieb sie voran. Mit dringendst der Wartung bedürftigen Fahrzeugen durchquerten sie ein Schrecken erregendes Land, von dem sie kaum mehr wussten, als dass sie in die richtige Richtung zogen. An Bord der Fahrzeuge war für zwei Tage Wasser und Verpflegung, gerade so viel Treibstoff, dass sie ihr Ziel erreichen konnten, und so viel Munition wie nur irgend Platz fand.

Am Nachmittag des 4. Februar besiegte die Speerspitze der Panzer die überraschte Garnison des Forts von Msus. Die ersten schweren Panzer trafen am Morgen darauf ein. Am Nachmittag erreichten die Geschütze und Infanteristen der Support Group Antelat und überquerten dann die Küstenstraße bei Beda Fomm. Um 16.00 Uhr wurde ein Bataillon Gewehrschützen auf der gegenüberliegenden Straßenseite in Stellung gebracht, dahinter wurden Geschütze postiert, die linke Flanke sicherten patrouillierende Panzer. Insgesamt umfasste die Streitmacht gerade einmal 600 Mann.

Italienischer Gegenangriff

Bei Tagesanbruch griffen 13 M13-Panzer, die des Nachts gegenüber von den Briten in Stellung gebracht worden waren, einen Angriff, der jedoch unter massivem Abwehrfeuer zum Erliegen kam. Als sich der Pulverdampf verzogen hatte, sahen die erstaunten Beobachter 13 bewegungsunfähige und schwelende Panzer, einige von ihnen ohne Ketten, manche samt Besatzung ausgebrannt. Einer von ihnen war lediglich wenige Meter vor jenem Zelt, von dem aus die ganze Aktion geleitet worden war, zum Stillstand gekommen. In lediglich zehn Wochen hatte General O'Connors Streitmacht eine Distanz von 800 km bewältigt und die 10. italienische Armee vernichtet. 130.000 Italiener, darunter sieben Generale, waren gefangen genommen worden. Selbst zählte man 550 Gefallene oder Vermisste und 1.373 Verwundete – ein unter jedem Aspekt und bis heute bemerkenswertes Meisterstück. Trotz ihrer mitgenommenen Ausrüstung war jeder Einzelne fest davon überzeugt, dass man nun sogar bis Tripolis vorstoßen und die Italiener endgültig aus Nordafrika vertreiben könnte.

O'Connor sandte den Chef seines Stabes mit dieser Botschaft nach Kairo, wo dieser am frühen Morgen des 12. Februar eintraf und um 10.00 Uhr zu General Wavell vorgelassen wurde. Aber die Karten der Wüstengebiete, die bisher die Wände bedeckt hatten, waren verschwunden: An ihrer Stelle befand sich eine riesige Karte Griechenlands. „Sieh her, Eric", sagte Wavell und deutete darauf. „Ich plane meine Frühjahrsoffensive!" Die Entwicklung auf dem Balkan hatte O'Connor und seine Männer um ihren größten Triumph betrogen.

Die* Milizia Volontaria Per La Sicurezza Nationale*, „Schwarzhemden" genannt, war Mussolinis faschistische Miliz. Sie kämpfte unter dem Befehl der Armee, trug jedoch ihre charakteristischen Hemden, Kragenspiegel sowie einen schwarzen Fez mit Quaste.

O'Connors Sieg
Chronologie

Die Operation „Compass" trug zur dringend benötigten Stärkung der Moral der Briten bei. Eine Viertelmillion italienische Soldaten wurden von lediglich 36.000 in Ägypten and Libyen stationierten Briten besiegt. Nichts beweist besser die Kläglichkeit des italienischen Afrikafeldzugs.

1940

September
Italienische Truppen in Libyen fallen unter dem Oberbefehl von Marshal Graziani in Ägypten ein. Sie besetzen die Küstenstadt Sidi Barrani und errichten zur Verteidigung im Süden der Stadt eine Kette befestigter Militärlager: Ost, Nord und West, Sofafi, Nibeiwa, Tummar Ost und Tummar West.

6. – 8. Dezember
Der Kommandeur der Western Desert Force in Ägypten, Major-General Richard O'Connor, befiehlt die Vorbereitung auf die Operation „Compass", die als „Fünftages-Angriff" auf italienische Stellungen geplant war. Die 7. Panzerdivision, die 4. indische Division und die neuseeländische Division, die gemeinsam über 36.000 Mann verfügen, rücken von ihren Garnisonen in Abar el Kanaysis und Mersa Matruth etwa 112 km vor und beziehen die „Piccadilly" genannte Ausgangsstellung im Südosten des Lagers Nibeiwa.

8. – 9. Dezember
Die Royal Navy beginnt mit dem Beschuss der italienischen Stellungen bei Sidi Barrani und Maktila an der Nordküste.

9. Dezember
Beginn der Operation „Compass". Die 7. Panzerdivision bricht zwischen den Lagern Sofafi und Rabia einerseits und den

Eine Batterie 25-pfündiger Feldgeschütze eröffnet das Feuer auf den Feind. Die 25-Pfünder waren eine hervorragende, mit der deutschen 88-mm-Flak vergleichbare Waffe. Ihre Reichweite betrug 12.250 m, die Mündungsgeschwindigkeit lag bei 518 m/s.

Eine italienische Kolonne auf einer nordafrikanischen Küstenstraße. 1940/41 war der Ausbildungsstand der meisten italienischen Divisionen erbärmlich. Viele Probleme der Italiener in Nordafrika waren eher darauf denn auf mangelnden Mut zurückzuführen.

Italienische Soldaten untersuchen eine Stellung. Mitte 1940 hatte die italienische Armee insgesamt 43 Infanteriedivisionen, davon zwei motorisierte und elf lediglich teilmotorisierte Divisionen.

nördlichen Lagern andererseits durch und fährt nach Norden, um die libysche Küstenstraße bei Buqbuq zu blockieren. Gleichzeitig greifen das 7. königliche Panzerregiment und die 4. indische Division die Lager Nibeiwa und Tummar West an und nehmen diese ein.

10. Dezember
Tummar Ost, das letzte nördliche Lager, fällt. Die Italiener bei Sidi Barrani sind von einer weiteren britischen Einheit, der Selby Force, eingekesselt, die auf der Küstenstraße gegen Westen vorstößt. Diese hat die italienische 1. libysche Division aus Maktila geworfen und greift nun Sidi Barrani an. Mehr als 38.000 Italiener werden gefangen genommen. Das XXI. italienische Korps entkam dem Netz, muss aber zurückweichen.

11. Dezember
Die Royal Navy bombardiert nunmehr Sollum westlich von Buqbuq, um den Rückzug der Italiener auf der nördlichen Küstenstraße zu verlangsamen. Die Catanzaro Division wird etwas später zwischen Buqbuq und Sollum in die Zange genommen und erleidet schwere Verluste, 30.000 Soldaten geraten in Gefangenschaft.

1941

22. Januar
Die Alliierten erreichen die strategisch wichtige Hafenstadt Tobruk und nehmen sie ein. Damit verbessern und sichern sie die Nachschubmöglichkeiten der Truppen in Nordafrika. Seit Beginn der Operation „Compass" haben sie 200 Meilen zurückgelegt, gegen Feindverbände mit einer Gesamtstärke von 250.000 Mann gekämpft und 130.000 Gefangene genommen.

Internationale Ereignisse 1940

10. Dezember
Mit José Waldberg und Karl Meier werden die ersten deutschen Spione in Großbritannien im Londoner Gefängnis Pentonville gehängt. Dank der hervorragenden Arbeit der britischen Abwehr bleibt im II. Weltkrieg praktisch kein deutscher Spion unentdeckt.

11. Dezember
Großbritannien ersucht die USA erneut um Unterstützung. Der britische Botschafter Lord Lothian trägt Folgendes vor: „Wir sind überzeugt, mit Hilfe der zwischen Ihrem und unserem Schatzamt diskutierten Unterstützung in Bezug auf Flugzeuge, Munition und Schiffe sowie die Unterstützung zur See und in finanziellen Belangen siegen zu können."

17. Dezember
Präsident Roosevelt kündigt öffentlich das Lend-Lease-Programm an, die Bereitschaft, dem Vereinigten Königreich Waffen und anderes militärisches Material leihweise zur Verfügung zu stellen.

19. Dezember
Die British Purchasing Commission bestellt bei der Regierung der USA kriegswichtige Güter im Wert von 750 Millionen Dollar, darunter mehr als 12.000 Flugzeuge.

27. – 29. Dezember
London leidet unter einer Serie entsetzlicher Bombenangriffe. Die Deutschen werfen vor allem Brandbomben ab. Roosevelt stellt sich am 29. mit seinem ganzen Gewicht hinter das Lend-Lease-Programm und erklärt, dass die Vereinigten Staaten zum „Arsenal der Demokratie" werden müssten.

1941 – ein Sturmgeschütz III von Lists 12. Armee am Fuß der Akropolis. Die Besetzung des Balkans dauerte weniger als einen Monat. Dieser Sieg war für die Deutschen von großem symbolischem Wert. Vor allem aber war er für die beinahe tödliche Schwäche der Truppen des britischen Empire in Nordafrika verantwortlich.

Der Balkanfeldzug

Hitlers Krieg im Süden

Jugoslawiens Widerstand gegen Hitler wurde mit einer umgehenden Invasion belohnt. Der deutsche Überfall auf den Balkan richtete sich aber auch gegen Griechenland, das den Italienern Widerstand leistete.

Am 25. März 1941 unterzeichnete Jugoslawiens Außenminister Aleksandar Cincar-Markovic einen Pakt mit Hitler, der im Gegenzug für die Neutralität Jugoslawiens und die Demilitarisierung der Adriaküste die Grenzen des Landes garantierte. Aber weder Hitler noch der jugoslawische Prinzregent Paul hatten die Stimmung in der Bevölkerung richtig eingeschätzt.

Am 27. März rückten jugoslawische Panzer in Belgrad ein, im Rundfunk wurde die sofortige Exilierung des Prinzregenten bekannt gegeben. Der erst 17-jährige König Peter II. bestieg den Thron und annullierte umgehend den Vertrag mit Deutschland. Dieses Vorgehen löste in Belgrad überschwängliche Freude aus.

Wutentbrannt befahl Hitler dem Oberkommando der Wehrmacht, die „Vernichtung Jugoslawiens vorzubereiten".

Unternehmen „Marita"

Zur Durchführung des Unternehmens „Marita", der Invasion Nordgriechenlands, marschierte die 12. Armee unter Generalfeldmarschall Wilhelm List von Rumänien nach Bulgarien. Angesichts der Präsenz britischer, australischer und neuseeländischer Truppen in Griechenland machte es keinen Sinn, „Marita" auf Thrakien und Makedonien zu beschränken.

Sowohl „Marita" als auch das Unternehmen „Strafgericht", die Invasion Jugoslawiens, begannen am 6. April mit Luftangriffen auf Belgrad. Bis zum Abend des nächsten Tages gab es bereits 17.000 Bombentote. Am selben Tag wurde im Hafen von Piräus der Konvoi AFN 24 vernichtet, der Verstärkung für das australisch-neuseeländische ANZAC-Korps gebracht hatte, das auf Kozani vorrückte. Die Luftwaffe hatte den Hafen bombardiert und an Fallschirmen Minen abgeworfen, die jede Ausfahrt blockierten.

In der Zwischenzeit rückte die 9. Panzerdivision von Petrich über Stip bis nach Skopje vor. Am 8. April stieß die Panzergruppe 1 unter Generaloberst Ewald von Kleist entlang des Tals der Nisava nach Norden vor und nahm Nis, am nächsten Tag marschierten sie entlang der Morawa auf Belgrad. Am selben Tag stieß das LI. Armeekorps der 2. Armee von Feldmarschall Maximilian von Weichs von der Steiermark aus nach Süden vor, nahm Marburg (Maribor) und marschierte auf Agram (Zagreb). Eine Division schwenkte auf Laibach (Ljubljana) ab. Die 8. Panzerdivision überquerte am 11. April die Drau und stieß von Nordwesten auf Belgrad vor.

Kroatiens Sympathie

Der deutsche Vorstoß gelang deshalb so schnell, weil die Führung der jugoslawischen Armee verwirrt und in Panik war, die Truppen selbst waren schlecht ausgerüstet und gänzlich demoralisiert. In Kroatien kamen Weichs Männer noch rascher voran. Die Kroaten hatten immer wieder gegen die serbische Mehrheit rebelliert, die ohne Rücksicht auf Minderheiten über Jahre Jugoslawien regiert hatte. Mehr als einmal wurden die vorrückenden Deutschen von den Kroaten und deren bewaffneten Ustascha-Einheiten freudig willkommen geheißen.

Am 10. April war Zagreb in deutscher Hand, zwei Tage später übergab der Bürgermeister Belgrads die Stadt an einen SS-

Kradfahrer des XLI. motorisierten Korps am 12. April, sechs Tage nach Beginn der Operationen „Strafgericht" und „Marita" auf den Straßen Belgrads.

Diese Junkers Ju 87R-2 der 1./StG 1 war im April 1941 in Krainici (Bulgarien) stationiert. Als Langstreckenbomber trug sie Zusatztanks unter den Tragflächen. Aufgrund der Dominanz der gelben Einsatzkennung des Unternehmens „Marita" ist anzunehmen, dass die Maschine vom Kommandanten der Einheit geflogen wurde. Das StG 1 war unmittelbar vor der Invasion Jugoslawiens und Griechenlands zur Verstärkung des StG 2 „Immelmann" von Nordafrika nach Bulgarien verlegt worden.

Hauptsturmbannführer, der mit seiner Einheit die Vorhut des XIV. Korps bildete. Am Morgen des 14. April bat die jugoslawische Armee um Einstellung der Kämpfe und am 17. unterzeichnete ein Vertreter des Generalstabs die bedingungslose Kapitulation, König Peter und seine Regierung flohen nach Athen. Der Weg über Mazedonien nach Griechenland war frei.

Invasion Griechenlands

Das XXX. Korps der 12. Armee Lists stieß aus Bulgarien über Arda nach Thrakien im Süden vor, isolierte die beiden Festungen Nymphaea und Ekhinos und vernichtete die griechische Evros-Brigade. Dann wandte es sich nach Osten und ging über den Nestos gegen die Metaxas-Linie vor – all dies innerhalb nur eines Tages. Östlich davon hielt die 2. Panzerdivision zuerst nach Westen auf Strumica in Jugoslawien zu, schwenkte dann nach Süden und überschritt die Grenze. Am 9. April erreichte sie Saloniki (Thessalonike) im Rücken der Metaxas-Linie und schlug die zahlenmäßig unterlegenen Verteidiger. Dies war der Anfang vom Ende der griechischen Ostmakedonienarmee. Erste Spähtrupps waren bereits am 8. Juni durch die Pforte von Monastir (Bitola) gesickert. General Maitland Wilson hatte zur Unterstützung der britischen 1. Panzerbrigade neuseeländische MG-Einheiten auf jugoslawisches Gebiet vorgeschoben, um die Pässe um Vevi länger gegen die eindringenden Deutschen zu halten.

General Wilson musste die Truppen des Commonwealth in einem zwar freundlich gesinnten, doch fremden Land kommandieren. Aber er kannte nicht nur seine eigenen Schwächen, Tag für Tag informierte man ihn über die Schlachtordnung des Feindes und dank „Ultra", der Entschlüsselung des deutschen Enigma Codes, auch über deren Tagesbefehle.

Bereits am 7. April kannte Wilson die Pläne von Lists Armee in Thrakien und Makedonien. Am folgenden Tag erfuhr er, welche Einheiten auf die Pforte von Monastir vorrücken und die Commonwealth-Truppen unter seinem Kommando angreifen würden. Er wusste, dass seine Truppe zu schwach war, um Widerstand leisten zu können. Daher plante Wilson einen geordneten Rückzug, der möglichst vielen seiner Männer das Leben retten sollte.

Am 12. April erfuhr er, dass die Sieger von Saloniki seine Flanke im Osten umgingen. Er befahl die Evakuierung der Pässe bei Vevi. Am 14. April schlossen sich jene Männer, die entkommen waren, den Neuseeländern an, die Stellungen entlang des Aliakmon und die Pässe um den Olymp besetzt hielten. Dort leisteten sie den deutschen Angreifern über vier Tage bis zum 18. April Widerstand. An diesem Tag meldete Ultra, dass deutsche Panzer, dieses Mal im Westen, erneut Wilsons Flanke umgangen hatten und sich von Ioannina und Thessalien näherten.

Am 19. April zogen sich Wilsons Truppen hinter die Thermopylen zurück und Schiffe der Royal Navy evakuierten die Männer aus dem Hafen Piräus. Da jedoch 50.000 Mann nicht in einem einzigen Hafen an Bord gehen konnten, wendeten die 4. Hussars nach Süden, um die Brücke über den Kanal von Korinth offen zu halten und die Strände des Peloponnes für die Massenevakuierung zu sichern.

Kapitulation

General Alexander Papagos berichtete am 21. April seinem König, dass die griechische Armee nicht mehr kampffähig sei. Bei den Thermopylen hielt die Nachhut bis zum 24. April stand und setzte sich dann ab. General Wilson verließ Athen am 26. April und überquerte die Brücke von Korinth. In den nächsten beiden Tage konnte nur die Luftwaffe die Evakuierung behindern. An einem Tag wurden ein Transporter sowie zwei Zerstörer versenkt. Aber die Royal Navy blieb unbeirrt und evakuierte in den folgenden beiden Tagen 26.000 Mann. Am 28. April überquerten die 5. Panzerdivision und die SS-Division „Leibstandarte Adolf Hitler" den Kanal von Korinth und die Panzer marschierten gegen Kalamata. Für die 7.000 dort stationierten Soldaten des Commenwealth standen keine Schiffe bereit. Der Commonwealth verlor an die 12.000 Mann, 900 davon waren gefallen, 1.200 verwundet. Die Royal Navy verlor zwei Zerstörer und 25 andere Schiffe, die RAF 209 Flugzeuge, 137 davon wurden am Boden zerstört. Ob es nun ein Fehler war oder nicht, die Briten hatten jedenfalls ihr Versprechen gehalten und Griechenland zu verteidigen versucht.

Mai 1941: Ein deutscher Fallschirmjäger mit MG in der Nähe des Kanals von Korinth. Am 26. April wollte man in einem von Segelflugzeugen getragenen Luftlandeunternehmen die Brücke von Korinth einnehmen.

Der Balkanfeldzug: Chronologie

Italien fiel am 28. Oktober 1940 in Griechenland ein. Trotz zahlenmäßiger Überlegenheit erlebten die Italiener eine vernichtende Niederlage. Es sollte erst den Deutschen gelingen, den Balkan zu erobern.

1940

28. Oktober
Italien greift Griechenland mit mehr als 200.000 Mann an. Der geschickte griechische Widerstand, unterstützt durch die britische Royal Air Force, zwingt die Invasoren nach zwei Wochen zum Rückzug.

1941

25. März
Der jugoslawische Prinzregent Paul unterzeichnet einen Pakt mit den Achsenmächten. Zwei Tage später setzen ihn die putschenden nationalistischen Generale Bora Mirkovic und Dusan Simovic ab. Simovic wird Regierungschef und kündigt Jugoslawiens Mitgliedschaft am Dreimächtepakt.

26. März
Hitler informiert seine ranghöchsten Offiziere in Berlin: „Ich habe beschlossen, Jugoslawien zu zerstören."

6. April
Deutsche Truppen marschieren im Rahmen des Unternehmens „Marita" zeitgleich in Jugoslawien und Griechenland ein. Die Invasionsmacht umfasst 24 Divisionen und 1.200 Panzer.

8. April
Die Deutschen belegen die jugoslawische Hauptstadt Belgrad mit Flächenbombardements, denen rund 30.000 Menschen zum Opfer fallen.

9. April
Griechenland. Die Metaxas-Linie – eine Kette von Befestigungen im Nordosten des Landes, die von vier Divisionen verteidigt wird – ist eingekesselt und wird von Einheiten der deutschen 12. Armee zu Fall gebracht. Die Deutschen nehmen auch den strategisch wichtigen Hafen von Saloniki und verhindern so die Verstärkung der alliierten Truppen im Norden des Landes.

10. – 16. April
Griechenland. Die als Aliakmon-Linie bekannte, 160 km lange Verteidigungsstellung im Vermiongebirge ist besiegt. Sie war von drei Divisionen der Briten, Australier und Neuseeländer besetzt gewesen.

12. April
Die alliierten Verbände werden von der Vermionlinie auf weiter südlich gelegene Verteidigungspositionen am Olymp zurückgezogen.

Oben: Ein deutscher Unteroffizier feuert im bosnischen Mostar mit seiner Walther ein Leuchtsignal ab. Dass lediglich 151 Deutsche in der Anfangsphase der Invasion fielen, beweist die totale Unterlegenheit der Jugoslawen.

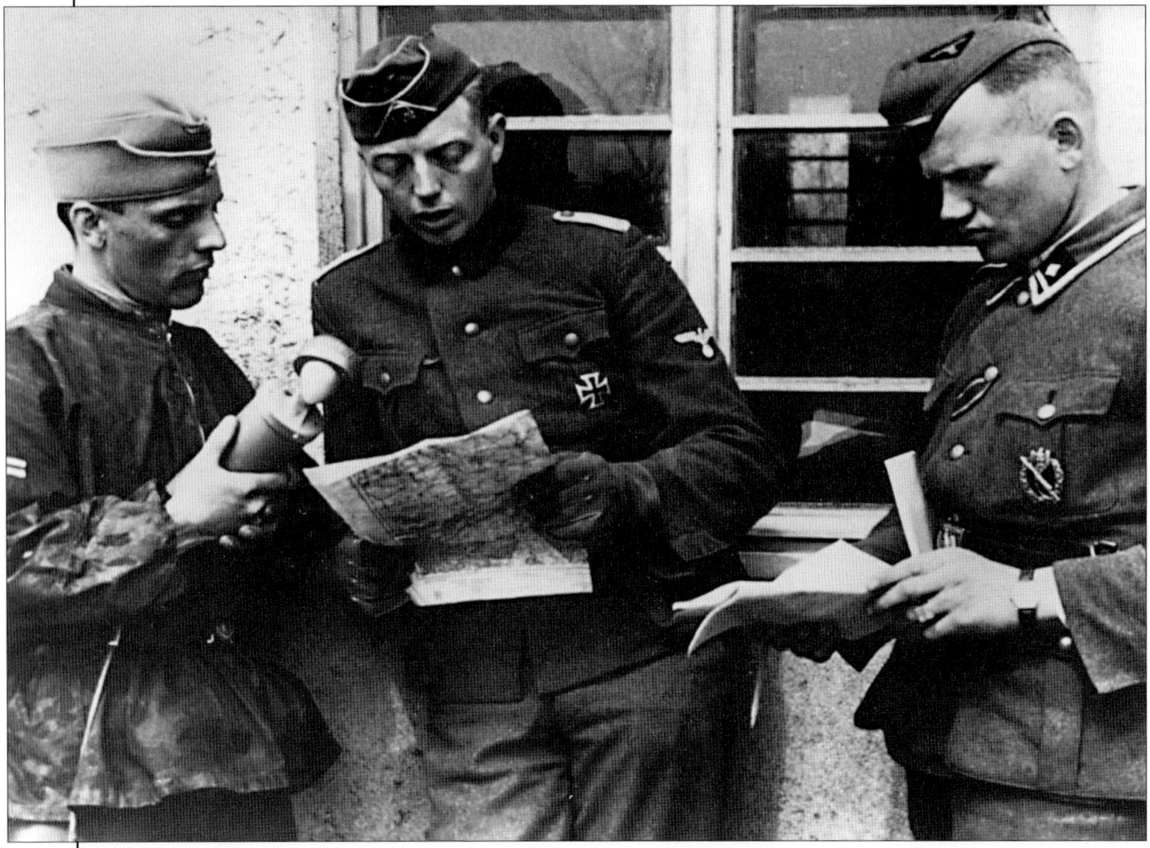

Unten: Ein Hauptsturmbannführer gibt nach dem Fall Belgrads einem Kriegsberichter des Radios ein Interview. Jene deutschen Einheiten, die als Besatzungstruppen in Jugoslawien blieben, führten einen erbitterten Kampf gegen Partisanen, dem bis Kriegsende nahezu eine Million Jugoslawen zum Opfer fielen.

12. April
Die jugoslawische Hauptstadt Belgrad ist in deutscher Hand. Die jugoslawischen Truppen hatten den Deutschen, die von Österreich, Ungarn, Rumänien und Bulgarien aus angriffen, sowie den Italienern, die von Albanien aus vorstießen, nichts entgegenzusetzen.

14. April
Jugoslawien. Die griechischen Verbände in Albanien sind von ihrer Heimat abgeschnitten, nachdem die Deutschen die jugoslawischen Einheiten bei der Pforte von Monastir dezimiert haben und nach Nordgriechenland vorrücken.

16. April
Die Alliierten ziehen sich völlig aus Griechenland zurück. Dies beruht großteils auf dem Wunsch des Oberkommandierenden der griechischen Armee, General Alexander Papagos, der Winston Churchill um den Abzug der alliierten Truppen bat, um Griechenland vor der völligen Zerstörung durch die Deutschen zu bewahren.

17. April
Die Führung der jugoslawischen Armee unterzeichnet die bedingungslose Kapitulation.

20. April
Die griechische Armee kapituliert vor den deutschen und italienischen Truppen.

28. April
Griechenland. Deutsche Luftlandeeinheiten starten einen Angiff auf die Brücke über den Kanal von Korinth. Sie sollen die Brücke einnehmen und den Alliierten den Rückzug abschneiden. Allerdings war der Großteil der alliierten Einheiten bereits weiter in den Süden entkommen. Die Brücke wird beim Angriff versehentlich zerstört.

27. –30. April
Die flüchtenden Alliierten erreichen die Südküste Griechenlands und werden in einer Operation mit dem Codenamen „Demon" von Schiffen der Royal Navy evakuiert. Etwa 51.000 Soldaten können gerettet werden. Athen wird am 27. April besetzt, Griechenland kapituliert.

Das größte Hindernis für den Vormarsch der Deutschen auf dem Balkan war das unwegsame Gelände. Vor allem in Griechenland konnten Verbände ortskundiger Partisanen im Gebirge aus dem Hinterhalt zuzuschlagen und sich umgehend wieder in den Schutz des vertrauten Terrains zurückzuziehen.

Internationale Ereignisse 1941

24. März – 25. April
Deutsche und italienische Truppen rücken von El Agheila in Libyen bis zum Halfaya Pass in Ägypten über eine Strecke von mehr als 800 km durch Nordafrika vor. Auf ihrem Weg erobern sie die Küstenstädte Benghasi, Derna und Barnia und nehmen damit den Alliierten lebenswichtige Nachschubhäfen. Tobruk wird zwar isoliert, leistet jedoch hartnäckig Widerstand.

28. – 29. März
Die italienische und britische Marine geraten vor der Südküste Griechenlands in ein schweres Gefecht, das in der Folge als Seeschlacht von Matapan bekannt wird. Die Schlacht endet mit einem überwältigenden Erfolg der Briten, die nur ein Flugzeug des Trägers *Formidable* verlieren, aber fünf italienische Schiffe versenken können.

1. – 18. April
Irak. Die Regierung von König Faisal wird nach einem Staatsstreich von Sympathisanten der Nationalsozialisten unter Führung des nationalistischen Politikers Rashid Ali abgesetzt.

6. April
Die Alliierten erobern Addis Abeba, die Hauptstadt Äthiopiens, von der italienischen Ostafrikaarmee.

7. April
Großbritannien bricht die diplomatischen Beziehungen zu Ungarn ab, da das Land de facto zur Operationsbasis der Achsenmächte geworden ist.

13. April
Die Sowjetunion und Japan unterzeichnen einen fünf Jahre gültigen Nichtangriffspakt.

24. April
Nach einem drei Tage währenden Bombardement der britischen Küstenstadt Plymouth sind 30.000 Menschen obdachlos.

Tod aus der Luft
Die luftgestützte Invasion Kretas

April 1941: Während die Deutschen unerbittlich immer weitere Teile Griechenlands eroberten, fiel ihre Aufmerksamkeit auch auf dessen größte Insel, Kreta.

Ende April 1941 hatten die Überlebenden des für die Alliierten so desaströsen Griechenland-Feldzugs Kreta erreicht. Da mit an Sicherheit grenzender Wahrscheinlichkeit die Insel das nächste Ziel von Hitlers Aggression sein würde, evakuierte man die Verwundeten, die Kranken und das nichtkämpfende Personal nach Ägypten. Generalmajor Bernard Freyberg, Träger des Victoria-Kreuzes, erhielt das Kommando und reorganisierte die Truppen zur Verteidigung der Insel.

Zwei Brigaden seiner eigenen neuseeländischen Division (die 4. und die 5.) brachte er um die neuralgischen Flugfelder von Maleme in Stellung. Sie wurden von drei griechischen Bataillonen unterstützt. Im Gebiet um die Suda-Bucht verblieben etwa 2.000 Mann der Mobile Naval Defence Organisation, welche durch je ein britisches, ein australisches und ein griechisches Bataillon verstärkt wurden; drei australische Infanteriebataillone mit MG-Unterstützung sowie noch zwei griechische Bataillone wurden nach Rethymnon entsandt; die verbleibenden zwei Bataillone der britischen 14. Brigade, ein australisches Batallion, ein Regiment mittlere Artillerie (mit Gewehren, jedoch ohne Geschütze) sowie zwei griechische Bataillone wurden im Raum Heraklion postiert.

Ein neuer Ton

Bis 7. Mai waren etwa 15.000 Briten, 7.750 Neuseeländer, 6.500 Australier und 10.200 bewaffnete Griechen in Stellung. Zum Monatsende wurden die Verteidiger auch noch durch ein weiteres britisches Infanteriebataillon, 22 ältere Panzer und 49 Geschütze, die man von Ägypten nach Kreta verlegt hatte, verstärkt.

Sie alle bereiteten sich auf den Ernstfall vor, hoben Schützengräben aus – und warteten. Am Morgen des 20. Mai vernahm man einen neuen Ton im „Morgenkonzert" der Luftwaffe – ein Summen wie von einem gigantischen Bienenschwarm, das sich bald zum Crescendo steigerte: Die Neuseeländer bei Maleme sahen eine riesige Transportflotte über das Meer herankommen und mit einem Schlag erblühten am Himmel über ihnen tausende sich öffnende Fallschirme – die Schlacht um Kreta hatte begonnen.

Siegreiche Fallschirmjäger auf Kreta: Die 7. Fliegerdivision wurde während des Angriffs auf etwa die Hälfte ihrer Stärke reduziert, vor allem am ersten Tag. Obwohl die deutschen Fallschirmjäger-Einheiten im Lauf des Krieges weiter verstärkt wurden, sollten sie nie wieder eine exponierte Landung dieser Art versuchen.

Angriff auf Maleme

Das Unternehmen „Merkur" sah einen luftgestützten Angriff in zwei Wellen an vier Stellen entlang der Nordküste Kretas vor. Luftlandeeinheiten und Fallschirmjäger sollten das Flugfeld von Maleme angreifen, einnehmen und halten, bis die 5. Gebirgsjägerdivision herangeführt werden konnte; das 3. Fallschirmjäger-Regiment sollte bei Chaniá abgesetzt werden und sich dann, verstärkt durch die Männer von Maleme, östlich halten und die Kontrolle über das Gebiet der Suda-Bucht übernehmen. Die zweite Welle, bestehend aus zwei weiteren Fallschirmjäger-Regimentern und ihrer Artillerie, würde am Nachmittag bei Rethymnon und Heraklion abgesetzt werden. In der Zwischenzeit sollte über das Meer Verstärkung herangeführt werden, gegen Abend bis vor Maleme und am darauf folgenden Morgen vor Heraklion. Sobald die Suda-Bucht fest in deutscher Hand wäre, würden so viele Panzer wie nur möglich anlanden. Insgesamt sollten 22.750 deutsche Elitesoldaten an Kretas Küste an Land gehen, transportiert und unterstützt von 1.200 Flugzeugen.

Allerdings musste deren Kommandant, Generalleutnant Kurt Student, am Ende des Tages befürchten, dass den Deutschen die erste Niederlage seit 1918 bevorstand. Sie hatten dem Abwehrfeuer der Australier und Neuseeländer – viele davon Farmer, die ihre bemerkenswerten Schießkünste seit ihrer Kindheit geübt hatten – nichts entgegenzusetzen. Einige der Luftlandeeinheiten wurden noch in der Luft völlig

KRETA FÄLLT: 20.-31. MAI 1941

Die drei Flughäfen Maleme, Retymnon und Heraklion waren der Schlüssel zu Kreta. Die Deutschen verließen sich auf diesen Umstand und setzten all ihre Fallschirmjäger ein in der Hoffnung, zumindest ein Flugfeld zu erobern und so Bodentruppen einfliegen zu können.

Diese Junkers Ju-52/3m g4e ist typisch für jene Maschinen, welche die deutschen Fallschirmjäger nach Kreta brachten. Jede konnte 12 Mann samt Ausrüstung aufnehmen. Sie flogen in engen Dreierformationen mit 240 km/h in etwa 55 m Abstand und 120 m Höhe. Für den Absprung drosselten sie die Geschwindigkeit auf 160 km/h. Nach den Männern wurden jeweils vier Behälter mit Waffen, Munition und Vorräten abgesetzt.

aufgerieben und nur jene, die das Glück hatten, abseits von Freybergs Truppenkonzentration abzuspringen, kamen durch.

Eine solche Einheit eines Sturmregiments war irrtümlich so weit westlich von Maleme abgesetzt worden, dass sie nicht direkt in die Schlacht eingreifen konnte. Doch die Männer formierten sich und marschierten nach Westen auf die Brücke Tavronitis zu, die sie gerade rechtzeitig erreichten, um einen neuseeländischen Gegenangriff abzuwehren – und dem Kommandanten des 22. neuseeländischen Bataillons einige Kopfschmerzen zu bereiten. Lieutenant Colonel Andrew, VC, DSO, entdeckte bald, dass der deutsche Verband, dem seine Einheit auf Höhe 107 gegenüberstand, nicht nur mächtig, sondern jetzt auch konzentriert war. Da seine Funkausrüstung zu Bruch gegangen war, hatte er die Verbindung zu zweien seiner Kompanien verloren, musste sich um eine dritte ernsthaft sorgen und konnte nur unzureichend und sporadisch Kontakt zum Hauptquartier halten. Da er einen Angriff in der Dämmerung befürchten musste, der seine ohnhin sehr dezimierten Männer überrannt hätte, zog er sich in die zweite Linie zurück, um seine Flanken nicht ungeschützt preiszugeben. Auf diese Art gab er allerdings etwas anderes preis: Höhe 107 und damit einen Teil des Flugfelds von Maleme.

Ein verlustreicher Zug

Man kann zurecht behaupten, dass dieses Manöver den Alliierten den Sieg in der Schlacht um Kreta kostete. Bis zum Abend hatte Student bemerkt, dass der Weg zum Flugfeld frei war, und sandte die ihm verbliebenen Fallschirmjäger aus. Unerschrocken durchflogen Junkers Ju-52 das Sperrfeuer und setzten in waghalsigen Landemanövern so lang Gebirgsjäger-Einheiten auf dem sich stetig vergrößernden Platz ab, bis das Flugfeld mit einer überwältigenden Übermacht voll gepackt war. Dann rückte man vor, um Students Befehl gemäß „Kreta von Westen her aufzurollen".

Noch galt es, fünf Tage erbitterter Kämpfe durchzustehen, doch dann trat für Freyberg das Offensichtliche zutage: Seine eigenen Kräfte wurden unausweichlich mehr und mehr dezimiert, während Students Einheiten regelmäßig Nachschub und Verstärkung erhielten. Am 26. Mai 1941 befahl Freyberg den Rückzug aller Truppen über die Berge an die Südküste der Insel und bat General Sir Archibald Wavell, die Evakuierung der Männer aus dem Gebiet um das Dorf Sfakia zu organisieren. Ein Bataillon Kommandosoldaten ging an Land und bildete einen Brückenkopf um den Ort. Dorthin zogen sich in den nächsten Tagen die erschöpften und demoralisierten Überreste von Freybergs Kommando zurück.

Oben: Etwa 12.000 Briten blieben nach der Evakuierung zurück. Die Deutschen kämmten Haus für Haus durch, um sie zu finden. Wie schon die Türken vor ihnen, mussten die Deutschen bald entdecken, dass der kretische Widerstand ausgesprochen hartnäckig sein konnte.

Links: Die HMS York *treibt aufgegeben und verlassen in der Suda-Bucht. Die Luftwaffe hatte die absolute Lufthoheit und fügte der Royal Navy schwere Verluste zu. Die kurzen Nächte machten es unmöglich, Nachschub über das Meer herbeizuschaffen, und als der Flughafen von Maleme gefallen war, war das Schicksal Kretas besiegelt.*

Tod aus der Luft

Die luftgestützte Invasion Kretas: Chronologie

Die Schlacht um Kreta läutete eine neue Ära der luftgestützten Kriegführung ein. Deutsche Luftlandetruppen nahmen die Insel in nur elf Tagen ein, jedoch unter so hohen Verlusten, dass ein Fallschirmjägereinsatz dieser Art nie wieder versucht wurde.

Ein deutscher Fallschirmjäger in Kampfadjustierung. Im Gürtel trägt er eine Stielhandgranate 39 – die Magazine in der Patronentasche lassen annehmen, dass die Waffe über seiner Schulter eine MP40 Maschinenpistole ist.

1941

25. April
Hitler ordnet im Führerbefehl Nr. 28 die luftgestützte Invasion Kretas an – Codename der Operation: „Merkur". Das Unternehmen soll vom Kommandanten der deutschen Luftlandeeinheiten, General Kurt Student, geleitet werden.

26. April
Der Entschlüsselungsgruppe „Ultra" der Alliierten gelingt es, deutsche Nachrichten zu dechiffrieren, die von einem groß angelegten Einsatz auf Kreta sprechen.

30. April
Major-General Bernard Freyberg übernimmt das Kommando über alle auf Kreta stationierten Truppen der Alliierten.

19. Mai
Die „Ultra"-Gruppe informiert Freyberg, dass eine Operation mit dem Codenamen „Merkur" am folgenden Tag starten soll. Alle britischen Jäger werden nach Ägypten zurückgezogen.

20. Mai
07.00 Uhr
Die ersten deutschen Sturmtruppen landen auf Kreta im Gebiet von Chaniá und Maleme. Etwa 500 Transportmaschinen Junkers Ju-52 sind im Einsatz. In den ersten Stunden der Schlacht fallen etwa die Hälfte aller Männer dem extrem schweren Abwehrfeuer der Alliierten zum Opfer.

13.30 – 14.00 Uhr
Die zweite Angriffswelle der Deutschen hebt vom griechischen Festland und anderen griechischen Inseln ab.

14.00 Uhr
Die zweite Welle wird über Rethymnon und Heraklion abgesetzt und erleidet ähnlich hohe Verluste wie die erste. Am Ende des ersten Tages sind die Deutschen weit davon entfernt, ihre Schlüsselziele zu erreichen.

21. Mai
Höhe 107, ein strategisch wichtiger Hügel am Rande des Flugfelds von Maleme, wird von den Deutschen eingenommen. Mit requirierten Fischerbooten versucht man, Verstärkung vom 100. Gebirgsjäger-Regiment nach Kreta überzusetzen. Die Boote werden von der Royal Navy entdeckt und nur 60 Mann überleben das darauf folgende Bombardement. Ein deutscher Angriff auf Heraklion wird von 8.000 alliierten Verteidigern zurückgeschlagen.

22. Mai
Ein Versuch neuseeländischer Truppen, das Flugfeld von Maleme zurückzuerobern, wird von den Deutschen abgewehrt. Der britische Zerstörer *Greyhound* wird von deutschen Bombern versenkt.

Abschuss einer Junkers Ju-52 über der Nordküste Kretas. Trotz hoher Verluste gelang es den Deutschen, allein am 20. Mai 9.530 Mann abzusetzen. Bis 23. Mai waren 17.530 in Kreta gelandet.

23. Mai
Die britischen Zerstörer *Kelly* und *Kashmir* sowie die Kreuzer *Gloucester* und *Fiji* werden von deutschen Stukas versenkt.

27. Mai
Die Deutschen erobern die Stadt und den Flugplatz Heraklion. Die Truppen der Alliierten werden durch den deutschen Aufmarsch bei Maleme nach Galatas zurückgedrängt.

30. Mai
Rethymnon wird gegen den heftigen Widerstand australischer Einheiten von den Deutschen eingenommen.

28. - 31. Mai
Auf Befehl von Major-General Freyberg ziehen sich die Alliierten aus Kreta zurück. Die Truppen werden vor allem über das Meer evakuiert, im Norden von Heraklion, im Süden von Sphakia aus. Kreta fällt an die Deutschen.

Internationale Ereignisse 1941

19. Mai
Mehr als 18.000 italienische Soldaten ergeben sich bei Amba Alagi in Äthiopien den Briten.

20. Mai
In Paris wird ein Führer der französischen Restistance, Gabriel Peri, von der Gestapo festgenommen. Gemeinsam mit 100 anderen Franzosen wird er im Dezember hingerichtet.

22. Mai
England warnt die französischen Behörden, aktiv mit den deutschen Besatzern zu kollaborieren. Der britische Premier kündigt an, alle französischen Einrichtungen oder Truppen anzugreifen, die sich den Deutschen unterstellten.

23. Mai
Reichsmarschall Hermann Göring veröffentlicht einen Plan zur Ausbeutung der wirtschaftlichen und landwirtschaftlichen Ressourcen der UdSSR.

24. Mai
Die britische Nation trägt Trauer. Die HMS *Hood*, der Stolz der Royal Navy, wurde vom deutschen Schlachtschiff *Bismarck* versenkt, 1.413 Mann kamen dabei ums Leben.

27. Mai
Angesichts der Ausbreitung des Kriegs erklärt Präsident Roosevelt den nationalen Notstand. „Wie es die Nazis von Anfang an wollten", stellt er fest, „hat sich ein anfangs europäischer Konflikt zu einem Weltkrieg um die Vorherrschaft in der Welt entwickelt." Die US-Regierung hält einen Angriff der Deutschen für möglich und bereitet ökonomische und militärische Reaktionen vor.

Absprung deutscher Fallschirmjäger aus einer Ju-52. Aufgrund der Konstruktion der Fallschirme mussten die Männer Kopf voran abspringen, um die Kräfte beim Öffnen des Schirms auszugleichen.

Jagd auf die Bismarck
Auf der Flucht im Atlantik

Mai 1941: Das Schlachtschiff *Bismarck*, der Stolz von Hitlers Marine, macht sich in den Nordatlantik auf, um die Lebensader der Briten, die Konvois, zu treffen.

Am 18. Mai 1941 brach das 41.700 Tonnen schwere Schlachtschiff KMS *Bismarck* begleitet von dem neuen schweren Kreuzer KMS *Prinz Eugen* von Gotenhafen (Gdingen) zur Operation „Rheinübung“ auf. Das zehn Tage währende, wohl vorbereitete Unternehmen sollte den Handel über den Atlantik empfindlich stören – es war das einzige ihres kurzen Lebens.

Insgesamt elf Konvois waren unterwegs oder kurz davor, in See zu stechen, daher war die britische Admiralität äußerst beunruhigt, als man den deutschen Verband am 21. Mai bei der Passage durch den Skagerrak erstmals meldete. Luftaufklärer bestätigen die Sichtung, als der Verband in Bergen zum Auftanken hielt.

Schnelles Handeln tat Not. Zur Unterstützung der schweren Kreuzer HMS *Norfolk* und *Suffolk*, die bereits in den eisigen Gewässern der Dänemarkstraße (zwischen Island und Grönland) patrouillierten, stach der Schlachtkreuzer HMS *Hood* in Begleitung des Schlachtschiffs HMS *Prince of Wales* und sechs Zerstörern von Scapa Flow aus in See. Zwei leichte Kreuzer patrouillierten zwischen Island und den Färöer-Inseln. Als ein weiterer Luftaufklärer am 21. Mai abends meldete, dass die deutschen Schiffe Bergen verlassen hatten, brach der Kommandant der Home Fleet, Admiral Sir John Tovey, mit der Hauptmacht der Home Fleet, darunter zwei Schlachtschiffe und ein Träger, von Scapa Flow ins Zentrum des Geschehens auf.

Verborgen im Nebel

Die Wetterbedingungen waren für eine Luftaufklärung nicht eben günstig, daher erfolgte die nächste Sichtung durch die *Suffolk*, als die *Bismarck*, in nur 11,25 km Entfernung, den schmalen Spalt zwischen der Eisgrenze und einem Minenfeld am Nordende der Dänemarkstraße passierte. Der Kreuzer verbarg sich blitzschnell in einer Nebelbank und meldete seinem Begleitschiff und dem Oberkommando den Kontakt. Obwohl sie gelegentlich unter Beschuss genommen wurden, blieben die beiden mit Hilfe ihres primitiven Radars dem Feind während der Nacht des 23. Mai auf den Fersen. In einer Bilderbuchaktion übergaben die Kreuzer den deutschen Verband an die Hood-Gruppe, die am 24. Mai um 05.35 Uhr ersten Sichtkontakt herstellte.

Vizeadmiral Launcelot Holland befehligte ein imposantes, jedoch veraltetes Schiff, dessen fehlende Deckpanzerung ihn zwang, den mächtigen Gegner aus kurzer Distanz anzugreifen, sodass großkalibrige Geschosse aufgrund der noch flachen Flugbahn nur die dickere Rumpfpanzerung träfen. Unseligerweise hatte Holland nach einer nötigen nächtlichen Kurskorrektur die Tuchfühlung verloren, und so befand sich die *Bismarck* mit Vizeadmiral Günther Lütjens in einem Abstand von 22.850 m schräg vor ihm, als die Schlacht begann. Um die Distanz zu verringern, mussten die britischen Schiffe einen Kurs steuern, der sie hinderte, ihre Waffen voll einzusetzen; verschärft wurde die ziemlich unglückliche Situation

Der gewaltige Bug der **Bismarck** *beeindruckt. Das mächtige Schiff litt jedoch etwas unter der langen Pause, die den deutschen Schiffskonstrukteuren in der Zwischenkriegszeit aufgezwungen worden war. Dennoch stellte sie mit ihrer Schnelligkeit und den acht 38,1-cm-Geschützen eine ernsthafte Gefahr für den Lebensnerv der Briten, den Atlantikhandel, dar.*

KEIN VERSTECK: DIE EINZIGE FAHRT DER *BISMARCK*

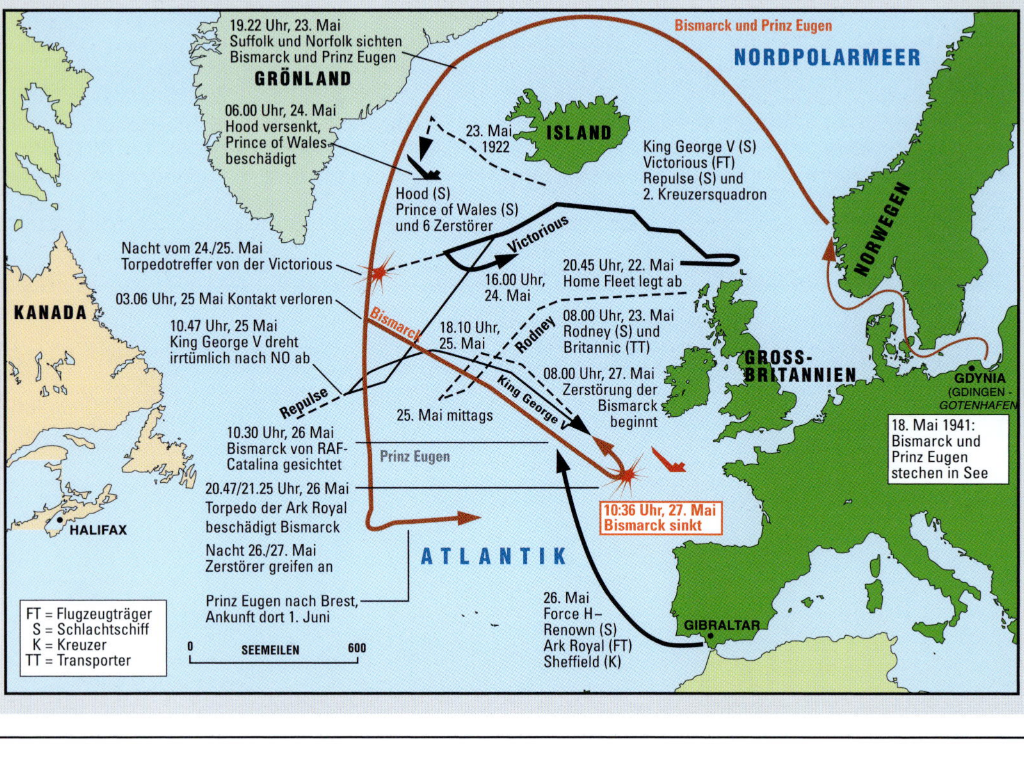

Die Fahrt der *Bismarck* sollte die Konvois im Atlantik abfangen. Der Plan war gut, hätte aber aufgegeben werden sollen, als die HMS *Prince of Wales* die Treibstoffbunker der *Bismarck* leck geschossen hatte.

***Oben:* *Die* **Prinz Eugen** *war ein schwerer Kreuzer der „Hipper"-Klasse mit fast 20.000 Tonnen Verdrängung bei Volllast und mit acht 20,3-cm-Geschützen bewaffnet. Nach ihrer Flucht nach Brest gelang ihr gemeinsam mit der* **Scharnhorst** *und der* **Gneisenau** *der gefeierte Kanaldurchbruch zurück nach Deutschland.*

Links: Die HMS **King George V.** *lief wie die* **Bismarck** *im Februar 1939 vom Stapel, war jedoch kleiner und leichter. Ihr Schwesternschiff* **Prince of Wales** *richtete genug Schaden an, um die Kaperfahrt der* **Bismarck** *zu stoppen, und die* **King George V** *und die HMS* **Rodney** *rächten am 27. Mai die Versenkung der* **Hood.**

noch dadurch, dass die vorderen Türme der nagelneuen *Prince of Wales* ständig Ladehemmung hatten und die *Hood* die *Prinz Eugen,* aller Wahrscheinlichkeit nach wegen des ähnlichen Profils, mit der *Bismarck* verwechselte und angriff. Die *Bismarck* aber nützte den Vorteil ihres überlegenen Zielradars und eröffnete um 05.53 Uhr punktgenau das Feuer.

Aufgrund der Entfernung schlugen die Geschosse in sehr steilem Winkel ein, die dritte Salve traf die *Hood* nach nur sieben Minuten. Sie zerbarst in einer gewaltigen Explosion, die nur drei Mann überlebten.

Auf sich allein gestellt (die Zerstörer hatten sich schon früher gelöst), kämpfte die *Prince of Wales* weiter und kam bis auf 16.450 m heran. Trotz der Probleme mit ihren Geschützen traf sie die *Bismarck* mit zwei 356-mm-Geschossen, bevor sie die Aktion aufgrund eigener Schäden abbrach. Lütjens war sichtlich verstört und gab Signal, er werde die Mission abbrechen und einen französischen Hafen ansteuern.

Zum Glück für die Briten konnten *Norfolk* und *Suffolk* Kontakt halten, und während sich Tovey beeilte, die 480 km lange Strecke zu überwinden, die seine HMS *King George V* und die HMS *Victorious* von Lütjens trennten, sorgte die Admiralität für Verstärkung: Von Gibraltar setzte sich Force H mit dem Träger HMS *Ark Royal* in Marsch und einige Schlachtschiffe, darunter die 406 m lange HMS *Rodney,* wurden von ihren Konvois freigestellt.

Den Kontakt verloren

In der Nacht vom 24. zum 25. Mai kam die *Victorious* nahe genug heran, um ein kleines Geschwader von neun mit Radar ausgestatteten Torpedoflugzeugen zu starten. Der einzelne Treffer, den sie erzielten, konnte das Schlachtschiff nicht ernsthaft behelligen, das selbst in einem Täuschungsmanöver verschleierte, dass es sich von der *Prinz Eugen* getrennt hatte. Die Finte war erfolgreich und man schüttelte obendrein die Verfolger ab. Am 25. Mai um 03.06 Uhr ging der Kontakt zur *Bismarck* verloren. Tovey war noch 160 km entfernt.

Nach nur 30 Stunden eifrigster Suche wurde Lütjens von einer Consolidated Catalina der 209. Squadron geortet. Die *Bismarck* hielt auf das nur mehr 1.125 km entfernte Brest zu. Sie musste aufgehalten werden, damit sie der immer noch 160 km entfernte Tovey zum Kampf fordern konnte. Durch eine glückliche Fügung war Force H in guter Position, und eine Maschine der *Ark Royal* stellte am Vormittag des 16. Mai Kontakt her. Der Kreuzer HMS *Sheffield* wurde vorgeschickt, um die Sichtung zu sichern. Schlechtwetter führte allerdings dazu, dass der erste Angriff von 14 Torpedobombern der *Ark Royal* irrtümlich die *Sheffield* traf. Sie entkam und diente dem zweiten Angriff, der um 20.00 Uhr einsetzte, als Wegweiser. Unter den herrschenden Wetterbedingungen war ein koordinierter Angriff nicht möglich, die Maschinen warfen daher zwischen 20.47 und 21.25 Uhr einzeln ihre Torpedos ab. Man erzielte zwei Treffer, von denen einer die Ruderanlage des Fliehenden traf und zerstörte.

Als die Dämmerung hereinbrach, hatte die *Sheffield* fünf Zerstörer (unter der Führung von Captain Sir Philip Vian auf der HMS *Cossack*), darunter die polnische *Piorun*, herbeigelotst. Die ganze Nacht hindurch plagten und peinigten diese ihren großen Widersacher, der manövrierunfähig dahintrieb. Wie durch ein Wunder erlitten die Zerstörer kaum Schäden und konnten selbst zwei bis drei Torpedotreffer landen.

Im Morgengrauen sahen sich die erschöpften Kanoniere der *Bismarck* auf allen Seiten von Zerstörern umgeben, während sich das Unheil in Gestalt von Toveys *King George V* und der *Rodney* näherte. In stürmischer See eröffneten diese am 27. Mai um 08.48 Uhr das Feuer. Um 10.15 Uhr war die *Bismarck* zu einer stillen, glosenden Ruine geworden, der ein Torpedo der *Dorsetshire* endgültig den Garaus machte. Die Frage, ob sie mit Geschützen allein zu zerstören gewesen wäre, wird immer umstritten bleiben.

Norfolk *und* **Suffolk** *waren beide Kreuzer der County-Klasse: Gute Schiffe mit einer Wasserverdrängung von bis zu 14.000 Tonnen und mit acht 203-mm-Geschützen bewaffnet. Ihr einfaches Radar war nur eingeschränkt nützlich, sodass die Crews die* **Bismarck** *zuerst per Fernglas sichteten. Sie kamen unter Beschuss, konnten sich aber erfolgreich in Nebelbänken verstecken und nahmen keinen Schaden.*

Jagd auf die Bismarck

Chronologie

Die Verfolgung und Zerstörung der *Bismarck* begann in der Nordsee und führte bis nah an die französische Atlantikküste. Nach der Versenkung der HMS *Hood*, welche 1.413 Menschenleben gekostet hatte, wurde die Zerstörung des deutschen Schlachtschiffs für die Briten zu einer nationalen Notwendigkeit.

Die* Bismarck *feuert eine Breitseite auf die unglückliche HMS* Hood. *Zwar war ihr Rumpf verstärkt worden, doch das kaum gepanzerte Deck wurde von den Geschossen der* Bismarck *durchschlagen: Sie trafen das Hauptmagazin.

1941

2. April
Großadmiral Erich Raeder, Oberbefehlshaber der Deutschen Kriegsmarine, trägt die Operation „Rheinübung“ vor. Das Ziel: Die *Bismarck* und andere Überwasserschiffe sollen britische Handelsschiffe im Atlantik jagen und versenken und dabei so weit wie möglich jeden Kontakt zu feindlichen Kriegsschiffen vermeiden.

20. Mai
Die *Bismarck* und der schwere Kreuzer *Prinz Eugen* verlassen den Hafen von Gdingen und erreichen die Nordsee.

21. Mai
Die britische Admiralität ist ob der Bedrohung durch die deutschen Kriegsschiffe alarmiert. Admiral Sir John Tovey, der verantwortliche Kommandant der Home Fleet, erhält Verstärkung in Form des Schlachtkreuzers *Repulse* und des Flugzeugträgers *Victorious.*

22. Mai
Die Schlachtschiffe *Hood, Prince of Wales* und *King George V* sowie sieben Zerstörer und vier Kreuzer machen sich von Scapa Flow aus auf die Suche nach den Deutschen.

23. Mai, 07.22 Uhr
Die *Bismarck* wird vom Kreuzer *Suffolk* gesichtet. Die *Suffolk* und ihr Schwesternschiff *Norfolk* beschatten die Deutschen und melden deren Position an den Hauptverband der Briten unter dem Kommando von Vizeadmiral L. E. Holland.

24. Mai, 05.52 Uhr
Die Briten greifen die *Bismarck* und die *Prinz Eugen* an.

06.00 Uhr
Das Hauptmagazin der *Hood* wird von einer Salve der

Eine dramatische Darstellung des Angriffs auf die* Bismarck. *Die antiquierten Swordfish sahen sich sechzehn 105-mm-Kanonen, ebenso vielen 37-mm-Geschützen und zwölf 20-mm-Fliegerabwehrkanonen der* Bismarck *gegenüber.

Force H verlässt Gibraltar und schließt sich der Jagd auf die* Bismarck *an. In der Mitte die HMS* Ark Royal*, welche 1938 von der Royal Navy übernommen wurde, mit 38 Flugzeugen an Bord.

Bismarck getroffen, das Schiff in einer gewaltigen Explosion völlig zerstört. Von der Crew aus 1.324 Matrosen und 95 Offizieren überleben nur drei Mann. Die *Prince of Wales* wird schwer beschädigt und zieht sich um 06.13 Uhr zurück.

18.01 Uhr
Die *Bismarck* wird von der *Prince of Wales* beschädigt und verliert Treibstoff. Admiral Lütjens, ihr Kommandant, wendet und steuert den französischen Hafen St. Nazaire an.

24. Mai
Die HMS *Suffolk* verliert den Kontakt zur *Bismarck*.

25. Mai
Auf Befehl von Admiral Lütjens verlässt die *Prinz Eugen* die *Bismarck*.

25. Mai
Etwa 1.126 km vor Brest wird die *Bismarck* von einer Catalina, einem Flugboot des Coastal Command, wieder entdeckt. Die britischen Verbände, die die *Bismarck* jagen, erhalten Verstärkung – *Ark Royal, Sheffield* und *Renown* stechen in Gibraltar in See.

14.50 Uhr
Swordfish Torpedoflugzeuge der *Ark Royal* starten den ersten einer ganzen Serie von Angriffen auf die *Bismarck*.

20.47 – 21.25 Uhr
Die *Bismarck* wird von zwei Torpedos aus der Luft getroffen. Der zweite Treffer zerstört die Ruderanlage, das Ruder der *Bismarck* ist festgeklemmt, sie treibt hilflos im Kreis. Die Schiffe der Alliierten formieren sich zum letzten Schlag.

27. Mai, 08.47 Uhr
Die *Bismarck* wird zuerst von den Schiffen der Alliierten aus der Entfernung schwer unter Beschuss genommen, dann nähern sich *Rodney* und *King George V* und decken sie mit Salven aus ihren Geschützen ein. Sämtliche Aufbauten und Geschütztürme der *Bismarck* sind zerstört.

10.00 Uhr
Alle Waffen auf der *Bismarck* schweigen.

10.36 Uhr
Die *Bismarck* sinkt. Es gibt nur 115 Überlebende.

Internationale Ereignisse 1941

4. April
Hitler verpflichtet sich, den USA den Krieg zu erklären, sollte Amerika in Kriegshandlungen mit Japan verwickelt werden.

6. April
Operation „Marita“, die deutsche Invasion Griechenlands und Jugoslawiens, beginnt. 24 Divisionen und 1.200 Panzer mit massiver Unterstützung durch die Luftwaffe sind im Einsatz.

8. April
Fast 30.000 Zivilisten werden bei einem deutschen Luftangriff auf Belgrad getötet.

27. April
Athen fällt an die Deutschen, die Alliierten evakuieren über 50.000 Soldaten vom griechischen Festland.

11. Mai
Der frühere US-Präsident Herbert Hoover bekräftigt seine Ansicht, dass sich Amerika aus diesem innereuropäischen Konflikt heraushalten müsse.

14. Mai
Frankreich. Mehr als 1.000 Juden werden von der französischen Polizei festgenommen und an die Deutschen zur Deportation ausgeliefert.

15. Mai
Die Alliierten starten in Nordafrika die Operation „Brevity“, um den Halfaya Pass von Rommels Truppen zurückzuerobern.

20. Mai
Reichsmarshall Göring verbietet den Juden die Ausreise aus Belgien und Frankreich. In seiner Order nimmt er erwiesenermaßen auf die „Endlösung“ Bezug.

20. Mai
Deutsche Fallschirmjäger beginnen mit der Invasion Kretas – das größte Luftlandeunternehmen der Geschichte.

27. Mai
Die deutsche Offensive hat Erfolg: Major-General Freyberg, der Kommandant der alliierten Kräfte auf Kreta, ordnet die Evakuierung seiner Truppen an.

Panzergruppe Guderian
Der Marsch nach Smolensk 1941

Der kühne Plan: In nur acht Wochen wollen die Deutschen mit ihrer Blitzkriegtaktik die Rote Armee überrollen und Moskau den Frieden diktieren.

„Wenn das Unternehmen «Barbarossa» erst einmal begonnen hat", erklärte Hitler, „wird die ganze Welt den Atem anhalten!" Und tatsächlich stellten die Massen an Mensch und Material, die sich in den Frühsommertagen des Jahres 1941 über die russische Grenze vom Polarkreis bis zum Schwarzen Meer ergossen, die stärkste Truppenkonzentration der Militärgeschichte dar.

Die Hauptmacht bestand aus drei Heeresgruppen mit zusammen 80 Infanteriedivisionen, 18 Panzerdivisionen und 12 motorisierten Divisionen. In der zweiten Linie warteten weitere 21 Infanterie-, zwei Panzer- und eine motorisierte Division. Etwa zwei Millionen Soldaten, 3.200 Panzer und 10.000 Gewehre bildeten die Reserve. Bis Mitte Juni waren genügend Vorratslager, Benzin- und Munitionsdepots angelegt, um sie auf ihrem Vormarsch über 565 bis 645 km zu versorgen, und von Ostpreußen bis Rumänien standen 500.000 Lastwägen bereit, um den Nachschub bei Bedarf schnellstmöglich zu transportieren. Dem in moderner Kriegsführung erfahrenen Beobachter erscheint beim Studium der Statistiken und Planungsunterlagen des Unternehmens „Barbarossa" nur ein einziger Posten fraglich, wenn nicht gar bedenklich: die Zahl an Stallungen. 300.000 Pferde schienen bei diesem monumentalen Kriegsmanöver eine nicht unbedeutende Rolle zu spielen.

Die Aufstellung der Heeresgruppen (und die Richtung ihres Vorrückens) wurde von einer geografischen Gegebenheit diktiert: den Pripjet-Sümpfen, einer so gut wie unpassierbaren Sumpfregion, welche Weißrussland von der Ukraine trennt und sich über 160 km von Nord nach Süd und 480 km von Ost nach West erstreckt. Die Sümpfe waren auch der Grund dafür, dass es in den ersten Phasen der Operation kaum Kontakt zwischen der Heeresgruppe Süd, die sich von Lublin auf Kiew und den Unterlauf des Dnjepr zubewegte, und den beiden im Norden agierenden Heeresgruppen gab. Dies waren die Heeresgruppe Mitte, die (zumindest nach den Plänen der Militärführung) über Smolensk nach Moskau vorrücken sollte, und die Heeresgruppe Nord, welche von Ostpreußen aus an den Peipussee und nach Leningrad marschierte.

Sieg in acht Wochen

Das Schwergewicht der Attacke lag im Norden: 50 Infanterie-, 13 Panzer- und neun motorisierte Divisionen waren aufgeboten, wobei die Heeresgruppe Mitte die stärkste war. Dem Kommando des kaltblütigen Aristokraten Generalfeldmarschall Fedor von Bock unterstanden die 4. und die 9. Armee sowie zwei Panzerverbände (Panzergruppe 3 unter General Hermann Hoth und Panzergruppe 2 unter General Heinz Guderian). Glaubte man den Anführern dieser Heere, war Napoleons militärische Meisterleistung von vor 129 Jahren nichts als eine Fußnote der Geschichte: In weniger als acht Wochen wollte man Moskau erreicht und dabei die Rote Armee völlig vernichtet haben.

In diesem Glauben wurden sie vom „Führer" persönlich bestärkt, der versprach: „Wir müssen nur die Tür eintreten, und das ganze verlotterte russische Haus wird in sich zusammenstürzen!" Guderians erste Aufgabe war es, mit seinen

Deutsche Soldaten durchsuchen russische Kriegsgefangene. Wurde einer von ihnen als Kommissar erkannt, wurde er an Ort und Stelle exekutiert.

ZITOMIR: HÄUSERKAMPF

Ein 10,5-cm-Geschütz feuert auf eine isolierte sowjetische Einheit, ca. 130 km westlich von Kiew. Während die Panzer von Guderian und Hoth nördlich der Pripjet-Sümpfe voranstürmten, blieben in großer Zahl versprengte Einheiten der Roten Armee in der Ukraine zurück – Kanonenfutter für die nachrückende Infanterie.

Panzern den Bug beiderseits der Festung Brest-Litowsk zu überschreiten, die Festung einzunehmen und in gerader Linie auf Minsk vorzustoßen. Dort sollte er, von Süden kommend, mit den Speerspitzen Hoths zusammentreffen, die sich der Stadt von Norden näherten. Durch die beiden Angriffslinien würden die sowjetischen Truppen in einen riesigen Kessel gezwungen und müssten sich, von jedem Nachschub abgeschnitten, wohl oder übel ergeben.

Optimistische Führer

Dies alles wurde in nur fünf Tagen erreicht. Die in atemberaubender Euphorie vorwärts stürmenden Truppen schienen Hitlers Vorhersage zu bestätigen und nährten den Optimismus der Wehrmachtsführung. Am Abend des 27. Juni fuhren die ersten Panzer der 17. Panzerdivision in Minsk ein, wo sie mit Hoths Panzergruppe 3 zusammentrafen, die in diesen fünf Tagen 320 km überwunden hatte. Der erste Abschnitt ihrer Mission war erfüllt.

Doch hinter sich zurückgelassen hatten sie eingekesselte Truppen der Roten Armee, die, anders als der auf ähnliche Art eingeschlossene Feind im Jahr zuvor in Frankreich, wenig Neigung zeigten, die Waffen niederzulegen und sich zu ergeben. Es gab vier solcher Nester: die Festung Brest-Litowsk, sechs Divisionen rund um Bialystok, sechs weitere um Wolkowysk und 15 Divisionen zwischen Nowogrudok und Minsk selbst. Die Aufgabe, sie „aufzusammeln“, zu zerstören und gefangen zu nehmen, kam – nach Ansicht Hoths und Guderians – den Infanterieverbänden der 4. und der 9. Armee zu, die mit sturer Gelassenheit hinter den vorwärts stürmenden Panzern hertrotteten.

Ju 87 Stukas über der UdSSR, Juli 1941. Wie schon in Polen und Frankreich erwiesen sich die Sturzkampfbomber auch in Russland als extrem effektiv. Die sowjetischen Jäger wurden von der Luftwaffe förmlich vom Himmel gefegt, um den Weg für die Bomber freizumachen. Diese stürzten die Rote Armee in ein wahres Chaos, der konzentrierten Macht aus Panzer- und Luftangriffen hatte man nichts entgegenzusetzen.

Wie nicht anders zu erwarten, kam es zu ersten Unstimmigkeiten. Guderian und Hoth waren wild entschlossen, ihren rasanten Vormarsch fortzusetzen, wollten nach Smolensk und weiter nach Moskau eilen. Sie vertrauten ihrer Schnelligkeit als dem entscheidenden Faktor in diesem Feldzug. Also sandten sie am 1. Juli einige Panzereinheiten an die Beresina, dem nächsten Hindernis entgegen. Ob dieser Insubordination drohte ihnen General Günther von Kluge, ihr unmittelbarer Vorgesetzter, sogar mit dem Kriegsgericht. Am selben Tag stießen Guderians Einheiten erstmals auf einen T-34 Panzer der Russen, der ihren Vormarsch für drei Stunden stoppte. Er war nur durch einen Angriff von hinten mit einer 88-mm-Pak zu überwinden und hatte selbst zuvor fünf Kampfpanzer PzKpfw III ausgeschaltet. Zum Glück war dies der einzige T-34, den man in dem Gebiet traf, bis am 3. Juli die Order kam, weiter vorzurücken. Guderians 18. Panzerdivision verließ daher den „illegalen“ Brückenkopf an der Beresina und stieß zum Dnjepr vor, den sie am 5. Juli erreichte.

Der Krieg im Osten wurde von Anfang an mit äußerster Brutalität geführt. Kriegsgefangene waren nur ein Heer von Zwangsarbeitern und Zivilisten wurden hingeschlachtet, wenn nur der leiseste Verdacht bestand, sie könnten dem Widerstand angehören.

In den folgenden drei Wochen hatte die Panzergruppe 2 ihre härtesten Kämpfe zu bestehen. Am 16. Juli hatten vorgerückte Einheiten der 29. motorisierten Infanteriedivision zwar Smolensk erreicht, doch in ihrem Rücken tobten heftige Kämpfe und von Hoths Panzergruppe 3 war weit und breit keine Spur. Zehn Tage lang hatte die Panzergruppe Guderian drei divergenten Zielen zu genügen: die russischen Verbände, die man seit der Überquerung des Dnjepr hinter sich gelassen hatte, waren daran zu hindern, sich nach Süden oder Osten abzusetzen; der Kontakt zur Panzergruppe 3, die sich von Nordwesten zu ihnen durchkämpfte, war zu suchen; und zu guter Letzt sollte man die eigene Stellung von Smolensk nach Osten (an die Desna und nach Roslawl) zu einem stabilen Brückenkopf ausweiten, von dem aus der Vorstoß auf das letzte Ziel, Moskau, erfolgen konnte. Doch am 29. Juli traf Hitlers Chef-Adjutant Generalmajor Schmundt in Guderians Hauptquartier ein. Er brachte nicht nur die Glückwünsche des „Führers“ und das Eichenlaub zu Guderians Ritterkreuz (der damit zum erst fünften Träger dieser Auszeichnung wurde), sondern auch neue Direktiven. Moskau schien plötzlich nicht mehr so wichtig. Die wogenden Weizenfelder der Ukraine sollten die ständig wachsenden Heere der Achsenmächte ernähren und auch die begehrten Ölfelder von Baku lagen in südlicher Richtung.

Moskau musste fürs Erste warten. Für den Augenblick war General Heinz Guderians Marsch nach Osten zu Ende.

Ein Unteroffizier in der feldgrauen Standard-Uniform der Wehrmacht von 1941, bewaffnet mit einer MP32/40 Maschinenpistole. An einem Gummiband an der Innenseite des Helms konnte ein Tarnüberzug befestigt werden. Da man mit einem Sieg noch im Herbst rechnete, gab es keinerlei Winterkleidung.

Panzergruppe Guderian

Chronologie

Guderian, jener Mann, der als der „Erfinder der Blitzkriegtaktik" gilt, fand im Rahmen der Operation „Barbarossa" reichlich Gelegenheit, seine Therorie unter Beweis zu stellen. Mit seiner Panzergruppe 2 schaffte er die 643 km lange Strecke von der Grenze nach Smolensk in weniger als zwei Monaten.

Oben: Ein deutscher Offizier bläst zum Angriff. Im rauen Winter an der Ostfront zählten die Fellmützen und Stiefel der Russen zu den begehrtesten Beutestücken der deutschen Soldaten.

1941

22. Juni
Deutsche Truppen fallen im Rahmen der Operation „Barbarossa" in der Sowjetunion ein. General Heinz Guderians Panzergruppe 2 ist Teil der Heeresgruppe Mitte. Das Ziel dieser Armee ist Moskau, sie rückt entlang der Straße Minsk – Smolensk – Moskau vor. Während die Panzergruppe 2 der Straße folgt und direkt angreift, schwenkt die Panzergruppe 3 von Grodno nach Süden und greift in einer gezielten Attacke Minsk und Gorodische an.

29. Juni
Panzergruppe 2 und 3 treffen in Minsk zusammen. Große Truppenteile der Roten Armee wurden in Brest-Litowsk, Bialystok, Wolkowysk, Gorodische und in Minsk selbst eingekesselt, hier nicht weniger als 15 sowjetische Divisionen.

1. Juli
Die beiden Panzereinheiten von Guderian und Hoth überschreiten die Berezina, 80 km westlich von Minsk, und nehmen ihren Vormarsch nach Witebsk und Smolensk wieder auf.

Unten: Fünf russische Zivilisten, erhängt in der Stadt Welish im Bezirk Smolensk. Der II. Weltkrieg forderte unter der russischen Zivilbevölkerung 20 bis 25 Millionen Todesopfer.

Deutsche Soldaten im Häuserkampf. Der mittelschwere Panzer rechts im Bild, ein Panzerkampfwagen III, war ursprünglich (wie abgebildet) mit der 5-cm-Kanone L/42 bewaffnet. Damit konnte man allerdings gegen die Wannen des sowjetischen T-34 Panzers nichts ausrichten, daher wurden spätere Panzer III mit der KwK 39 L/60 ausgerüstet, deren längeres Rohr für eine höhere Mündungsgeschwindigkeit sorgte.

3. Juli
Beide Panzergruppen werden in die deutsche 4. Panzerarmee unter General Günther von Kluge eingegliedert.

9. Juli
In den Kesseln bricht aller russischer Widerstand zusammen, Minsk fällt an die Deutschen. Die Panzergruppe 3 von General Hoth marschiert aus Witebsk nach Norden, Guderians Panzergruppe 2 rückt direkt auf Mogilew und Smolensk vor. Am 10. Juli überschreitet Guderian den Dnjepr und ist nur mehr 80 km von Smolensk entfernt.

13. Juli
Die 19. und die 20. Armee der Sowjets ziehen sich in den Kessel von Smolensk zurück, um ihrer 16. Armee, die sich bereits in Smolensk befindet, bei der Verteidigung der Stadt beizustehen.

16. Juli
Smolensk fällt nach dem Angriff der 29. (motorisierten) Division. Während Hoths Panzergruppe 3 – welche Witebsk eingenommen hat – weiter nach Jartsewo marschiert, müssen Guderians Männer einen Gegenangriff der russischen 4. und 13. Armee abwehren, den General Timoschenko entlang des Flusses Sosch führt. Erst am 22. Juli ist die Rote Armee erfolgreich zurückgeschlagen.

17. – 25. Juli
Die Stärke der Sowjettruppen im Gebiet Smolensk – Witebsk – Mogilew beträgt nunmehr 25 Divisionen. Die Panzer von Hoth und Guderian schließen die Rote Armee östlich der Stadt ein und ziehen den Kreis immer enger. Ein unkoordinierter Ausbruchsversuch der Russen am 22. Juli scheitert und am 24. Juli wird der Kessel geschlossen.

19. Juli
Eine neue Weisung des OKW (Oberkommando der Wehrmacht) befiehlt der Panzergruppe 2 und der 2. Armee, sich nach der Zerstörung der Sowjettruppen in Smolensk nach Süden zu wenden und die 5. Armee der Russen bei Kiew anzugreifen. Guderian ist über diese Entscheidung erbittert, da er den Angriff auf Moskau nach wie vor als vordringlich ansieht. Viele Nachkriegsanalysen teilen seine Sicht und meinen, dass diese Entscheidung Hitlers den Fall Moskaus verhindert hat und Deutschlands erster Schritt auf der Verliererstraße war.

5. August
Aller Widerstand im Kessel von Smolensk kommt zum Erliegen. Es ist eine vernichtende Niederlage für die Rote Armee: Die 16. und die 20. Armee sind ausgelöscht und 300.000 russische Soldaten werden gefangen genommen. Die Deutschen erbeuten wertvolles Kriegsmaterial, darunter 3.200 Panzer und 3.100 Artilleriegeschütze. Dazu kommen noch die Verluste der anderen Kesselschlachten – 300.000 Kriegsgefangene, 2.500 Panzer und fast 1.500 Kanonen.

Internationale Ereignisse 1941

27. Juni
Stalin und Churchill vereinbaren, einander im Kampf gegen Hitler und den Nationalsozialismus beizustehen.

1. Juli
In den USA erhalten alle männlichen Staatsbürger ab dem 21. Lebensjahr ihren Einberufungsbefehl, der sie für den Fall, dass Amerika in den Krieg verwickelt wird, zum Militärdienst zwingt.

2. Juli
Japan beginnt mit Massenrekrutierungen. Mehr als eine Million Japaner melden sich zum Militärdienst, zumindest die Hälfte von ihnen soll die in China operierenden Truppen verstärken.

6. Juli
Mehr als 2.500 Juden werden von der litauischen Miliz unter deutscher Aufsicht ermordet. Litauische Zivilisten jüdischer und nicht-jüdischer Abstammung sind immer wieder Ziel von Gräueltaten der SS.

26. Juli
Als Antwort auf die japanischen Operationen in Indochina frieren britische und US-amerikanische Banken japanische Gelder in Höhe von 33 Millionen britischer Pfund ein. Die Maßnahme wirkt sich verheerend auf die Versorgungslage Japans aus, allein die Ölimporte gehen um 80% zurück.

30. Juli
Das amerikanische Kanonenboot *Tutuila* wird von einem japanischen Flugzeug bombardiert, ein Zwischenfall, für den sich die japanischen Behörden umgehend entschuldigen.

Stalins Winteroffensive

Eine bittere Lektion

Zwar war er selbst nie an der Front, dennoch entschied sich Stalin für eine groß angelegte Gegenoffensive von Finnland bis zum Schwarzen Meer.

Etwa Mitte Dezember zeigte die gigantische Generalmobilmachung der UdSSR erste Auswirkungen. Die Rote Armee zählte nun mehr als vier Millionen Mann, allerdings konnten nicht alle bewaffnet werden, ein Großteil der Soldaten war ohne jede Ausbildung: Und doch – sie konnten rücksichtslos in die Schlacht geworfen werden, ergriffen jede sich bietende Waffe und, um ein Wort Churchills zu gebrauchen, konnten „immer jemanden mit sich nehmen". Den deutschen Aggressoren gegenüber hatten sie noch einen unschätzbaren Vorteil: warme Kleidung. Denn jedes Kind weiß um die Härte des russischen Winters, der den unvorbereiteten Feind mit eisiger Faust traf.

Am 5. Dezember ging die Rote Armee auf Stalins Befehl hin an der Kalininfront sowie im westlichen Frontabschnitt zum Gegenangriff über, um die deutsche Heeresgruppe Mitte aus Moskau zu vertreiben. Am nächsten Tag stießen an ihrer linken Flanke die Verbände der Südwestfront zu ihnen – insgesamt 15 Armeen und ein Kavalleriekorps. Zwar reichte die Mannstärke einer sowjetischen „Armee" damals kaum an jene eines deutschen Korps heran, dennoch war die russische Gegenoffensive eine groß angelegte Operation, die einen Gegner am äußersten Ende extrem langer Kommunikations- und Nachschublinien traf, dessen Soldaten müde, ausgelaugt und erfroren waren. So wurde der Angriff zu einem Erfolg, obwohl schwere Waffen oder gar Panzer zur Unterstützung fehlten.

Nach und nach wurden die deutschen Truppen aus den Vorstädten von Moskau zurückgedrängt, die Frontlinie bog sich an beiden Seiten nach hinten. Obwohl der Raumgewinn der Roten Armee im Vergleich zu den Distanzen, die die Deutschen im Sommer überwunden hatten, minimal war, konnte dies nicht darüber hinwegtäuschen, dass sich die Russen vorwärts, die Wehrmacht hingegen rückwärts bewegten – was sich unweigerlich auf die Moral beider Seiten auswirkte. Am 17. Dezember befahl Stalin den Truppen der Leningradfront, der benachbarten Wolkowfront und der Nordwestfront, nach Südwesten, der Heeresgruppe Nord entgegen zu marschieren. Sie sollten die Belagerer der Stadt Peter des Großen angreifen und außerdem verhindern, dass sich die deutschen und die finnischen Verbände zusammenschlossen. Auch wollte Stalin einen Keil zwischen die Heeresgruppen Mitte und Nord treiben und schickte daher die 4. Stoßarmee nach Smolensk.

Weit unten im Süden schickte Stalins Order 20.000 Mann in 14 Transportern bei einem Sturm der Stärke 8 von Novorossijsk 160 km weit über das Meer auf die Halbinsel Kertsch. Dort stellten sie, wie General Erich von Manstein zugeben musste, eine ernsthafte Gefahr für seine 11. Armee dar, die Sewastopol belagerte. Und dann, am 5. Januar, bei einer überraschend einberufenen Zusammenkunft der STAVKA, des sowjetischen Oberkommandos, ordnete Stalin eine Generaloffensive entlang der gesamten Frontlinie – vom Baltikum bis zum Schwarzen Meer – an.

Der Orel-Sektor, März 1942. Während der schlecht geplanten Offensive Stalins helfen deutsche Soldaten einigen Zivilisten aus einem Bunker. Sie wussten es zwar nicht, doch Stalins stures Bestehen auf bedingungslosem Angriff bedeutete für die Rote Armee dasselbe Desaster wie Hitlers Weisung zum „fanatischen Widerstand" für die deutschen Truppen.

WINTER 1941: SANITÄTER DER SS

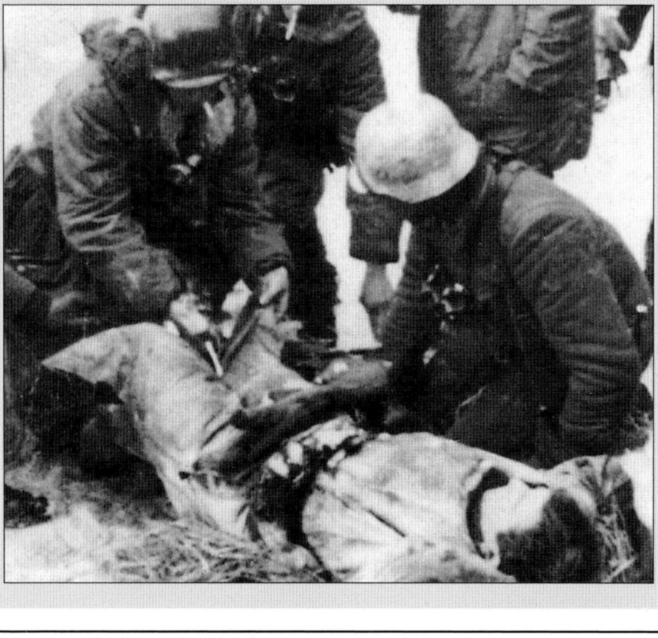

Hochmütig hatte man mit einem Sieg noch vor Wintereinbruch gerechnet, daher hatten die bedauernswerten deutschen Soldaten kaum warme Kleidung. Die Stiefel mit Stroh oder Zeitungspapier ausgestopft, schneeblind und von Frostbeulen geplagt, litten sie entsetzlich.

Die Sowjets hatten den Großteil ihrer T34/76 Panzer für die Winteroffensive zurückgehalten. Ihre größte Wirkung erzielten sie bei der Verteidigung Moskaus und dem anschließenden Gegenangriff, der die Deutschen von der Hauptstadt zurückwarf. Schnell, gut bewaffnet und dick gepanzert hatte der T-34 nur einen offensichtlichen Mangel: Er war nicht mit Radar ausgerüstet.

Es war ein grandioser Plan. Der Hauptschlag sollte an der Moskauer Front erfolgen: Verstärkt durch den linken Flügel der Nordwestfront sollten die Armeen der Kalininfront, der Brjanskfront und der Westfront konzentriert gegen die Heeresgruppe Mitte vorrücken. Die Heeresgruppe Nord sollte von der Leningradfront, vom rechten Flügel der Nordwestfront und von der baltischen Flotte angegriffen werden; die Armeen der Südwest- und der Südfront sollten die Heeresgruppe Süd aus dem Donezbecken hinauswerfen, während die Einheiten der Kaukasusfront gemeinsam mit der Schwarzmeer-Flotte die Halbinsel Krim befreien würden.

General Georgi Schukow hätte zu dieser Strategie gerne einiges angemerkt. Sowohl im Nord- als auch im Südsektor der Front, führte er aus, hätten die Deutschen genug Zeit gehabt, starke Defensivstellungen zu bauen und zu besetzen; in der Mitte allerdings hätte der gegenwärtige Druck auf die Heeresgruppe Mitte die deutschen Truppen nicht nur zurückgeworfen, sondern auch in ein beträchtliches organisatorisches Chaos gestürzt. Hier lägen zweifelsfrei die besten Chancen der Roten Armee auf große Gebietsgewinne, wenn es gelänge, sie ausreichend mit Verstärkung und Nachschub zu versorgen – die Versorgung der Front auf ihrer ganzen Länge hingegen hielt er für unmöglich. Er schlug daher vor, die Angriffe an den Flügeln zurückzustellen und sich ganz auf die Mitte zu konzentrieren. Seine Worte trafen auf taube Ohren, Stalin hielt an seinen Plänen fest.

Isoliert in seinem Bunker im Kreml hatte Stalin keine Ahnung, welchen Problemen seine Soldaten an der Front gegenüberstanden, die tapfer jede x-beliebigen Waffe nahmen, die sie nur finden oder reparieren konnten, und weiterkämpften.

Zum Stehen gebracht

Schukow hatte Recht – selbstverständlich. Zwar konnte der Diktator angesichts des schier unerschöpflichen Bevölkerungsreservoirs der UdSSR noch drei oder vier Armeen aus dem Boden stampfen, ging es aber darum, sie mit Waffen in ausreichender Zahl und von passabler Qualität auszurüsten, nützte seine Macht wenig. Auch konnte Stalin kaum für die nötige Ausbildung sorgen, die diese Armeen die Waffen einigermaßen geschickt benutzen hätte lassen. Dennoch wurden die Deutschen auf der 1.600 km langen Frontlinie überall 80 bis 320 km weit zurückgedrängt und die Gebiete um Kalinin, Moskau, Orel und Kursk zurückerobert. Südlich von Charkow, zwischen Balakleja und Slowijansk (nahe der Stadt Isjum), gelang es, eine Schneise zu schlagen und diese über eine Distanz von 130 km von Losowaia im Süden bis zum Oril im Norden auszudehnen.

Doch diese Erfolge wurzelten ebenso sehr in dem Wunsch der Deutschen sich zurückzuziehen wie im Druck der Russen, und wo immer es die Umstände den Deutschen erlaubten, eine Verteidigungsstellung zu errichten, geriet der sowjetische Vormarsch durch die mangelnde Routine der Truppen und das Fehlen von Nachschub ins Stocken. Schukow zufolge besuchte dieser die Treffen des STAVKA vor allem deshalb, um Stalin 10 oder 16 weitere Panzerabwehrkanonen, ein paar hundert leichte Maschinengewehre oder, am wichtigsten, Minen oder Granaten im wahrsten Sinn des Wortes abzuschwatzen. Zu dieser Zeit standen den Geschützmannschaften ein bis zwei Geschosse pro Tag zur Verfügung – und dabei erwartete man von der Roten Armee eine groß angelegte Offensive über eine Strecke von 1.600 Kilometern!

Es gelangen noch einige wenige, entsetzlich verlustreiche Vorstöße, doch im März musste sogar Stalin zugeben, dass die Winteroffensive vorüber war. Da die sowjetische Industrie nicht in der Lage war, immense Mengen an Kriegsgerät herzustellen, war das Beste, was man von der Roten Armee erwarten konnte, verbissen durchzuhalten und dabei an Erfahrung zu gewinnen – eine Lehre, und zwar eine ziemlich bittere.

Die Luftunterstützung, die beim Vorrücken der Deutschen eine so entscheidende Rolle gespielt hatte, wurde vom Winter ebenso hart getroffen wie der Rest der Truppen. Viele deutsche Flugzeuge, wie auch diese Ju 87B 2, wurden zurückgezogen und in den Westen oder ans Mittelmeer verlegt. Dadurch sank die Stärke der Luftstreitkräfte von 2.400 auf 1.700 Maschinen.

Stalins Winteroffensive
Chronologie

Mit Einsetzen des russischen Winters starteten die Sowjets 1941–42 eine groß angelegte Gegenoffensive gegen die deutschen Armeen vor Moskau. Sie überraschte die Deutschen durch ihre Stärke und rettete höchstwahrscheinlich die UdSSR vor der Kapitulation.

1941

5. – 6. Dezember
Die Rote Armee beginnt mit einer massiven Gegenattacke gegen die Heeresgruppe Mitte. Die Angriffslinie erstreckt sich über 800 km, 19 Armeen sind beteiligt. Die primäre Absicht ist, mit den Truppen von Kalinin, der West- und der Südwestfront General von Bocks Heeresgruppe Mitte konzentriert anzugreifen, in der Hoffnung, die deutschen Verbände zwischen Smolensk und der Moskauer Front einzukreisen und zu zerstören.

6. Dezember
Die russische 31. Armee drängt die deutschen Linien von Kalinin aus 19 km weit zurück. Etwa 17 motorisierte Divisionen der Deutschen müssen sich zurückziehen.

9. – 13. Dezember
Der sowjetische Vorstoß bei Kalinin entreißt Guderians Panzergruppe 2 dem Schutz der 4. Armee unter General Kluge.

16. Dezember
Feldmarschall von Bock legt den Oberbefehl über die Heeresgruppe Mitte zurück.

17. Dezember
Feldmarschall von Kluge übernimmt das Kommando über die Heeresgruppe Mitte.

1942

1. Januar
Nach den ersten drei Wochen zeigt die russische Offensive bemerkenswerte Ergebnisse. Der südwestliche Frontabschnitt wurde um mehr als 300 km vorgeschoben, die Kalininfront konnte Wysokowsk, Staritsa, Klin und andere größere und kleinere Städte zurückerobern. Es ist den Sowjets jedoch noch nicht gelungen, die Bedrohung Moskaus durch die 4. Armee gänzlich abzuwenden.

7. Januar
Die Sowjettruppen der Kalinin- und der Westfront starten eine neue Offensive mit dem Ziel, die Heeresgruppe Mitte vollständig einzuschließen.

25. Januar – 21. März
Etwa Ende Januar beginnt der sowjetische Angriff an Schwung zu verlieren. Die Männer sind erschöpft, es mangelt an Nachschub. Die 29. Stoßarmee der Sowjets erreicht die Straße Minsk–Moskau, wird aber von der deutschen 9. Armee unter General Walter Model zurückgeschlagen. Obwohl es gelingt, die Deutschen bei Jarzewo in einen Korridor von nur 32 km Breite zu zwängen, wird die Straße nicht eingenommen. Die Panzergruppe 3 bei Smolensk und die 16. Armee der Heeresgruppe Nord bei Demjansk können tiefe Schneisen in die russische Angriffslinie schlagen.

30. April
Frühlingsregen und Tauwetter im März und im April sorgen dafür, dass die russische Offensive auf allen Frontabschnitten buchstäblich im Schlamm stecken bleibt. Mit 30. April ist es den deutschen Truppen gelungen, die Frontlinie zu

Weibliche Freiwillige in Moskau auf dem Weg an die Front. Frauen wurden im Kampf vor allem in anspruchsvollen Rollen eingesetzt, zum Beispiel als Scharfschützinnen, Pilotinnen oder in Panzern.

Ein typisches sowjetisches Propagandaplakat. Die Propaganda entsprach allerdings oft genug den Tatsachen: An der Ostfront verloren etwa 15 Millionen russische Zivilisten ihr Leben.

stabilisieren. Sie verläuft nun etwa in dem Dreieck Jarzewo – Wjasma – Olenino. Die Straße Minsk – Moskau wurde gehalten, beiderseits davon gingen jedoch große Gebiete wieder verloren. Seit Beginn des Unternehmens „Barbarossa“ sind mehr als eine Million deutsche Soldaten im Kampf gefallen oder vermisst.

Internationale Ereignisse 1941

7. Dezember

Die Pazifikflotte der USA wird auf ihrem Stützpunkt in Pearl Harbor auf Hawaii von fast 200 japanischen Flugzeugen angegriffen. Sechs Flugzeugträger bringen die Maschinen über den Pazifik. 16 amerikanische Schiffe, darunter sechs Schlachtschiffe, werden versenkt. Aufgrund dieses Vorfalls treten die Vereinigten Staaten in den II. Weltkrieg ein. Die Japaner beginnen mit dem Einmarsch in ausgedehnte Gebiete im Fernen Osten.

8. Dezember

Die Belagerung von Tobruk in Nordafrika durch die Deutschen endet. Aufgrund fortgesetzter Angriffe der Alliierten müssen sich die Truppen von General Erwin Rommel in Richtung Gazala zurückziehen.

19. Dezember

Hitler ernennt sich selbst zum Oberkommandierenden aller deutschen Streitkräfte.

1942

9. Januar

Japanische Truppen sind unaufhaltsam auf dem Vormarsch durch Malaysien. Die Briten werden an den Fluss Slim zurückgedrängt, die Japaner nähern sich Singapur.

12. Januar

Japan erobert die malaiische Hauptstadt Kuala Lumpur.

9. – 15. Februar

Japanische Truppen überqueren die Johorestraße und greifen Singapur an. Nach nur sechs Tage währenden Kämpfen ergeben sich die britischen Verbände auf der Insel. 130.000 Soldaten werden gefangen genommen. Es ist dies die schlimmste Niederlage der britischen Militärgeschichte.

28. März

Der von den Deutschen besetzte Hafen St. Nazaire in Frankreich wird bei einem britischen Angriff zerstört. Dazu wurde der Zerstörer HMS *Campbeltown* in eine schwimmende Bombe verwandelt, die in der Hafeneinfahrt explodierte.

18. April

16 Flugzeuge des amerikanischen Trägers USS *Hornet* bombardieren Tokio, richten dabei aber vor allem psychologischen Schaden an.

Sowjetsoldaten auf Schiern. Gemessen am Standard der russischen Armee sind sie mit der PPSh-41 extrem gut bewaffnet. Man kann diese Maschinenpistole leicht an dem 71er-Rundmagazin erkennen.

Tod an der Newa

Leningrad wird belagert

1. September 1941: Die deutsche Heeresgruppe Nord bombardiert die Stadt Leningrad – die schrecklichste Belagerung des II. Weltkriegs beginnt.

Leningrad (heute: St. Petersburg) war eines der wichtigsten Ziele der Startphase des Unternehmens „Barbarossa" im Juni 1941. Die Invasion in der Sowjetunion sollte über drei Hauptachsen erfolgen, deren nördlichste in der Verantwortung der Heeresgruppe Nord unter Generalfeldmarschall Wilhelm Ritter von Leeb lag. In nur fünf Tagen hatte die Heeresgruppe Nord die halbe Strecke bis Leningrad zurückgelegt, doch paradoxer Weise war es gerade ihr so schnelles Vorankommen, das Deutschland letztendlich den Krieg verlieren ließ.

Doch vorerst wurde ihr ungestümes Vorrücken durch heftige Schlachten im mittleren Frontabschnitt gebremst. Die verkleinerte Heeresgruppe Nord rückte weiter auf die „Wiege der Revolution" vor, jedoch mit vermindertem Tempo, sodass die Ausläufer der Stadt erst im September in Sicht kamen. Bis dahin hatten die Verteidiger die Gefahr erkannt, die gesamte Bevölkerung hob entlang der Zufahrtsstraßen Gräben aus und baute Panzersperren.

Die Deutschen selbst unterstützen diese Bemühungen, indem sie immer wieder ihre Marschrichtung nach Süden änderten, wo Moskau als lohnendes Ziel lockte, doch irgendwann kam es doch zu einem Einsatzplan für die Einnahme der Stadt. Die Finnen, recht widerspenstige Verbündete, wurden gezwungen, den Feldzug zu unterstützen, taten jedoch nicht viel mehr, als den Swir zu überqueren und sich rund um den Ladogasee zu postieren.

Die lange Blockade

Als die Deutschen dann endlich bereit waren, hatten über eine Million Zivilisten den Stadtrand mit Verteidigungsanlagen gespickt. Die mit aller Macht vorrückenden Angreifer verhedderten sich in Myriaden von Barrikaden, Panzersperren und Gräben und blieben so gut wie sofort hoffnungslos stecken. Die Luftwaffe flog zwar ununterbrochen Bombenangriffe, am Boden aber kam man nicht voran. Die ganze Attacke hindurch wurde der Kommandant der Truppen vor Ort, Generaloberst Hermann Hoth, zusätzlich dadurch behindert, dass der Großteil seiner Offensivtruppen angefordert wurde, um an den Kämpfen weiter im Süden, um Moskau, teilzunehmen. Diese standen jedoch zu dem Zeitpunkt, als sie gen Süden marschieren hätten sollen, in heftigstem Kampfeinsatz. So lieferte Leningrad seinen ersten kriegswichtigen Beitrag: Man zog Truppenverbände auf sich, die in der Schlacht um Moskau vielleicht eine andere Entscheidung gebracht hätten.

Dieses Sturmgeschütz erhielt für den Winter extra breite Ketten. Die Deutschen konnten tun was sie wollten, Leningrad wurde das ganze Jahr 1942 hindurch spärlich aber doch versorgt, und Angriffe in der Umgebung der Stadt erwiesen sich als äußerst verlustreich.

Der Angriff auf Leningrads Vorstädte kam Mitte September zum Erliegen. Im Anschluss daran erfolgte die Belagerung der Stadt, die bis zum Spätfrühling 1943 währen sollte. Der Belagerungsring war nicht ganz geschlossen, da die deutschen Truppen die Stadtgrenzen nie auf ihrer gesamten Länge kontrollieren konnten. Auch der Ladogasee wurde in der Regel offen gehalten. Die Finnen waren in dieser Hinsicht keine große Hilfe. Allerdings braucht eine Stadt von der Größe Leningrads für ihre bloße Existenz eine Unmenge Lebensmittel und anderer Versorgungsgüter, doch diese ließen die Deutschen selbstverständlich nicht durch. Die Einwohner Leningrads litten unbeschreiblich. In den Wintern 1941/42 und 1942/43 starben hunderttausende an Kälte und Hunger. Die toten Körper blieben nur zu oft einfach auf der Straße liegen – keiner hatte die Kraft sie zu begraben.

Versorgungsengpass

Die Frontsoldaten erhielten den Großteil der verfügbaren Nahrungsmittel und anderer Güter – es gab wenig genug davon – und Lebensmittel mussten durch vereinzelte Ausfälle,

DIE LEBENSADER: LENINGRAD HÄLT DURCH

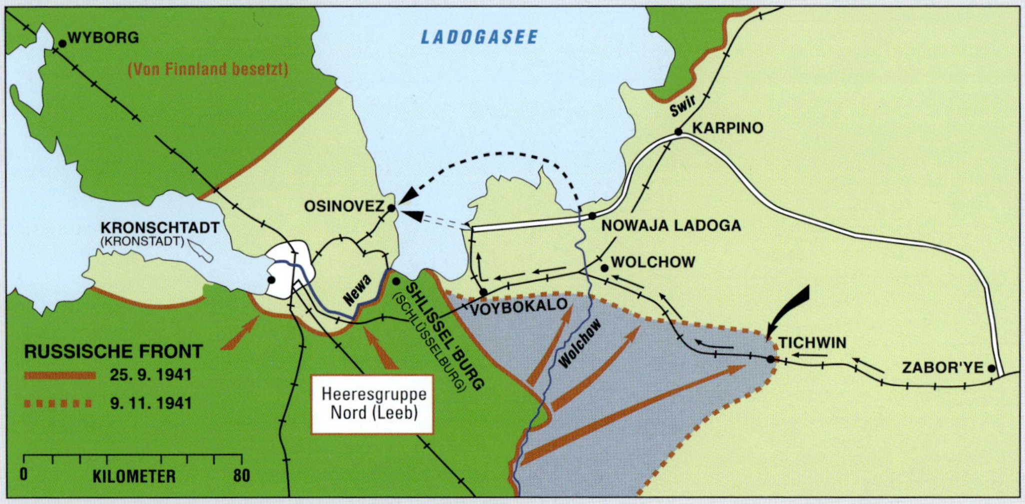

Indem sie sich hartnäckig am Südufer des Ladogasees festkrallten, konnten die Russen eine Versorgungslinie nach Leningrad offen halten. Im Winter war das Eis dick genug für LKWs und leichte Eisenbahnzüge. Dennoch blieb die Winterroute über den See durch fortwährende Luftangriffe und Artilleriebeschuss ein gefährliches Unterfangen.

Im Jahr 1942 produzierte ein Leningrader Ingenieur, A. I. Sudarew, eine einfache Maschinenpistole. Die vorwiegend aus Stanzblech bestehende PPS-42 war bei Volksmiliz und Armee beliebt und weit verbreitet. Eine verbesserte Ausführung ging nach der Belagerung als PPS-43 (siehe Abbildung) in Massenfertigung und zählte bis Kriegsende und darüber hinaus zur Standardausrüstung der Roten Armee.

Gegen Ende der Belagerungszeit wurde Leningrad nochmals zu einer wichtigen Produktionsstätte für sowjetisches Kriegsgerät. Im Jahr 1942 fuhren die Panzer unmittelbar nach ihrer Fertigstellung von den Toren dieser Fabrik direkt in den Kampf.

Deutsche und finnische Flugzeuge bombardierten Leningrad unaufhörlich, konnten die Waffen- und Panzerfabriken der Stadt jedoch nicht völlig zerstören. Sobald im Winter Nachschub über den Ladogasee transportiert werden konnte, erwachte die Leningrader Flugabwehr zu neuem Leben.

Unten: Viele Matrosen der baltischen Flotte dienten während der Belagerung Leningrads als Soldaten und die Schiffskanonen wurden zur Verteidigung der Stadt eingesetzt. Dieser Seemann trägt unter seinem Kampfanzug das typische Ringelleibchen und darüber eine PPSh-41 Maschinenpistole.

die Lücken im deutschen Belagerungsring nützend, herbeigeschafft werden. Waffen und Munition bereiteten den russischen Kommandanten, die einen unabhängigen Sowjet zur Koordination der Verteidigung bilden durften, ständige Kopfschmerzen. Selbstredend, dass sie die spärlichen Transporte, die in den Wintermonaten über den Ladogasee kamen, in erster Linie für Munition und Kriegsgerät verwendeten.

Leningrad konnte manches Gerät zur Verteidigung selbst herstellen, da es seit langem eines der wichtigsten industriellen Zentren der UdSSR war. Die KV-Panzerfabrik etwa setzte die Produktion von Panzern die gesamte Blockadezeit hindurch fort. Vom Fließband fuhren die Panzer geradewegs in die Schlacht. Werkzeugmaschinen aus anderen Fabriken wurden zur Fertigung von Waffen und Ersatzteilen herangezogen, unter anderem der bemerkenswerten PPS-42, einer 7,62-mm-MP, bei deren Entwurf weniger auf raffiniertes Design als darauf geachtet wurde, dass sie mit den verfügbaren Werkzeugmaschinen hergestellt werden konnte.

Der deutsche Rückzug

Trotz Dauerbeschuss durch die deutsche Artillerie und knappster Rationen hielt Leningrad durch. Anfang 1943 war dann das Schlimmste vorbei: Den Deutschen war die strategische Initiative aus der Hand genommen worden, sie fielen nach Westen zurück, ein schmaler Weg nach Leningrad war offen. Zwar wurde westlich der Stadt an der Küste noch gekämpft, doch die abscheulichste Blockade des Krieges war gelockert, Leningrad hatte überlebt. Die Stadt hatte gesiegt, wenn auch der Preis dafür entsetzlich war.

Tod an der Newa: Chronologie

Die Belagerung Leningrads durch Hitlers Heeresgruppe Nord währte 900 Tage. Über eine Million Menschen starben durch Bomben, Hunger und Kälte.

1941

22. Juni
Das Unternehmen „Barbarossa", die Invasion der Sowjetunion, beginnt. Die Heeresgruppe Nord stürmt durch Litauen, Lettland und Estland, überschreitet die russische Grenze und rückt auf Leningrad vor.

1. September
Die Deutschen schließen Leningrad ein und beginnen mit dem vorbereitenden Artilleriebeschuss der Stadt.

15. September
Schlüsselburg, eine Festung im Südosten der Stadt, fällt. Die Deutschen kontrollieren den südlichen Stadtrand, die Stadt ist vom russischen Festland getrennt. Die Karelische Landenge im Norden wird von den Finnen besetzt. Die Belagerung Leningrads beginnt.

9. November
Die Deutschen nehmen die Stadt Tichwin im Osten von Schlüsselburg ein. Hier waren Versorgungsgüter gesammelt und weiter nach Lednevo transportiert worden, von wo aus man sie mit Booten über den Ladogasee nach Leningrad brachte.

Leningrader Bürger beim Bau von Verteidigungsanlagen. Auf Stalins strikte Weisung wurden weder Menschen noch Industrieanlagen aus der Stadt evakuiert. Dies könnte vom Feind nämlich als Defätismus interpretiert werden und den Durchhaltewillen der russischen Bevölkerung und der Soldaten schwächen.

Leningrad, Herbst 1941: Ein Polizist starrt verzweifelt auf die Opfer des Beschusses durch deutsche schwere Artillerie. Im Jahr darauf war der Hunger die Hauptursache für den Tod unzähliger Leningrader.

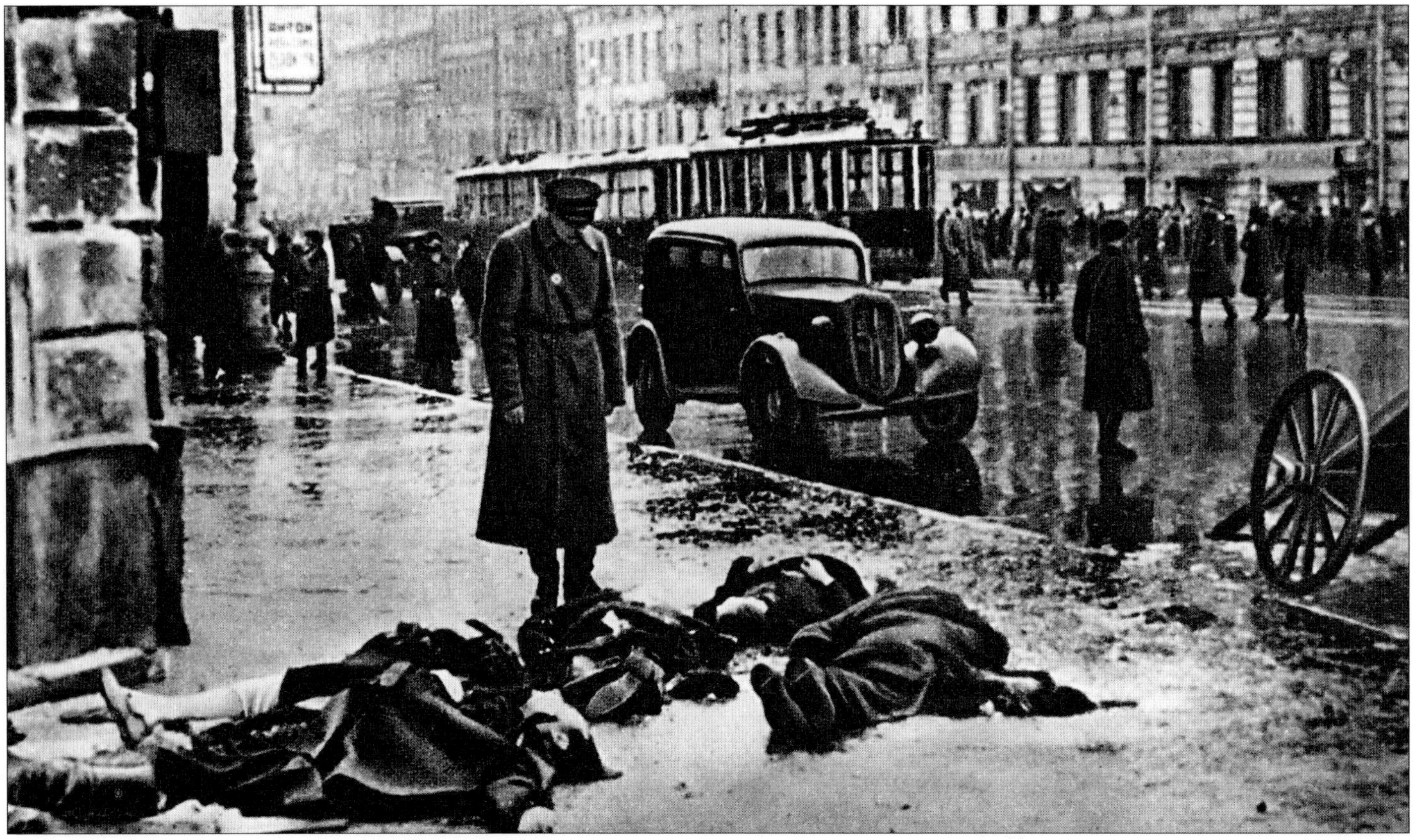

Leningrad war auch die Heimat berühmter Opernhäuser und Konzertsäle. Hier spielt ein Streichquartett des Kirow-Theaters für russische Truppen. Der Komponist Dmitrij Schostakowitsch war einer der prominenten Überlebenden der Blockade.

Oktober – Dezember
Als die Nahrungsmittelvorräte verbraucht sind, bricht unter der Leningrader Bevölkerung eine Hungersnot aus.

10. Dezember
Tichwin wird von den Sowjets zurückerobert. Über den Ladogasee wird eine – allerdings äußerst unsichere – Versorgungslinie eingerichtet. Die Boote sind ständigen Luftangriffen ausgesetzt und nur bei starkem Frost kann die Eisdecke Fahrzeuge tragen.

1942

Januar – Juli
850.000 Leningrader werden über den Ladogasee evakuiert.

7. Januar
Die Rote Armee beginnt eine massive Offensive gegen die deutschen Linien zwischen Leningrad und dem Ilmensee im Süden, in der Nähe von Nowgorod.

März
Die russische Offensive wird von einem Gegenangriff der Deutschen zerschmettert, die gesamte 2. Stoßarmee wird bei Nowgorod aufgerieben.

Juli
Zwei „Führerbefehle“ legen das weitere Vorgehen der Heeresgruppe Nord bei Leningrad fest: Die Stadt ist völlig zu isolieren, die Versorgungslinie über den Ladogasee ist zu unterbinden; Leningrad ist durch Artilleriebeschuss und Luftangriffe zur Gänze zu zerstören und der gesamte Nordsektor der UdSSR muss eingenommen werden.

19. August – 30. September
Ein russischer Angriff bricht durch die deutschen Linien zwischen Schlüsselburg und Tosno, erreicht bei Orienbaum den Finnischen Meerbusen und schließt sich mit den dort stehenden Truppen zusammen. Nach verlustreichen Kämpfen bleibt der Angriff jedoch stecken und wird aufgegeben.

25. September
Angesichts des herannahenden Winters lässt Hitler alle Operationen für weitere Gebietsgewinne im Raum Leningrad stoppen.

Oktober
Die Sowjettruppen an der Leningrader Front erhalten ausgiebige Verstärkung und Kriegsgerät und können so ihre Offensivkraft aufbauen.

1943

12. Januar
Die Sowjets starten unter dem Namen „Iskra“ (Funken) eine massive Zangenoffensive an der gesamten Leningrader Front und der Wolchowfront. Ein schmaler Korridor südlich von Leningrad wird freigekämpft und am 19. Januar Schlüsselburg zurückerobert. Leningrad kann wieder über Land versorgt werden, allerdings reichen die Nahrungsmittel bei weitem nicht aus. Der Offensive folgt ein fast ein Jahr währender Stellungskrieg.

1944

14. Januar
Die Heeresgruppe Nord – durch die jahrelangen Kämpfe zermürbt und geschwächt durch ständige Umstrukturierung – wird von einer sowjetischen Offensive überrannt, an der sich die Verbände der Leningrader und der Wolchow-Front sowie der beiden Fronten im Baltikum beteiligen. In zwei Wochen währenden Gefechten werden die deutschen Truppen endgültig aus dem Gebiet um Leningrad vertrieben.

27. Januar
Die Eisenbahnlinie Leningrad – Moskau wird wiedereröffnet und Stalin erklärt die Belagerung Leningrads für beendet.

Internationale Ereignisse 1941

3. September
Die SS beginnt Versuche mit dem Gas Zyklon-B zur „Eliminierung von Juden und Angehörigen anderer minderwertiger Rassen“.

20. Oktober
Operation „Taifun“ – der deutsche Angriff zur Einnahme Moskaus – muss aufgrund des Wintereinbruchs und heftigster russischer Gegenwehr eingestellt werden. Das Scheitern dieser Operation hat die Sowjetunion aller Wahrscheinlichkeit nach davor bewahrt, den II. Weltkrieg zu verlieren.

7. Dezember
Die Pazifikflotte der USA in Pearl Harbor wird von der 1. japanischen Marineluftflotte in einem Überraschungsangriff beinahe zerstört. Amerika tritt auf Seiten der Alliierten, Japan auf Seiten der Achsenmächte in den II. Weltkrieg ein.

1942

20. Januar
Bei einem Treffen der Nazigrößen unter Federführung Reinhard Heydrichs, Chef des Reichssicherheitshauptamts, wird der Begriff „Endlösung“ – die völlige und systematische Ausrottung der europäischen Juden – offiziell angenommen.

4. – 8. Mai
Schlacht im Korallenmeer. Die Flotten der USA und Japans treffen in der ersten so genannten „Trägerschlacht“ des II. Weltkriegs aufeinander. Die Amerikaner verlieren zwar den Flugzeugträger *Lexington*, doch die Verluste der Japaner wiegen schwerer: Zwei ihrer Träger und eine Unmenge an Flugzeugen werden zerstört, die sie obendrein nicht so schnell ersetzen können wie die USA.

2. November
Angesichts der überwältigenden Offensive der Alliierten unter General Bernard Montgomery ordnet Generalfeldmarschall Rommel den Rückzug seiner Truppen von El Alamein an.

1944

10. Januar – 9. Februar
Durch einen Angriff der USA mit mehr als 50.000 Mann werden die Japaner von der Insel Guadalcanal vertrieben. Japans erste schwere Niederlage in einer Landschlacht.

Schlacht um Sewastopol
Die Eroberung der Krim

Die Rote Armee auf der östlichen Krim wird im Mai 1942 überrollt. Nur die Festung von Sewastopol hält den Invasoren stand.

Im Dezember 1941, nach der Landung von 20.000 Mann auf der Halbinsel Kertsch zur Befreiung Sewastopols, konnten um die Stadt Kertsch und den Hafen Feodosia zwei Brückenköpfe gebildet werden. Dort landete man beständig Truppen und Kriegsgerät an, bis im April fünf Brigaden der Roten Armee mit fast 250.000 Mann und 200 Panzern bereitstanden. Eine stattliche Streitmacht, doch ebenso stückchenweise wie der Transport wurde auch der Angriff vorgetragen.

Allein durch ihr Gewicht trieben die deutschen Panzer die nur mit Gewehren bewaffneten Sowjetdivisionen von Fedosia landeinwärts und weiter quer über die Halbinsel bis Kertsch.

Aus der Luft wurden die Deutschen von Messerschmitts Bf 109 unterstützt, kreischende Stukas bombten ihnen den Weg frei. Generaloberst Erich von Mansteins Aufgabe wurde allerdings durch die Inkompetenz der sowjetischen Führung nicht eben erschwert. Selbst L. Z. Mechlis, der Repräsentant der STAVKA, hatte nur Zank und Nörgeleien zu bieten.

Selbstredend gehörten alle Kommandanten (sowie 23.000 Verwundete) zu jenen 86.000 Glücklichen, die zwischen 15. und 20. Mai über die Straße von Kertsch nach Taman und Kuschka evakuiert wurden – 100.000 Mann und alle noch intakten Panzer blieben zurück.

Manstein konnte nun seine Aufmerksamkeit – und die geballte Kraft der schweren Artillerie und der Luftstreitmacht unter seinem Kommando – dem Marinestützpunkt und Hafen Sewastopol zuwenden. Zur Verteidigung Sewastopols hatte die sowjetische Küstenarmee etwa 106.000 Soldaten, Matrosen und Marinesoldaten, 600 Geschütze einschließlich jener in den schweren Küstenbatterien, etwa 100 Mörser, 38 Panzer und auf den Flugfeldern innerhalb der Festung 55 Flugzeuge zur Verfügung. Von Manstein ließ die 11. Armee mit 204.000 Mann, 670 Geschützen (einschließlich der Mammutkaliber, welche in Eisenbahnzügen antransportiert und vor Ort zusammengebaut werden mussten), 450 Mörser, 720 Panzer (angesichts des knappen Raums vielleicht sogar ein

Von Mansteins Belagerungszug transportierte die schwerste je gebaute Waffe: das 80-cm-Eisenbahngeschütz „Schwerer Gustav", das 7-t-Panzerbrecher oder 5-t-Explosivmunition verschoss. Sewastopols mächtige Festungsmauern stürzten ein.

DER „SCHWERE GUSTAV": EIN FESTUNGSBRECHER

2.000 Mann waren sechs Wochen damit beschäftigt, den „Schweren Gustav" für den Einsatz gegen Sewastopol vorzubereiten. Der Leviathan feuerte nur 48 Mal, jedoch mit verheerenden Auswirkungen. Neun Schuss gingen über die Sewernaja-Bucht und einen 30 m breiten Küstenstreifen direkt in ein für unverwundbar geltendes Munitionslager.

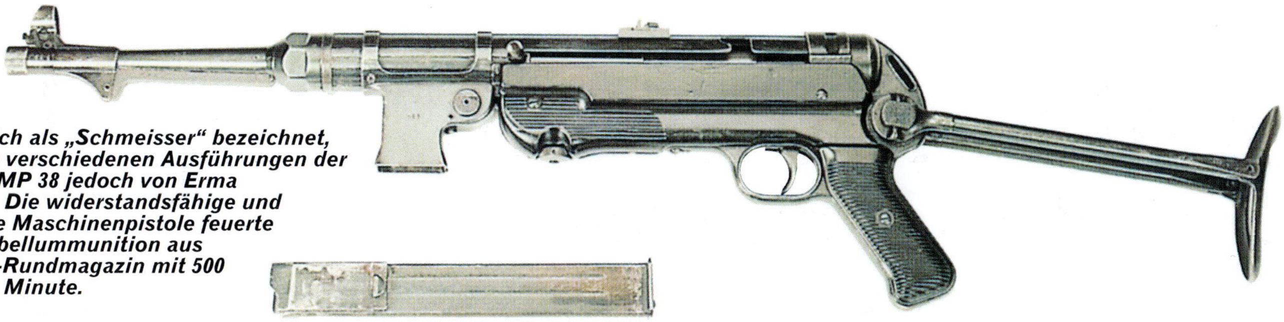

Oft fälschlich als „Schmeisser" bezeichnet, wurden die verschiedenen Ausführungen der deutschen MP 38 jedoch von Erma entwickelt. Die widerstandsfähige und verlässliche Maschinenpistole feuerte 9-mm-Parabellummunition aus einem 32er-Rundmagazin mit 500 Schuss pro Minute.

Nachteil) und 600 Flugzeuge aufmarschieren.

Die Belagerung begann mit fünf Tage währendem Zerstörungsbeschuss aus sämtlichen Geschützen, die von Mansteins Kanoniere bestücken konnten. Manch Veteran der 11. Armee fühlte sich in die Tage von Verdun oder St. Quentin, 25 Jahre zuvor, versetzt. Die Erde bebte ohne Unterlass – nicht nur der Einschlag der Granaten, sondern auch das Abfeuern der Geschütze hätte sich auf der Richter-Skala recht deutlich bemerkbar gemacht, ganz zu schweigen von den Bombengeschwadern der Luftwaffe, die von weit entfernten Basen wie Perekop und sogar Odessa zur Unterstützung der 11. Armee anflogen.

Der Hauptschlag erfolgte in der Region Kamyschly – Belbek und ging einem Vorstoß des LIV. Korps auf das Ostende der Nordbucht voraus. Die gesamte erste Junihälfte wurde heftig gekämpft, die Sowjets hatten sich in Gräben und Mannlöchern verschanzt und leisteten verbissen Widerstand.

In der dritten Juniwoche zog von Manstein, der klar erkannte, dass sich die Attacke offensichtlich festgefahren hatte, die 46. Division aus Kertsch ab und führte sie in den Ring um Sewastopol. Außerdem erbat er Verstärkung durch Einheiten der 17. Armee, welche im Donezbecken stand.

Doch im Lauf der Zeit setzte sich die Erfahrung (unterstützt durch Geschütze, Mörser und die entsprechende Munition) durch, obwohl Heer und Marine der Sowjets in der Versorgung Sewastopols wahre Wunder vollbrachten. Zerstörer, Minenboote, Minenräumboote, Torpedoboote, ja sogar U-Boote wurden zum Transport von Mensch und Material in den belagerten Hafen benützt, wobei den Schiffskapitänen mehr als einmal mitgeteilt wurde, dass sie keine Chance hätten, die Küste tatsächlich zu erreichen. Sie sollten nur versuchen, so nahe wie möglich heranzukommen, bevor sie versenkt wurden, damit zumindest ein Teil ihrer Fracht an Land schwimmen oder waten und mit etwas Glück auch noch Munition oder Vorräte mitbringen konnte.

Nebelwerfer

Und die ganze Zeit über schleuderten die riesigen Geschütze und Kanonen aus von Mansteins Belagerungszug Bomben und Granaten ins Innere der Festung. Am 5. Juni kam der „Schwere Gustav", ein 80-cm-Eisenbahngeschütz, begann aus fast 30 km Entfernung sieben Tonnen schwere Geschosse gegen die Festung zu schmettern und zerstörte in den darauf folgenden drei Wochen systematisch die wichtigsten Forts und die riesige Batterie „Maxim Gorki". Nach und nach zeigten Munitionsknappheit, zerstörte Geschütze sowie ab 28. Juni das Fehlen jeder Luftunterstützung ihre Wirkung und die deutsche Infanterie kämpfte sich in den Hafen vor.

In der Nacht zum 29. Juni gelang es den Deutschen, im Schutz von Nebelwerfern die Nordbucht zu überqueren, am darauf folgenden Morgen rückten andere Einheiten von den Fedjukiny-Höhen nach Sapun Gory vor. Am 30. Juni morgens verlagerten sich die Kämpfe ins Innere der Stadt, wobei die Deutschen in jenen Ruinen Deckung fanden, die sie zuvor selbst geschaffen hatten.

Während der nächsten drei Tage wurde eine groß angelegte Evakuierungsaktion gestartet. Alles, was auch nur den Verdacht erweckte, schwimmen zu können, fuhr von Novorossiisk und den benachbarten Schwarzmeer-Häfen heran, manche kamen sogar über das Asowsche Meer und hatten die Gefahren der Durchquerung der Straße von Kertsch auf sich zu nehmen. Seit die Stadt von den deutschen Truppen, die von Norden her in die Krim eingefallen waren, eingeschlossen worden war, waren 250 Tage vergangen, die letzten 24 davon im Kampf Mann gegen Mann und gekennzeichnet von verheerenden Bombardements – wie viele Todesopfer, Soldaten wie Zivilisten, die Belagerung forderte, ist nicht bekannt.

Doch auch für die 11. Armee war der Ansturm verlustreich, und Generalfeldmarschall von Manstein – der der Einnahme Sewastopols und der Besetzung der Krim immerhin seinen Marschallsstab verdankte – musste im Juli erkennen, dass er eine zumindest dezimierte, wenn nicht gar kraftlose Armee kommandierte. Die Ausführung der nächsten Schritte in Hitlers Plänen mussten der 6. Armee und ihrem ehrgeizigen Kommandanten, General Friedrich Paulus, überlassen werden. Und dieser wusste nur zu gut, wo sein Ruhm und, wie er hoffte, sein Glück lagen und ließ sich durch nichts von diesem Ziel abbringen: Stalingrad.

Ein Sowjetsoldat in den Sümpfen der Halbinsel Kertsch während des stümperhaften russischen Gegenangriffs. Die Inkompetenz von Mechlis kostete die Rote Armee 3.500 Kanonen, 350 Panzer und 176.000 Soldaten. Er wurde zum Korps-Kommissar degradiert.

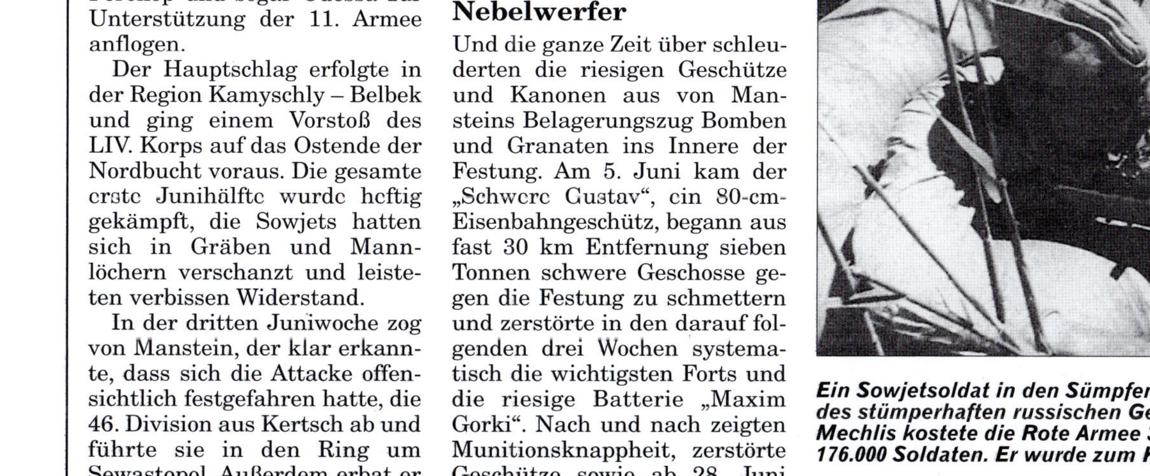

Drei Seeleute der Schwarzmeer-Flotte posieren für die Kamera. Die Marine kämpfte verbissen um den Erhalt ihres Stützpunkts, und als sich das Ende abzeichnete, sprengten sich einige Garnisonen selbst in die Luft, um nicht dem Feind in die Hände zu fallen.

Schlacht um Sewastopol
Chronologie

Sewastopol bewies, dass Belagerungskriege sehr wohl einen Platz in der Blitzkriegtaktik hatten. Der Hafen wurde mit den schwersten Geschütze der Militärgeschichte belegt und hielt doch über sechs Monate durch.

Krim, Februar 1942: Ein deutscher Mörser feuert auf die Sowjets, die in der Nähe von Fedosia an Land gehen. Der 21-cm-Mörser 18 schleuderte eine 113 kg schwere Granate 18 bis zu 16.700 m weit.

1941

25. September
Durch den Vorstoß der Heeresgruppe Süd in Südrussland ist die Halbinsel Krim isoliert.

26. September – 16. November
Die deutsche 11. Armee unter Generaloberst Erich von Manstein besetzt den größten Teil der Krim, ausgenommen sind nur Sewastopol und die Halbinsel Kertsch. Generalmajor I. Y. Petrow kann die Festung bei Sewastopol mit 32.000 Soldaten der unabhängigen Küstenarmee besetzen. Er legt um die Stadt drei Verteidigungsringe an.

17. Dezember
Von Manstein befiehlt seiner 11. Armee den ersten Generalangriff auf Sewastopol.

26. Dezember
Während von Manstein zum innersten Verteidigungsring vordringt, landen die Russen Truppen in beachtlicher Stärke in der Nähe von Kertsch an. Durch eine weitere Erhöhung der Truppenkonzentration am 28. 12. können die Russen die Halbinsel Kertsch sichern, von Manstein muss den Angriff auf Sewastopol abbrechen.

1942

Januar
Nach der Sicherung der Halbinsel Kertsch bauen die Sowjets mit drei Armeen unter Generalmajor D. T. Koslow die Krimfront auf.

April – Mai
Im Vorfeld des als „Trappenjagd“ bekannt gewordenen Befreiungsschlags zur Klärung der Halbinsel Kertsch erhalten die zuvor nur unzureichend ausgerüsteten Truppen von Mansteins massiv Nachschub, darunter auch 33 Belagerungsgeschütze, die den russischen Widerstand in Sewastopol zerschmettern sollen.

8. Mai
Von Mansteins Offensive beginnt. Kleinere amphibische Angriffe über das Schwarze Meer sollen die Verteidigung der Halbinsel zerschlagen. Bis 15. Mai ist Kertsch fest in deutscher Hand, 170.000 Sowjetsoldaten werden gefangen genommen. Sewastopol wird isoliert, doch seit Januar waren große Truppenkontingente in die Stadt gebracht worden, die Verteidiger zählen nun 186.000 Mann. Von Manstein plant das Unternehmen „Störfang“ zur Einnahme Sewastopols.

Drei junge Panzergrenadiere. Der Mann im Vordergrund trägt das Eiserne Kreuz und das Ritterkreuz – Auszeichnungen, die umso verbreiteter waren, je härter die Deutschen an der Ostfront um ihr Überleben kämpfen mussten.

Die Mannschaft einer deutschen Pak in Sewastopol. Mit Fortschreiten des Krieges verließen sich die Deutschen zunehmend auf russische Beutewaffen, doch dies brachte immense Probleme bei der Beschaffung der passenden Munition für alle Einheiten.

2. Juni
Ein fünf Tage währender Dauerbeschuss der Stadt beginnt, mehr als 600 Granaten werden abgeschossen.

6. Juni
Die Luftwaffe unterstützt die Belagerer und bombardiert Sewastopol.

7. – 11. Juni
Um 02.30 Uhr starten vier Divisionen der 11. Armee von Norden her einen Angriff auf die Stadt, am 11. Juni erfolgt ein massiver Angriff des rumänischen Gebirgskorps und des 30. Armeekorps. Beide Attacken werden von der heftigen Gegenwehr der Russen gestoppt.

17. – 28. Juni
Von Manstein greift mit neuem Schwung an. Sowjetische Beobachtungsposten und Forts werden von rumänischen und deutschen Einheiten erobert. Die Truppen der Achsenmächte dringen in die Vorstädte Sewastopols vor. Bis 18. Juni sind alle 12 Forts der Stadt bis auf ein einziges zerstört.

30. Juni
Vizeadmiral F. S. Oktiabrski, der Oberbefehlshaber der Schwarzmeer-Flotte, beginnt mit der Evakuierung der Stadt zu Wasser und aus der Luft.

1. – 2. Juli
Die deutschen Truppen beginnen den letzten, entscheidenden Angriff auf Sewastopol. Die Flugfelder der Stadt und das Stadtzentrum werden erobert, die verbleibenden sowjetischen Einheiten an die Küste zurückgedrängt. Die Evakuierung der russischen Kräfte endet am 2. Juli.

4. Juli
Sewastopol fällt. 90.000 russische Soldaten geraten in deutsche Gefangenschaft.

Internationale Ereignisse 1942

4. – 7. Juni
Die US-Marine fügt den Japanern in der Schlacht um Midway eine schwere Niederlage zu. Vier japanische Träger sinken, ein Verlust, von dem sich die japanische Marine nie mehr erholt. Die USA verlieren den Carrier *Yorktown.*

10. Juni
Nach der Ermordung von Reinhardt Heydrich, seines Zeichens „Reichsprotektor" von Böhmen und Mähren und Chef des deutschen Reichssicherheitshauptamts, durch tschechische Partisanen wird zur Vergeltung die Stadt Lidice dem Erdboden gleichgemacht. Mehr als 170 Männer und Knaben werden erschossen, 296 Frauen und Kinder in Konzentrationslager deportiert. Der Ort wird völlig niedergebrannt.

21. Juni
Feldmarschall Rommels Afrikakorps nimmt den hart umkämpften Hafen Tobruk in Libyen ein. 35.000 Soldaten der Alliierten werden gefangen genommen.

25. Juni
Major-General Dwight David Eisenhower wird zum Oberkommandierenden der alliierten Streitkräfte in Europa ernannt.

2. Juli
Premierminister Winston Churchill kann ein Misstrauensvotum des britischen Unterhauses gegen seine Art der Kriegsführung zurückweisen: Der Antrag wird mit 476 gegen 25 Stimmen bei 30 Enthaltungen abgelehnt.

Eine Hakenkreuzfahne wird ausgelegt. Fahnen waren nicht nur zeremonielle Nationalsymbole, auf dem Boden ausgebreitet zeigten sie die Position einer Einheit an und verhinderten den Beschuss durch freundliche Flugzeuge.

Gazala und Tobruk

Der Wüstenfuchs

Am 26. Mai führte Rommel das Afrikakorps vorwärts, um die 8. Armee zu zerschmettern und nach Ägypten zurückzutreiben. Am Ende dieser Kampagne hatte sich das Blatt allerdings gewendet – El Alamein sollte über Sieg und Niederlage entscheiden.

Erwin Rommel hatte 1917 an der Italienfront erstmals auf sich aufmerksam gemacht, als er in einem waghalsigen Infanterieangriff tief hinter die feindlichen Stellungen vorstieß. Aber auch später, als Panzeroffizier, waren seine Operationen von derselben Dreistigkeit gekennzeichnet. 1940, beim Fall Frankreichs, bestand sein Anteil darin, den Franzosen in einem schnellen Vorstoß seiner Panzer bei Avesnes tief in den Rücken zu fallen und bis zur Kanalküste vorzudringen. Im Jahr 1941 stand er in Nordafrika und führte einige höchst erfolgreiche Panzerunternehmen gegen die zahlenmäßig überlegenen Truppen der Briten und des Commonwealth durch, die nicht in der Lage waren, sich der von Rommel vorgeführten Taktik des Panzerkriegs anzupassen.

Neue „Regeln“

Rommel erkannte sehr schnell, dass der Panzerkrieg in der Wüste nach ganz anderen Regeln zu führen war. In den menschenleeren Weiten endloser Sanddünen erhielten Schnelligkeit und Feuerkraft einen neuen Stellenwert. In der Wüste gab es immer eine ungeschützte Flanke und der traditionelle Stellungskrieg wurde bedeutungslos, da mobile Feindverbände aus jeder Himmelsrichtung auftauchen konnten.

Initiative übernommen

So war Rommel im Mai 1942 bereit, jenes Unternehmen zu beginnen, welches beispielgebend für diese Art der Kriegführung werden sollte. Zu dieser Zeit standen ihm insgesamt 561 Panzer (333 deutsche und 228 italienische) zur Verfügung, welche es mit den überlegenen Briten mit ihren 900 Panzern und zahlreichen neuen Panzerabwehrkanonen aufnehmen wollten. Doch Rommel hatte einige Vorteile. Zum einen waren die britischen Panzerkräfte in einer Vielzahl kleiner Stellungen aufgesplittert, zum anderen war die Luftwaffe dem Feind in diesem Gebiet zahlenmäßig überlegen – was Rommel in den nächsten Tagen noch sehr zugute kommen sollte. Die Briten waren entlang einer langen Verteidigungslinie südlich von Gazala, geschützt durch ausgedehnte Minenfelder, in Stellung gegangen und hatten sich hauptsächlich in

Ein Soldat des Commonwealth, der dem Kessel von Tobruk entkommen war, im Gespräch mit einem britischen Offizier. Viele Einheiten der Garnison in Tobruk kämpften erfolgreich, doch es fehlte die Führung und somit jede koordinierte Verteidigung. Die 8. Armee machte keinen ernsthaften Versuch, Rommels Angriff zu stoppen.

TOBRUK: DIE LINIE IM SAND

Mit der Eroberung Tobruks, des strategisch bedeutsamen Hafens im Mittelmeer, stand den Deutschen ein neuer Landungshafen zur Verfügung, der es ermöglichte, die Transportwege drastisch zu verkürzen. Bis dahin mussten Rommels Panzer auf dem Landweg vom besetzten Hafen Tripolis aus mit Munition und Nachschub versorgt werden: ein langer und beschwerlicher Weg. Lange Nachschublinien waren verwundbar und es bestand darüber hinaus stets die Gefahr, dass sie überdehnt würden, da die Panzer ihren Nachschubfahrzeugen an Geschwindigkeit überlegen waren. Je länger der Weg, desto größer die Wahrscheinlichkeit, dass sie ihnen einfach davonfuhren.

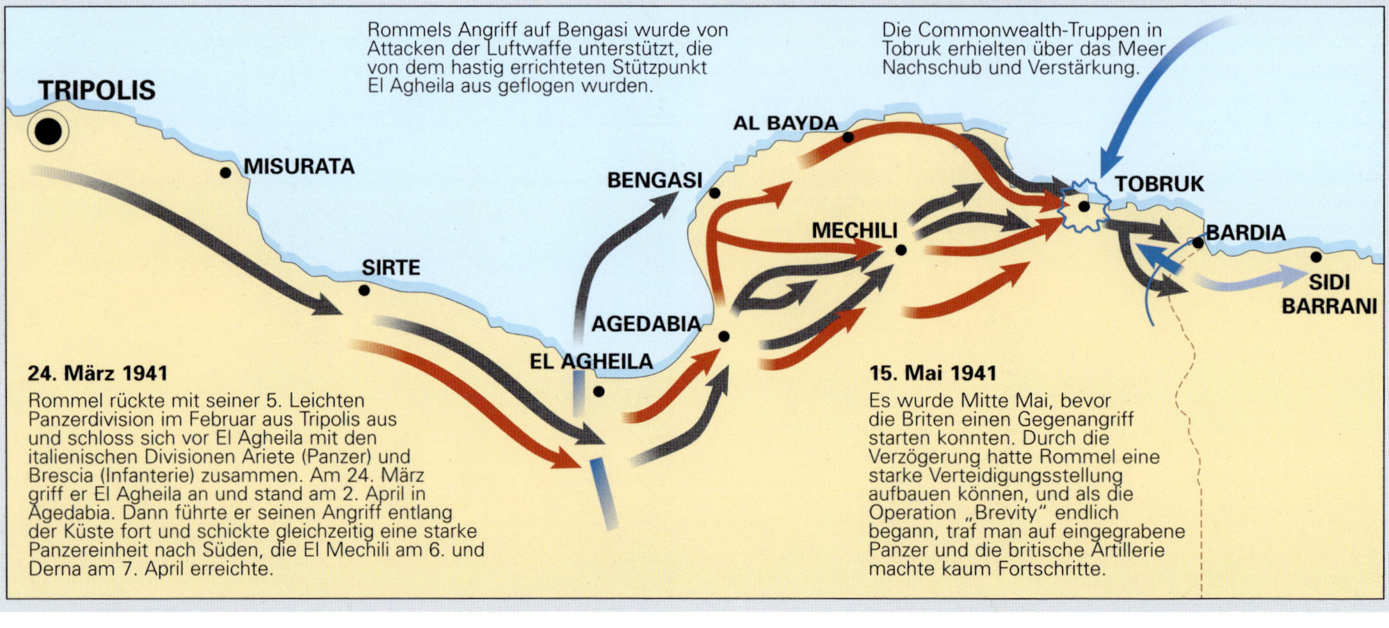

***Rechts:** Am 13. Juni gelang Rommels restlichen Panzern ein weiterer Triumph, worauf der britische Lt. Gen. Neil Ritchie die Aufgabe der Box „Knightsbridge“ befahl. Das XIII. Korps sah sich nun in unmittelbarer Gefahr, von Tobruk abgeschnitten zu werden, und zog sich ebenfalls zurück. Eine Reihe heftiger Rückzugsgefechte folgten.*

***Unten:** Auf Regimentsebene kämpften die britischen Panzer durchaus mit Geschick, doch die kommandierenden Offiziere reagierten zu langsam, sodass es bei unkoordinierten Einzelaktionen blieb. Rommel war immer an vorderster Front und sein Instinkt ließ ihn dem Gegner immer einen Schritt voraus sein.*

gut verteidigten „Boxen“ verschanzt. Sie erwarteten Rommels Angriff und wurden nicht enttäuscht.

Rommels Angriffsplan war simpel und typisch für sein Vorgehen: Die relativ unbewegliche italienische Infanterie nagelte die Briten in ihren Verteidigungsstellungen fest, während er seine Hauptstreitmacht nach Süden führte. Diese setzte sich zusammen aus der hervorragenden italienischen Panzerdivision Ariete, von der Rommel später sagte, dass sie ihn nie im Stich gelassen hätte, sowie dem Großteil des Afrikakorps, bestehend aus der 15. und 23. Panzerdivision und der 90. Leichten Division.

Frontalangriff

Nachdem er die britischen Verteidigungslinien am Südende umgangen hatte, wandte er sich wieder nordwärts, während die italienische Division Trieste im Südabschnitt der Linie von vorne angriff. Innerhalb weniger Stunden befanden sich Rommels Verbände im Rücken der britischen Verteidigungsfront und rückten auf die Stellung Knightsbridge vor, welche zum Brennpunkt der Schlacht um Gazala wurde.

Sobald die Briten Rommels Schachzug bemerkten, starteten ihre Panzer eine Reihe heftiger Gegenangriffe. Doch im Gegensatz zu den deutschen und italienischen Verbänden, die geschlossen und unter einer zielstrebigen Führung agierten, waren die Angriffe der britischen Panzer Stückwerk, vorgetragen von einzelnen Einheiten, welche unterschiedliche taktische Ziele verfolgten.

Zudem wurden viele dieser Angriffe im traditionellen Stil der Kavallerie vorgetragen: Die Panzer fuhren in geschlossener Formation gerade auf die Deutschen zu, die sie mit ihren Panzerrohren und Paks einfach abschossen. Diese Aufgabe erledigten unter anderem 37- und 88-mm-Flaks, welche die Panzer auf ihrem Vorstoß begleiteten. Viele dieser Einzelattacken, besonders jene der mit den neuen 75-mm-Haubitzen ausgerüsteten Grant-Panzer, welche erst kürzlich an diesen Schauplatz verlegt worden waren, zeigten durchaus Erfolg, sodass Rommels Vorstoß zunehmend an Nachdruck verlor. Auch gingen seine Vorräte an Munition und Treibstoff zur Neige. Rommel selbst rettete die Situation, indem er in der Nacht des 29. Mai einen Versorgungstrupp direkt durch die britischen Linien und über deren Minenfelder führte. Dies war nur möglich, weil die Minenfelder nicht zusätzlich durch Defensivfeuer gedeckt waren, sodass es Rommel möglich war, jenen Treibstoff zu beschaffen, der seine Einheiten in Bewegung hielt.

Der Kampf geht weiter

Die Schlacht um Gazala währte zwei Wochen, wobei die Serie an Angriffen und Gegenangriffen nach und nach drohte, beide Seiten aus purer Erschöpfung zum völligen Stillstand zu zwingen. Im Großen und Ganzen gaben Deutsche und Italiener die Initiative nie aus der Hand, da sie beweglich waren, an jedem beliebigen Punkt angreifen und zudem jederzeit nach Süden ausweichen konnten, wenn die Sache einmal nicht ganz so gut lief. Die Verteidiger mussten in ihren starren Stellungen ausharren oder wurden in Richtung ihrer Nachschubbasen bei El Adem und Tobruk zurückgeworfen. Ab und an wurde auch die Hauptlinie südlich von Gazala frontal angegriffen. Mitte Juni war Rommels Versorgungslage derart prekär, dass seine Panzer nur durch erbeuteten Nachschub in Bewegung bleiben konnten. Vor allem die Grant-Panzer bereiteten den Deutschen Kopfschmerzen, da sie nur mit den großen 8,8-cm-Flaks zerstört werden konnten, obwohl die 37-mm-Kanonen nur geringfügig weniger Durchschlagskraft hatten.

Schließlich fielen Tobruk und sein begehrter Hafen, wodurch sich die Nachschubwege der Deutschen drastisch verkürzten. Rommel allerdings setzte seinen Marsch nach Osten fort, erreichte Alam Halfa and zu guter Letzt El Alamein, wo sich der Wüstenkrieg entscheiden sollte.

***Oben:** Tobruk war dem deutschen Angriff nicht gewachsen. Es war gut befestigt, wurde aber schlecht verteidigt, sodass sich Maj. Gen. Klopper nach nur 48 Stunden ergab. 30.000 verwirrte und verärgerte Soldaten, darunter 19.000 Briten, wurden gefangen genommen.*

***Links:** Rommels Attacke begann am 26. Mai und konzentrierte sich auf die Südflanke der britischen Linie. Die Briten wurden keineswegs überrascht, gingen jedoch unkoordiniert vor und Brigade um Brigade wurde durch die deutschen Panzer geschlagen.*

Gazala und Tobruk: Chronologie

Erst sah es ganz so aus, als würde Rommels Offensive bei Gazala vom Widerstand der britischen Panzer gestoppt. Doch seine brillante Taktik zehrte so lange an der Stärke der Alliierten, bis es ihm gelang, Tobruk einzunehmen.

1942

26. Mai
Rommel beginnt seine Großoffensive zur Einnahme der Gazala-Linie – einer Serie britischer Verteidigungsstellungen – die knapp westlich von Gazala beginnt und sich über 80 km nach Süden bis Bir Hacheim erstreckt. Kurz nach Mittag starten das X. und das XI. Korps der Italiener, bekannt als Gruppe Crüwell, einen Ablenkungsangriff im Nordsektor dieser Linie.

19.00 Uhr
Rommel greift mit der 15. und der 21. Panzerdivision sowie der 90. Infanteriedivision der Deutschen und dem italienischen XX. Korps im Südsektor an. Sein Ziel ist es, die Gazala-Linie südlich von Bir Hacheim zu umgehen, sich dann nordwärts zu wenden, Tobruk einzunehmen und die Alliierten an der Gazala-Linie einzuschließen.

27. Mai
Rommels Truppen erreichen ihre Positionen südlich von Bir Hacheim und schwenken nach Norden. Die 1. Brigade des Freien Frankreich in Bir Hacheim behauptet hartnäckig ihre Stellung.

28. – 31. Mai
Die deutschen Panzerdivisionen erleiden schwere Verluste, vor allem bei dem Versuch, den Sidra-Kamm (eine Anhöhe etwa in der Mitte hinter der Gazala-Linie in der Nähe von Sidi Mufta) einzunehmen. Bis zum 1. Juni gingen etwa 30% von Rommels Panzern verloren. Er ändert seinen ursprünglichen Plan und stoppt den Marsch nach Norden. Stattdessen umschließt er die britische 150. Brigade bei Sidi Mufta in einem Oval von etwa 16 km Länge und 11 km Breite und geht in Defensivposition.

1. – 6. Juni
Das Gebiet um Sidi Mufta wird als „der Kessel“ bekannt. Die 150. Brigade wird zur Gänze aufgerieben, 4.000 Soldaten des Commonwealth geraten in Gefangenschaft. Bei dem Versuch, den deutschen Kessel zurückzuerobern, verlieren die Alliierten nochmals 230 Panzer.

10. – 11. Juni
Endlich gelingt es den Deutschen, die französischen Verteidiger bei Bir Hacheim zu überwinden und zum Rückzug zu zwingen. Am 11. Juni schaffen die Deutschen den Ausbruch aus dem Kessel. Sie schwenken zuerst nach Süden und wenden sich dann nach Osten, um die 7. Panzerdivision der Briten in der Nähe von El Adem anzugreifen.

Ein Soldat der Alliierten richtet seine Bren-Gun (ein 7,7-mm-leichtes MG) aus dem Fenster eines zerbombten Hauses in Tobruk – bereit, die Stadt gegen einen Luftangriff zu verteidigen.

11. – 18. Juni
Rommels Afrikakorps wendet sich wieder nach Norden, seinem ursprünglichen Ziel zu und zwingt die Alliierten zum Rückzug. Bis 18. Juni ist Tobruk zur Gänze eingeschlossen. Die Festung wird in erster Linie von der 2. Südafrika-Division unter General Klopper gehalten.

20. Juni
Unterstützt vom Bombardement durch die Luftwaffe und heftigem Artilleriefeuer beginnt Rommel seinen Angriff auf Tobruk. Bis 21. abends um 19.00 Uhr haben die 15. und 21. Panzerdivision den äußeren Verteidigungsring und die Minenfelder um Tobruk überwunden und dringen in die Stadt selbst vor.

21. Juni
General Klopper kapituliert, Tobruk fällt an Rommel.

Internationale Ereignisse 1942

27. Mai
Reinhard Heydrich, Reichsprotektor von Böhmen und Mähren und der Schöpfer der „Endlösung", wird bei einem Attentat tschechischer Widerstandskämpfer durch Handgranaten schwer verwundet. Er stirbt am 4. Juni.

2. Juni
Die Royal Airforce greift die Industriestadt Essen mit 1.000 Bombern an. Bereits am 31. Mai war in der „Nacht der 1.000 Bomber" Köln in Trümmer gelegt worden.

5. Juni
Die Vereinigten Staaten erklären Ungarn, Rumänien und Bulgarien den Krieg.

23. Juni
Im Konzentrationslager Auschwitz wird mit der systematischen Abschlachtung der Juden in Gaskammern begonnen. Pariser Juden sind die ersten Opfer.

25. Juni
Generalmajor Dwight D. Eisenhower wird zum Oberkommandierenden der US-Truppen in Europa ernannt.

26. Juni
Die RAF fliegt eine neuerliche 1.000-Bomber-Attacke, dieses Mal auf Bremen.

***Oben:** Eine Verteidigungsstellung der Alliierten in der Stadt Tobruk. Rommels Angriff wurde aus dem Westen und Südwesten erwartet, doch dieser kam von Südosten und erwischte so die Verteidiger auf dem falschen Fuß.*

***Unten:** Ein deutscher Soldat auf Beobachtungsposten. Die offene Wüstenlandschaft erschwerte Offensivmanöver, Verteidigungsstellungen konnten nur durch Luftangriffe, Artilleriefeuer und Panzerbeschuss überwunden werden.*

Vergessener Opfergang

Konvois in der Arktis

Juni 1941: Nicht genug der Schwierigkeiten, in denen die Royal Navy bereits steckt, erhält sie eine weitere gefährliche Aufgabe – Geleitschutz für die überlebenswichtigen Nachschublieferungen in die UdSSR.

Hitlers wahnwitziger Angriff auf die UdSSR im Juni 1941 brachte den geplagten Briten einen unerwarteten, wenn auch problematischen Verbündeten. Die Russen brauchten dringend Nachschub, und dieser hatte über das Meer geliefert zu werden, wobei nur die Polarhäfen der Sowjetunion als Ziel in Frage kamen: Die ohnehin überforderte Royal Navy erhielt eine weitere Aufgabe.

Abhängig von der Jahreszeit waren die Konvois 10 bis 15 Tage unterwegs, vorbei an dem von den Deutschen besetzten Norwegen. Im Winter zwang das Packeis die Konvois näher an diese feindliche Küste heran. Die ununterbrochene Dunkelheit der vier Monate währenden Polarnacht gab zwar etwas Schutz, allerdings um den Preis unausgesetzt scheußlichen Wetters. Wenn sich im Sommer das Packeis zurückzog, verlief die Route in größerer Entfernung, aber auch in hellstem Tageslicht, sodass Angriffe buchstäblich rund um die Uhr erfolgten.

Während Konvois im Nordatlantik vor allem von U-Booten und im Mittelmeer von Überwasser-Verbänden und Flugzeugen bedroht wurden, hatte man es auf der Polarroute mit allen dreien zu tun, was sich auf die Zusammensetzung der Konvois auswirken musste. Bald entwickelte sich daraus ein effektives Geleitsystem. Anfangs bestand die Eskorte in der Regel aus Korvetten und Walfängern oder Trawlern mit Schleppnetzen gegen U-Boote; den Nahschutz

Als die Passage der arktischen Konvois 1941 einigermaßen in Schwung kam, zogen die Deutschen U-Boote aus dem Atlantik für Einsätze vor der Küste Norwegens ab, wo sie den Schutz der Luftwaffe genossen. Erst 1944, als größere Konvois, geleitet von Eskortcarriern, unterwegs waren, begann sich das Blatt zu wenden.

MURMANSK: DIE ROUTEN DER KONVOIS

Der Sommer war die gefährlichere Jahreszeit für die Konvois, da es 24 Stunden lang hell genug für gezielte Luftangriffe war. Andererseits zog sich das Packeis so weit zurück, dass man den Luftwaffenstützpunkten in Norwegen ausweichen konnte. Im Winter war das Wetter unbeschreiblich schlecht, behinderte aber auch die deutschen Luft- und Überwasser-Aktivitäten.

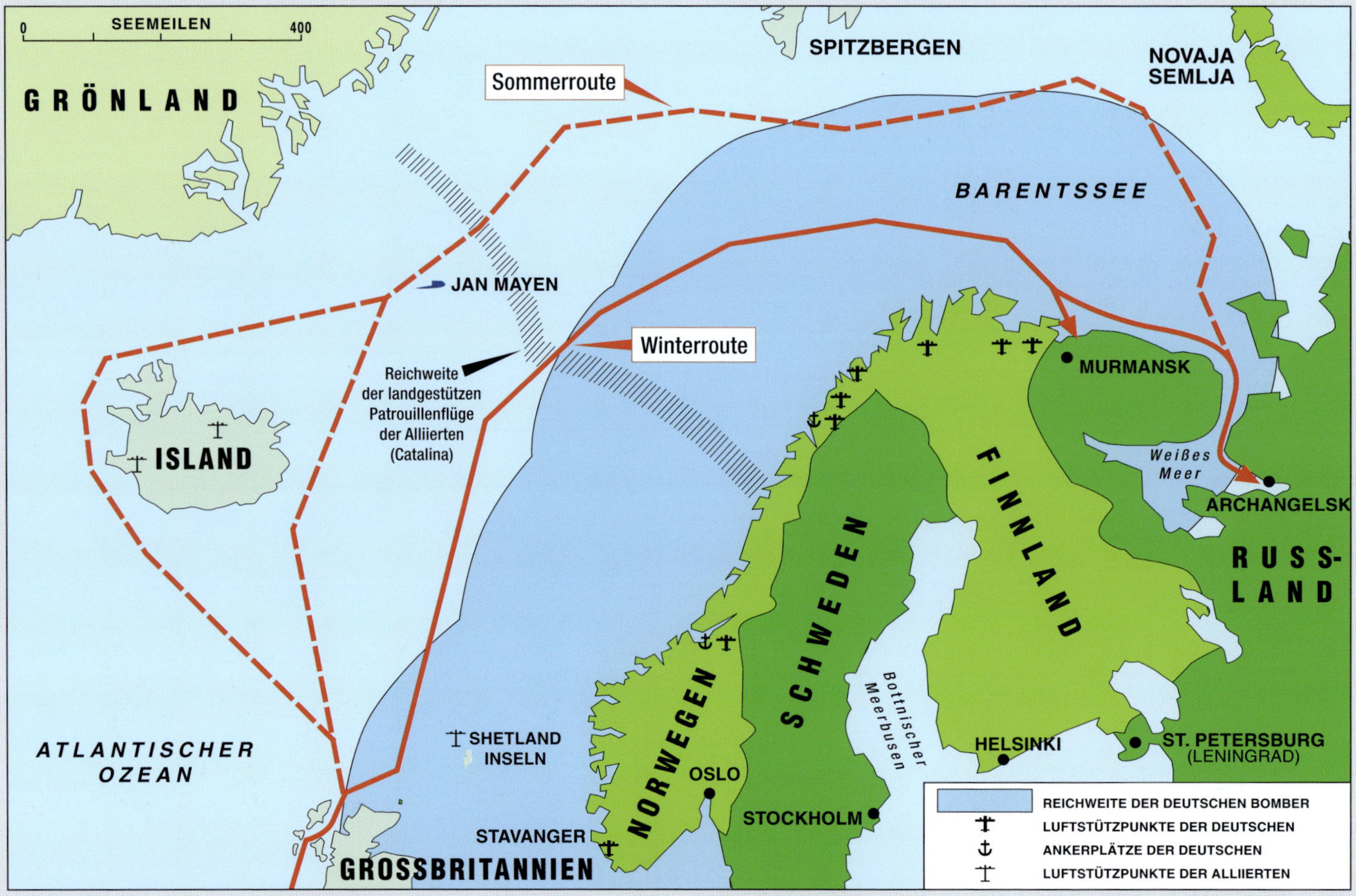

Dieses Aufklärungsflugboot Blohm und Voss BV 138, von der Luftwaffe „Fliegender Holzschuh" genannt, wurde zur Beschattung der arktischen Konvois eingesetzt.

übernahm ein Verband frei manövrierender Kreuzer und Zerstörer, die bei Bedarf die Eskorte verstärken konnten, die Flankensicherung oblag schweren Einheiten der Home Fleet, die Angriffe durch jene Marineverbände abwehren sollten, die die Deutschen in Nordnorwegen zusammengezogen hatten.

Eine politische Geste

Am 21. August verließ der erste, unnummerierte Konvoi Island und erreichte zehn Tage später ohne Zwischenfälle Archangelsk. Kurz nach Hitlers Überfall war dieser Transport ebenso sehr eine politische Geste wie ein erster Versuch. Kurz darauf wurde ein regelmäßiger Zyklus eingeführt, die nordwärts fahrenden Konvois wurden mit PQ, die Zurückkehrenden mit QP bezeichnet. Das Unvermögen der Deutschen, den Schiffen ernsthaft gefährlich zu werden, ließ das Geleit auf einen Kreuzer und zwei Zerstörer schrumpfen.

Mit Anbruch der dunklen Jahreszeit wurde die Abfolge schneller, Anfang Februar 1942 hatten zwölf PQ-Konvois passiert. Von insgesamt 93 Schiffen ging nur eines durch ein U-Boot verloren. Als die Tage wieder länger wurden, geriet Leben in die Sache: Im März entkamen die Konvois PQ12 und QP8 nur knapp einem Angriff der eben eingetroffenen KMS *Tirpitz* und ihrer Zerstörer.

Nur drei Wochen später gelang es dem Feind endlich, sich einigermaßen zu organisieren, sodass PQ13 fünf Schiffe verlor: zwei durch die höchst effektiven Torpedobomber Junkers Ju 88, zwei durch U-Boote und eines durch einen umherziehenden Zerstörerverband. Bei diesem letzten Angriff verlor die Eskorte, welche mittlerweile immer in der Nähe der Schiffe blieb, den Kreuzer HMS *Trinidad* durch einen eigenen, fehlgeleiteten Torpedo. Zwei U-Boote wurden versenkt, ein weiteres von einem Minenräum-Boot gerammt, das kurzfristig zu Hilfe kam.

Das ständig wechselnde Wetter machte geplante Angriffe für beide Seiten zum Glücksspiel. Das Eis zwang sechzehn der 24 Schiffe von PQ 14 zur Umkehr, allerdings konnten die Ju 88 vom Stützpunkt Kirkenes zwei leer heimkehrende Transporter von QP 10 versenken.

Mehr als 260 Flugzeuge der Luftwaffe, über 30 U-Boote und auch die beiden verbleibenden „Westentaschen-Schlachtschiffe" waren mittlerweile vor Ort. Trotz der immer länger werdenden Tage verlangte die Politik die Abfahrt von PQ16 im Mai: Sieben Schiffe gingen verloren, sechs davon durch Flugzeuge.

Ende Juni, als PQ17 ablegte, waren die deutschen Überwasser-Kräfte durch das Schlachtschiff *Tirpitz*, einen schweren Kreuzer und alle verbleibenden Zerstörer aufgestockt worden. Am 1. Juli nahmen acht U-Boote die Verfolgung des Konvois auf, der obendrein ständig aus der Luft überwacht wurde. Der Angriff erfolgte allerdings erst am 4. Juli. Die Admiralität befahl der Eskorte auszuschwärmen, im festen Glauben, die *Tirpitz* wäre unterwegs. Diese lief allerdings erst am nächsten Tag aus und kehrte unmittelbar wieder um. Das war jedoch keineswegs die Rettung für PQ17: 23 seiner 34 Schiffe gingen durch Flugzeuge oder U-Boote verloren, als man die letzten 1.300 km praktisch schutzlos zurücklegen musste.

Formidables Geleit

PQ18, sein Nachfolger, musste bis September 1942 warten. Die 40 Schiffe genossen endlich den Schutz einer respektablen Eskorte, darunter ein Träger. Die Deutschen starteten einen Großangriff, zehn Schiffe wurden von Luftwaffen-Verbänden und drei von U-Booten versenkt, allerdings um den Preis des Verlusts von drei eigenen U-Booten und 27 Flugzeugen.

In der Folge wurden die nordwärts fahrenden Konvois in „JW" umbenannt. Deren erster, JW51, lief nach langer Verzögerung in zwei Abteilungen. Keine davon erlitt Verluste, und der Kreuzer und der Zerstörer im Geleit von JW51B lieferten den numerisch weit überlegenen Überwasser-Einheiten des Feindes am letzten Tag des Jahres 1942 ein beherztes Gefecht.

Von Februar bis November 1943 liefen keine Konvois, sämtliche Eskorten wurden auf der Atlantikroute gebraucht, wo der U-Boot-Krieg seinen Höhepunkt erreicht hatte. Dann allerdings fuhren innerhalb von neun Wochen 160 Schiffe nordwärts, nur drei gingen verloren.

Im Frühling 1944 wurden die Konvois in ihrer Größe verdoppelt und hatten von da an auch einen, manchmal sogar zwei der höchst nützlichen Eskortcarrier im Geleit. Deren Flugzeuge machten mit Beschattern kurzen Prozess, während sich immer jüngere U-Boot-Kommandanten, denen es zunehmend an Erfahrung mangelte, oft 20 und mehr Zerstörern mit Crews, die sich in unzähligen Schlachten bewährt hatten, gegenübersahen, bevor die Korvetten des inneren Geleits auch nur in Sicht kamen. Daher überrascht es wenig, dass die nachfolgenden Konvois, außer durch das unvermindert unbarmherzige Wetter, bis Kriegsende kaum mehr behelligt wurden.

Insgesamt liefen 1.526 Schiffe in 77 Konvois auf der Polarroute – schwer zu glauben, dass dabei nur 98 Schiffe verloren gingen. Dieser Erfolg ist in erster Linie den Mannschaften – sowohl der Handels- als auch der Geleitschiffe –, ihrer Entschlossenheit und ihrem Durchhaltevermögen angesichts widrigster Bedingungen zu verdanken.

Die Russen zeigten wenig Verständnis für die Gefahren der Polarroute. Man beklagte sich lautstark über die „Feigheit der Briten", sodass sich der First Sea Lord veranlasst sah, deren Botschafter zu fragen, ob er die Royal Navy nicht lieber selbst kommandieren wolle.

Vergessener Opfergang

Chronologie

Zwischen August 1941 und Mai 1945 brachten Konvois der Alliierten 4,43 Millionen Tonnen Güter zur Unterstützung der russischen Kriegsanstrengungen von Großbritannien in die Sowjetunion – ständig bedroht von U-Booten und dem konstant schrecklichen Wetter Norwegens und der Barentssee ausgesetzt.

1941

21. August
Der erste arktische Konvoi, beladen mit Hurricane-Fightern und anderem Kriegsgerät, sticht im schottischen Scapa Flow in See. Ziel: Russland.

1942

20. März
Konvoi PQ13 läuft nach Nordrussland aus, wird aber von deutschen U-Booten, Flugzeugen und Zerstörern abgefangen. Fünf von 19 Schiffen werden versenkt, die bis dahin schwersten Verluste auf der Polarroute.

27. – 28. Juli
Konvoi PQ17 legt von Reykjavik ab. 34 der 36 Schiffe werden von deutschen U-Booten oder Torpedobombern versenkt, dies ist der schwerste Verlust unter den arktischen Konvois im gesamten Kriegsverlauf.

August – September
Die Konvois nach Russland werden ausgesetzt, da die Schiffe zur Unterstützung der Landung der Alliierten in Nordafrika benötigt werden.

2. – 26. September
Konvoi PQ18 tritt mit 40 Schiffen die Reise nach Russland an. Im Geleit fahren 17 Zerstörer und der Träger *Avenger*. Obwohl der Konvoi schwer dezimiert wird – 13 Schiffe sinken –, kommen dank der größeren Anzahl an Schiffen und der stark verstärkten Eskorte mehr Güter als je zuvor in Nordrussland an.

31. Dezember
Schlacht in der Barentssee. Konvoi JW51B wird von dem deutschen Panzerschiff *Lützow,* dem Kreuzer *Admiral Hipper* sowie sechs Zerstörern angegriffen. Die Eskorte unter Captain Robert Sherbrooke kann den Konvoi erfolgreich gegen die feindliche Übermacht verteidigen: Zwar gehen zwei Zerstörer verloren, doch die Handelsschiffe kommen durch. Diese Niederlage versetzt Hitler derart in Rage, dass der Oberkommandierende der Marine, Großadmiral Raeder, seinen Abschied nimmt.

1943

März – August
Die arktischen Konvois werden erneut ausgesetzt, dieses Mal zugunsten des Schauplatzes Nordatlantik, aber auch, weil der deutsche Schlachtkreuzer *Scharnhorst* zur Verstärkung der *Tirpitz* und der *Lützow* in Norwegen eintrifft.

22. September
Die *Tirpitz* wird bei einer waghalsigen Attacke durch Kleinst-U-Boote der Royal Navy schwer beschädigt. Das Schlachtschiff ist sechs Monate lang nicht einsatzfähig.

November
Die arktischen Konvois nehmen ihre Fahrten den ganzen November und Dezember hindurch wieder auf.

26. Dezember
Konvoi JW55B wird von der *Scharnhorst* und fünf deutschen Zerstörern in der Nähe der Bären-Enge angegriffen. Das deutsche Schlachtschiff wird von zwei Kampfgruppen der Royal Navy gestellt. Um 19.30 Uhr sinkt die *Scharnhorst*, nur 36 Mann der Besatzung werden von den Briten gerettet.

Deutsche Aufklärer fotografierten Konvoi PQ17 auf dem Weg nach Murmansk. Die Buchstaben der Konvoinamen gaben die Abfahrts- und Zielhäfen an, wobei P für Island und Q für Nordrussland stand. Dementsprechend wurden die Konvois nummeriert.

Ein gewohntes Bild auf der Polarroute: Eine der Eskorten ist stark vereist, ihre Geschütze sind nutzlos, wenn es nicht gelingt, das Eis zu entfernen. Allerdings lauerte die größte Bedrohung für die Konvois, welche sich nach Russland aufmachten, unter der Meeresoberfläche: deutsche U-Boote.

1944

3. April
Die *Tirpitz* wird von Trägerbombern des Fleet Air Arm angegriffen, als sie im Altafjord ankert. Die *Tirpitz* wird zwar nicht versenkt, ist aber wieder drei Monate nicht einsatzfähig.

Mai – Juli
Da man alle verfügbaren Ressourcen für die Landung der Alliierten in der Normandie benötigt, werden die arktischen Konvois nochmals ausgesetzt.

15. – 29. August
Die *Tirpitz* wird in einer Auseinandersetzung mit der Eskorte des Konvois JW59 erneut beschädigt.

November
Der Zusammenbruch Deutschlands zeichnet sich immer deutlicher ab und die arktischen Konvois erleben einen Monat ohne Verluste. Am 12. November wird die *Tirpitz* bei einem Bombenangriff der RAF auf Tromsø endgültig zerstört.

1945

Mai 1945
Nach einem äußerst ruhigen Jahr, in dem insgesamt nur acht Schiffe verloren gingen, fährt knapp nach der Kapitulation Deutschlands der letzte Konvoi vom schottischen Fluss Clyde nach Kola in der Nähe von Murmansk.

Internationale Ereignisse 1941

22. Juni
Mit dem Unternehmen „Barbarossa“, Deutschlands Invasion der Sowjetunion, beginnt der größte Landkrieg der Geschichte.

7. Dezember
Japan führt einen Präventivschlag gegen die Pazifikflotte der USA in Pearl Harbor auf Hawaii. Als Folge davon treten die Vereinigten Staaten in den II. Weltkrieg ein.

1942

15. Februar
Die britische Kolonie Singapur fällt an die Japaner. Mehr als 130.000 alliierte Soldaten werden gefangen genommen – die größte Niederlage in der Geschichte der britischen Armee.

1. Juni
Drei japanische Kleinst-U-Boote greifen den Hafen von Sydney in Australien an. Obwohl alle drei versenkt werden können, versetzt ihr Eindringen und die Tatsache, dass sie selbst ein Handelsschiff versenken, die australischen Bevölkerung in Angst und Schrecken über eine mögliche Invasion durch Japan.

1943

31. Januar
Die Überreste der in Stalingrad eingekesselten 6. Armee ergeben sich den Russen. Die Deutschen zählen mehr als 200.000 Gefallene, Dies ist die erste große Niederlage Deutschlands in diesem Krieg.

31. Mai
Die letzten in Nordafrika verbliebenen Einheiten der Deutschen ergeben sich nach einem erfolgreichen Vorstoß der Alliierten in Tunesien.

3. September
Amerikaner und Briten marschieren in Italien ein und zwingen damit Deutschland eine weitere Kriegsfront auf.

1944

6. Juni
Operation „Overlord“. Durch die Landung massiver Verbände in der Normandie eröffnen die Alliierten die zweite Front.

28. Dezember
Die Ardennenoffensive, Hitlers letzter Versuch, den Vormarsch der Alliierten durch Europa zu stoppen, scheitert mit massiven deutschen Verlusten.

1945

7. Mai
Nach dem Selbstmord Hitlers und angesichts der Besetzung Berlins durch die Rote Armee kapituliert Deutschland.

14. August
Amerikanische Atombomben fielen auf Hiroshima und Nagasaki – Japan unterzeichnet die bedingungslose Kapitulation.

Desaster bei Dieppe

Keine zweite Front

19. August 1942 abends: Der große Überraschungsangriff über den Kanal auf Dieppe beginnt. Doch die Deutschen sind keineswegs überrascht.

Der Überraschungsangriff auf Dieppe unter dem Decknamen Operation „Jubilee“ (Freudengesang) war das größte Unternehmen seiner Art im II. Weltkrieg. Zehn bedeutende militärische Verbände, meist Kanadier, nahmen teil. Die Verluste waren enorm und nur eine Einheit konnte das Einsatzziel erreichen, dennoch war die Operation zumindest ein Teilerfolg: War es möglich, während der ersten Tage der Invasion einen französischen Hafen zu besetzen? Diese Frage beschäftigte die alliierten Strategen seit Dünkirchen, als erstmals klar wurde, dass Hitler und all das, wofür sein Name stand, nur durch eine Invasion der französischen Kanalküste zu bezwingen wäre. Nun kannte man die Antwort.

Den Versuch, Dieppe selbst zu erobern, unternahmen sechs Bataillone und ein Panzerregiment der kanadischen 2. Division, welche in Puys, Pourville und zwischen diesen beiden Dörfern am Strand von Dieppe anlandeten. Beiderseits dieses Küstenabschnitts befanden sich jedoch Batterien mit mächtigen Geschützen, die jedes Schiff, das sich dem Strand näherte, buchstäblich aus dem Wasser blasen konnten. Man überließ dieses Problem zwei britischen Kommandos – Nr. 4 sollte die Batterien bei Vesterival-sur-Mer und Varengeville im Westen zerstören, Nr. 3 sich um jene im Osten bei Berneval kümmern.

Die Kanadier kommen

Am 8. August 1942 legten 252 Schiffe von Häfen an der Südküste Englands ab. Infanterie-Landungsboote transportierten die Männer: Die Royal Hamilton Light Infantry und das Essex Scottish Regiment landeten am Strand vor dem Casino von Dieppe, das Saskatchewan Regiment und die Cameron Highlanders of Canada bei Pourville und das Royal Regiment of Canada bei Puys. Das 14. Panzerbataillon der kanadischen Armee und die Fusiliers Mont-Royal sollten den Angriff auf Dieppe unterstützen und Kommando A der Royal Marines bei der Einnahme einiger Anhöhen helfen, welche die Küstenstreifen dominierten.

Eine Bilderbuchattacke

Am 19. August um 03.35 Uhr hatten die Schiffe ihr Ziel schon vor Augen, die Männer waren in ihren Landungsbooten bereit – man näherte sich, offensichtlich unbemerkt, der Küste. Plötzlich erhellte ein Feuerstoß an der äußersten linken Flanke die Nacht: Kommando Nr. 3 war vor Berneval in ein feindliches Schiff gelaufen und innerhalb weniger Minuten war die gesamte Küstenverteidigung des Feindes alarmiert.

Dennoch trug das Kommando Nr. 4 an der rechten Flanke eine Bilderbuchattacke vor. Alle Mann konnten rechtzeitig anlanden und die Küste erreichen.

Obwohl die 302. Infanteriedivision, die den Dieppe-Sektor zu verteidigen hatte, eigentlich eine Einheit der zweiten Linie war, hatten die Deutschen ihre Position gut gesichert: Die gesamte Küste wurde mit flächendeckendem Abwehrfeuer eingedeckt.

Um 05.40 Uhr näherte man sich von zwei Seiten dem Ziel, hatte bis 06.07 Uhr zwei MG-Nester ausgeschaltet und griff um 06.30 Uhr die Küstenbatterie selbst an. Die Sprengladungen wurden angebracht, die Geschütze gesprengt, und bis 07.30 Uhr waren alle Männer wieder an Bord ihres Flugzeugs und sicher auf dem Heimweg. Am anderen, östlichen Ende wurde Kommando Nr. 3 durch die Begegnung mit dem feindlichen Schiff zerstreut, weshalb nur 17 Kommandosoldaten und drei Offiziere die Küste erreichten. Diese schafften es jedoch ihr Ziel, die Goebbels-Batterie, mit dem Feuer ihrer Gewehre und Bren-Guns so sehr zu beschäftigen, dass sich deren Geschütze zu keiner Zeit in den eigentlichen

EIN MASSAKER: DAS ENDE DES CALGARY REGIMENTS

27 Churchill-Panzer waren angelandet worden, 12 davon waren nach wenigen Metern Fahrt bereits zerstört. Die restlichen Panzer konnten nicht in die Stadt durchbrechen und wurden einer nach dem anderen aufgerieben.

Die Hawker Typhoon, die sich später als hervorragender Jagdbomber erweisen sollte, kam über Dieppe erstmals zum Einsatz. Dieser verhieß jedoch wenig Gutes: Zwei Maschinen gingen verloren, weil sie versehentlich von kanadischen Spitfire abgeschossen wurden. Die Luftunterstützung war erbärmlich koordiniert und ineffizient.

Die Infanterieeinheiten wurden von den Churchill-Panzern des Calgary Regiments unterstützt. Doch die erste Welle der Panzer kam zu spät, ihr kommandierender Offizier wurde bereits getötet, als sein Fahrzeug an Land fuhr, und man konnte die Panzersperren in den Einfahrtsstraßen nach Dieppe nicht überwinden.

Kampf um Dieppe einschalten konnten. Auch sie wurden erfolgreich zurückgezogen.

Auf dem Strandabschnitt zwischen den beiden Kommandoeinsätzen allerdings brach die Hölle über die Kanadier herein. Ob nun der deutsche Geheimdienst über die Operation „Jubilee“ informiert war oder nicht (und Einiges deutet darauf hin, dass dem so war), die Deutschen rechneten offenbar mit einer alliierten Landung am Strand von Dieppe und waren bestens vorbereitet.

Salven aus gut getarnten schweren Maschinengewehren mähten die Landungstruppen nieder, die sich obendrein in den Stacheldrahtverhauen verhedderten, welche auf dem ganzen Küstenstreifen vom Meer bis zur Strandpromenade gespannt waren. Und zwischen die verzweifelten Überlebenden der ersten Landungswelle, welche in Sandlöchern oder hinter Felsen Deckung gefunden hatten, fielen Mörsergranaten mit einer Präzision, die nur durch lange Übung erreicht wird. Jeder, der auch nur im Ansatz als Führer erkennbar war, wurde mit gezielten Gewehrschüssen kaltblütig eliminiert, und zwar so erfolgreich, dass kein einziger kommandierender Offizier, kaum ein Kompanieführer und noch weniger Senior NCOs den Morgen überlebten. Die Schlacht wurde zu einer Reihe von Verzweiflungsakten Einzelner – die sofort erschossen wurden, sobald man ihre Absicht erkannte – oder kleiner Gruppen, welche ebenso schnell isoliert und aufgebracht waren.

Gefangen am Strand

Die Attacke stolperte im Flachwasser und starb am Strand. Das Essex Scottish und die Royal Hamiltons trafen auf Feindfeuer von solcher Wucht, dass es ein Wunder war, dass einige lange genug lebten, um gefangen genommen zu werden, ganz zu schweigen von jenen, die trotz allem heimkehrten. Als Panzer zur Unterstützung anlandeten, wurden die Landungsboote vom Geschützfeuer zerfetzt, kaum dass sie aus dem Rauch auftauchten, die Panzer zerschossen, sobald sich die Rampen senkten. Trotz allem erreichten 27 Panzer den Strand, sechs davon walzten den Stacheldraht nieder und schafften es bis zur Promenade. Einer erklomm die Stufen zum Casino, drei fuhren die Promenade entlang, um die feindlichen Kanonen auszuschalten – so lange, bis ihnen die Munition ausging. Doch kein Einziger überstand den Einsatz, fast alle Panzerbesatzungen wurden getötet.

In Unkenntnis der Lage setzte die alliierte Führung nun auch noch die Reserve ein, die aus den Fusiliers Mont-Royal und den Royal Marines bestand: Ein völlig sinnloses Vorgehen, sie wurden buchstäblich hinweggefegt. Es dauerte bis 09.00 Uhr, bis man die tatsächliche Lage erkannte und die Truppen zurückzuziehen versuchte. Die Schiffe rasten hin und her, um die Männer vom Strand aufzunehmen, doch ihr Einsatz nützte wenig: Als sich die Schiffe am Nachmittag des 19. August auf den traurigen Heimweg machten, mussten sie 215 kanadische Offiziere und 3.164 Soldaten sowie 279 Offiziere und 726 niedrigere Ränge der Briten zurücklassen.

Was sie allerdings brachten, war die Antwort auf die anfängliche, entscheidende Frage. Es war ein einfaches, deutliches „Nein!“ Sollten die Alliierten in den ersten Tagen der großen Invasion einen Hafen brauchen, so würden sie ihn wohl oder übel selbst mitbringen müssen.

Deutsche Offiziere durchsuchen das Wrack eines Landungsboots. Es gibt Hinweise, dass die Deutschen über den Angriff auf Dieppe informiert waren, doch das Überraschungsmoment ging ohnehin verloren, als das Landungsboot der Kommandogruppe 3 auf einen deutschen Küstenkonvoi stieß.

Desaster bei Dieppe: Chronologie

Dieppe war ein teuer bezahltes Experiment in der amphibischen Kriegsführung. Der stümperhafte Angriff auf den von Deutschland besetzten Hafen kostete 4.000 alliierten Soldaten das Leben.

1942

20. Mai

Truppen der kanadischen 2. Infanteriedivision beginnen auf der Isle of Wight mit Übungsmanövern für Operation „Rutter“, einen amphibischen Angriff auf den von den Deutschen besetzten französischen Hafen Dieppe. Das Unternehmen soll am 7. Juli stattfinden.

7. Juli

Wegen Schlechtwetters über dem Kanal wird der Angriff verschoben, man überlegt sogar, die Operation ganz aufzugeben. Doch Vizeadmiral Mountbatten hält, unter dem Decknamen Operation „Jubilee“, an seinem ursprünglichen Plan fest

19. August

Operation „Jubilee“ beginnt: 4.962 kanadische Truppen, 1.000 britische Soldaten und 50 US-Ranger werden von 237 Transportschiffen über den Kanal gebracht.

***Oben:** Kanadische Truppen mit ihrem Bren-Carrier erwarten die Landung bei Dieppe. Viele Fahrzeuge der Alliierten konnten auf dem Kiesstrand schwer manövrieren und die überall aufgestellten Betonhindernisse nicht überwinden. Demzufolge wurden sie daher schnell zerstört.*

***Unten:** Ein deutscher Soldat schleppt Stielhandgranaten über das Feld der Zerstörung. Das Desaster von Dieppe ließ die Alliierten ihre Taktik der amphibischen Kriegsführung grundlegend überdenken. Auf jeden Fall brauchte man effektivere Landungsboote und deutlich mehr Luftunterstützung, doch viele sahen in der Aktion nichts als die sinnlose Verschwendung von Menschenleben.*

03.48 Uhr

Einige Stunden vor der eigentlichen Landung werden Teile der Landungstruppen von einem deutschen Konvoi auf See ausgemacht. Dadurch geht das Überraschungsmoment in den neuralgischen Punkten der 10 km breiten Landungszone verloren.

04.30 Uhr

Kanadische und britische Einheiten beginnen mit flankierenden Angriffen auf deutsche Küstenbatterien und Stellungen bei Varengeville, Pourville, Puys und Berneval. Die Landung bei Varengeville und Pourville trifft kaum auf Widerstand, bei Berneval kann eine kleine Abteilung des 3. Kommandos die Geschütze für etwa 90 Minuten ablenken. Bei Puys werden Einheiten des Royal Regiment of Canada und des Black Watch am Strand schwer dezimiert.

05.20 Uhr
Der Hauptangriff im Mittelsektor beginnt: Die Kämpfe an den Flanken haben die Deutschen mittlerweile in volle Alarmbereitschaft versetzt. Als Einheiten des 14. Panzerregiments, des Essex Scottish Regiments und der Royal Hamilton Light Infantry anlanden, gehen sie in einem Kugelhagel aus Maschinengewehren unter. Die Panzer landen 15 Minuten später, doch 15 der 27 Panzer werden entweder sofort zerstört oder bleiben am Strand in natürlichen oder künstlichen Hindernissen hängen.

11.00 – 14.00 Uhr
Nach entsetzlichen Verlusten und so gut wie keinerlei eigenen Erfolgen ziehen sich die alliierten Truppen von Dieppe zurück. Bis 14.00 Uhr sind alle Überlebenden evakuiert. Zurück bleiben 3.367 Mann – gefallen, verwundet oder gefangen genommen.

Internationale Ereignisse 1942

15. August
Bei einem Treffen in Moskau beraten Churchill und Stalin über die strategischen Möglichkeiten des Vorgehens in Nordafrika und zur Eröffnung einer zweiten Front auf dem europäischen Festland.

17. August
Zwölf Flying Fortress Bomber der US-Air Force bombardieren den Rangierbahnhof in Rouen, Frankreich. Es ist dies der erste Einsatz amerikanischer Bomber in diesem Krieg. Alle Maschinen und ihre Besatzungen kehren sicher auf Stützpunkte in England zurück.

19. August
Truppen der australischen 7. Division beteiligen sich an den Operationen der Alliierten in Neuguinea mit einer amphibischen Landung in Port Moresby.

21. August
Marschall Pétain, der Chef des pro-deutsch eingestellten Vichy-Regimes in Frankreich, dankt Deutschland für die Abwehr des Angriffs auf Dieppe.

22. August
Brasilien erklärt Deutschland und Italien den Krieg, nachdem mehrere brasilianische Handelsschiffe von deutschen U-Booten versenkt worden waren. Japan ist von der Kriegserklärung ausdrücklich ausgenommen.

Jetzt erst recht – ein britisches Kommando aus der Zeit nach dem Angriff auf Dieppe. Die Kommandos, Spezialeinheiten der britischen Armee, entstanden 1940 aus dem Wunsch Churchills nach Elitetrupps, welche, mit den neuesten Waffen und Taktiken vertraut und ausgerüstet, zu Sondereinsätzen herangezogen werden konnten. Bei Dieppe sollten das 3. und 4. Kommando die deutschen Küstenbatterien bei Berneval bzw. Varengeville angreifen und ausschalten.

Operation „Torch"

US-amerikanische Truppen gehen bei Arzan in der Nähe der Hafenstädte Oran und Casablanca an Land. Man hatte gehofft, dass die Franzosen nichts gegen die Landung der US-Truppen unternehmen würden, doch jeder Vorstoß traf auf mehr oder weniger heftigen Widerstand.

Landung in Nordafrika

Als sich Rommel von El Alamein zurückzog, musste er hören, dass Truppen der Alliierten am entgegengesetzten Ende Nordafrikas, in Marokko und Algerien, gelandet waren. Die Garnisonen des Vichy-Regimes kämpften anfangs gegen die Invasoren, doch als Hitlers Soldaten in Teilen des „unbesetzten" Frankreich einmarschierten, fand die Loyalität der Vichy-Truppen ein Ende. Der Weg für einen gezielten Angriff auf die Armeen der Achsenmächte war frei.

Zwei GIs finden eine Mitfahrgelegenheit auf einem AA-Geschütz, welches eben an den Strand geschleppt wird. Dadurch blieben ihre Stiefel und die Munition trocken. Nicht nur Truppen, auch tausende Tonnen Kriegsgerät wurden eiligst angelandet.

Am 8. November 1942 landeten Einheiten der Briten und Amerikaner an der Nordküste Afrikas zwischen Casablanca und Algier. Obwohl seit damals so spektakuläre Unternehmungen wie die Landungen in Sizilien und in der Normandie, der Krieg in Korea, der 6-Tage-Krieg, der Konflikt um Falkland oder die Operation „Desert Storm" stattfanden, ruft die Operation mit dem Namen „Torch" (Fackel) noch immer ungläubiges Staunen hervor, sobald Einzelheiten des Einsatzes bekannt werden.

Eine Armada von 102 Schiffen, darunter 29 Transporter, beladen mit 35.000 US-Soldaten und all ihrem Gepäck, waren 6.435 km weit über den Atlantik bis nach Casablanca gefahren. Ein weiterer Kampfverband mit 39.000 Mann verließ, eskortiert von Schiffen der Royal Navy, am 26. Oktober den Clyde, passierte die Straße von Gibraltar und landete bei Oran, während ein dritter, der zur genau gleichen Zeit abgelegt hatte, Kurs auf Algier nahm. Dieser dritte Verband bestand aus 23.000 Briten und 10.000 Amerikanern, welche auf 250 Transportern von 160 Geleitschiffen der Royal Navy sicher von der Mündung des Clyde über den Atlantik bis ins Mittelmeer eskortiert wurden. Nur ein einziges Schiff dieser ungeheuren Transportflotte wurde vom Feind aufgebracht, die Männer an Bord konnten jedoch alle von Landungsbooten aufgenommen und an Land gebracht werden.

Die Landung

Am Ende des ersten Tages war der Verband in Algier sicher an Land, obwohl man beim ersten Sturm auf den Hafen auf erbitterte Gegenwehr französischer und algerischer Truppen gestoßen war. In Oran war der Plan, die Stadt einzukreisen, erfolgreich, doch auch hier wurde abends klar, dass die Franzosen zur Verteidigung rüsteten.

Bei Casablanca waren die Landungstruppen – sehr zur Überraschung ihres charismatischen Kommandeurs, Major General George Patton, – zwar auf keinerlei Widerstand gestoßen, durch widersprüchliche Anweisungen hatte sich die Anlandung jedoch verzögert. Am Ende des zweiten Tages schien aufgrund der Desorganisation in Verbindung mit der nun ständig stärker werdenden Abwehr der Franzosen ein Ausbau des Brückenkopfs an der Küste wenig wahrscheinlich.

Stärke und Ausmaß des französischen Widerstands waren von Anfang an eine der großen Unwägbarkeiten der gesamten Operation gewesen. Die Jahrhunderte währende Abneigung zwischen Briten und Franzosen war durch die Zerstörung der französischen Flotte durch die Royal Navy nach dem Fall Frankreichs und die Angriffe auf französische Stellungen in Dakar und in Syrien noch weiter verstärkt worden. Daher schien es selbst angesichts der bitteren Realität der deutschen Besatzer kaum wahrscheinlich, dass die Franzosen freudig ihre Waffen niederlegen und die Briten als Befreier willkommen heißen würden. Andererseits pflegten die USA seit den Tagen Lafayettes sehr enge Beziehungen zu Frankreich. Die US-Truppen und ihre Kommandanten hatten daher eher mit Jubelgeschrei und Freudentänzen gerechnet, kaum aber mit jenem Misstrauen und den fallweisen Schusswechseln, denen sie sich seit der Landung gegenübersahen.

Bereits im Vorfeld der Operation hatte es Versuche gegeben,

Links: Eine Messerschmitt Bf 109F-2/Trop der 1./JG 77, Anfang November 1942, nach der Schacht von El Alamein, von den Alliierten erbeutet: Die Maschine ist typisch für jene Bf 109 Jäger, die über der Wüste Afrikas Dienst taten.

Rechts: Während der Operation „Torch“ flog Lt. Dennis Mayvore Jeram diese Grumman Martlet Mk II der Nr. 888 Sqn. vom Träger HMS Formidable aus. Viele britische Maschinen übernahmen für dieses Unternehmen US-Hoheitszeichen, um nicht von den Amerikanern mit französischen Flugzeugen verwechselt zu werden.

die Sachlage zu klären: Major General Mark Clark war im Schutz eines britischen Kommandos heimlich an Land gegangen und mit General Mast, dem Kommandeur der französischen Truppen im Raum Algier, zusammengetroffen, während der oberste diplomatische Repräsentant der USA, Robert Murphy, die Stimmung der französischen Militärs im gesamten Operationsgebiet zu erkunden suchte. Doch es liegt in der Natur solcher Gespräche, dass sie äußerst vage bleiben, denn natürlich konnten auch die Amerikaner aus Sicherheitsgründen den Franzosen nur sehr ungenaue Informationen geben, bestand doch die Gefahr, dass man ihnen eine Falle stellte. Denn nach wie vor blieb Frankreich unter deutscher Besatzung und vom deutschen Geheimdienst überwacht.

Daher war General Mast (der ursprünglich sogar seine Hilfe zugesagt hatte) von der Landung ebenso überrascht wie der Rest der französischen Truppen. Sie alle lehnten die deutschen Besatzer ab, waren sich aber dennoch nicht sicher, wo ihre tatsächliche Verantwortung lag. Als Folge davon war der Widerstand während der ersten Tage recht uneinheitlich – teils heftig, teils zögerlich, doch niemals lange – und in erster Linie das Ergebnis der Unentschlossenheit der Kommandeure, die den Befehl einer als rechtmäßig anerkannten Autorität vermissten.

Loyale Franzosen

Diese Autorität stellte zweifelsohne Marschall Pétain dar, doch die Fügung eines den Alliierten wohl gesonnenen Schicksals wollte es, dass sein Vizepräsident, Admiral Darlan, gerade in Algier war, um seinem an Kinderlähmung erkrankten Sohn beizustehen. Darlans erste Reaktion war wenig ermutigend („Ich wusste zwar schon lange, dass die Briten Dummköpfe sind, die Amerikaner hätte ich aber für intelligenter gehalten.“) und sein Ruf als Nazi-Kollaborateur machte ihn zu einem höchst unwillkommenen Verbündeten, wäre er nicht so wichtig gewesen. Durch diplomatische Andeutungen und offene Drohungen konnte ihn Mark Clark davon überzeugen, dass der einzig gangbare Weg in der Zusammenarbeit lag: Tatsächlich erging am 10. November um 11.20 Uhr Dalans Befehl an alle Vichy-Truppen in Nordafrika, die Kämpfe einzustellen.

In Marokko und Algerien leistete man dem Befehl sofort Folge, doch durch das außerordentlich schnelle Eingreifen der Deutschen in Tunesien sah dort die Sache anders aus – bis Hitler in seiner Wut über die alliierten Landungen seinen Truppen befahl, in die „unbesetzte“ Zone in Südfrankreich einzumarschieren, was diese am 11. November auch taten. Jetzt waren sämtliche Zweifel beseitigt. Die französischen Kommandanten sahen sich durch Hitlers Übergriff von der Pflicht zum Gehorsam gegenüber Pétain entbunden, der, wie sie richtig vermuteten, von nun an nur mehr unter Zwang handeln könnte.

Vorstoß der Alliierten

Von nun an kamen die Alliierten beständig voran. Am 12. November nahmen britische Luftlandetruppen die Flugfelder von Bône ein und rückten dann nach Souk el Arba, 483 km östlich von Algier, vor. Das 503. US-Fallschirmjäger-Infanterieregiment landete etwa 160 km weiter im Süden, in Youks-les-Bains, und hatte innerhalb von zwei Tagen den Flugplatz von Gafsa in Tunesien erreicht und eingenommen.

Hinter ihnen schwärmten US-Truppen aus und schlossen bald auf. Lieutenant General Kenneth Anderson war eingeflogen worden und hatte das Kommando über die britische 1. Armee übernommen, welche jedes Transportmittel beschlagnahmte, dessen sie habhaft werden konnte. Der lange Marsch durch Nordafrika konnte beginnen.

Britische Soldaten fahren auf ihrem Valentine-Panzer triumphierend durch eine tunesische Stadt. Die Kämpfe, die auf die Operation „Torch“ folgten, dauerten bis zum Frühjahr 1943, dann aber waren die Kräfte der Achsenmächte erschöpft und Szenen wie diese an der Tagesordnung.

Operation „Torch“: Chronologie

Mit Operation „Torch“ nahmen die Vereinigten Staaten erstmals aktiv am II. Weltkrieg teil. Obwohl viele hohe Militärs eine Invasion in Nordeuropa vorgezogen hätten, war der Präsident der USA überzeugt, dass die Eröffnung einer zweiten Front in Nordafrika die beste Sofortmaßnahme wäre.

1942

September

Nach langem Hin und Her steht der Plan für Operation „Torch“ endlich fest: Drei Kampfverbände („Task-Forces“) sollen zwischen Marokko und Algerien an der Nordküste Afrikas anlanden. Der US-Kampfverband West soll in der Nähe von Casablanca in Marokko, der US-Kampfverband Mitte (der von Schiffen der Royal Navy transportiert wurde) bei Oran in Algerien und der britische Kampfverband Ost nahe von Algier an Land gehen. Das gemeinsame Vorrücken aller drei Verbände nach Osten soll die Deutschen nach Tunesien zurückdrängen, wo sie die 8. Armee, die sich von Osten näherte, im Rücken hätten.

7. November

Alle drei Kampfverbände nähern sich bestens koordiniert der Küste Nordafrikas. Kampfverband West hatte den ganzen Weg von Virginia in den USA über den Atlantik zurückgelegt.

8. November

Die Landung beginnt. Die US-Truppen der Kampfverbände West und Mitte treffen in ihren Gebieten auf heftigen Widerstand einiger Einheiten Vichy-Frankreichs. Bei Oran werden 200 Soldaten getötet, als ihr Landungsboot im Hafen von einer Küstenbatterie zerstört wird. Im Gegensatz dazu genießt der britische Kampfverband Ost die volle Unterstützung des Kommandierenden vor Ort, General Mast. Dennoch werden auch die Briten von französischen Küstenbatterien beschossen.

9. November

Die US-amerikanischen Kampfverbände sind nach wie vor in Kämpfe mit französischen Kräften verwickelt, die auch die nächsten zwei Tage unvermindert heftig andauern. Nach und nach wird das Waffenstillstandsabkommen jedoch in ganz Marokko und Algerien durchgesetzt.

11. November

Einheiten des Kampfverbands Ost setzen per Schiff von Algier nach Bougie im Osten über, um ein strategisch bedeutendes Flugfeld bei Djidjelli einzunehmen. Am selben Tag befehlen Admiral Jean Francois Darlan, Außenminister und Vizepräsident der Vichy-Regierung, und der Oberkommandierende der französischen Truppen in Marokko, Alphonse Juin, allen französischen Einheiten in Afrika, das Feuer auf die Alliierten einzustellen.

Die US-Truppen verließen sich bei der Operation „Torch“ vor allem auf Landungsboote, wie dieses LCM (3). Diese Boote mit geringem Tiefgang und einer Tragkraft von 52 Tonnen konnten einen mittleren Panzer oder 60 Mann in voller Adjustierung an Land bringen.

US-Soldaten am Strand von Nordafrika bei einer Anlandung während der Operation „Torch“. Zuerst waren ihre Gegner nicht die Deutschen, sondern die 100.000 Mann jener Vichy-Truppen, die in Algerien, Marokko und Tunesien stationiert waren. Diese stellten jedoch innerhalb von vier Tagen ihren Widerstand ein.

12. November
Britische Luftlandetruppen werden im Vorfeld der Hauptstreitmacht bei Bône abgesetzt. Ihr Ziel ist das Flugfeld, das sie gegen einen Gegenangriff deutscher Fallschirmjäger halten können, die nur wenige Minuten nach den Briten auf dem Flugfeld eingetroffen sind.

15. November
US-Fallschirmjäger erobern das Flugfeld von Youks-les-Bains.

16. November
Ein weiterer Einsatz britischer Fallschirmjäger: Sie nehmen das letzte große Flugfeld der Region bei Souk el Arba ein.

16. – 26. November
Die alliierten Kräfte rücken gegen den erbitterten Widerstand der Deutschen nach Tunesien vor. Am 17. wird Béja, am 18. Sidi Nsir eingenommen, beide Orte liegen an der Hauptroute nach Tunis. Medjez el Bab – ein strategisch wichtiges Nachschublager für den Vorstoß auf das nur mehr 48 km entfernte Tunis – fällt nach sechs Tagen heftigster Kämpfe am 26. November an die Alliierten.

30. November
Das weitere Vorankommen der Alliierten in Nordafrika wird durch die Deutschen gestoppt. Sie errichten eine Verteidigungslinie von Sedjenane bis Bou Arada, welche bis Anfang 1943 halten sollte.

Internationale Ereignisse 1942

10. November
Nach dem Sieg der Alliierten in El Alamein erklärt der britische Premier Winston Churchill: „Das ist nicht das Ende. Es ist nicht einmal der Anfang vom Ende. Aber möglicherweise ist es das Ende eines Anfangs.“

11. November
Als Reaktion auf das Waffenstillstandsabkommen der Vichy-Regierung mit den Alliierten in Nordafrika besetzen deutsche Truppen im Unternehmen „Anton“ Teile des bisher „unbesetzten“ Frankreich.

12. November
Tobruk fällt an die Alliierten, da sich Rommel nach Westen, in Richtung Tunesien zurückzieht.

13. November
Eine weitere deutsche Großoffensive zur Einnahme Stalingrads scheitert unter enormen Verlusten. Die Deutschen können einen Brückenkopf an der Wolga errichten, doch die russischen Truppen leisten nach wie vor fanatisch Widerstand.

15. November
Einheiten der US-Marine können im Pazifik einen japanischen Nachschub-Konvoi abfangen, welcher nach Guadalcanal unterwegs ist. Es ist dies ein entscheidender Sieg, da damit die Nachschublinie für die japanische Garnison auf Guadalcanal gekappt ist.

20. November
Die Rote Armee der Stalingrad-Front kann die Stadt umschließen. Die belagerte 6. Armee ist eingekesselt, ihr Schicksal besiegelt.

Marsch an die Wolga

Die Suche nach Öl

Ein Jahr nach dem Einmarsch in die Sowjetunion beginnt die deutsche Armee die große Sommeroffensive von 1942. Sie würde den Krieg gewinnen!

Am 28. Juni 1942 begann die große Sommeroffensive der Wehrmacht. Die 4. Panzerarmee unter Generaloberst Hermann Hoth stürmte nördlich der Stadt Kursk vorwärts, parallel dazu rückte im Süden Generaloberst Friedrich Paulus' 6. Armee mit elf Infanteriedivisionen und einem eigenen Panzerkorps vor. Ihr erstes Ziel war der Don, doch 160 km weiter wartete Stalingrad, dessen strategische Lage die Kontrolle über den Warenverkehr auf der unteren Wolga und die Öltransporte in die Industriezentren der UdSSR versprach.

Zwei Tage später setzte die Heeresgruppe A unter Feldmarschall Wilhelm List über den Donez und hielt auf Proletarskaja, den Kaukasus und die Ölfelder selbst zu: Maikop, Grosnyj und Baku.

Anfangs schien es, als wäre die Zeit der leichten Siege zurückgekehrt, denn wann auch immer man auf Truppen der Roten Armee traf, wurden diese mit Leichtigkeit, ja fast Überheblichkeit hinweggefegt. Erstmals nach langen Monaten kam auch das Gelände den groß angelegten, raumgreifenden Vormärschen der Deutschen entgegen: Soweit das Auge reichte erstreckten sich üppige Kornfelder und endlose Steppen, die schweren Panzer der Hothschen und Paulusschen Legionen waren ganz in ihrem Element. In der Tat konnte es dem Beobachter leicht so scheinen, als ob sich mit den riesigen fahrenden Quadraten, bei denen Panzer auf allen Seiten die im Inneren vorpreschenden Fahrzeuge und Artilleriegeschütze deckten, die römische Schlachtordnung in die Moderne gerettet hätte. Ihr Vorrücken war kilometerweit zu sehen – der von den schweren Fahrzeugen aufgewirbelte Staub und der Rauch niedergebrannter Dörfer wallten über das Land und zeugten vom unbarmherzigen Heranrollen einer perfekt funktionierenden Kriegsmaschine.

Hoths Panzer erreichten Woronesh am 5. Juli und stürzten sowohl den Kommandeur der Sowjettruppen vor Ort als auch das STAVKA (Oberkommando) in heillose Verwirrung,

Das Schreckgespenst der alliierten Panzerbesatzungen, die furchtbare 88-mm-Kanone, wird hier als zusätzliche Feldartillerie gegen sich zurückziehende Sowjettruppen eingesetzt. Was diese Männer nicht wissen: Die massive Reorganisation der Roten Armee ist im Gange und sie wird zu einem weit gefährlicheren Gegner.

DER FRONTABSCHNITT IM SÜDEN: JUNI – AUGUST 1942

Der deutsche Plan sah vor, über den Don durchzubrechen, den Donez mit Panzern zu überschreiten und große sowjetische Verbände im Donezbecken einzuschließen. Doch die Rote Armee, nun weit besser organisiert als 1941, konnte sich zurückziehen und den deutschen Vormarsch im Kaukasus stoppen.

da man verzweifelt vorherzusehen versuchte, wohin sich diese gewaltige Offensive nun richten würde. General Nikolai Watutin wurde eiligst angewiesen, eine neue Front, die „Woronesch-Front" aufzustellen. Rasch sammelte er all jene Sowjetdivisionen auf, die von den vorrückenden deutschen Panzern in den ersten Tagen nach Norden abgedrängt worden waren. Er war derart erfolgreich, dass der Oberbefehlshaber der Heeresgruppe A, Feldmarschall Fedor von Bock, vorschlug, Hoths Panzer und einen Teil von Paulus' Infanterie erst nach links schwenken und Watutin fertig machen zu lassen, bevor man sich wieder den ursprünglichen Zielen zuwandte.

Das Ziel: Öl

Doch Hitlers Oberkommando gab sich der Euphorie ob des greifbar nahen Sieges hin: Von Bock musste seinen Abschied nehmen. Paulus sollte allein nach Stalingrad marschieren und die Stadt einnehmen, und Hoths Panzer, anstatt den Weg für Paulus' Infanterie frei zu machen, sollten abschwenken und zwischen Don und Donez nach Süden vorstoßen, um die Sache am Unterlauf des Don zu beschleunigen. Denn das Öl blieb nach wie vor das erste Ziel, Stalingrad war nichts als noch eine russische Stadt, die es zu plündern galt. Keineswegs wurde erwartet, dass sie der Wehrmacht irgendwelche Probleme bereiten würde.

Hitler war so guter Laune wie seit Monaten nicht mehr: „Der Russe ist erledigt!", ließ er am 20. Juli verlauten.

In der Tat sah es einige Wochen so aus, als hätte er Recht. Das einzige Problem im Süden war ein „Verkehrsstau", als die Panzer von Hoth und Generaloberst Ewald von Kleist gleichzeitig den Übergang über den Donez erreichten. Es kam zu einigen Reibereien, vor allem, weil von Kleist nicht den geringsten Grund für die Änderung der ursprünglichen Pläne und das Auftauchen noch eines Panzerverbandes – unter „fremdem" Kommando – im Operationsgebiet seiner 1. Panzerarmee erkennen konnte. Um seine Kompetenz zu demonstrieren, beschleunigte er, kaum war der Fluss überquert, seinen Marsch, nahm am 29. Juli Proletarskaja ein und stand am 9. August in Maikop. Eine zweite Kolonne deckte die linke Flanke bei Stawropol. Die großen Ziele Grosny, Batumi und Baku schienen zum Greifen nahe.

Deutsche Infanteristen auf dem Weg durch ein Maisfeld im Herbst 1942. Der ungestüme Vormarsch der Deutschen auf Stalingrad führte vorwiegend durch Agrarland. Auch der Wintereinbruch setzte den erbitterten Kämpfen kein Ende. Man rang um jeden Keller, jede Ruine. Keine Seite war bereit, auch nur einen Hauseingang kampflos aufzugeben.

Für Paulus allerdings stand die Sache nicht ganz so gut. Zwar hatte sein Panzerkorps (unter General Gustav von Wietersheim) keine Probleme – es rückte an der Seite von Hoth im Korridor zwischen Donez und Don vor –, doch die elf Infanteriedivisionen der 6. Armee, deren Soldaten ja großteils zu Fuß unterwegs waren, konnten kaum Schritt halten. Als sie den Fluss Chir in den Niederungen des Don erreichten, waren die Truppen weit verstreut. Ein einziger gut organisierter Verband der Roten Armee wäre genug gewesen, um sie den mächtigen Fluss nie erreichen zu lassen.

Plötzlicher Widerstand

Dennoch kam es in den Flussniederungen zu einigen Scharmützeln und Paulus war mehr und mehr überzeugt, dass seine 6. Armee ohne Hoths Unterstützung keineswegs den Don in ausreichender Stärke überschreiten werde könne, um Stalingrad, wie es die Pläne der Militärführung vorsahen, „im Vorbeigehen" zu nehmen. Da Hoths Panzer ohnehin wenig zu tun hatten, außer Kleist zu ärgern, bestimmte das Oberkommando der Wehrmacht (seit Dezember allein verantwortlich für die Militäroperationen an der Ostfront, allerdings unter Hitlers direkter Kontrolle), dass die 4. Panzerarmee am Südufer des Don nach Nordosten marschieren sollte. Doch entlang des Flusses Aksaj traf man unerwartet auf Widerstand und wurde aufgehalten.

Ein deutscher MG-Schütze überblickt ein friedliches Wolgatal. Stalingrad sollte wie all die anderen Städte unter dem deutschen Ansturm fallen und die 6. Armee freute sich schon auf ein gemütliches Winterquartier. Tatsächlich aber wurde die Stadt mit Hilfe von 180.000 Zivilisten befestigt und die Rote Armee würde nicht zurückweichen.

Paulus' Armee, die Geschütze buchstäblich schon zum großen Angriff geladen, musste vom 10. bis zum 19. August in den Flussniederungen warten.

Der Plan war simpel und konsequent. Wietersheims XIV. Panzerkorps würde die Nordflanke bilden, drei Panzerdivisionen von Hoth sowie eine motorisierte Division stellten die Südflanke und neun Infanteriedivisionen rückten in der Mitte vor. Alle hatten den Don innerhalb von 24 Stunden überschritten, und – zum Entzücken jeder deutschen Kommandostelle von Stalingrad bis Berlin – meldeten Wietersheims Panzer am Abend des 23. August, dass sie die nördlichen Vorstädte Stalingrads hinter sich gelassen und das Ufer der Wolga erreicht hatten. Es war nur eine schmale Schneise, doch Verstärkung in Form von Hoths Panzern, die langsam von Süden heranrückten, war unterwegs, um den Vorstoß zu untermauern. Ein mächtiger Schlag, so schien es, und man würde triumphieren.

In der Nacht vom 23. auf den 24. August war Stalingrad Ziel eines Bombenangriffs, der an die schlimmsten Nächte über London erinnerte. Der Großteil der Bomben waren Brandbomben, der Großteil der Stalingrader Häuser aus Holz – die Stadt wurde zum Flammeninferno. Bei Tagesanbruch türmten sich rauchende Trümmer bis hoch in den Himmel, von vielen Stadtteilen blieb nichts als ein riesiger Aschenhaufen. Die deutschen Beobachter konnten zufrieden feststellen, dass außer den großen Fabriken und aus Stein erbauten Verwaltungsgebäuden nichts mehr die Aufmerksamkeit ihrer Artillerie verdiente.

Doch noch etwas musste man während der nächsten Wochen feststellen: Kein Russe war bereit, auch nur einen einzigen Schritt kampflos zu weichen.

Marsch an die Wolga

Chronologie

Im Jahr 1942 kam der deutsche Kriegsmotor erstmals etwas ins Stottern, es fehlte vor allem an Öl. Hitlers Offensive in Südrussland sollte den Don von Woronesch bis Stalingrad ebenso fest in deutsche Hand bringen wie die Ölfelder des Kaukasus.

1942

März – April

Hitler und sein Generalstab planen die Operation „Blau“ – die Einnahme des Kaukasus. Ein entsprechender „Führerbefehl“ ergeht am 5. April.

8. Mai

Operation „Blau“ beginnt mit einer Offensive der 11. Armee unter General Erich von Manstein zur Eroberung der Halbinsel Kertsch und der Stadt Sewastopol auf der Krim.

12. Mai – 27. Juni

Die Rote Armee greift die von den Deutschen besetzte Stadt Charkow an – der Präventivschlag soll einem Angriff der Heeresgruppe Süd auf den von den Russen gehaltenen Keil bei Isjum zuvorkommen. Daher wird die Operation „Friderikus“, die Attacke der Deutschen auf Isjum, zum Gegenangriff. Kleists 1. Panzerarmee von Norden und die 6. Armee unter von Paulus von Süden kesseln massive Kräfte der Sowjetarmee rund um Charkow ein. Die Russen verlieren mehr als 250.000 Mann, Charkow und Isjum werden von den Deutschen eingenommen.

28. Juni

Die deutschen Verbände starten den entscheidenden Vormarsch zur Wolga. Die 2. Armee und die 4. Panzerarmee beginnen ihren Vorstoß südöstlich von Kursk und marschieren auf Woronesch.

30. Juni

Die 6. Armee unter von Paulus stößt auf Belgorod vor und folgt dann der Senke zwischen Donez und Don – ihr Ziel: Stalingrad (heute: Wolgograd).

2. Juli

Nach langer Belagerung fällt Sewastopol an die Deutschen.

6. Juli

Woronesch wird von der 4. Panzerarmee eingenommen. In der Zwischenzeit hat die 6. Armee den Don erreicht und nähert sich Stalingrad.

7. Juli

Heeresgruppe A wird aus der 17. Armee, welche zwischen Charkow und dem Asowschen Meer steht, und der 1. Panzerarmee neu aufgestellt und Generalfeldmarschall Wilhelm List unterstellt.

9. Juli

Die Heeresgruppe A startet einen Vorstoß ins Donezbecken und schwenkt dann Richtung Rostow und in den Kaukasus. Die 2. und 6. Armee sowie die 4. Panzerarmee, die bisherige Heeresgruppe A, werden in Heeresgruppe B umbenannt und Feldmarschall von Bock und ab 13. Juli Generaloberst von Weichs unterstellt.

13. Juli

Hitler bestimmt die Einnahme von Stalingrad als vorrangiges Ziel für von Paulus’ 6. Armee. Dadurch soll die Heeresgruppe A auf ihrem Vormarsch in den Kaukasus gegen russische Flankenangriffe geschützt werden.

Eine russische Geschützmannschaft beim Abfeuern der 76-mm-Feldkanone M42. Als eine der am weitesten verbreiteten Artilleriewaffen des II. Weltkriegs wurde die M42 als Feldkanone, Panzerkanone und Pak gebaut.

17. Juli
Anstatt weiter auf Stalingrad zu marschieren, schwenkt die 4. Panzerarmee aufgrund einer Weisung Hitlers zur Unterstützung des Angriffs im Kaukasus nach Süden.

23. Juli
Heeresgruppe A schließt die Einkesselung von Rostow ab und nimmt 83.000 Soldaten der Roten Armee gefangen. Hitler ordnet mit dem „Führerbefehl Nr. 45" die Fortsetzung der Operation „Blau" an. Als Teil dieses Befehls hat die 6. Armee Stalingrad einzunehmen und zu besetzen und soll anschließend entlang der Wolga nach Süden vorstoßen – ihr Ziel: Astrachan am Kaspischen Meer.

23. August
Heeresgruppe B erreicht die Wolga nördlich von Stalingrad. Allerdings war der gleichzeitige Vorstoß von Heeresgruppe A in den Kaukasus derart erfolgreich (bereits am 9. August hatte man das erste Ölfeld in Maikop am Schwarzen Meer erobert), dass die 6. Armee etwa die Hälfte ihrer Munition und ihres Treibstoffs an die Verbände im Süden abgeben muss. Dennoch: Die Heeresgruppe A ist extrem überdehnt und verwundbar.

September – November
Die deutsche Offensive verlangsamt sich dramatisch. Heeresgruppe A gelingen noch die größten Erfolge. Bis Mitte November ist man tief in den Kaukasus vorgedrungen, hat den Berg Elbus und die Stadt Ordschonikidse (heute: Wladikawkas) erreicht. Von Paulus ist im Umland von Stalingrad stecken geblieben und Hitler stellt seine Prioritäten klar: Zuerst habe die zu Stadt fallen, erst dann könne man sich wieder den Zielen im Kaukasus zuwenden.

Internationale Ereignisse 1942

26. Mai
Deutsche und italienische Verbände beginnen eine Offensive gegen die britische Gazala-Linie im heutigen Libyen.

4. – 5. Juni
Im Pazifik findet die entscheidendste Seeschlacht dieses Krieges statt: die Schlacht um Midway. Japan verliert vier Flugzeugträger – die Hälfte seiner Trägerflotte –, wodurch seine Möglichkeiten für zukünftige Offensivaktionen auf dem Pazifik drastisch sinken.

21. Juni
Die deutsche Offensive gegen die Gazala-Linie findet einen erfolgreichen Abschluss: Die nordafrikanische Hafenstadt Tobruk wird von deutschen Verbänden unter Feldmarschall Rommel erobert. Mehr als 30.000 Soldaten aus Großbritannien und dem Commonwealth werden gefangen genommen.

19. August
Ein amphibischer Angriff der Alliierten auf den von den Deutschen besetzten französischen Hafen Dieppe wird zum Desaster: Mehr als 6.000 Mann, vor allem kanadische Infanterie und britische Kommandotrupps, nehmen teil, 4.000 davon fallen oder werden von den Deutschen gefangen genommen.

23. Oktober
General Bernard Montgomery beginnt eine Großoffensive gegen die deutschen Truppen bei El Alamein. Die darauf folgende Schlacht bezeichnet den Wendepunkt des Kriegsgeschehens in Nordafrika. Der lange Rückzugskampf der Deutschen nach Tunesien beginnt.

Die Unterbringung der deutschen Soldaten an der Ostfront wurde in erster Linie durch die Eroberung sowjetischer Dörfer geregelt. Die bisherigen Bewohner, meist Frauen, Kinder und alte Menschen, mussten – wollten sie überleben – ihre Häuser schleunigst verlassen und ins Umland ziehen.

Montgomerys Sieg

El Alamein

23. Oktober 1942: Die 8. Armee schlägt unter der begnadeten Führung von Lieutenant General Montgomery gegen das Afrikakorps zurück.

Die Front bei El Alamein wurde durch das Meer im Norden und die Depression von Qattara im Süden begrenzt. Daher gab es, anders als bei allen früheren Wüstenschlachten, keine offene Flanke, die ein Angreifer umgehen konnte. Folglich gab es auch keine Alternative zu einem Frontalangriff, der an jene des I. Weltkriegs erinnern sollte.

Am 23. Oktober 1942 eröffnete die Artillerie der 8. Armee von General Sir Bernard Montgomery den Angriff mit solch massivem Sperrfeuer, wie es Nordafrika bislang nicht erlebt hatte. In seinem Schutz rückten Australier, Neuseeländer, Schotten und südafrikanische Infanteristen des XXX. Korps vor. Ihnen auf dem Fuß folgten tausende Pioniere, welche die Aufgabe hatten, 7,3 m breite Schneisen durch Minenfelder zu räumen, die sich über eine Tiefe von 2.750 m erstreckten. Diese sicheren Wege waren für die Panzer des X. Korps vorgesehen, die nach der Passage auffächern sollten, um die Infanterie bei einem Gegenangriff der Panzer Rommels zu schützen.

Grimmige Schlacht

Am Morgen des 24. Oktober hatte die Infanterie die meisten ihrer Ziele erreicht. Die Panzer aber waren durch Staus und Unfälle aufgehalten worden und kamen, als die Sonne aufging, unter direkten Beschuss der deutschen Artillerie. In der Folge tobte in der von Sandstürmen gepeitschten Wüste zwischen der Küste und dem Bergrücken von Miteirya nahezu acht Tage eine grimmige Schlacht. Im Norden waren die Australier in eine Serie zermürbender Ablenkungsangriffe verstrickt, im Mittelabschnitt standen bei den Kidney Bergen die Männer des 2. Bataillons der Rifle Brigade in dem berühmt gewordenen Kampf um den Vorposten Snipe. Die Neuseeländer kämpften sich den Weg auf und über den Kamm des Miteirya frei. In der Zwischenzeit hatte Montgomery seine Taktik überarbeitet. Er gruppierte die Panzer um – so auch die 7. Panzerdivision, die er von Süden aus dem Gebiet des XIII. Korps herbeigeholt hatte – und bereitete einen weiteren Panzerangriff vor.

Ein Kittyhawk Jagdbomber der RAF startet zum Angriff auf die Nachschubwege der Achse. Montgomery kannte die Bedeutung der Luftunterstützung und schlug sein Hauptquartier nahe dem der Desert Air Force auf. Zur Zeit von El Alamein waren die Briten den Deutschen 5:3 überlegen und begannen auch langsam davon zu profitierten, dass sie modernere Flugzeuge erhielten.

Operation „Supercharge"

Um 01.05 Uhr in der Nacht des 2. November begann Operation „Supercharge", der Hauptangriff. Auch er wurde von starkem Artilleriefeuer eröffnet, in dessen Schutz die Infanterie gefolgt von Minenräumkommandos vorrückte. Ihr Ziel: die Bahnlinie von Rahman. Unmittelbar danach folgten die Panzer zu ihrer Unterstützung, die in der Dunkelheit auf und über die Hochebene von Tel el Aqqaqir vorstoßen sollten, während die 1. Panzerdivision aus der so geschaffenen Lücke brechen und die Panzer der Achse zerstören sollte. Schnelligkeit und ein exakt einzuhaltender Zeitplan waren die Voraussetzung für den Erfolg.

Unglücklicherweise traf eine der Panzerbrigaden mit einer Viertelstunde Verspätung ein. Daher konnte die Hauptmacht die Hochebene von Tel el Aqqaqir erst erklimmen, als der Tag anbrach. Als die Panzer über dem Kamm auftauchten, waren ihre Silhouetten deutlich vor der aufgehenden Sonne zu erkennen. Die Panzerabwehr der Deutschen empfing sie mit massivem Feuer: Es dauerte keine 30 Minuten und 75 der 95 Panzer waren nur mehr Wracks, mehr als die Hälfte ihrer Besatzungen wurden verwundet oder getötet.

Aber auch Rommel hatte große Probleme. Seit den letzten Oktobertagen war seine deutsch-italienische Panzerarmee aufgrund der Wucht des ununterbrochenen Beschusses immer schwächer geworden. Daher wollte er sich vom Feind

Im Gegensatz zu früheren, von Bewegung bestimmten Wüstenschlachten war bei El Alamein die Front durch das Meer im Süden und die unwegsame Depression von Qattara im Norden begrenzt. Stellungskämpfe waren immer die Stärke der Briten gewesen. Rommel bekam keine Chance, sein Improvisationstalent zu entfalten.

SIEG IN DER WÜSTE: EIN KLASSIKER

Oben: Diese Messerschmitt Bf 110E, die Ende 1942 in Berca stationiert war, trug die panzerbrechende 30-mm-Kanone MK 101. Die Briten setzen mit 40-mm-Zwillingskanonen bestückte Hawker Hurricane gegen die an der Oberseite dünner gepanzerten deutschen Panzer ein. Da beide Armeen durch LKW-Kolonnen versorgt werden mussten, war die Lufthoheit im wahrsten Sinn lebensnotwendig.

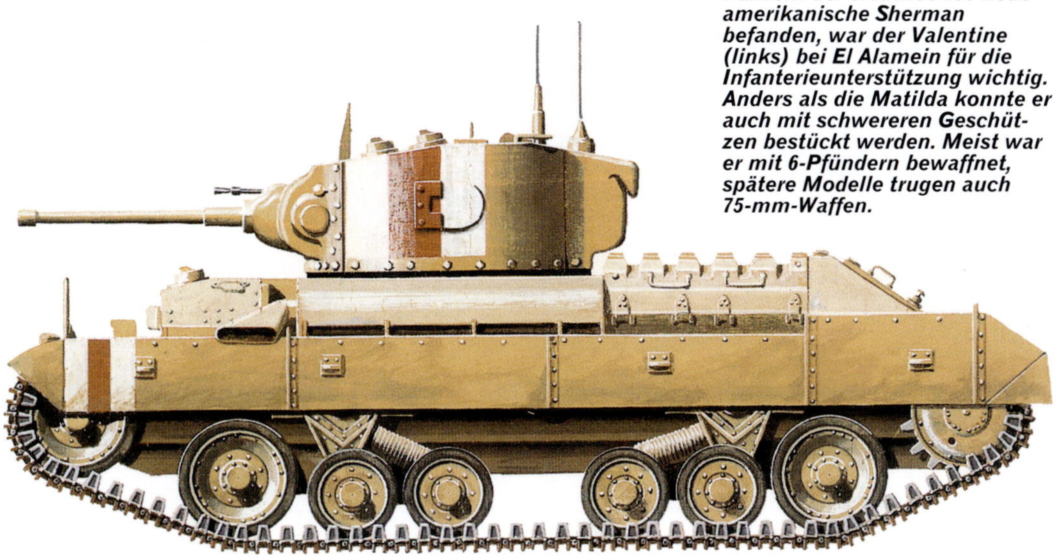

Obwohl sich unter den 1.000 Panzern der 8. Armee 250 neue amerikanische Sherman befanden, war der Valentine (links) bei El Alamein für die Infanterieunterstützung wichtig. Anders als die Matilda konnte er auch mit schwereren Geschützen bestückt werden. Meist war er mit 6-Pfündern bewaffnet, spätere Modelle trugen auch 75-mm-Waffen.

Unten: Die Artillerie der Briten bestand überwiegend aus 25-Pfündern. Bis zur Schlacht um El Alamein hatte es die 8. Armee meist versäumt, ihre Artillerie zu konzentrieren, während dieser Schlacht aber koordinierte man ihre Stärke meisterlich: Mehr als eine Million Schuss wurden abgegeben.

lösen und zurückziehen. Als er jedoch seine Absicht umzusetzen begann, erreicht ihn ein Befehl Hitlers, der selbst den Gedanken daran verbot. Er schloss mit dem Satz: „Zu Ihren Männern: Sie können ihnen keinen anderen Weg weisen als jenen, der zum Sieg oder in den Tod führt!“

Da er sich weder zurückziehen durfte noch bleiben konnte, wo er war, blieb die letzte Möglichkeit, der Angriff – getragen von der Hoffnung, dass das Glück wie bisher auf seiner Seite sei und er eine Schwachstelle entdecken könne. Aber die Front Montgomerys war makellos, daher warfen sich Rommels Panzerdivisionen vom Morgen bis zum Nachmittag des 2. November vergeblich gegen die massive Wand aus dem Artillerie-Dauerfeuer der 8. Armee. Am Abend waren nur mehr 35 deutsche Panzer intakt. Die Stärke des glorreichen Deutschen Afrikakorps war bei diesem Einsatz endgültig zerbrochen.

Es war auch jener Tag, an dem die Linien der Panzerarmee, die El Alamein verteidigte, erstmals durchbrochen wurden, wenn auch nur von einer kleinen Einheit. Schon in der Nacht davor waren die Royal Dragoons mit ihren Panzern aus einer vorgeschobenen Stellung, die man in den Südwestabschnitt der ursprünglichen Verteidigungslinie der Achsenmächte getrieben hatte, hinter die Einheiten der Verteidiger vorgestoßen und hatten dabei eine erkleckliche Zahl an Panzern zerschossen.

Der große Ausbruch

Diese Nachrichten überzeugten Montgomery, dass die Zeit für den großen Ausbruch gekommen sei. Während der folgenden 48 Stunden gruppierte er die Hauptkampfkräfte der 8. Armee um. In der Morgendämmerung des 4. November stießen die Argyll und die Sutherland Highlanders in den Süden der Hochebene von Tel el Aqqaqir vor. Überrascht stellten sie fest, dass die Verteidiger des DAK bereits abgezogen waren. Rommel hatte – in Missachtung des „Führerbefehls“ – seine Panzerarmee zur Gänze zurückgezogen. Lediglich einige Nachzügler, zerschossene Artillerie und Panzer sowie ungeräumte Minenfelder und unzählige Panzerfallen waren zurückgeblieben. Die Schlacht von El Alamein war zu Ende, nun aber hatte man die Verfolgung aufzunehmen.

Montgomerys Sieg: Chronologie

Die Schlacht von El Alamein wendete das Kriegsglück zugunsten der Alliierten. Rommels Truppen wurden zum vollständigen Rückzug gezwungen, das Ende der deutschen Präsenz in Nordafrika war nahe.

1942

1. – 22. Juli

Erste Schlacht von El Alamein. Rommels Afrikakorps und drei italienische Korps greifen die Verteidigungslinie der Alliierten südlich von El Alamein an. Nach schweren Verlusten der Achsenmächte kommt die Offensive am 3. Juli zum Stehen. Rommel befiehlt einige weitere Angriffe, aber alliierte Gegenattacken, der Zusammenbruch der Italiener im Norden und die von den Alliierten laufend herangeführte Verstärkung zwingen ihn dazu, das Unternehmen am 22. Juli abzubrechen.

August

Um Schwung in die Offensive der Alliierten zu bringen, wechselt Winston Churchill das Kommando in Nordafrika. Auchinleck wird von General Harold Alexander als Oberbefehlshaber Nahost, Generalmajor Ritchie durch General Bernard Montgomery als Kommandeur der 8. Armee abgelöst. Rommels Truppen werden durch eine deutsche Fallschirmjäger-Brigade und eine italienische Division verstärkt, er verfügt nun über 440 Panzer.

30. August

Beginn der Schlacht von Alam Halfa. Rommel führt gegen die

***Rechts:** Britische Infanterie überwindet deutsche Stellungen vor El Alamein. Die Soldaten am Boden drücken mit ihren Körpern den Stacheldraht nieder und machen den Weg für ihre Kameraden frei.*

***Unten:** Eine britische Militärkolonne passiert das Wrack eines deutschen Junkers Ju-52 Transportflugzeugs. Zur Zeit der Schlacht von El Alamein hatten die Briten die Lufthoheit über Nordafrika bereits gewonnen, der Nachschub der Deutschen hing auch auf dem Landweg nur noch an einem seidenen Faden.*

Britische Panzerabwehrkanonen vor El Alamein. Anders als die Deutschen, denen es an einem einzigen Tag gelang, 102 von 108 Panzern der 9. Panzerbrigade zu vernichten, litten die britischen Truppen unter der schlechten Koordination zwischen ihren Panzerabwehreinheiten und der Panzertruppe.

Alliierten vor El Alamein einen Präventivschlag. In der Hauptstoßrichtung lagen schwach verteidigte Sektoren weit im Süden, das Ziel war die 21 km hinter den Alliierten liegende strategisch wichtige Höhe von Alam Halfa.

2. September
Rommel muss sich auf Bab el Qattara, den Ausgangspunkt der Alam Halfa-Offensive, zurückziehen. Panzerbrigaden der Briten haben seinen Panzereinheiten inakzeptable Verluste zugefügt. Seine Truppen befestigen ihre Stellungen und warten auf den Gegenangriff.

3. September – 23. Oktober
In Vorbereitung der Offensive konzentriert sich Montgomery darauf, bei Artillerie, Panzern, Luftwaffe und Männern überlegen zu werden. Schlussendlich verfügte er über zweimal mehr Männer als die Achse und die 8. Armee besitzt 2.311 Geschütze gegenüber lediglich 1.219 der Deutschen.

23. Oktober
9.30 Uhr
Über 800 alliierte Geschütze eröffnen zum Auftakt der Operation „Lightfoot“ (Leichtfuß) das Feuer. Montgomery will durch die deutschen Linien brechen und den Feind zum Rückzug nach Osten zwingen.

10.00 Uhr
Die Panzer des XXX. und des X. Korps starten einen massiven Angriff auf die Deutschen im Norden. Das XIII. Korps trägt weit im Süden mehrere Angriffe in Divisionsstärke gegen die italienischen Divisionen Folgore und Brescia sowie die 21. Panzerdivision der Deutschen vor.

25. Oktober
Nach zwei Tagen heftiger Kämpfe und Einsätze zur Minenräumung durchbrechen vier alliierte Brigaden die deutschen Linien, bezahlen jedoch einen erschreckend hohen Preis. Der Angriff im Norden verläuft zäh. Montgomery entwickelt daher eine neue Operation namens „Supercharge“. Jene Einheiten, die im Süden in Divisionsstärke kämpften, werden zur Verstärkung der Hauptmacht nach Norden verlegt.

26. Oktober – 2. November
Kaum Raumgewinne bei „Supercharge“, aber die deutschen und italienischen Einheiten werden durch ständige Angriffe erschöpft und dezimiert. Als die Alliierten am 2. November durchbrechen, befiehlt Rommel seinen Männern, sich entlang der Nordküste nach Osten zurückzuziehen.

4. November
Das X. Korps durchbricht die Linien der Deutschen bei Tel el Aqqaqir, die Schlacht von El Alamein ist vorüber.

Internationale Ereignisse 1942

7. August
Die 1. US-Marinedivision führt einen amphibischen Angriff auf Guadalcanal, eine der im Pazifik gelegenen Inseln der Salomonen. Der blutige Kampf um die Insel dauert sechs Monate. Ihre Eroberung kostet die Amerikaner 6.000 Gefallene.

12. – 17. August
Winston Churchill und Josef Stalin treffen einander zum ersten Gespräch über strategische Optionen für die Errichtung einer zweiten Front im Westen.

19. August
Etwa 6.000 alliierte Soldaten, vorwiegend Kanadier, führen einen 9-stündigen, desaströsen amphibischen Angriff auf den französischen Hafen Dieppe. Dabei werden 4.000 Mann getötet, verwundet oder gefangen genommen.

2. September
Sicherheitskräfte der Nazis beginnen mit der Räumung des Warschauer Ghettos. 50.000 Juden sollen in Vernichtungs- und Konzentrationslager geschafft werden.

Stalingrad
Tod einer Armee

September 1942: Die 6. Armee marschiert in Stalingrad ein, aber ihre Flanken sind nur von schwachen rumänischen und italienischen Verbänden gesichert.

Nahezu unmittelbar nachdem die Spitze der 6. Armee im September 1942 in Stalingrad einmarschiert war, erklärte Berlin die Stadt für gefallen. Die Wirklichkeit war dieser Nachricht umgehend anzupassen: Für Hitler wäre ein Gesichtsverlust weit schwerer zu verkraften als der Verlust zahlloser Leben. Daher sollte General Paulus für seine 6. Armee so viel Verstärkung wie möglich erhalten und diese ohne Skrupel in den Kessel werfen.

Aber der sowjetische Marschall Georgi Schukow hatte andere Pläne: Er beabsichtigte keineswegs, die östlich der Wolga zusammengezogenen Heere in der zerstörten Stadt zu opfern, auch wenn die 62. Armee in ihrem verzweifelten Abwehrkampf darunter zu leiden haben würde. Ihr würde er lediglich genug Männer zuführen, um die Verteidigung Stalingrads aufrechterhalten zu können. Mit der Masse der unter seinem Kommando zusammengezogenen Soldaten und Waffen hatte er – und das war die wahre Gefahr für die deutschen Eroberer – strategisch Sinnvolleres vor.

Angriff um Angriff

Bis November hatte die 6. Armee sechs Hauptangriffe gegen die Verteidiger Stalingrads vorgetragen und diese auf einen 8 km langen Streifen am Flussufer um die Stahlwerke „Roter Oktober" und die Waffenfabrik „Barrikaden" gedrängt. Nach Wochen in dieser Hölle schrieb eine gequälte Seele ins Tagebuch: „Wenn die Nacht hereinbricht, noch eine dieser höllischen und beschissenen Nächte, springen die Hunde in die Wolga und versuchen verzweifelt, das andere Ufer zu erreichen. Die Tiere fliehen aus dieser Hölle, selbst der härteste Stein kann sie nicht lange ertragen, nur die Menschen harren aus."

Schukow offenbarte seine Absichten am 19. November. In der Morgendämmerung grollten im Norden die Salven von 2.000 Kanonen und Stalinorgeln wie Donner. Jeder, der Ohren hatte, wusste: Eine neue Phase der Schlacht hatte begonnen.

Wenig später setzte auch im Süden heftiges Bombardement ein – und der Stab der 6. Armee wurde sich plötzlich der Schwäche ihrer Flanken bewusst. Sie wurden nämlich von rumänischen Verbänden gehalten, und die Rumänen kämpften keineswegs mit der den Deutschen eingedrillten Hingabe für die Zerstörung der Sowjetunion und waren weit weniger gut bewaffnet. Das meiste Gerät – Waffen und Fahrzeuge – war zwei Jahre zuvor in Frankreich erbeutet worden.

Stalingrads Fabriksruinen dienten als behelfsmäßige, aber starke Befestigungen. Die Verteidiger der Stahlwerke **Roter Oktober** *blicken zu den Sturmowiks ihrer Luftflotte auf.*

STALINGRAD: DIE SCHLACHT AN DER WOLGA

Nach sorgfältigster Vorbereitung führte die 6. Armee der Deutschen zwischen 14. und 22. September 1942 den ersten schweren und konzentrierten Angriff auf Stalingrad. Die Angreifer hatten die Lufthoheit und waren an Männern 3:1 überlegen. In neun Tagen erbitterter Kämpfe säuberte die Infanterie von Generaloberst Friedrich Paulus das Gebiet von der Niederung der Tsaritsa bis zur Wolga. Sie eroberten den Hauptbahnhof von Stalingrad und zwangen dadurch General Wassili Tschuikow, das Hauptquartier seiner 62. Armee zu verlegen. Aufgrund dieses Vorstoßes lag der wichtigste Kai für die nächtliche Anlandung des Munitionsnachschubs aus den Arsenalen, die sich auf dem anderen Ufer der Wolga befanden, in Reichweite der deutschen Geschütze. Beide Seiten waren so erschöpft, dass für wenige Tage gespenstische Stille herrschte, die nur von sporadischem MG-Feuer und Granatenexplosionen unterbrochen wurde. Aber nur wenig später kam es zu einem zermürbenden Häuserkampf. Die Regel, dass meist die stärkere Seite zum Sieger wird, galt in diesem Fall nicht. Die deutschen Verluste waren weit höher als jene der Sowjets, die einen anderen Grund zu kämpfen und eine andere Mentalität hatten.

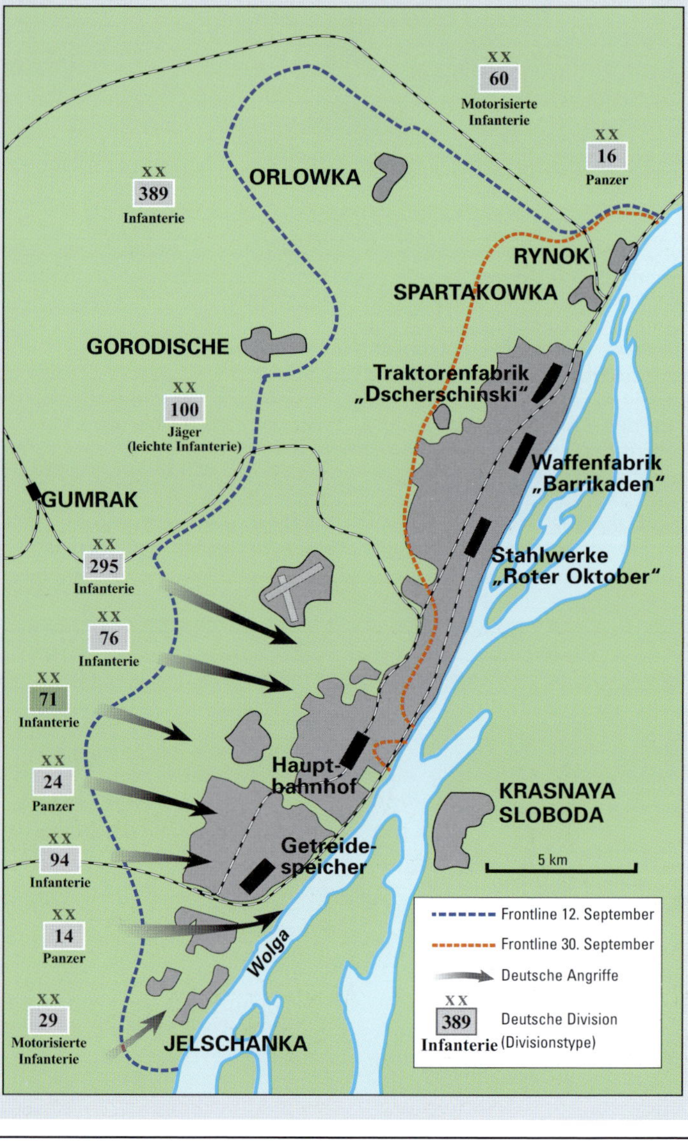

***Oben:* Die Deutschen meinten, ihr erster Vorstoß auf Stalingrad würde schnell Erfolg haben. Aber obwohl der Roten Armee nur eine kleine Enklave am Westufer der Wolga blieb, kämpfte sie weiter.**

***Lins:* Trotz des Wintereinbruchs gingen die heftigen Kämpfe weiter. Man kämpfte um die Keller und Ruinen der zerstörten Stadt, keine Seite wollte auch nur einen Millimeter weichen.**

Drei Tage später erkannten die Offiziere, wie berechtigt ihre Angst gewesen war. Entlang einer Strecke von 80 km im Norden und 50 km im Süden hatten Schukows Stoßarmeen die Front der Achsenmächte zerschmettert, General Paulus und eine Viertelmillion Soldaten der 6. Armee waren eingekesselt. Aus den Belagerern waren Belagerte geworden.

Anfangs war man in Berlin und Stalingrad der Meinung, es sei von Vorteil, eine derart große Armee hinter den Linien des Feindes zu haben. Man hielt die Frage der Verstärkung und Versorgung für die einzigen Probleme, die es zu lösen galt. Solange aber die Rote Armee ihren Belagerungsring aufrechterhielt, waren tausende Männer, Panzer und Geschütze gebunden und fehlten andernorts.

Generalfeldmarschall Erich von Manstein, dessen 11. Armee in die neue Heeresgruppe Don eingegliedert worden war, sollte die Zwangslage korrigieren, in die man durch Schukows Gegenangriff geraten war. Anfangs hielt es von Manstein für die beste Taktik, die Sowjets westlich von Stalingrad anzugreifen. Damit hoffte er, Druck von der 6. Armee zu nehmen, um Paulus Raum und Zeit für einen Ausbruchsversuch zu verschaffen. Danach sollte er sich mit der von Süden vorrückenden 4. Panzerarmee unter Generaloberst Hermann Hoth vereinigen.

Entlastungsangriff

Am 21. Dezember befahl von Manstein Operation „Wintergewitter". Aber die vom Don bei Kotelnikowo ausgehende Attacke wurde an der Myschkowa von der 2. Gardearmee blockiert. Paulus und sein Stab zeigten wenig Begeisterung, der 6. Armee einen Ausbruch zu befehlen.

Der sowjetische Gegenangriff zerschmetterte die Truppen der Achse beiderseits der Stadt. Diese suchten trotz klirrender Kälte ihr Heil in der Flucht und überließen die 6. Armee ihrem Schicksal.

Am 25. Dezember, dem ersten Weihnachtstag für die Deutschen, nicht aber für die Russen, befahl Schukow einen weiteren Angriff und warf Hoths Armee hinter ihren Ausgangspunkt bei Kotelnikowo zurück. Im Norden wurden die deutschen Truppen über den Chir und den Aksai zurückgetrieben. Binnen weniger Tage war der Abstand zwischen den beiden deutschen Fronten so groß geworden, dass keine Chance bestand, Paulus über den Landweg zu versorgen.

Als sich das Wetter weiter verschlechterte, sah auch der Generaloberst der Luftwaffe, Wolfram von Richthofen, seine Möglichkeiten für eine Luftunterstützung schwinden. Paulus und seine Armee waren in ernster Gefahr – offensichtlich war Stalingrad keineswegs so fest in deutscher Hand, wie es die Berliner Propagandamaschinerie suggeriert hatte.

Anfang 1943 startete die 6. Armee den verzweifelten Versuch, ein Gebiet, das sich 50 km von Ost nach West und 30 km von Nord nach Süd erstreckte, durch einen dichten Befestigungsring zu schützen. Dieser war von zehn Armeen der Sowjets umstellt: Zwar sollten manche Einheiten ihr Augenmerk auf mögliche Entsatzangriffe von außen richten, aber die Aufmerksamkeit und die Hauptkampfkraft richteten sich gegen die eingekesselten Deutschen.

Am 8. Januar 1943 übersandte General Konstantin Rokossowski, dessen Aufgabe die Zerstörung der 6. Armee war, den Deutschen die Aufforderung zur ehrenvollen Kapitulation und, als diese zurückgewiesen wurde, begann der letzte Akt der Schlacht um Stalingrad. Auf seinen Befehl sprachen tausende Geschütze und Granatwerfer, die von Bombern und Tieffliegern der 16. sowjetischen Luftarmee unterstützt wurden.

Bis 17. Januar wurde das von den Deutschen kontrollierte Gebiet halbiert. Am 21. wurde der letzte deutsche Flugplatz bei Gumrak erobert. Wieder kämpfte man um jede Ruine in Stalingrad – diesmal jedoch mit umgekehrten Vorzeichen. Bis zu diesem Tag hatte die 6. Armee mehr als 160.000 Tote zu beklagen, mehr als die Hälfte davon waren verhungert oder erfroren.

Der letzte Akt der Tragödie begann im Februar. Als die Russen am 31. Januar die Ruine des zentralen Warenhauses eroberten, kapitulierten Paulus und sein Stab – er gab auf, obwohl ihn Hitler zwei Tage zuvor zum Feldmarschall befördert hatte und er nicht eigens darauf hingewiesen werden musste, dass noch nie ein so hoher deutscher Offizier lebend in die Hand des Feindes geraten war. Am 2. Februar legten auch die Truppen des Nordkessels die Waffen ab.

Tod der 6. Armee

Bis zur Kapitulation waren über die Hälfte der 300.000 in Stalingrad eingekesselten Soldaten gefallen. Wenige Glückliche – etwa 35.000 Mann – waren ausgeflogen worden. 90.000 Kriegsgefangene wurden zu Fuß nach Osten getrieben. Auf dem endlosen Marsch starben Tausende an Hunger und Kälte, die übrigen waren zum langsamen Tod in den Arbeitslagern und Minen Sibiriens verurteilt. Viele, die bis 1945 überlebten, wurden niemals entlassen, nur rund 5.000 Soldaten der verlorenen Armee kehrten nach Deutschland zurück.

Stalingrad
Chronologie

September 1942: Die 6. Armee bricht mit der Wucht eines Hammers nach Stalingrad, aber ihre Flanken sind nur schwach von rumänischen und italienischen Truppen gesichert. Nach wenigen Monaten titanischer Kämpfe gegen entschlossene Russen kesseln diese die Stadt ein und zwingen die Deutschen zu kapitulieren.

1941

22. Juni
Unternehmen „Barbarossa" beginnt.

1942

28. Juni
Die deutsche Sommeroffensive beginnt bei Kursk.

30. Juni
Die 6. Armee beginnt ihren Angriff im Sektor Belgorod.

6. Juli
Woronesch am Don wird von den Deutschen erobert.

9. Juli
Beginn der deutschen Offensive im Sektor von Charkow.

21. – 23. Juli
Die Wehrmacht überquert bei Rostow den Don, am 23. wird Rostow erobert.

26. Juli
Die Heeresgruppe A beginnt den Angriff auf den Kaukasus.

28. Juli
Das sowjetische Oberkommando in Stalingrad erklärt: „Kein Schritt zurück."

4. August
Nach der Querung des Aksai rücken die Deutschen gegen Stalingrad vor.

Stalingrad war völlig verwüstet. Die Brandbomben der Luftwaffe waren so effektiv, dass praktisch alles brennbare Material in der Stadt vernichtet war. Dieser Umstand gereichte jedoch den Russen zum Vorteil, die Deutschen erfroren im Winter zu Tausenden.

6. August
Die Deutschen überqueren bei Armawir den Kuban.

7. August
Deutscher Angriff bei Kalatsch.

9. August
Die Deutschen erobern Krasnodar und Jejsk, einen Hafen am Asowschen Meer.

14. August
Die Deutschen queren bei Krasnodar den Kuban.

19. August
Paulus befiehlt der 6. Armee den Angriff auf Stalingrad.

22. August
Der deutsche Vormarsch bleibt im Kaukasus stecken.

Russische Kämpfer in Stalingrad. Sowjetische Soldaten wurden oft mit nur fünf Schuss an die Front gesandt, im Vertrauen darauf, dass sie die Toten mit Munition versorgen würden.

25. August
Stalingrad wird zur belagerten Stadt erklärt.

1. September
Deutsche und rumänische Verbände überqueren die Straße von Kertsch und erreichen die Halbinsel Taman. Die Deutschen errichten einen Brückenkopf bei Terek.

3. September
Die Deutschen greifen das Zentrum von Stalingrad an.

6. September
Novorossijsk am Schwarzen Meer wird von den Deutschen erobert.

15. September
Russischer Angriff auf Woronesch.

16. September
Die Deutschen rücken gegen Tuapse vor.

6. Oktober
Malgobek in der Kaspischen Senke wird erobert.

9. Oktober
Die alleinige Befehlsgewalt über die Rote Armee geht von den Kommissaren auf Militärkommandanten über.

Ein russisches Propagandaplakat zeigt Hitler der die Deutschen in Gräber nach Russland schickt.

14. Oktober
Hitler bringt die Sommeroffensive zum Abschluss und befiehlt den Heeresgruppen, „ihre Linien mit Bedacht auf die deutsche Offensive von 1943 zu begradigen und um jeden Preis zu halten".

18. Oktober
Der deutsche Vorstoß auf Tuapse kommt zum Stehen.

25. Oktober
Neue Offensive der Deutschen im Kaukasus.

1. November
Alagir im Kaukasus wird von den Deutschen genommen.

2. November
Die Deutschen erobern Ordschonikidze in Kaukasien.

19. November
Beginn der russischen Operation „Uranus". Die Russen brechen im Norden Stalingrads durch die rumänischen Linien.

20. November
Start des zweiten Teils der Operation „Uranus" im Süden Stalingrads. Von Manstein wird zum Kommandeur der Heeresgruppe Don ernannt.

22. November
Der Kreis der russischen Truppen schließt sich bei Kalatsch, die 6. Armee ist eingekesselt.

25. November
Beginn der deutschen Luftbrücke nach Stalingrad.

12. Dezember
Unternehmen „Wintergewitter": Versuch eines Entlastungsangriffs durch die 4. Armee auf Stalingrad. Hitler verweigert beharrlich der 6. Armee die Erlaubnis zum Rückzug.

16. Dezember
Die Russen starten Operation „Kolzo", eine Offensive mit dem Ziel Rostow. Der von der 8. italienischen Armee gehaltene Frontabschnitt bricht zusammen. Die Deutschen brechen den Angriff auf Tuapse ab.

21. Dezember
Der Entlastungsangriff auf Stalingrad kommt an der Myschkowa zum Stillstand.

23. Dezember
Alle Versuche der Deutschen, Stalingrad zu entlasten, werden aufgegeben.

24. Dezember
Russischer Angriff auf Kotelnikow, ungeordneter Rückzug der rumänischen Verbände.

28. Dezember
Die deutsche Heeresgruppe A erhält Befehl, sich aus dem Kaukasus zurückzuziehen.

1943

1. Januar
Die Deutschen beginnen sich aus Terek zurückzuziehen.

5. Januar
Milch befiehlt die Aufrechterhaltung der Luftbrücke nach Stalingrad.

8. Januar
Kapitulationsaufforderung der Russen an die 6. Armee.

10. Januar
Rokossowski führt den russischen Angriff zur Liquidierung des Kessels.

12. Januar
Ungarische und italienische Linien am Don von den Russen durchbrochen. Die Deutschen ziehen sich im Kaukasus auf den Brückenkopf am Kuban zurück.

13. Januar
Deutscher Rückzug aus Terek auf die Linie Naguzkoje-Alexsandrowskoje.

14. Januar
Das deutsche OKW schlägt vor, zur Stärkung der Ostfront die Bewohner der baltischen Staaten zum Militär oder zum Polizeidienst einzuberufen.

17. Januar
Deutsches Panzerkorps am Don eingekesselt.

24. Januar
Die russische Trans-Kaukasien-Front steht bei Noworossijsk-Krasnodar.

25. Januar
Die 6. Armee in Stalingrad wird in zwei Teile gespalten. Deutscher Rückzug von Armawir und Woronesch.

31. Januar
Paulus kapituliert im Südkessel von Stalingrad.

2. Februar
Der Nordkessel ergibt sich. Die Schlacht von Stalingrad ist zu Ende.

Kasserine

Rommel schlägt zurück

Obwohl 1943 das Afrikakorps gescheitert zu sein schien, ließ Rommel seine Veteranen der Wüste gegen die unerfahrenen Amerikaner antreten.

Anfang 1943 war die Lage in Nordafrika für die Achsenmächte weit gespannter, als man dies vor der Schlacht von El Alamein zwei Monate zuvor vorhersehen hätte können. Hatte Hitler seinen „Wüstenfuchs“ ausgehungert, als der Sieg noch in Griffweite zu liegen schien, so pumpte er nun – offenbar in der Hoffnung, die Truppen der Alliierten, die für die Operation „Torch“ angelandet worden waren, hier für immer und ewig zu binden – Menschen und Material in den „Brückenkopf Tunis“. Generaloberst Jürgen von Arnim verfügte über 100.000 Mann und mit der 5. Panzerarmee auch über eine beträchtliche Zahl an Panzern, allerdings hatte er auch eine 480 km lange Front zu halten, die sich vom Mittelmeer bis zur Oasenstadt Gafsa erstreckte. Doch seine Gegner hatten dieselbe Strecke zu bemannen – und ihre Nachschubwege waren weit stärker überdehnt als seine.

Gänzlich unerfahren

Obendrein zerfielen die Heere der Alliierten in drei kaum miteinander kooperierende Gruppen. Die 1. Armee der Briten konzentrierte sich auf den Nordabschnitt und hatte offensichtlich die Absicht, nach Bizerte, Tunis und zum Kap Bon vorzustoßen. Im Süden von ihnen lagen die Franzosen. Deren Truppen waren schlecht ausgerüstet und ausgebildet und überdies wegen des zwei Jahre zurückliegenden Angriffs der Briten auf Mers el Kébir voll von Ressentiments. Der südlichste Abschnitt war mit Amerikanern besetzt. Sie waren eifrig und selbstbewusst, aber auch gänzlich unerfahren.

Während der letzten Wochen des Jahres 1942 suchte von Arnim seine Verteidigungsposition zu verbessern, indem er die Franzosen aus ihren Stellungen auf dem etwa 120 km südlich von Tunis gelegenen Pichon-Pass, vertrieb. Dies war einer der wichtigsten Übergänge über die östliche Dorsale,

Wie so oft waren die deutschen Panzer bei Kasserine numerisch unterlegen. Dieser PzKpfw IV ist mit einer 7,5-cm-Kanone L/48 bestückt. Die Besatzung hatte Ersatzketten als zusätzlichen Schutz angebracht. Zur 10. Panzerdivision zählte eine Kompanie Tiger – ein Panzer, der gegen nahezu alle Waffen der Alliierten immun war.

ROMMELS VORSTOSS: UNTERNEHMEN „FRÜHLINGSWIND“

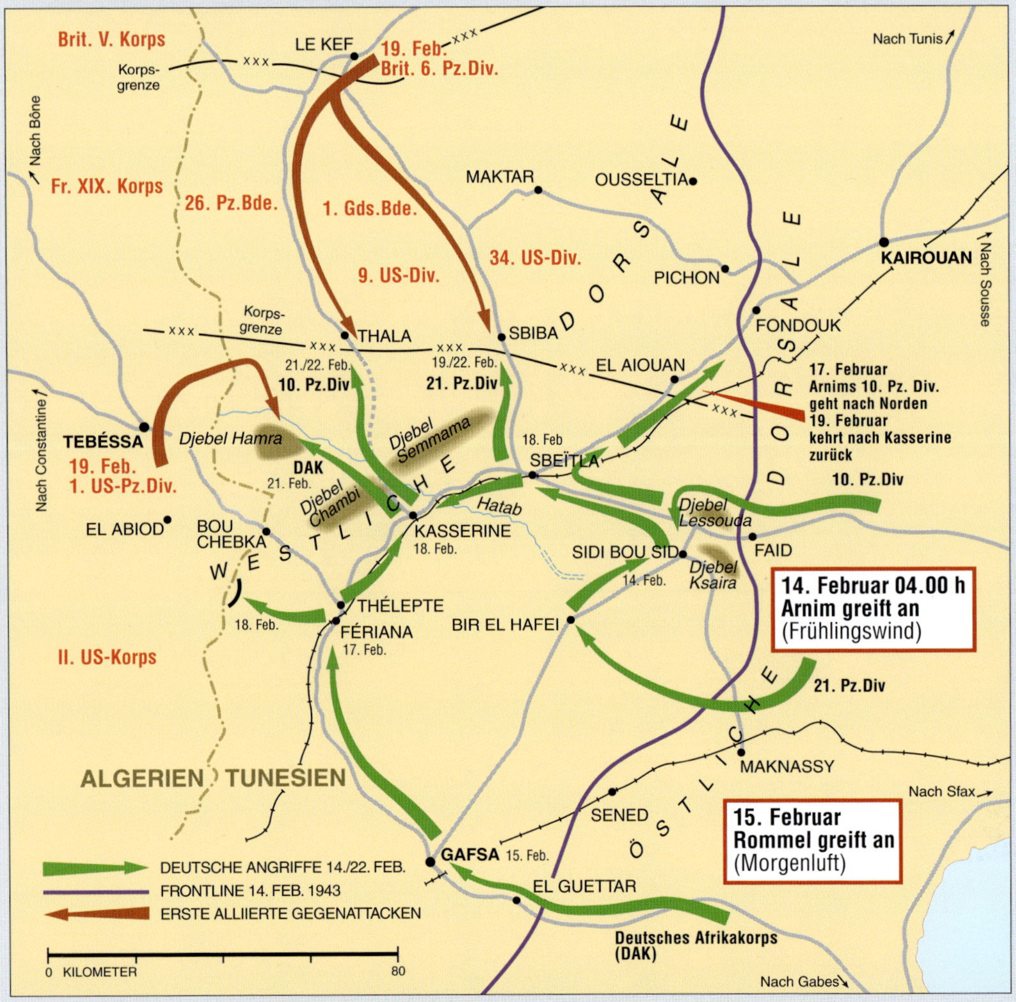

Operation „Frühlingswind“ zielte auf das II. US-Korps. Rommel und von Arnim hofften kurz, die US-Truppen vom V. britischen Korps im Norden abschneiden zu können. Rommel verfügte im DAK nur noch über 50 Panzer, da die 21. Panzerdivision unter von Arnims Kommando gestellt worden war. Im Zug des Vormarsches übernahm Rommel aber für ein letztes Mal das Kommando über alle Panzer der Achse in Nordafrika. Es mangelte an Treibstoff und Munition, aber die Chance war zu gut, um sie verstreichen zu lassen.

Deutsche Aufklärungseinheiten mit Motorrädern hatten schnell die Schwächen der französischen Stellungen an den Pässen ausgemacht, sodass von Arnim die strategisch wichtigen Grenzposten überrennen konnte.

einer Gebirgskette, welche die tunesische Küstenebene überragt. Im Januar eroberte er in einem weiteren Schlag gegen die Franzosen die Pässe Fondouk und Pont du Fahs und, am letzten Tag des Monats, Faid. Nun waren die wichtigsten Pässe der östlichen Dorsale in seiner Hand.

Rasches Handeln

Unterdessen hatte Generalfeldmarschall Rommel im Süden seinen Rückzug von El Alamein über Ägypten und Libyen abgeschlossen. Die Nachhut besetzte die Mareth-Linie und erwartete die nachrückende 8. Armee von General Montgomery. Scharfsichtig erkannte Rommel, dass nur eine Offensive verhindern konnte, dass er zwischen den neuen Feinden, dem II. US-Korps, und den alten, welche ihm aus Ägypten folgten, zerrieben würde. Rasches Handeln tat Not. Am 4. Februar 1943 schlug er von Arnim vor, von Faid aus weiter nach Sbeitla vorzurücken: Er selbst wollte nach Westen auf Gafsa, dann nach Fériana und vielleicht, so er die unerfahrenen Amerikaner vernichten könnte, nach Tébessa, im Idealfall sogar auf die Küste bei Bône vorstoßen. Dies würde die alliierten Truppen unwiderruflich spalten. Das „Frühlingswind" genannte Unternehmen begann am 14. Februar mit einem meisterlich geführten Haken von Faid nach Sidi Bou Sid, bei dem von Arnim ein US-Panzerbataillon aufrieb. Er zerstörte 44 Sherman, 26 Kanonen sowie unzählige Transporter und isolierte auf den Höhen 2.000 Mann. Obwohl Rommel Gafsa noch nicht bedrohte, befahl der kommandierende US-General die Evakuierung. Chaos brach aus: In der Nacht flohen nicht nur die US-Truppen und die mit ihnen verbündeten Franzosen, sondern auch arabische und französische Familien bei heftigem Regen und in wildem Durcheinander nach Fériana. Auch unter den dort stationierten Einheiten brach Panik aus. Sie vernichteten Papiere und Vorräte und schlossen sich dem überstürzten Exodus an – nordwärts nach Kasserine.

US-Gegenangriff

Der Kommandeur der 1. US-Panzerdivision, Generalmajor Orlando Ward, wollte dem völligen Verfall der Moral Einhalt gebieten und befahl einen von Sbeitla aus geführten Gegenangriff. Von den 58 Sherman, die er in die Schlacht warf, entkamen nur vier. Innerhalb von nur zwei Tagen hatten die Amerikaner 98 Panzer, 29 Kanonen und 57 Halbkettenfahrzeuge verloren.

In der Zwischenzeit hatte Rommel Gafsa genommen und Fériana erreicht. Die in Panik geflüchteten Einheiten hatten auch bei der Zerstörung der Treibstofflager und Magazine versagt – deren Vorräte kamen seinen Männern äußerst gelegen. Darüber hinaus nahm er die überstürzte Reaktion des Feindes als Beweis für dessen Unerfahrenheit und taktische Unfähigkeit und fühlte sich in seiner Hoffnung bestätigt, dass ihn ein konzentrierter Angriff zumindest bis nach Tébessa führen würde. Seit seinem Vorstoß auf El Alamein war ihm die Zukunft nicht mehr so rosig erschienen. Nach einer kurzen Stabsbesprechung am 18. Februar gruppierte er seine Einheiten um, da er nach Norden auf Le Kef vorstoßen wollte. Die Divisionen seines Afrikakorps sandte er nach Kasserine und Sbiba. Die 10. Panzerdivision wollte er so lange zurück halten, bis sich geklärt hätte, welcher der Wege am ehesten Erfolg versprach.

Mittlerweile strömten die britische 6. Panzerdivision und die 34. US-Infanteriedivision nach Süden, um die Bresche zu schließen, die Rommel geschlagen hatte. General Sir Harold Alexander, entsetzt über das Chaos, das er bei einem Besuch des Hauptquartiers des II. US-Korps vorfand, übernahm das Kommando. Sein klarer Befehl: Die Pässe der westlichen Dorsale, Sbiba and Kasserine waren unter allen Umständen zu halten.

Nachdem die Verstärkung ihre Verteidigungsstellungen bezogen hatte, ebbte die Panik ab. Die fliehenden Kolonnen wurden auf sicheres Gebiet gelenkt und reorganisiert. Der deutsche Angriff verlangsamte sich und kam dann zum Stillstand. Am 22. Februar zog Rommel die Konsequenz aus der Tatsache, dass die alliierte Verstärkung zu stark und überdies kampferprobt war, und brach den Angriff ab: Unternehmen „Frühlingswind" war vorüber.

Die Alliierten hatten nahezu 10.000 Mann, die Achsenmächte 2.000 verloren und sämtliche Hauptquartiere der Alliierten in Nordafrika hatten einen gehörigen Schock abbekommen.

Obwohl die Luftwaffe über dem Osten Algeriens hartnäckigst Widerstand leistete, wurden die Bodentruppen der Alliierten nun durch eine mächtige neue Bomberwaffe unterstützt, zu welcher der mittlere Bomber B-25 Mitchell zählte. Die Bomberverbände stürzten das Hinterland der Deutschen nach und nach ins Chaos.

Kasserine: Chronologie

Rommel hoffte, die Streitmacht der Alliierten bei Kasserine in zwei Teile zu spalten und so den völligen Zusammenbruch der Achse verhindern zu können.

1943

Januar

Generalfeldmarschall Rommel und General von Arnim, der Oberkommandierende der Streitkräfte der Achse in Tunesien, wollen den Vormarsch der Alliierten durch einen Gegenangriff auf den amerikanischen Sektor zwischen Gafsa und Kasserine stoppen: Man wollte bei Tébessa durchbrechen und bis Bône an der Nordküste vorstoßen. Möglichst viele Alliierte sollten eingekesselt oder zum Rückzug nach Algerien gezwungen werden.

14. Februar – 4.00 Uhr

Von Arnims Truppen, allen voran die 10. und die 21. Panzerdivision, stoßen auf Sidi Bou Sid und Bir el Hafey vor.

15. Februar

Rommel befielt den Angriff – Unternehmen „Frühlingswind“ – auf Gafsa, Fériana und Thélepte.

18. Februar

Die beiden Angriffskolonnen, die sich bei Kasserine vereinen, haben den Infanterie- und Panzereinheiten der unerfahrenen Amerikaner schwere Verluste zugefügt. Der Weg nach Thala und Tébessa – zwei der wichtigsten Ziele des Unternehmens – führt über den Pass von Kasserine.

19. – 20. Februar

Die gemischten US-Einheiten am Kasserine-Pass sind nicht in der Lage, Rommels Vormarsch zu stoppen. Nach heftigen Kämpfen wird der Pass am 20. von den Deutschen genommen, die daraufhin nach Thala und Tébessa vorstoßen. Von Arnims Truppen rücken auf einer Parallelstraße gegen Sbiba und Le Kef vor. Am selben Tag beginnen die Alliierten, in Vorbereitung eines Gegenangriffs Truppen aus Le Kef in den Süden zu verlegen. Die britische 6. Panzerbrigade rückt in Richtung auf Thala und Sbiba vor, die 1. US-Panzerdivision versucht, die Deutschen im Gebiet von Tébessa zu stoppen.

21. – 22. Februar

Rommel pausiert am Kasserine-Pass und wartet auf den Gegenangriff der Alliierten, der jedoch ausbleibt. Am Nachmittag marschiert er neuerlich nach Norden, seine

Drei US-Soldaten in Tunesien transportieren mit ihrem Jeep eine französische Telefonvermittlungsanlage. Der Fahrer konzentriert sich auf die Piste, die beiden anderen suchen den Himmel nach deutschen Tieffliegern ab. In der staubigen Wüste konnten Fahrzeuge sehr leicht aus der Luft ausgemacht werden.

Deutsche Soldaten mit einem auf einem Dreibein lafettierten und mit Zielfernrohr ausgestatteten MG 34. Im flachen Wüstengebiet war dieses Maschinengewehr mit 850 Schuss/Min. und einer Reichweite von über 1.000 m eine schreckliche Bedrohung für die Infanterie der Alliierten.

Truppen werden jedoch bei Tébessa, Sbiba und Thala gestoppt. Der deutsche Rückzug beginnt am Nachmittag des 22. Februar, nachdem Rommel wegen des Verlustes von 2.000 Mann den Abbruch des Unternehmens befohlen hatte. Die Verluste der Alliierten waren allerdings weit höher gewesen.

25. Februar

Kasserine ist erneut in alliierter Hand. Rommel konzentriert sich auf den Osten, wo Montgomerys 8. Armee durch die Auffangstellungen an der Mareth-Linie zu brechen droht.

Internationale Ereignisse 1943

15. Januar

Unterstützt von kroatischen Faschisten starten deutsche und italienische Besatzungstruppen in Jugoslawien eine konzentrierte Aktion gegen jugoslawische Partisanen, insbesondere gegen jene, die dem Kommando des Führers der Kommunisten, Josip Broz Tito, unterstehen.

27. Januar

Erster Bombenangriff der US Air Force auf Deutschland. Die Marinebasis von Wilhelmshaven wird von 84 Flying Fortress- und 7 Liberator-Bombern bombardiert.

31. Januar

Der Kommandeur der deutschen 6. Armee in Stalingrad, Feldmarschall Friedrich Paulus, kapituliert. 91.000 Männer geraten in russische Kriegsgefangenschaft. Während der Schlacht von Stalingrad fielen 120.000 Deutsche. Die Kapitulation ist einer der wichtigsten Wendepunkte des II. Weltkriegs. Hitler ordnet am 3. Februar eine dreitägige Staatstrauer an.

8. Februar

Die umkämpfte Stadt Kursk wird von sowjetischen Truppen der Südwest-Front und der Woronesch-Front zurückerobert, die in weniger als einem Monat 160 km vorgerückt waren.

9. Februar

In Vorbereitung der Eröffnung der zweiten Front in Nordeuropa erhöht Präsident Roosevelt die Wochenarbeitszeit in 32 Schlüsselindustrien auf mindestens 48 Stunden.

18. Februar

Propagandaminister Joseph Goebbels ruft die Deutschen zum „totalen Krieg“ gegen die Alliierten auf. Damit versucht er, nach der Niederlage von Stalingrad die Moral zu stärken.

28. Februar

Die Atomwaffenversuchsanlage der Deutschen im norwegischen Vermork wird durch einen Angriff norwegischer Kommandos schwer beschädigt. Durch dieses Unternehmen wird das Atomwaffenprogramm der Deutschen um Jahre zurückgeworfen.

Charkow: Von Mansteins Meisterstück

Während die letzten Überlebenden der 6. Armee noch in den Ruinen von Stalingrad aushielten, war die Rote Armee schon bereit, auf ganzer Linie zuzuschlagen.

Der Vernichtung der 6. Armee im Januar und Februar des Jahres 1943 in der eisigen Hölle von Stalingrad folgte eine ambitionierte Offensive der Sowjets, die die Deutschen an allen Fronten zurückwerfen sollte. In gewisser Weise erinnerte sie an die Winteroffensive von vor genau einem Jahr: ein Vorstoß an vielen Fronten, dem es an klar definierten strategischen Zielen mangelte. Stalin hatte bei der Formulierung seiner Pläne die Fähigkeiten der Roten Armee über- und die Regenerationsfähigkeit und das Durchhaltevermögen der deutschen Truppen unterschätzt.

Die sowjetische Offensive begann mit einem massierten Angriff in der Ukraine, an dem drei Fronten (Woronesch-, Südwest- und Süd-Front) beteiligt waren. Die Ziele der Woronesch-Front waren Charkow, Kursk und Obojan. General Nikolai Watutins Südwest-Front sollte die Flanke der Deutschen im Bereich des Donez durch eine Zangenbewegung gegen das Asowsche Meer drängen und gleichzeitig die Süd-Front entlang der Meeresküste auf Mariupilj vorrücken.

Die viertgrößte Stadt

Die Südwest-Front eröffnete die Offensive am 29. Januar 1943 mit der Wucht von vier Armeen und einer „mobilen Frontgruppe" unter dem Kommando von M. M. Popow. Als am 2. Februar die Woronesch-Front ihren Angriff auf den Norden begann, bereits die 4. Gardepanzerarmee östlich von Woroschilowgrad bereits über den Donez. General F. I. Golikows Woronesch-Front konnte sich ähnlicher Erfolge erfreuen, die Armeen an ihrer Flanke (die 40., die 69. und die 3. Panzerarmee) kamen auf der Linie Kursk – Belgorod – Charkow gut voran.

Charkow, die viertgrößte Stadt der Sowjetunion, war ein Haupttreffer. Die Schnelligkeit des sowjetischen Vormarsches auf Charkow drohte das II. SS-Panzerkorps und die Armeegruppe Lanz sowohl von der Heeresgruppe Mitte als auch von den deutschen Einheiten im Süden abzuschneiden.

Klaffende Lücke

Als sich das II. SS-Panzerkorps, um nicht eingekesselt zu werden, am 15. Februar aus der Stadt zurückzog, klaffte in der deutschen Frontlinie eine 160 km lange Lücke.

Die Rote Armee war sich nun sicher, die Dnjeprbrücken von Saporiska nehmen zu können, womit der Heeresgruppe Don ihr Nachschub abgeschnitten worden wäre. Watutin und Golikow waren ob dieser Aussicht in Hochstimmung, während die deutschen Kommandeure fieberhaft nach einem Weg suchten, wie dem unerbittlichen Vorrücken der Russen Einhalt zu gebieten wäre.

Die sowjetischen Bodentruppen zeigten jedoch bereits Wirkung: Der rasche Vormarsch hatte die Männer so mancher Einheit ausgebrannt, viele Divisionen waren auf wenige tausend Mann geschrumpft. Etwa

WINTEROFFENSIVE: NEUES VERTRAUEN

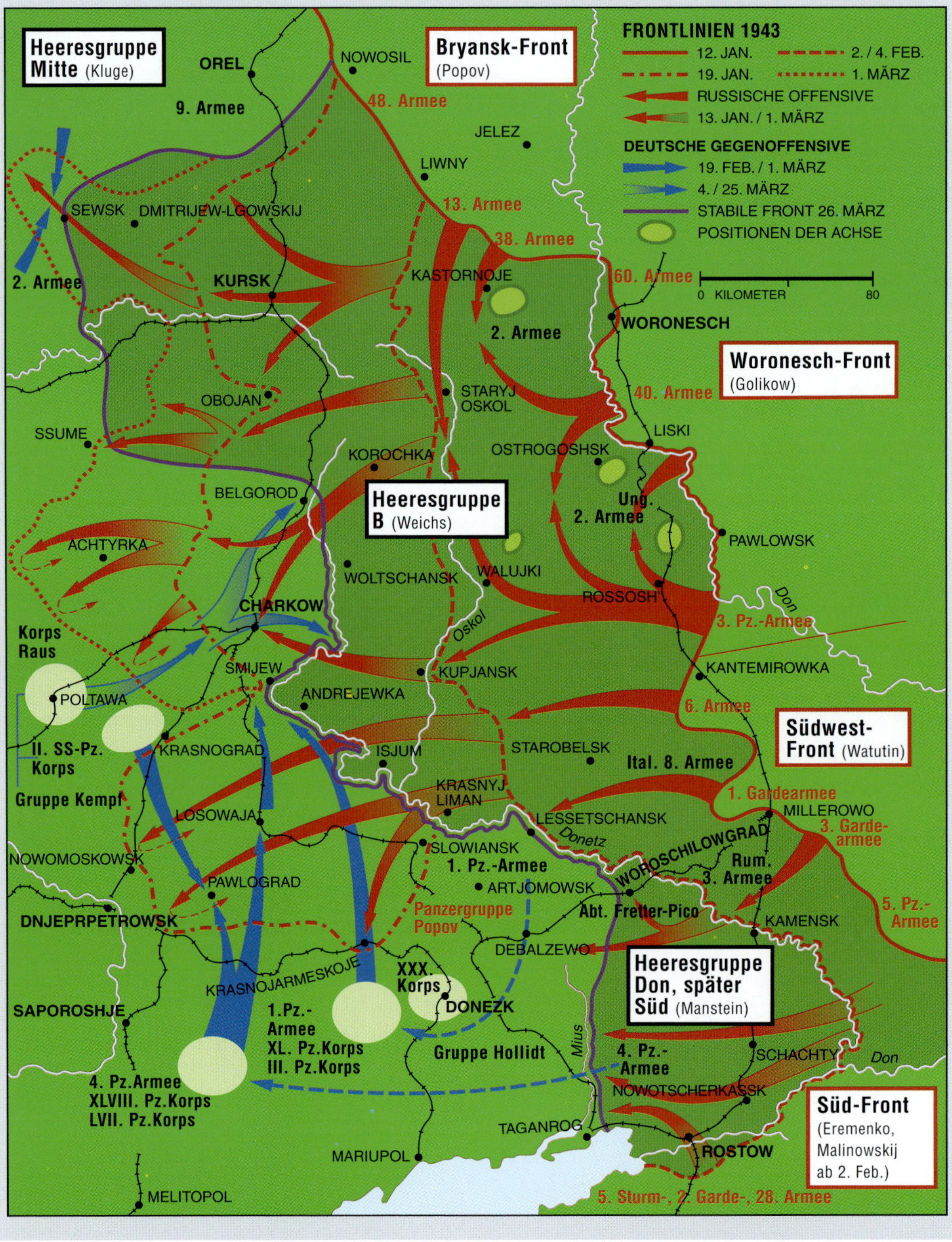

Die große sowjetische Winteroffensive von Januar bis März 1943 begann, als die letzten beklagenswerten Überlebenden der 6. Armee noch in Stalingrad kämpften. Der Sieg an der Wolga hatte den Sowjets neues Selbstvertrauen geschenkt, das wachsende Ungleichgewicht zwischen Deutschen und Russen trat zutage. Bei der Offensive wurden die meisten der 1942 verlorenen Gebiete zurückerobert.

die Hälfte aller Panzer der Südwest-Front war – zum Teil wegen schlachtbedingter Schäden, großteils jedoch wegen mechanischer Überbelastung – nicht mehr einsatzbereit. Trotz all dem war man entschlossen, die Offensive weiter vorzutragen: Bald würde das Frühlings-Tauwetter die gefrorenen Böden in Morast verwandeln und eine Zwangspause bedingen.

Preisgegebener Boden

Die erschöpften Truppen der Sowjets hatten bei ihrem Vormarsch nach Westen mit versteiftem deutschen Widerstand gerechnet, aber der Feind gab bereitwillig Boden preis. Erich von Manstein hatte Hitler davon überzeugen können, dass das Beharren auf den Verteidigungstaktiken des I. Weltkriegs die Männer zu einem zweiten Stalingrad verurteilen würde. Würde man jedoch scheinbar zurückweichen, böte dies die Möglichkeit zu einem Gegenschlag, bei dem man den Großteil der preisgegebenen Gebiete zurückerobern und die Sowjets vernichten könne.

Durchbruch

Die sowjetischen Kommandeure wurden von ihrem Nachrichtendienst bestens bedient, Aufklärungsflugzeuge hatten um Krasnograd konzentrierte Panzereinheiten ausgemacht und nahe Dnjeprpetrowsk verstärkte Truppenbewegungen beobachtet. In der festen Überzeugung, dass sich die Deutschen weiterhin auf dem Rückzug befänden, nahm man jedoch an, dass sich lediglich eine weitere Nachhut für den Weg nach Westen sammelte.

Am 20. Februar griff von Manstein an. SS-Panzerverbände rückten von Krasnograd vor. Gleichzeitig stieß das XL. Panzerkorps nach Norden, um Popwos „mobile Frontgruppe“, die

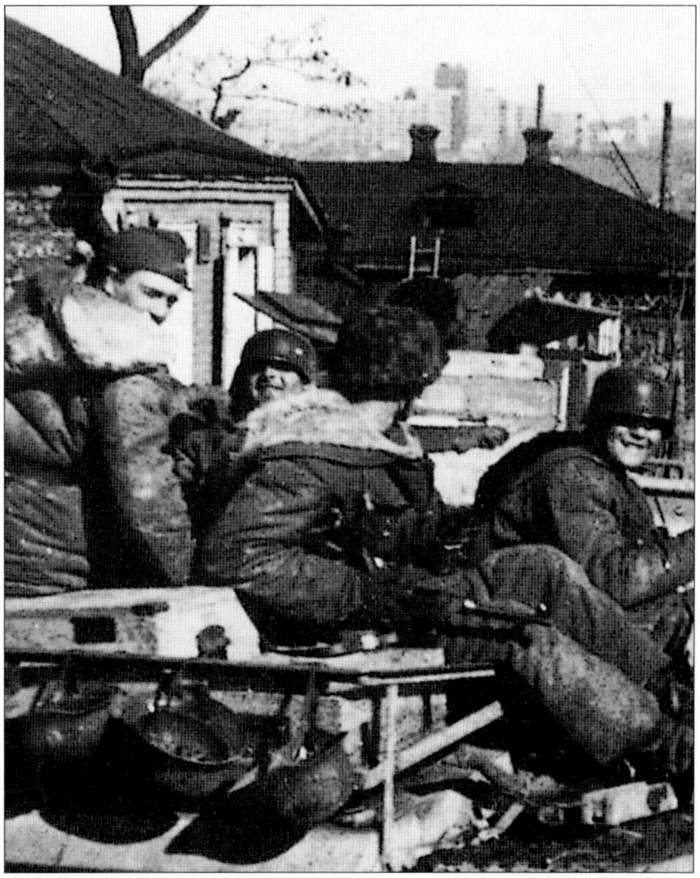

Diese lachenden Männer der 2. SS-Panzerdivision **Das Reich** *fahren auf ihrem Sturmgeschütz StuG III 7,5 cm durch das 1943 zurückeroberte Charkow. Trotz Tauwetters trägt das Fahrzeug noch breite Ketten, die den Bodendruck reduzieren.*

aus vier Korps mit lediglich 25 Panzern bestand, anzugreifen. Die sowjetischen Kommandeure verschlossen mehrere Tage lang die Augen vor der Realität und befahlen ihren Männern, die Offensive fortzuführen. Aber auch später erhielten viele Einheiten keinen Rückzugsbefehl und wurden von den Deutschen eingekesselt. Am Monatsende stand von Manstein wieder am Donez.

Rückzug im Schnee

Die flache Winterlandschaft war für einen Panzerangriff wie geschaffen und bot den sich zurückziehenden Sowjets keinerlei Schutz. Ihre Kolonnen waren noch aus 20 km Entfernung deutlich auszumachen und konnten mit Artilleriefeuer belegt werden. Da nur mehr wenige ihrer Panzer Treibstoff und Munition hatten, waren die sowjetischen Einheiten auch Panzerangriffen schutzlos ausgeliefert. Viele Männer gerieten ob dieser Belastung in Panik und flohen ohne Rücksicht auf irgendjemandes Befehle. Die Stadt Charkow wurde am 15. März zurückerobert und als der Frühling anbrach, kam die Front zum Stehen.

Von Mansteins Gegenangriff gilt immer noch als Lehrstück für die defensive mechanisierte Kriegsführung. Zuerst zog man sich vor der sowjetischen Dampfwalze zurück, dann sammelte man ausreichend Kräfte für einen Gegenschlag und letztendlich stieß man erbarmungslos vor. Dabei kam den Deutschen zugute, dass beim Feind aufgrund des raschen Vormarschs Treibstoff und Munition knapp geworden waren. Statt strikter Befehle erhielten die Panzerkommandanten freie Hand und konnten situationsbedingt agieren. So blieb genug Raum für Eigeninitiative, sodass man sich umgehend auf geänderte Umstände einstellen konnte. Dies machte die Deutschen den größeren, jedoch schwerfälligeren Sowjetverbänden überlegen. Von Manstein war so sehr vom Erfolg des Gegenangriffs überzeugt, dass er bereits Tage bevor er den Befehl zum Angriff gab an den Plänen für seine Sommeroffensive arbeitete: Die Schlacht von Kursk nahm erste Formen an.

Die Wiedereroberung von Charkow: Das II. SS-Panzerkorps gab Charkow am 15. Februar auf, um einer Einkesselung zu entgehen. Von Mansteins Gegenangriff eroberte kaum einen Monat später die Stadt erneut. Diese SS-Soldaten tragen beim Einmarsch ins Zentrum dicke Winteruniformen.

Charkow: Chronologie

Die Niederlage der Deutschen in Stalingrad gab den die Russen die Hoffnung, die Invasoren endgültig zu vertreiben. Unter von Mansteins brillanter Führung erschütterte die Heeresgruppe Süd das in Stalingrad und Transkaukasien gewonnene Selbstvertrauen der Sowjets und eroberte Charkow zurück.

1943

Dezember 1942 – Februar 1943
Der deutsche Widerstand in Stalingrad bricht zusammen, der Kessel kapituliert am 2. Februar. Der Heeresgruppe A unter Generalfeldmarschall Ewald von Kleist droht im Südkaukasus die Einkesselung, daher zieht sie sich nach Westen an das Asowsche Meer zurück. Von Mansteins Heeresgruppe Don sichert weiter nördlich einen Korridor für deren Rückzug. Wenig später zieht sich die Heeresgruppe A nach Rostow zurück. Der ob des Erfolges mit Stolz erfüllte Stalin befiehlt eine weitere Offensive, die die Deutschen im Kaukasus „zerschmettern“ soll.

12. Januar
Noch vor dem Sieg der Russen in Stalingrad beginnt die sowjetische Offensive zum Entsatz des Kaukasus. Der Angriff erfolgt von zwei Seiten: Generaloberst Reiters Brjansk-Front und General Golikows Woronesch-Front rücken von Woronesch vor und durchbrechen die deutsche 2. Armee und die 2. ungarische Armee der Heeresgruppe B. Weiter im Süden greifen General Watutins Südwest-Front und General Eremenkos Süd-Front von Mansteins Heeresgruppe Don an und stoßen auf Charkow und Rostow vor.

2. – 5. Februar
Auf von Mansteins Drängen gestattet Hitler die Aufgabe Rostows.

6. Februar
Von Manstein trifft Hitler in Rastenburg, um ihm seinen Plan für eine Gegenoffensive im Süden Russlands vorzutragen. Der Vorschlag wird von Hitler prinzipiell angenommen.

8. Februar
Kursk wird von den Russen zurückerobert. Es war seit November 1941 in deutscher Hand gewesen.

12. Februar
Die deutschen Heeresgruppen in Russland werden umbenannt. Von Mansteins Heeresgruppe Don wird zur Heeresgruppe Süd; Generalfeldmarschall Günther von Kluges Heeresgruppe B wird zur Heeresgruppe Mitte.

Tote SS-Männer auf dem Schlachtfeld von Charkow. Da ihre Grausamkeit bekannt war, wurden Soldaten der SS von den Russen nahezu nie gefangen genommen, sondern meist auf der Stelle erschossen.

Zerschlagene Büsten sowjetischer Politiker und Militärführer – darunter Marschall Woroschilow, Lenin und Maxim Gorki – in den Straßen Charkows. Die Büsten waren von Männern der SS-Totenkopfdivision eingesammelt und wahrscheinlich für ein Propagandafoto entsprechend „arrangiert" worden.

14. Februar
Rostow wird von den Russen genommen. Watutins Südwest-Front steht vor Charkow.

14. – 18. Februar
Die 40. Armee und die 3. Panzerarmee kämpfen in Charkow gegen die Eliteeinheit des I. SS-Panzerkorps erbittert um jede Straße und jedes Haus. Die Deutschen unterliegen der enormen Übermacht der sowjetischen Truppen und müssen die Stadt am 18. aufgeben. Die Woronesch-Front und die Südwest-Front sind von dem Kämpfen völlig erschöpft.

17. Februar
Hitler besucht von Manstein, um die geplante Gegenoffensive am Kaukasus zu besprechen.

20. Februar
Von Manstein führt einen massiven Zangenangriff auf die Flanken der Panzergruppe Popow, die gegen Dnjeprpetrowsk vorrückt. Die 4. und die 1. Panzerarmee stoßen aus Positionen im Norden des Asowschen Meeres vor. Das II. SS-Panzerkorps führt gegengleich den Angriff aus dem Süden von Krasnograd.

28. Februar
Von Mansteins Südoffensive erreicht die Ufer des Donez. Die Panzergruppe Popow und ein erheblicher Teil von Watutins Südwest-Front werden am Westufer des Flusses eingekesselt. Andere russische Einheiten werden bis nach Charkow zurückgeworfen.

7. März
Die 4. Panzerarmee der Deutschen unter General Hoth, der auch drei SS-Panzerdivisionen zugeordnet sind, greift die Woronesch-Front massiv an und beginnt mit der Rückeroberung Charkows.

12. März
Die Deutschen dringen in die Vororte Charkows ein, einmal mehr wird in der Stadt heftig gekämpft.

14. März
Die 4. Panzerarmee kesselt Charkow vollständig ein.

18. März
Charkow ist wieder in deutscher Hand. Die letzten Kämpfe führen die Division „Großdeutschland" sowie Einheiten der SS.

18. – 26. März
Die Front stabilisiert sich, als die sowjetische Offensive ausläuft. Die Sowjets schieben bei Kursk die Front in einem Bogen vor, der die deutschen Positionen bei Charkow bedroht.

Internationale Ereignisse 1943

16. Januar
Das Bomber Command der RAF fliegt nach einer Gnadenfrist von 14 Monaten erneut Angriffe auf Berlin.

22. Januar
Auf Hitlers Befehl wird der Schiffsbau zugunsten der Panzerproduktion auf den zweiten Platz verwiesen. Die verstärkte Panzerproduktion soll die Verluste an der Ostfront ersetzen.

23. Januar
Die libysche Hauptstadt Tripolis wird von den Briten eingenommen, die von El Alamein über 966 km vorgerückt sind und die deutschen sowie die italienischen Truppen nach Tunesien zurückgeworfen haben.

4. Februar
Die Japaner verlassen nach dem ersten Landsieg der Amerikaner im II. Weltkrieg Guadalcanal. Etwa 6.000 japanische Soldaten entkommen, sie lassen 24.000 tote Kameraden zurück.

20. Februar
Die US-Truppen in Nordafrika werden von Rommel am tunesischen Kasserine-Pass vernichtend geschlagen.

25. Februar
Der Kasserine-Pass ist wieder in amerikanischer Hand. Bei diesem Unternehmen verlieren die Alliierten 10.000 Mann.

3. – 4. März
Im Pazifik zerstören Marineflugzeuge der USA bei der Schlacht in der Bismarcksee acht japanische Truppentransporter und vier Zerstörer.

Kursk
Wende im Osten

Im Juli 1943 trugen die Deutschen ihre letzte große Offensive im Osten vor. Allerdings waren dem sowjetischen Nachrichtendienst ihre Pläne bekannt.

Oben: ***Deutsche Frontsoldaten wussten, dass der zahlenmäßig überlegene Feind gut gerüstet war und in ausgebauten Stellungen wartete. Trotzdem griffen sie mit taktischem Geschick an.***

Links: ***Am 12. Juli begann der entscheidende Gegenangriff der sowjetischen Panzerarmeen. Die Rote Armee gewann die verlorenen Positionen schnell zurück und drängte die Deutschen hinter ihre Ausgangspositionen.***

Es bestand nicht der geringste Zweifel, gegen welches Ziel sich der deutsche Hauptangriff im Jahr 1943 richten würde. Nach den Kämpfen im Frühjahr sprangen bei Kursk die Linien der Roten Armee in einem großen Bogen vor, ein logisches Ziel für die Deutschen. Trotz penibelster Planung des deutschen Generalstabs ließ sich das bevorstehende Unternehmen nicht verbergen und die Rote Armee konnte sich daher optimal in Stellung bringen.

Die Sowjets zogen angesichts des bevorstehenden Schlages den Großteil ihrer verfügbaren Panzer, nahezu die gesamte Artillerie sowie unzählige Divisionen im Bogen von Kursk zusammen. Zahlreiche Einheiten wurden aber nicht an vorderster Front in Stellung gebracht, sondern als machtvolle strategische Reserve für einen Gegenangriff im Rücken des Brückenkopfs stationiert, da die Rote Armee weiter nach Westen vorstoßen wollte. Aber auch an vorderster Front des Kursker Bogens lagen ganze Armeen, denen ein Gegner von nahezu gleicher Stärke gegenüberstand.

Deutsche Organisation

Die deutschen Angreifer stellten zwei große Heeresgruppen. An der Nordseite des Bogens sollte die Heeresgruppe Mitte angreifen, die aus der 9. Armee von Generaloberst Walter Model mit nicht weniger als drei Panzerkorps bestand. Im Süden stand die Heeresgruppe Süd, zu der die 4. Armee unter Generaloberst Hermann Hoth mit einigen der besten damals verfügbaren Divisionen zählte. Insgesamt standen 17 Panzerdivisionen bereit, um die Rote Armee bei Kursk anzugreifen. In ihren Beständen befanden sich die neuesten Panzer vom Typ Tiger und Panther sowie das schwere Sturmgeschütz Elefant mit der 8,8-cm-Kanone 43 L/71.

Aber auch die Rote Armee bereitete sich mit Sorgfalt vor. 20.000 Geschütze aller Art wurden für die Abwehr des Angriffs

Männer der 2. SS-Panzerdivision **Das Reich** ***verhören einen gefangenen Sowjet. Den Deutschen war klar, dass die Russen ihren Plan kannten. Hitler bestand jedoch auf dessen Umsetzung, obwohl viele hohe Offizier ein schlechtes Ende vorhersahen.***

KURSK: UNTERNEHMEN „ZITADELLE“

Die Sowjets rechneten mit dem deutschen Angriff: Sie befestigten Stellungen, legten enorme Minenfelder an und wollten die Deutschen überall ins Kreuzfeuer nehmen. Der deutsche Plan war, abgesehen vom Einsatz schwerer Panzer und verbesserter Flugzeuge, konventionell. In der Tat wurde der Angriff wegen Lieferschwierigkeiten beim ersehnten Panther mehrmals verschoben. Der Frontvorsprung bei Kursk war in die Zange zu nehmen. Die Sowjets wollten die Deutschen durch massiven Widerstand stoppen und dann zum Gegenangriff übergehen. Die Luftwaffe wurde durch falsche Flugfelder abgelenkt. Zu Beginn der Bodenschlacht waren die meisten sowjetischen Flugzeuge intakt und konnten auf die Panzerkolonnen der Deutschen niederstoßen.

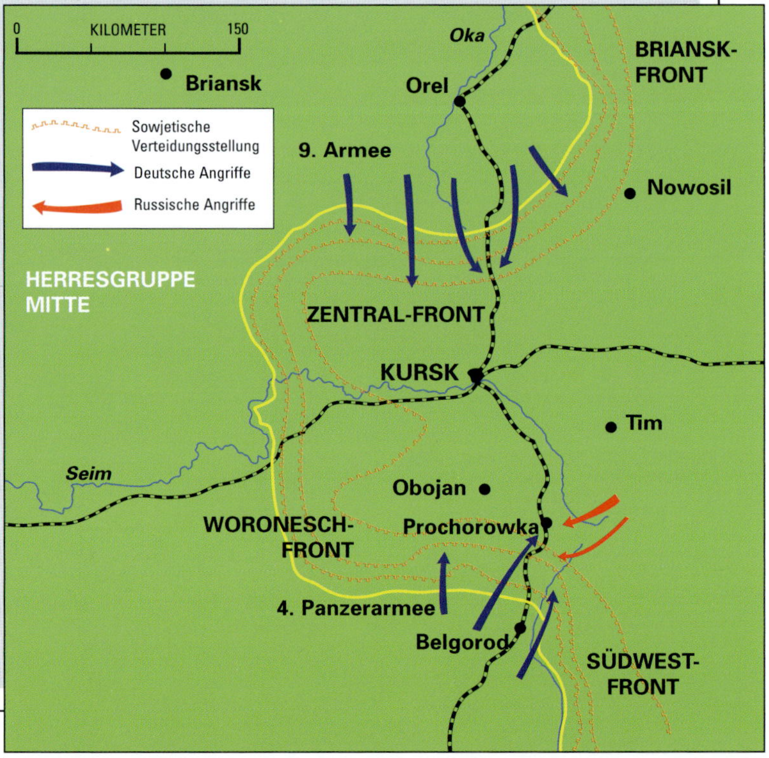

Oben: Diese Fw 190A-5 war im Juni 1943 bei Kursk im Einsatz. Ihr Pilot Hauptmann Fritz Losigkeit, Gruppenkommandeur der III./JG 51, erzielte mit ihr beim JG 51 nahezu alle seiner 68 Luftsiege.

Unten: Die Pläne der Roten Armee beruhten auf dem Feuer zahlloser Paks, das mit voller Wucht auf deutsche Panzer wie diese konzentriert wurde. Diese Taktik schwächte die Panzerdivisionen aufs Äußerste.

Kursk wird häufig als größte Panzerschlacht der Geschichte bezeichnet. Mächtige Tiger, gefolgt von leichteren Panzer III und IV, bildeten die Speerspitzen der Deutschen. Auf offener Steppe gingen dicht gedrängte Formationen von bis zu 200 Fahrzeugen gleichzeitig vor.

zusammengezogen. Man errichtete ein tief gestaffeltes Stellungssystem mit Laufgräben, Bunkern, Panzersperren, Feuerstellungen sowie Minen und hielt adäquate Reserven bereit.

Partisanenbewegung

Weit hinter den deutschen Linien operierten Partisanen, die auch die Aktivitäten des Feindes an das Hauptquartier der Roten Armee meldeten. Das STAVKA plante entsprechende Gegenzüge. So auch in den frühen Morgenstunden des 5. Juli, als sich die Deutschen auf den Angriff vorbereiteten. In diesem kritischen Moment wurden sie mit schwerem Artilleriefeuer belegt. Man wollte sie stören und durcheinander bringen, was auch gelang: Der Angriff musste um 90 Minuten verschoben werden, wurde aber auch dann mit einem Feuerhagel begrüßt.

Die neuen Panzer der Deutschen waren zwar jenen der Russen haushoch überlegen, was aber eher ein theoretischer denn ein praktischer Vorteil war, da sie direkt auf eine von Panzerabwehrwaffen errichtete Wand aus Sperrfeuer zuhielten. Sobald sie stoppen mussten, brachten Panzerjägertrupps der Roten Armee Sprengladungen an ihren Auspuffen oder in der Nähe der Treibstofftanks an. Nahezu alle Elefant Jagdpanzer gingen verloren, da ihnen ein MG zur Abwehr von Infanterie fehlte und sie daher den Panzerjägern auf kurze Distanz schutzlos ausgeliefert waren. Doch auch den Tigern und Panthern erging es kaum besser. Viele der noch unausgereiften Panther blieben einfach liegen oder zeigten ernsthafte Mängel. Die Tiger bewährten sich besser, aber auch sie konnten unter dem massivem Feuer der Paks nur wenig Raum gewinnen.

Strategischer Angriff

Am 12. Juli war die Zeit für den Gegenschlag gekommen. Er begann im südlichen Abschnitt des Frontvorsprungs, wo sich die Reste der 4. Panzerarmee für einen weiteren Vorstoß sammelten. Sie rückten vor und stießen geradewegs mit der russischen 5. Gardepanzerarmee zusammen: Die größten Panzerschlacht der Geschichte begann. Mehr als 1.500 Panzer prallten frontal aufeinander und Stahl traf auf Stahl. Eine ungeheure Staubwolke verhüllte das Gelände, sodass nicht wenige Panzer durch Kollisionen liegen blieben. Aber dieses Mal schien das Pendel zugunsten der Roten Armee auszuschlagen. Anders als beim Feind waren Mannschaften und Gerät noch nicht durch heftige und wochenlange Kämpfe mitgenommen. Darüber hinaus wurde ihnen von einer neuen Waffe der Rücken gestärkt: dem schweren Jagdpanzer SU-85. Seine auf dem Rumpf eines T-34 lafettierte 8,5-cm-Hochgeschwindigkeitskanone erwies sich als äußert effektive Panzerabwehrwaffe. Eine weitere Überraschung der Roten Armee: das schwere Sturmgeschütz SU-152 Zvierboy (Wildtöter). Dafür hatte man auf den KW-1-Rumpf eine 152-mm-Kanonenhaubitze aufgesetzt, deren schwere Panzergranaten selbst die Front eines Tigers durchschlugen.

Am Abend des 12. Juli beherrschten die Sowjets das Feld. Um der Vernichtung zu entgehen, hatten sich die Deutschen zurückgezogen. Die 4. Panzerarmee war de facto zerstört. Ein Unternehmen, das als weiterer Durchbruch geplant war, war zur Niederlage der Deutschen geworden. Ihrem Rückzug folgte umgehend ein Gegenangriff der Roten Armee, den 3.000 Artilleriegeschütze an beiden Flanken des Kursker Bogens mit einem Stahlgewitter eröffneten. Tage später existierte dieser nicht mehr, die Mauern waren nach außen geöffnet worden. Die Luftarmee der Sowjets gewann die Lufthoheit und wusste sie trefflichst zu nutzen. Auf ihrem Rückzug wurden die Deutschen ununterbrochen von ganzen Schwärmen von Ilyushin Il-2 und anderen Tieffliegern angegriffen.

Der lange Rückzug

Die Schlacht von Kursk endete erst spät im August. Zu diesem Zeitpunkt waren die Deutschen jedoch bereits weit hinter ihre Ausgangsstellungen geworfen worden. Es war der Anfang ihres langsamen Rückzugs nach Deutschland. Auch wenn sie sich noch mehrmals neu gruppierten und vereinzelt die Initiative an sich rissen, ihre Niederlage dürfte zu diesem Zeitpunkt bereits besiegelt gewesen sein. Die Sieger von Kursk waren jedoch nicht nur die Soldaten der Roten Armee. Das Volk der Sowjetunion hatte monatelang, oft unter katastrophalen Bedingungen, seinen weit weniger spektakulären, jedoch ebenso bedeutenden Anteil geleistet und die Frontsoldaten mit Waffen, Kleidung und Nahrung versorgt, ohne die diese und die ganze Armee kraftlos gewesen wären. Sie lieferten jenen Nachschub, der letztendlich das Ende des III. Reiches besiegeln sollte.

Die verhängnisvollen Verluste verschoben das Kräftegleichgewicht im Osten unwiderruflich. Die Deutschen waren nicht mehr in der Lage, die Rote Armee zu stoppen. Hitler mochte weiterhin planen, aber für das 1000-jährige Reich begann in der Steppe bei Kursk der Anfang vom Ende.

Kursk
Chronologie

Die Operation „Zitadelle“ war Hitlers Versuch, die Deutschen das Trauma von Stalingrad vergessen zu machen. Die größte Landschlacht der Geschichte endete allerdings mit einer Niederlage der Deutschen, die ihr Schicksal an der Ostfront besiegelte.

1943

März – Juni
Nach einem Winter der Offensiven lassen die Kämpfe an der Ostfront nach. Das deutsche OKH plant eine Sommeroffensive gegen die Sowjets im Kursker Bogen, der von der Zentral- und der Woronesch-Front gehalten wird. Ziel des Unternehmens „Zitadelle“, eines Zangenangriffs durch die 9. Armee Models im Norden und durch die 4. Panzerarmee Hoths in Süden, ist die Stadt Kursk. Die russischen Kräfte sollen zerschlagen und eingekesselt werden.

April – Mai
Die Deutschen ziehen ein riesiges Angriffsheer zusammen. Die Sowjets stärken die die Verteidiger von Kursk.

5. Juli
Das Unternehmen „Zitadelle“ beginnt morgens um 04.30 Uhr mit einem Vorstoß der Deutschen, die Hauptangriffswelle kommt jedoch nicht vor 05.00 Uhr zum Einsatz. Die Verzögerung entstand, weil die Russen das Aufmarschgebiet der Deutschen bombardierten. Den Geheimdiensten der Sowjets war der Zeitplan des Angriffs bekannt gewesen.

6. Juli
Der im Norden durch die Zentral-Front von Generalfeldmarschall Rokossowski geführte Gegenangriff kann den Vormarsch der Deutschen nicht zum Stillstand bringen. Aber der Angriff der 9. Armee stößt auf derart erbitterten Widerstand, dass sie während der gesamten Offensive nicht mehr als 10 Kilometer vorrücken kann.

7. Juli
Im Süden kommt die 4. Panzerarmee unter Hoth gut voran und stößt 32 km bis Jakowlewo und Pokrowka vor.

10. Juli
Hoth ist gezwungen, seine Panzerreserven einzusetzen, da sich sein Vormarsch unter dem Trommelfeuer der russischen Panzerabwehr sowie der in selbstmörderischen Einsätzen kämpfenden Infanterie zu sehr verlangsamt.

11. Juli
Zwei der kompetentesten Militärkommandanten der Sowjets – Schukow und Wassilewski – übernehmen die Kontrolle über die Schlacht von Kursk. Zuvor traf Stalin selbst die taktischen Entscheidungen. Die Briansk-Front führt im Nordosten des Kursker Bogens einen Angriff auf die Flanke von Models 9. Armee.

Schlichte Kreuze markieren die Gräber der in der Schlacht um Kursk Gefallenen. Auf Seiten der Sowjets dürfte es eine Million Opfer gegeben haben, während „nur“ 700.000 Deutsche fielen. Die Sowjets waren jedoch imstande, ihre Verluste aufzufüllen und in die Offensive zu gehen.

Eine Staffel Sturzkampf-Bomber Ju-57 Stuka während der Schlacht um Kursk über Belgorod. Kursk wird meist nur als Panzerschlacht erwähnt, war aber auch eine monumentale Luftschlacht. In ihr kämpften mehr als 12.000 Flugzeuge, davon jedoch nur 2.000 auf der Seite der Deutschen.

12. Juli
Im Süden nimmt der Druck auf Hoths 4. Panzerarmee zu, da die Sowjets Panzer der Steppe-Front für den Einsatz bei der Gegenoffensive heranziehen. Um Prochorowka treffen mehr als 1.000 Panzerfahrzeuge in einer Panzerschlacht aufeinander. Im Norden beginnt Sokolowskis West-Front eine Offensive gegen die Heeresgruppe Mitte, um in den Rücken der 9. Armee zu gelangen.

13. – 23. Juli
Hitler ahnt die drohende Niederlage voraus und befiehlt, das Unternehmen „Zitadelle" abzubrechen. Die Kämpfe im Kursker Bogen dauern bis zum 15. Juli an. Bis zum 23. Juli werfen Offensiven der Sowjets die Deutschen an beiden Fronten hinter ihre Ausgangspositionen zurück. Sowohl die Sowjets als auch die Deutschen haben unter den Kämpfen schrecklichst gelitten.

3. August
Woronesch-, Steppe- und Südwest-Front beginnen unterhalb des Kursker Bogens eine Großoffensive gegen die Heeresgruppe Süd.

5. August
Die Woronesch-Front erobert Belgorod zurück und trägt, ohne innezuhalten, den Angriff auf Charkow weiter.

23. August – 30. September
Charkow fällt an die Sowjets. Die deutsche Heeresgruppe Süd und die Heeresgruppe Mitte ziehen sich weiter nach Westen zurück. Ende September haben die Sowjets die Deutschen über den Dnjepr getrieben und am anderen Ufer fünf Brückenköpfe errichtet.

Internationale Ereignisse 1943

10. Juli
Operation „Husky": Britische und amerikanische Einheiten landen auf Sizilien.

19. Juli
Hitler fordert den italienischen Diktator Benito Mussolini energisch auf, wieder in die Offensive zu gehen.

19. Juli
Italiens Hauptstadt Rom wird von den Alliierten bombardiert. Ziele sind Flugfelder und Rangierbahnhöfe.

22. Juli
US-Truppen nehmen die sizilianische Hauptstadt Palermo ein. Die Deutschen ziehen sich entlang der Nordküste zurück.

25. Juli
Mussolini wird des Amtes enthoben. Marschall Pietro Badoglio übernimmt die Regierungsgeschäfte, nachdem der Diktator vom Faschistischen Großrat abgesetzt worden ist. Der Weg für Italien aus dem Bündnis mit Deutschland ist frei.

Entmutigte gefangene Russen bei Kursk. Obwohl sie die Schlacht überstanden hatten, gab es für sie nur wenig Hoffnung zu überleben. Allein 1941 und 1942 dürften in deutscher Kriegsgefangenschaft 2,8 Millionen Rotarmisten an Hunger, Schwerstarbeit, Unterkühlung oder durch Exekutionen gestorben sein. Die Nazis behandelten Slawen nicht nach den Regeln der Genfer Konvention.

Ziel für heute Nacht

Die Nachtangriffe auf Deutschland

März 1943: Das Bomber Command der RAF beginnt die wichtigsten deutschen Städte nahezu ohne Unterbrechung zu bombardieren.

Kurz nach der Operation „Torch“, der Landung in Nordafrika im November 1942, kommt es in Casablanca zu einem Treffen britischer und amerikanischer hoher Militärs, bei dem die weitere Kriegsstrategie festgelegt wird. Eines der Ergebnisse war eine Direktive, aufgrund der Air Chief Marshal Sir Arthur Harris die Ziele des Bombenkriegs als „die stetig zunehmende Zerstörung [...] des militärischen, industriellen und ökonomischen Systems Deutschlands sowie die Unterminierung der Moral der deutschen Bevölkerung bis zu dem Punkt, an dem die Fähigkeit zu bewaffnetem Widerstand entscheidend geschwächt ist“ definierte. Die RAF war für die Erfüllung dieser Vorgaben bestens gerüstet. Am 4. März 1943 umfasse das Bomber Command insgesamt 18 Avro Lancaster-Geschwader, elf waren mit dem Handley Page Halifax Bomber, sechs mit der Short Stirling und 15 mit der Vickers Wellington ausgerüstet. Alles zusammen konnten 321 Lancaster, 220 Halifax, 141 Stirling und 268 Wellington für nächtliche Bombenflüge eingesetzt werden.

Zum ersten Mal manifestierte sich die große Nachtbomber-Offensive, die über Deutschland hereinbrach und das Land bis Kriegsende nicht mehr zur Ruhe kommen lassen sollte, bei der von den Briten „Battle of the Ruhr“ genannten Attacke. Sie begann mit einem Angriff von 442 Flugzeugen auf Essen in der Nacht des 5. März 1943. Bei diesem Einsatz kam zum ersten Mal das Navigations- und Bomberleitsystem „Oboe“ erfolgreich zum Einsatz.

Berlin war von November 1943 bis März 1944 Ziel von 16 massiven Bomberangriffen. Die enorme Entfernung des Ziels und die starke Luftabwehr zwangen das Bomber Command, nach dem Verlust von 587 Flugzeugen und 3.640 Mann die Offensive abzubrechen, ohne dass die Stadt zertrümmert worden wäre.

1943 bildete die Avro Lancaster das Rückgrat der Geschwader des Bomber Command. Die abgebildete Maschine ist die berühmteste aller Lancaster: Sie gehörte zur Nr. 617 Sqn. und wurde von Wing Commander Guy Gibson geflogen. Für den Einsatz, den Gibson im Mai 1943 gegen die Talsperren im Ruhrgebiet als Kommandant führte, modifizierte man sie mit „Rollbomben“.

Hauptziele wurden als Erstes angegriffen und von speziellen Pathfinder-Geschwadern mit Brandbomben markiert. Diese De Havilland Mosquito B.Mk IX war für die Aufgabe perfekt geeignet, da sie ihre phänomenalen Flugeigenschaften praktisch immun gegen deutsche Nachtjäger machten.

Obwohl die Lancaster bei weit mehr Geschwadern zum Einsatz kam, blieb die Handley Page Halifax B.Mk II ein wichtiges Flugzeug des Bomber Command. Über 6.000 Maschinen dieses Typs wurden in verschiedensten Versionen produziert. Diese stand im Dienst der Nr. 78 Squadron.

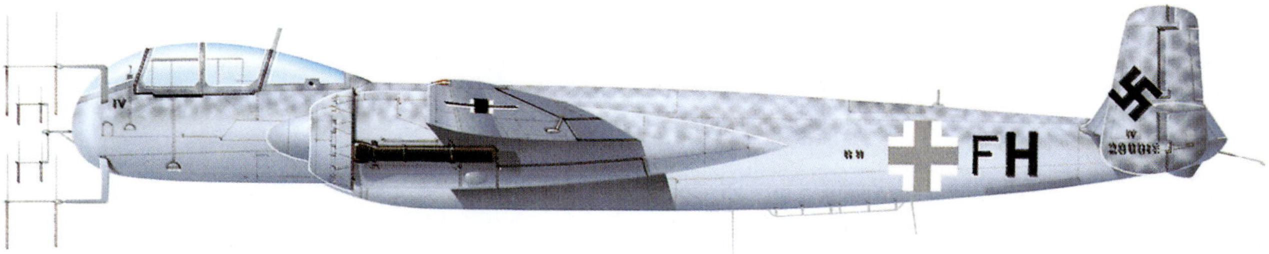

In den letzten Jahren der Luftwaffe wurden einige außerordentlich gute Flugzeuge in Dienst gestellt, die jedoch wegen politischer Intrigen nie ihr volles Potenzial erreichten. Der Heinkel He 219 Uhu war der beste Nachtjäger des Kriegs: mit herausragenden Flugeigenschaften, schweren Kanonen und Schleudersitz. Zum Glück für die RAF wurden lediglich wenige Stück ausgeliefert.

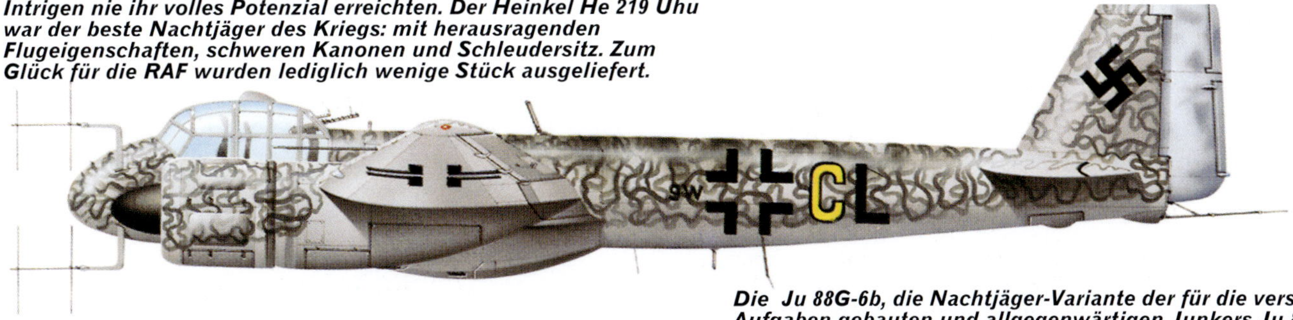

Die Ju 88G-6b, die Nachtjäger-Variante der für die verschiedensten Aufgaben gebauten und allgegenwärtigen Junkers Ju 88, war höchst effektiv. Diese Maschine ist mit „Schräger Musik“ bestückt: Kanonen die nach oben und vorne feuern und es dadurch ermöglichen, die britischen Bomber von unten und hinten anzugreifen und sie ohne Vorwarnung schwer zu beschädigen.

Sechs Wochen später führte das Bomber Command einen der berühmtesten Einsätze durch: die Operation „Chastise“ (Züchtigung). In der Nacht des 16. Mai griffen 19 Lancaster der Nr. 61. Squadron unter Wing Commander Guy Gibson die Talsperren Möhne, Sorpe und Ennepe an, die das Ruhrgebiet mit Energie versorgten. Dabei warfen sie 4.196 kg schwere Rotationsbomben ab. Die Lancaster zerstörten die Talsperren an der Möhne, verloren dabei jedoch acht Maschinen. Gibson kam durch und wurde mit dem Viktoriakreuz ausgezeichnet.

Nachdem das Bomber Command neue Lancaster- und Halifax-Geschwader aufgestellt hatte, beschloss Harris, eine einzige deutsche Schlüsselstadt völlig in Schutt und Asche zu legen: In der Nacht des 24. Juli starteten 791 schwere Bomber mit dem Ziel Hamburg. Sie führten den ersten von vier gewaltigen Schlägen, die die Stadt in den folgenden zehn Tagen treffen sollten. Tagsüber wurde sie während dieser „Gomorrah“ genannten Operation in einer konzertierten Aktion von den Bombern der USAAF angegriffen. Hamburg war nicht nur wegen seiner Bedeutung als Industriestadt gewählt worden, sondern auch, weil sein großer Hafen am H2S-Radar gut zu erkennen war, das beim Bomber Command seit etwa sechs Monaten als Navigations- und Zielerfassungssystem in Verwendung war. „Oboe“ konnte wegen der Entfernung Hamburgs von Großbritannien nicht zum Einsatz kommen. Ein weiteres, für den Erfolg der Angriffe wichtiges Hilfsmittel waren erstmals in großem Stil abgeworfene dünne Metallfolien, die das Radar des Feindes störten. Bei den vier Angriffen des Bomber Command waren insgesamt 2.630 Bomber über Hamburg im Einsatz. Diese warfen Bomben mit einem Gewicht von 8.621 Tonnen ab, die über 2.428 Hektar der Hansestadt zerstörten. Mehr als 41.800 Menschen fanden in dem Feuersturm den Tod, über 37.000 wurden verletzt. Insgesamt gingen 87 Maschinen verloren: eine Verlustrate von unter 3%, die als mehr als nur akzeptabel galt.

Angriff auf Berlin

Der durchschlagende Erfolg von „Gomorrha“ ermunterte Harris, nun gegen das wohl prestigeträchtigste Ziel vorzugehen: die Reichshauptstadt Berlin. In der Nacht zum 19. November 1943 entsandte das Bomber Command 444 Maschinen, 402 davon griffen die Stadt an, neun Maschinen gingen verloren. Gleichzeitig flogen 325 Bomber gegen Mannheim. Zum ersten Mal wurden in einer Nacht zwei konzentrierte Angriffe geflogen.

Die Offensive gegen Berlin wurde den ganzen Winter 1943/44 hindurch fortgeführt. Trotz des Einsatzes modernster Funkmessverfahren und Techniken zur Zielmarkierung sowie der auf Leitaufgaben spezialisierten 8. Pathfinder Group des Bomber Command unter Air Commodore D. C. T. Bennett blieben die Zielgenauigkeit und damit die Konzentration der Schäden weit hinter den Erwartungen zurück. Alles in allem wurden bis zum 24. März, dem Ende der konzentrierten Aktion, 16 Hauptangriffe geflogen, bei denen sich 9.111 Bomber ihrer Last über Berlin entledigten. Die Offensive kostete das Bomber Command 587 Flugzeuge, mehr als 3.500 Mann wurden getötet oder gelten als vermisst: eine mit 6,4% inakzeptable Verlustrate. Bombenschäden und Opferzahlen lagen weit unter jenen von Hamburg und es war keineswegs gelungen, die Moral der Bevölkerung zu brechen.

Zur selben Zeit nahm das Bomber Command ein weiteres Ziel ins Visier. 795 viermotorige Bomber hoben am 31. März 1944 Richtung Nürnberg ab. Aufgrund falscher Wetterberichte, ineffizienter Pathfinder und mangelhafter Planung löste sich die Bomberflotte während des Fluges auf und erlitt schwere Verluste durch deutsche Nachtjäger: Mehr als 100 Bomber wurden abgeschossen, während Nürnberg praktisch verschont blieb.

In den letzten acht Kriegsmonaten kehrte das Bomber Command stärker den je auf den Himmel über Deutschland zurück. Das letzte strategische Ziel waren die Raffinerien der Deutschen, eine Schlüsselindustrie, die sie derart effizient trafen, dass die einst stolze Deutsche Luftwaffe meist wegen Treibstoffmangels am Boden bleiben musste.

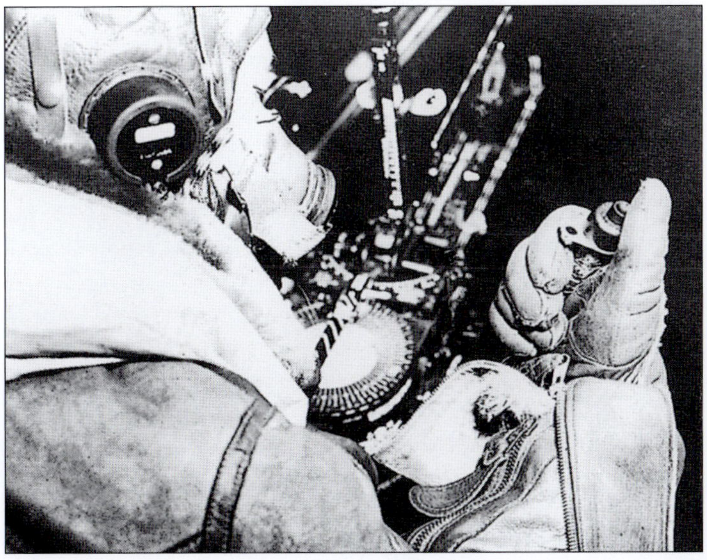

Der Druck auf den Auslöser des Zielgeräts einer Avro Lancaster gab die Bombenlast frei. Gleichzeitig markierte er auch jenen Punkt, an dem es Zeit war, in Richtung Heimat abzudrehen.

Ziel für heute Nacht

Chronologie

Das RAF Bomber Command flog ab Mai 1940 bis Kriegsende Nachtangriffe auf Deutschland. Die spätere Politik der Flächenbombardements brachte ganzen Städten Tod und Vernichtung, selbst jenen, in denen es weder Schlüsselindustrie noch militärische Einrichtungen gab.

1940

15. – 16. Mai
Erster Nachtangriff des RAF Bomber Command auf Deutschland. 99 Flugzeuge bombardieren Fabriken im Ruhrgebiet, lediglich eine Maschine geht verloren.

26. August
Als Vergeltungsaktion für die Bomben auf London greift das Bomber Command mit 81 Flugzeugen erstmals Berlin an.

Oktober
Die Luftwaffe setzt Nachtjäger mit Lichtenstein-Radar (meist Bf-110) ein, die von den Bodenkontrollstationen Würzburg und Freya geleitet werden. Die Verluste unter den britischen Bombern steigen.

16. – 17. Dezember
Mannheim wird von 134 britischen Flugzeugen mit einem Flächenbombardement belegt. Der Angriff ist die Rache für die Bombardierung Coventrys.

1941

1. April
Sechs Wellington Bomber werfen je eine Bombe von 1.814 kg auf den deutschen Hafen Emden.

Ein Industriegebiet im Südwesten Berlins wird von Bomben zerstört, die Liberator- und Flying Fortress-Bomber der 8. US Air Force abwerfen. Das Ziel wurde bereits zum zweiten Mal innerhalb von zwei Tagen angegriffen.

8. April
Die deutsche Marinebasis Kiel wird von 229 RAF Bombern verwüstet, die 40.000 Brandbomben abwerfen.

31. August
Ein vom britischen Kriegskabinett freigegebener Bericht enthüllt die Ungenauigkeit der Bombenangriffe. Lediglich einem von drei Flugzeugen gelingt es, seine Bomben innerhalb eines Umkreises von 8 km vom Ziel abzuwerfen.

1942

14. Februar
Eine vom Bomber Command herausgegebene Direktive zu Flächenbombardements, die zivile Einrichtungen zu

Frank Wootons episches Gemälde einer Lancaster im Einsatz. Manchmal war das von den Flakbatterien ausgehende Licht so stark, dass sich die Schatten der Bomber in den Wolken abzeichneten. Dies machte es den deutschen Flaksoldaten leichter, ihre Ziele zu finden.

Die Avro Lancaster war das „Arbeitspferd" der Bombenangriffe der RAF auf Europa. Im Verlauf des Kriegs flogen 7.300 Lancaster 157.000 Angriffe, bei denen sie 608.612 Tonnen Sprengbomben und die erschütternde Zahl von 51 Millionen Brandbomben auf feindliche Ziele in Deutschland und im besetzten Europa abwarfen.

legitimen Zielen erklärt, führt zu einer heftigen öffentlichen Kontroverse.

März
Der neu von der RAF in Dienst gestellte schwere Lancaster-Bomber kann bei einer operativen Reichweite von 2.671 km eine Bombenlast von 6 Tonnen befördern.

28. – 29. März
Lübeck versinkt im Hagel von 234 britischen Bombern, die das neue elektronische Navigationssystem „Gee" verwenden. Eine weitere Neuerung: Es werden hauptsächlich Brandbomben abgeworfen. Zwölf britische Maschinen gehen verloren.

30. – 31. Mai
Die erste „Nacht der 1.000 Bomber" des RAF Bomber Command richtet sich gegen Köln. Eine Luftflotte aus 1.046 Maschinen vernichtet ganze Stadtbezirke. Der Blutzoll ist mit 500 Toten überraschend niedrig, aber über 45.000 Menschen werden obdachlos.

1. August
Aufstellung spezieller Pathfinder-Einheiten aus leichten Mosquito-Bombern, die die Ziele für die Hauptstreitmacht mit Brandbomben und Leuchtraketen markieren sollen.

10. September
Düsseldorf steht in Flammen, nachdem 476 Bomber der RAF 100.000 Brandbomben abgeworfen haben.

1943

Januar
Die britischen Bomber werden mit dem neuen H2S Navigationssystem ausgestattet, das den Besatzungen die unter ihnen liegenden Objekte auf einer elektronischen Karte zeigt.

27. Juli
Der zweite Angriff der RAF auf Hamburg nach weniger als einer Woche. Der Feuersturm tötet 44.600 Zivilisten. Die RAF wirft erstmals „Düppel" genannte Metallfäden ab, die das Feindradar täuschen.

18. – 19. November
Berlin wird bombardiert. Von 444 Bombern der RAF gehen lediglich neun verloren. Weitere 16. Angriffe auf die deutsche Hauptstadt folgen bis Anfang März 1944.

1944

18. – 19. März
Höchste Verluste des RAF Bomber Command bei einem einzigen Angriff. Von 795 Bombern, die gegen Nürnberg fliegen, werden 95 abgeschossen und 71 beschädigt.

23. – 24. September
Der Dortmund-Ems-Kanal wird von 141 britischen Bombern angegriffen. Elf davon werfen „Tallboy" (großer Kerl) genannte 5.443-kg-Bomben ab, die den Kanal schwer beschädigen.

1945

13. – 14. Februar
Die deutsche Stadt Dresden, in der es keine Ziele von militärischer Bedeutung gibt, wird von den Brandbomben 805 britischer Bomber restlos zerstört. Im Feuersturm kommen fast 130.000 Menschen um. Der Einsatz ist in Großbritannien und weltweit heftig umstritten. Der Viadukt von Bielefeld wird durch eine 9.979 kg schwere „Grand Slam"-Bombe, die größte konventionelle Luftbombe dieses Kriegs, zerstört. Als Träger fungierte ein eigens adaptierter Lancaster der Nr. 617 („Dambuster") Sqn.

Internationale Ereignisse 1940

10. Juli
Die Luftwaffe beginnt mit Angriffen auf britische Schiffe im Ärmelkanal und dehnt diese bald auf Flugplätze der RAF in Großbritannien aus. Die Schlacht um England beginnt.

7. September
Beim Unternehmen „Blitz" konzentriert die Luftwaffe ihre Bombenangriffe auf London.

17. September
Das Unternehmen „Seelöwe", die geplante Invasion Englands, wird endgültig abgesagt, da es der Luftwaffe nicht gelungen war, die RAF niederzuringen.

1941

10. –11. Mai
London wird von 507 deutschen Bombern angegriffen. Nach diesem Unternehmen können sich die Briten bis 1944 einer Atempause erfreuen. Die Luftwaffe benötigt alle verfügbaren Kräfte an der Ostfront und an anderen Schauplätzen.

7. Dezember
Die japanische Marine demonstriert die Überlegenheit ihrer trägergestützten Flugzeuge bei der Seekriegsführung und zerstört in Pearl Harbor fast die gesamte amerikanische Pazifikflotte.

1942

17. August
In Großbritannien stationierte Bomber der USAAF führen ihren ersten Tagangriff gegen Ziele in Europa: Rangierbahnhöfe im französischen Rouen.

1945

10. März
Ein Bombenangriff der Amerikaner auf Tokio, bei dem 1.700 Tonnen Brandbomben abgeworfen werden, fordert 80.000 Menschenleben.

6. August
Die erste Atombombe fällt auf Hiroshima und tötet 80.000 Menschen.

9. August
Nagasaki wird von der zweiten Atombombe getroffen: 35.000 Tote und 60.000 Verwundete.

Bomben auf Schweinfurt

Schlacht über Deutschland

August 1943: Über 300 Flying-Fortress-Bomber, die ohne Begleitschutz fliegen, bombardieren Schweinfurt, das Zentrum der deutschen Kugellagerindustrie. Die Luftwaffe erwartet sie bereits.

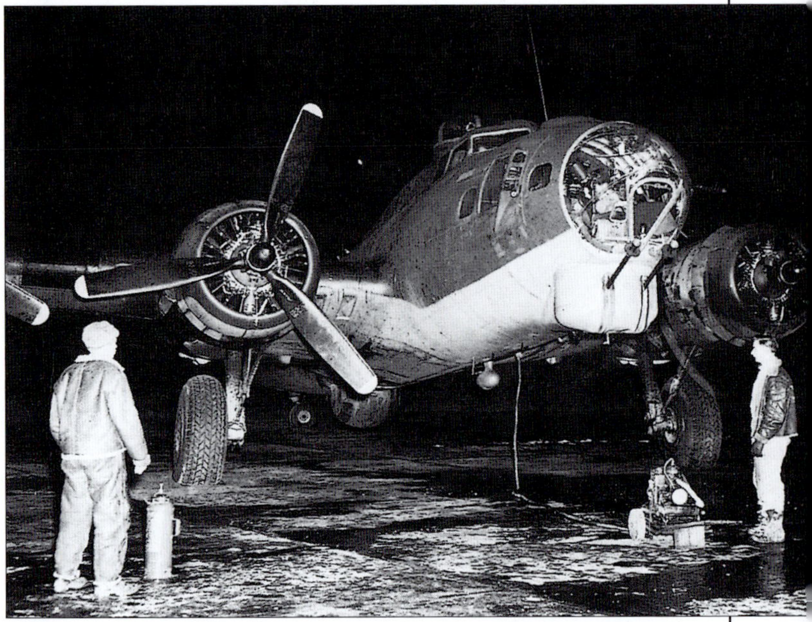

Schweinfurt wurde erstmals im August und im Oktober ein zweites Mal angegriffen: Weitere 60 Bomber gingen verloren. Diese B-17 wärmt für den dritten Angriff auf, der im Februar erfolgte, diesmal endlich von Langstreckenjägern eskortiert.

Der ursprüngliche Plan zur Vernichtung der kriegswichtigen Kugellagerindustrie der Deutschen, die 1943 in Schweinfurt konzentriert war, trug den Namen „Juggler“ (Jongleur). Das 4. CBW (Combined Bombardement Wing – „zusammengesetztes“ Bombergeschwader) sollte mit 150 Boeing B-17F die Messerschmitt-Werke in Regensburg bombardieren und dann nach Nordafrika abdrehen. Unmittelbar nachdem das 4. CBW seine Bomben platziert hätte, würde Schweinfurt von 240 B-17F des 1. CBW angegriffen werden. Britische und amerikanische Spitfire und Republic P-47-Jäger sollten die auf Regensburg anfliegenden Bomber bis Brüssel eskortieren. Dadurch würde der Großteil der deutschen Jäger zu früh in die Luft gelockt und könnte den Hauptangriff auf Schweinfurt nicht ernstlich behindern, da sie zu eben jener Zeit zum Auftanken und Aufmunitionieren landen müssten.

Die sorgfältige Planung wurde bereits zu Beginn der Operation, am 17. August, durch das Wetter gegenstandslos. Dichter Nebel lag über dem Fliegerhorst des 4. CBW, der Regensburg anzugreifen hatte. Als er sich etwas lichtete, erteilte man umgehend den Startbefehl, damit sichergestellt wäre, dass die Flugzeuge Nordafrika noch bei Tageslicht erreichten. Das 1. CBW konnte jedoch erst 3,5 Stunden später starten, da sich der dichte Nebel über ihrem Flugfeld weiter im Landesinneren Englands länger hielt. Zu dieser Zeit waren jedoch die Jäger, die sie eskortieren sollten, bereits wieder zum Auftanken auf dem Boden. Dem nicht genug, zog das 4. CBW die uneingeschränkte Aufmerksamkeit der deutschen Jäger auf sich und verlor bereits an der Westgrenze Deutschlands 24 seiner 146 B-17-Bomber (des 94., 95., 96., 100., 385., 388. und 390. Bombergeschwaders).

Atempause

Als das 1. CBW die belgische Küste erreichte, erwarteten es die deutschen Jäger bereits wieder betankt, aufmunitioniert und zum Alarmstart bereit. Überdies waren früher am Tag Jäger aus entfernten Sektoren des Reiches herangezogen und auf jene Bereiche konzentriert worden, welche die Amerikaner auf dem Weg nach Schweinfurt überfliegen mussten. Als 230 B-17F-Bomber des 91., 92., 303., 305., 306., 351., 379., 381. und 384. Bombergeschwaders den Himmel über Belgien erreichten, wurde die aus 60 Bombern bestehende Führungsformation von Jägern des JG 26 in mehreren Wellen angegriffen. Darauf folgten Staffeln des JG 2, JG 3 und die I./JG 5. Bereits bevor die Maschinen des 1. CBW um 14.57 Uhr das Ziel erreichten und ihre Bomben abwerfen konnten, hatte man 21 Flugzeuge verloren. Sieben weitere hatten wegen schwerer Schäden den Kurs auf die Heimatbasis nehmen müssen, ohne ihre Bomben abzuwerfen. Alles in allem näherten sich 183 B-17 trotz der ständigen Präsenz der Luftwaffe-Jäger ihrem Ziel. Als die letzten Maschinen des 1. CBW wieder über ihrem Fliegerhorst erschienen, waren die Verluste auf 36 Bomber und 371 Besatzungsmitglieder angewachsen. 19 weitere Maschinen waren für längere Zeit einsatzunfähig.

In der Folge zeigten Aufnahmen der Luftaufklärer, dass bloß zwei von fünf kriegswichtigen Kugellagerwerken (die VKF und die KGF) ernsthaft beschädigt werden konnten. Nach dem Krieg lieferte der Geheimdienst die Erkenntnis, dass die Kugellagerproduktion lediglich um 21% reduziert wurde, und das nur über einen Zeitraum von drei Wochen.

Die Tatsache, dass keine einzige der gegen Schweinfurt gesandten Einheiten mit einer DUC (Distinguished Unit Citation – lobende Erwähnung der Einheit) beliehen wurde, mag als Beleg dafür dienen, dass man das Unternehmen auch damals schon als Fehlschlag wertete. Demgegenüber erhielt jede der gegen Regensburg gestarteten Verbände die DUC.

Aufgrund des Niveaus der Jagdverbände der Luftwaffe und

Die zur Verteidigung bestimmten MGs strotzende Boeing B-17 Flying Fortress erhielt ihren Namen 1935, beim Jungfernflug des Prototyps. Damals glaubte man, dass die Feuerkraft eines starken Bomberverbandes zur Abwehr von Jägern ausreichen würde und der Einsatz von Begleitschutz überflüssig wäre. Die abgebildete B-17F trägt die Kennung der 91. Bombergruppe, die an dem desaströsen Angriff am 17. August beteiligt war.

Die spektakulären Kondensstreifen, die die Bomber hinter sich herzogen, machten jeden bei Tag anfliegenden Verband zu einem überwältigenden Erlebnis: eine aus Sicht der Besatzungen allerdings unerwünschte Vorankündigung. Keine ihrer schneidigen Lederjacken, und sei sie noch so dick, schützte vor der in 6.100 m Höhe herrschenden klirrenden Kälte. Besonders für die Bordschützen, die an offenen Luken standen, waren Frostbeulen eine reale Gefahr. Da jeder angreifende Jäger von mehreren Bordschützen ins Visier genommen wurde, lag die Zahl der gemeldeten Abschüsse oft über der Gesamtzahl des Bestands der Luftwaffe. Dies und der unerschütterliche Glaube an die Wirkung der Bombardements motivierte die USAAF, ihre Tagangriffe trotz der schweren Verluste fortzusetzen.

deren kurzer Reaktionszeit auf Langstreckenangriffe waren Tagangriffe ohne Begleitschutz nicht durchführbar, das ergab die Auswertung der Einsatzberichte. Deshalb forderte man die beschleunigte Auslieferung der B-17G, deren Verteidigung durch zwei nach vorne gerichtete 12,7-mm-MGs unter dem Bug verbessert worden war. Mittelfristig sollte nach und nach die Reichweite der Langstreckenjäger Republic P-47 und Lockheed P-38 durch vergrößerte Abwurftanks unter den Tragflächen gesteigert werden, bis ihnen die exzellente North American P-51D zur Seite gestellt werden konnte.

Ausgelagert

Den Amerikanern war damals nicht bekannt, dass ihr Angriff auf Schweinfurt vom 17. August die Deutschen dazu bewogen hatte, die Kugellagerproduktion zu dezentralisieren. So starteten am 14. Oktober 420 B-17 und Consolidated B-24 zu einem zweiten konzentrierten Angriff. Einmal mehr kam es zu wetterbedingten Problemen, die B-24-Einheit konnte sich nicht mit den B-17-Verbänden vereinen und flog stattdessen einen Ablenkungsangriff über der Nordsee. Daher hielten nur 291 B-17 Kurs auf Schweinfurt. Die führende 1. Air Division flog nahezu direkt an, die nachfolgende 3. Air Division schlug einen Haken, um den Feind über das Zielgebiet zu täuschen. In der Folge zog erstere die geballte Kraft der deutschen Jäger auf sich – so verlor etwa das 305. Bombergeschwader 14 seiner 17 Flugzeuge. Einmal mehr wurden 60 amerikanische Bomber von der Luftwaffe abgeschossen, die meisten davon gingen auf das Konto des I. Jagdkorps. Die Ironie: Beim 2. Angriff war die Beurteilung der Ergebnisse der Bombardements außerordentlich gut – nur richteten sie sich gegen eine Industrie, die zum größten Teil bereits verlagert worden war. Auch von den 288 Abschüssen feindlicher Jäger, die amerikanische Bordschützen für sich beanspruchten, wurden lediglich 53 bestätigt.

Schweinfurt ohne Ende

Am 24. Februar 1944 griff die 1. Air Division der USAAF Schweinfurt ein drittes Mal an. Nun aber die wurde Einheit von Langstreckenjägern begleitet, von 238 B-17F und B-17G gingen nur mehr elf verloren. Dann griff auch die RAF ein: In derselben Nacht warfen 663 Handley Page Halifax und Avro Lancaster 2.000 t Bomben ab. In der Nacht zum 31. März 1944, in der auch der für die RAF so desaströse Angriff auf Nürnberg stattfand, belegten über 100 Halifax und Lancaster die Region um Schweinfurt mit 400 t Bomben: Sie glaubten, sie wären über Nürnberg. Am 21. Juli und am 9. Oktober kam es zu weiteren Angriffen der 8. Air Force mit ihren B-17 und B-24 auf Schweinfurt. Den letzten Angriff führten mittlere Bomber der 9. USAAF im April 1945.

Das Martyrium Schweinfurts verdeutlicht nicht nur das Ausmaß der waghalsigen Einsätze der amerikanischen Bomber, es offenbart vor allem die grundsätzlichen Fehler in der Strategie der Alliierten: Ohne präzise Erkenntnisse über die Möglichkeiten des Feindes, kriegswichtige Ziele zu verlegen und ohne die Lufthoheit im Zielgebiet gewonnen und behalten zu haben, war durch unüberlegte Flächenbombardements nichts zu gewinnen.

Die Messerschmitt Bf-110 Zerstörer, ein schwerer, zweimotoriger Jäger, zeigte gegen Ende der Luftschlacht um England schwache Leistungen. Aber er bewährte sich als Jagdbomber und leistete bei Angriffen auf schwere Bomber, die ohne Begleitschutz flogen, ausgezeichnete Arbeit. 1944 war er wegen der Langstrecken-Begleitschutzjäger Thunderbolt und Mustang nur mehr nachteinsatztauglich. Und er bewährte sich einmal mehr.

Bomben auf Schweinfurt
Chronologie

Der Verlauf der Angriffe der USAAF auf Schweinfurt bedingte Änderungen beim Bombenkrieg gegen Deutschland: Die Auswirkungen auf die deutsche Kugellagerproduktion rechtfertigten kaum den Verlust von bis zu 30% der Bomber. Die strategischen Bombardements von Zielen in Deutschland wurden mit 14. Oktober 1943 ausgesetzt

Oben: Teile eines abgeschossenen deutschen Messerschmitt-Jägers stürzen am 17. August während des Angriffs auf die Kugellagerwerke von Schweinfurt vor zwei Flying-Fortress-Bombern rauchend zu Boden.

1943

Juni

Die Vereinigten Stabschefs der Alliierten geben die „Pointblank-Direktive" heraus. Sie legt die Prioritäten der gemeinsamen Bomberoffensive gegen Deutschland fest. Ein Schwerpunkt ist die Zerstörung der Luftwaffe durch Bombardierung der Produktionsstätten von Flugzeugen und der Zulieferwerke. Zwei der wichtigsten dieser Ziele waren die Kugellagerfabriken in Schweinfurt und die Messerschmitt-Werke in Regensburg.

17. August

Der erste Angriff auf Schweinfurt und Regensburg. Der Angriffsplan sieht vor, dass 230 Flugzeuge des 1. Combined Bombardment Wing (CBW – „zusammengesetztes"

Die Angriffe auf Schweinfurt trafen vor allem die Bevölkerung der 40.000 Einwohner zählenden Stadt. Ihr durch die Bomben bedingtes Elend fand erst im April 1945 ein Ende, als Einheiten der 7. US Army die Stadt besetzten.

Die alliierten Bomber kehrten nach den massiven Angriffen von 1943 immer wieder nach Schweinfurt zurück. Dieser Angriff, am 13. April 1944, richtet sich gegen den Versuch, die Schweinfurter Industrie wieder aufzubauen.

Bombergeschwader) der USAAF Fabriken in Schweinfurt angreifen sollten, während 146 Maschinen des 4. CBW Regensburg als Ziel hatten. Die US-Jäger konnten die Bomber nur bis zur deutschen Grenze eskortieren.

05.30 Uhr
Wegen Schlechtwetters muss der geplante Start verschoben werden. Dies hat schwer wiegende Auswirkungen auf die Operation. Der Start der beiden Angriffsgruppen zu verschiedenen Zeiten ermöglicht es den Deutschen, zweimal mit geballter Kraft vorzugehen.

06.20 Uhr
Das 4. CBW, das nach dem Angriff nach Nordafrika weiterfliegen soll und so viel Tageslicht wie möglich braucht, hebt ab. Um 08.00 Uhr werden die Amerikaner über Frankreich von starken deutschen Jagdverbänden angegriffen und stehen während des gesamten Fluges über Deutschland unter Beschuss.

11.18 Uhr
Das 1. CBW startet. Die Deutschen sind wegen des ersten Angriffs alarmiert und bringen mit rund 250 Jägern so gut wie jedes verfügbare Flugzeug in die Luft.

11.46 – 12.09 Uhr
Das 4. CBW bombardiert Regensburg.

15.00 Uhr
Die Überlebenden des bereits von starken Verlusten geschwächten 1. Geschwaders werfen ihre Bomben auf Schweinfurt ab.

4.50 Uhr
100 von 122 Maschinen der Einheit, die Regensburg angegriffen hatte, landen in Nordafrika. 22 sind verloren.

6.00 Uhr
Die Flugzeuge, die Schweinfurt angegriffen haben, landen auf ihren Stützpunkten in Großbritannien. 36 von 194 Maschinen kehren nicht heim.

14. Oktober
Erneuter Angriff auf Schweinfurt, diesmal durch 291 B-17 Bomber des 13. CBW. Die Maschinen starten um etwa 10.00 Uhr in Großbritannien. Sie werden in heftige Kämpfe mit deutschen Jägern verwickelt, die diesmal jedoch warten, bis die meisten Eskorten an der deutschen Grenze abdrehen müssen. Der Angriff ist insofern erfolgreich, als dass 25% der deutschen Kugellagerproduktion ausfallen. Von 291 Flugzeugen, die Großbritannien verließen, kehren jedoch 60 nicht mehr zurück: einmal mehr ein inakzeptabel hoher Verlust. Die USAAF setzt bis zu den Angriffen der „Big Week“ im Februar 1944 alle Angriffe ihrer Langstreckenbomber aus.

Internationale Ereignisse 1943

17. August
US-Truppen nehmen die nordsizilianische Stadt Messina. Der Sizilienfeldzug, der am 10. Juli mit der amphibischen Landung an der Südküste begonnen hat, ist praktisch abgeschlossen.

18. August
Neuguinea. Bei massiven Angriffen der 5. USAFF werden bei Wewak 150 japanische Flugzeuge zerstört. Die Amerikaner haben faktisch die Lufthoheit errungen.

18. August
Die RAF bombardiert das V2-Raketen-Entwicklungszentrum der Deutschen in Peenemünde. 700 Mitarbeiter werden getötet, die Produktion ist unterbrochen.

12. Oktober
Portugal erlaubt den Alliierten die Nutzung seiner Marinebasen im Atlantik sowie der Flugfelder auf den Azoren. Dies erweitert den Einsatzbereich der zur U-Boot-Abwehr eingesetzten Flugzeuge auf bisher unerreichbare Gebiete.

12. Oktober
US-Truppen, setzen auf ihrem Weg durch Italien in der Nähe Neapels über den Volturno.

13. Oktober
Marschall Badoglio, nach dem Sturz Mussolinis der Führer Italiens, verkündet den Austritt Italiens aus dem Bündnis der Achse und stellt sich auf die Seite der Alliierten.

Operation „Husky"
Die Invasion Siziliens

Nachdem Nordafrika fest in der Hand der Alliierten war, erschien die Invasion Siziliens als notwendige Vorstufe zur Eroberung des italienischen Festlands.

Bereits in den ersten Tagen des Sizilien-Feldzugs erwiesen sich die Befürchtungen der Deutschen als berechtigt – die einfachen italienischen Soldaten ergaben sich kampflos, während sich ihre Offiziere gegen Mussolini verschworen.

Frühmorgens am 9. Juli 1943 passierte die Invasionsflotte der Alliierten die Insel Malta: Die Schiffe im Westen hatten die 7. US-Armee unter Generalleutnant George Patton an Bord, jene im Osten die britische 8. Armee unter General Sir Bernard Montgomery. 2.500 Schiffe und Landungsboote eskortierten oder transportierten 160.000 Mann, 14.000 Fahrzeuge, 600 Panzer und 1.800 Geschütze. Es war die bisher größte amphibische Operation der Geschichte.

Wenn sie die Küste Siziliens erreichten, würden die Truppen zwar vorerst über leere Strände stürmen, um aber die gesamte Insel zu erobern, müssten es die Männer mit fast 300.000 zum Großteil italienischen Feindsoldaten aufnehmen.

Auf den überfüllten Flugfeldern Tunesiens ließen 109 amerikanische Douglas C-47 und 35 britische Armstrong Whitworth Albemarles ihre Motoren warmlaufen, die Crews gingen an Bord und jede Maschine nahm einen Waco- oder Horsa-Gleiter in Schlepp: Alle zusammen nahmen die 1.500 Offiziere und Soldaten der 1. Luftlandebrigade der Briten auf. Kurz vor 19.00 Uhr erhoben sich die Flugzeuge in den klaren Abendhimmel. Doch als sie sich Malta, ihrem Sammel- und Umkehrpunkt näherten, zogen plötzlich Unwetterwolken auf, sie gerieten ins Zentrum eines Sturms, der die Maschinen vom Kurs abbrachte und die Gleiter heftig durchschüttelte.

Ein Rückschlag

Zwei Stunden nach dem Start der britischen Luftlandetruppen hoben weitere 222 C-47 von den tunesischen Flugfeldern ab, dieses Mal mit 3.400 amerikanischen Fallschirmjägern. Auch sie gerieten bald in dasselbe Chaos, das schon die britische Brigade verschlungen hatte. Von der versammelten Streitmacht waren fast 40 Transporter weise genug, mit den Gleitern im Schlepptau umzukehren, denn nur 54 britische Gleiter konnten Sizilien tatsächlich erreichen. Der Rest stürzte ins Meer, die menschliche „Fracht" ertrank. Die Amerikaner kamen fast alle auf der Insel an, doch nur 200 Mann landeten in der Nähe des Ziels.

Die italienischen Truppen auf der Strecke zwischen dem Capo Passero und Syrakus, fest davon überzeugt, dass wohl niemand, der ganz bei Sinnen wäre, bei diesem Wetter eine amphibische Landung versuchen würde, hatten die Alarmbereitschaft wieder aufgehoben, sobald die Feindflugzeuge abgedreht hatten. Daher trafen die ersten Angriffswellen der Briten auf so gut wie keinen Widerstand und hatten die Küstenverteidigung überrannt, kaum dass man ihre Ankunft bemerkte. Mit geraumer Verspätung eröffneten Artillerieeinheiten weiter landeinwärts das Feuer, wurden jedoch bald von den Geschossen eines oder mehrerer der sechs Schlachtschiffe (*Nelson*, *Rodney*, *Warspite*, *Valiant*, *Howe* und *King George V*) zum Schweigen gebracht, welche die Landungstruppen zu genau diesem Zweck begleitet hatten.

Im Morgengrauen des 10. Juli näherten sich vorgeschobene Einheiten der britischen 5. Division Cassibile, um 08.00 Uhr war die Stadt in ihrer Hand. Das britische XIII. Korps landete in voller Stärke südlich der Division, die 51. (Highland) Division und die 1. Canadian Division des XXX. Korps, im Westen flankiert von Kommandos der Royal Marine, auf der anderen Seite des Capo Passero zwischen der Kapspitze und Pozzallo.

Weiter im Westen erging es der 7. US-Armee nicht ganz so gut. In ihrem Abschnitt traf sie keineswegs auf verschlafene Verteidiger, ihre Schiffe und Landungsboote wurden von ihrem Eintreffen an unter Feuer

Die HMS **Nelson** *war eines der sechs Schlachtschiffe, welche gemeinsam mit anderen aus der Flotte von 182 Kriegsschiffen und 126 Landungsbooten die Küste bombardieren sollten.*

Oben: Ein missglücktes britisches Bomberdesign, die Armstrong Whitworth Albemarle, ging als Transportmaschine in Dienst. Das Bild zeigt eine Albemarle Mk V der No. 297 Squadron der RAF, welche bei der Landung auf Sizilien einen der unglückseligen Gleiter schleppte. Auffällig sind die „Invasionsstreifen“, mit denen sich die Flugzeuge der Alliierten ab diesem Zeitpunkt schmückten.

Rechts: Montgomerys 8. Armee bestand bei der Landung in Sizilien aus vier Infanterie- und zwei Reservistendivisionen sowie drei Panzerbrigaden. Die Kämpfe erinnerten an die letzten Tage in Tunesien und die 8. Armee verlor auf ihrem beschwerlichen Weg nach Norden 9.000 Mann.

genommen. Aber auch hier brachten die schweren Schiffsgeschütze den Widerstand bald zum Schweigen (sehr zur Freude, aber auch zum Erstaunen von General Patton, der eine Unterstützung durch Seekräfte für nutzlos gehalten hatte). Der Pier in Gela allerdings, auf dem sich die Landungstruppen sammeln und formieren sollten, wurde durch Sprengladungen zerstört, die genau zu dem Zeitpunkt gezündet wurden, als zwei Ranger-Bataillone darauf zuhielten. Um 04.30 Uhr tauchten deutsche und italienische Flugzeuge über den überfüllten Stränden auf und konnten zwei Transporter in ungünstiger Position versenken.

Luftlandeunternehmen

Am Vormittag – alle Angriffskräfte der 7. und 6. Armee waren an Land und drangen ins Landesinnere vor – erhielten die Briten plötzliche und unerwartete Hilfe. Zwar hatten es ihre amerikanischen Kameraden nicht geschafft, mit ihren Fallschirmen zielgenau zu landen, sie hatten sich allerdings in der Dunkelheit zu Gruppen von 20 bis 30 Mann zusammengefunden, die im Hinterland für Chaos sorgten: Sie durchschnitten Telefonkabel, überfielen aus dem Hinterhalt Autos und Lastwägen, ja sogar kleine Konvois, griffen Wachposten an Straßenkreuzungen an und konnten sogar ein ganzes motorisiertes Regiment der Italiener aufhalten, das die Vorgänge in Gela erkunden sollte.

Am anderen Ende des für die Invasion vorgesehenen Küstenabschnitts versuchten jene britischen Fallschirmjäger, welche ihr Ziel erreicht hatten – gerade eben 100 Mann – für die gesamte, 1.500 Mann starke Brigade einzuspringen: Sie erstürmten die Ponte Grande über den Cavadonna, knapp außerhalb von Syrakus, doch am Nachmittag war ihre Lage hoffnungslos. Um 15.30 Uhr wurden sie von einem massiven Angriff überrollt, nur acht Mann entkamen. Die Briten hatten jedoch zuvor alle Sprengladungen entfernt, die Italiener mussten schleunigst neue anbringen. Dies wussten zwei der acht überlebenden Engländer zu verhindern, die sich auf halber Höhe auf einem Hügel verschanzt hatten und auf alles schossen, was sich auf der Brücke bewegte. Die anderen sechs machten sich, obwohl sie sich vor Erschöpfung kaum auf den Beinen halten konnten, auf den Weg nach Süden, in Richtung Cassibile. Nach etwa 5 km trafen sie auf eine motorisierte Kolonne der 5. Division. Sie führten die Einheit zurück zur Brücke, welche umgehend von den Briten zurückerobert wurde, und um 17.00 Uhr war man bereits auf dem Weg nach Syrakus.

Am Ende des ersten Tages hielten die Briten den Küstenstreifen von Pozzallo bis Syrakus und damit einen wichtigen Hafen, der erfreulich wenig Schaden genommen hatte und sofort einsatzbereit war. Der fast 65 km lange Abschnitt von Scoglitti bis Licata war in der Hand der 7. US-Armee und im Landesinneren trieben sich versprengte Gruppen britischer und amerikanischer Fallschirmjäger herum und stifteten im ganzen Südteil der Insel Verwirrung.

Binnen zehn Tagen hatten kanadische Verbände Enna im Zentrum Siziliens erreicht, zwei Tage später waren Pattons Truppen nicht nur bis zur Nordküste vorgestoßen, sie hatten sich auch nach Westen gewandt und Palermo eingenommen. Tausende italienische Soldaten wurden gefangen genommen, die nichts lieber taten, als das Kämpfen einzustellen, und überall empfingen die Alliierten begeisterte Sizilianer, nicht wenige davon waren mit den US-Soldaten verwandt. Und nur allzu bald sollte sich zeigen, dass der Großteil der Bevölkerung auf dem Festland nicht anders dachte.

Als der Angriff der Alliierten drohte, bildete man aus der 7. Fliegerdivision (umbenannt in 1. Fallschirmjäger-Division) und der neu aufgestellten 2. Fallschirmjäger-Division eine strategische Reserve von 30.000 Elitesoldaten, welche zum Eckpfeiler der deutschen Verteidigung in Italien wurde.

Operation „Husky“: Chronologie

Die Operation „Husky“ war der erste Schritt der Alliierten in das Europa der Achsenmächte. Die Insel wurde von den Deutschen in einem 39-tägigen Abwehrkampf verbissen verteidigt, denn im Fall einer Niederlage wäre sie für den Feind ein perfektes Sprungbrett auf das italienische Festland.

1943

10. Juli
Operation „Husky“, die Invasion Siziliens, beginnt. Die Invasionskräfte – eine Landungsflotte von 2.590 Schiffen und 478.000 britische und amerikanische Soldaten – sollten am 13. Juli anlanden. Der erste Angriff, an dem 15 Verbände beteiligt sind, soll am 15. Juli entlang der Südküste Siziliens starten und von Fallschirmjäger-Einheiten der britischen 1. Luftlandedivision und der amerikanischen 82. Luftlandedivision durch gezielte Aktionen an Schlüsselpositionen vorbereitet werden.

11. – 12. Juli
Die 1. US-Infanterie Division und US Rangers werden bei Gela von der von Caltagirone verlegten Panzerdivision „Hermann Göring“ angegriffen. Die vor der Küste liegenden Schiffe der Royal und der US Navy begruben die Attacke unter mehr als 6.000 großkalibrigen Geschossen.

13. – 14. Juli
Luftlandeeinheiten und Kommandotrupps der Alliierten landen vor der Hauptstreitmacht im Osten. Sie sollen Brücken über den Fluss Simeto sichern. Obwohl sie ihr Ziel anfangs erreichen, werden sie von deutschen Fallschirmjägern zurückgeschlagen. Die Deutschen können die strategisch wichtige Primasole-Brücke weitere drei Tage lang halten.

14. Juli
Die britischen und amerikanischen Einheiten, welche an verschiedenen Küstenabschnitten angelandet worden waren, treffen bei Comisa und Ragusa zusammen. Einige Flugfelder werden eingenommen, wodurch sich die ohnehin schon deutliche Luftüberlegenheit der Alliierten weiter festigt.

22. Juli
Nach einem anstrengenden Vorstoß über den gesamten Westteil der Insel erobert die 7. US-Armee unter General George C. Patton Palermo, die Hauptstadt Siziliens.

25. Juli
Bedingt durch den Sturz des italienischen Diktators Mussolini erlaubt sich Hitler den für ihn ungewöhnlichen Defätismus und lässt Pläne für die Evakuierung der deutschen Truppen in Sizilien ausarbeiten.

5. August
Der Hafen von Catania fällt an die Briten, welche jedoch durch diesen Angriff in ihrem Vorstoß entlang der Ostküste extrem lange aufgehalten wurden.

8. –15. August
Am 8., 11. und 15. startet die 7. US-Armee, welche entlang der Nordküste von Palermo nach San Stefano vorgedrungen ist, einige amphibische Ausfälle, um der deutschen Nachhut in den Rücken zu fallen, während die Deutschen immer weiter an den nordöstlichen Zipfel der Insel zurückgedrängt werden.

Ein US-Militärpolizist blickt auf zwei Panzer-Landungsboote Mk II (LST 2) vor der Küste Siziliens. Die LSTs waren für amphibische Operationen der Alliierten unverzichtbar. Mit ihrer Reichweite von 11.120 km konnten sie 18 schwere Panzer, 27 LKWs oder 163 Mann in voller Adjustierung direkt zu jedem Brückenkopf bringen.

Ein sizilianischer Bauer zeigt einem GI den Weg. Am ersten Tag der Operation „Husky“ wurden ungefähr 150.000 amerikanische und britische Truppen angelandet. Sie trafen in der ersten Phase kaum auf Widerstand, die italienische Küstenverteidigung glaubte, dass der nächtliche Sturm jedes Landeunternehmen vereitelt hätte.

Deutsche Fallschirmjäger-Verbände waren entscheidend an der Verteidigung Italiens beteiligt. Obwohl sie nach der verlustreichen Besetzung Kretas im Jahr 1941 keine Luftlandeunternehmen mehr durchführten, zählten sie wegen ihrer exzellenten Ausbildung und des fanatischen Korpsgeists auch auf dem Boden zu den Eliteeinheiten der Deutschen.

11. –12. August
Während der Nacht werden mehr als 100.000 Soldaten der Achsenmächte auf das italienische Festland evakuiert.

17. August
Einheiten der 3. US-Division marschieren in Messina ein. Der nordöstlichste Punkt der Insel ist erreicht und Sizilien fest in der Hand der Alliierten. Die Operation „Husky“ endet mit einem Sieg.

Internationale Ereignisse 1943

1. Juli
Auf ihrem Vormarsch nach Stalingrad und in den Kaukasus überschreiten deutsche Truppen den Don.

19. Juli
Heinrich Himmler befiehlt, bis Ende des Jahres alle Juden aus dem Generalgouvernement Polen auszusiedeln. Sein Ausdruck „totale Säuberung“ kann die wahre Absicht kaum verhehlen: die systematische Ermordung tausender Juden.

22. Juli
Nach heftigen transatlantischen Streitgesprächen zwischen hohen Militärs der Briten und Amerikaner entscheidet Präsident Roosevelt, dass eine Invasion Nordeuropas im Jahr 1943 nicht machbar wäre. Der Schwerpunkt der Operationen liegt weiterhin in Italien.

29. Juli
Die Regierung Kanadas erlässt ein Gesetzt zur Rekrutierung für den Einsatz in Übersee.

31. Juli
Stalin befiehlt seinen Truppen im Kaukasus nicht weiter zurückzuweichen, sondern zu kämpfen oder unterzugehen.

8. August
Drei amerikanische und ein australischer Kreuzer werden vor der Insel Savo in der Nähe von Gudalcanal in einem Überraschungsangriff der Japaner versenkt. Am Tag davor waren 19.000 US Marines auf Guadalcanal und der Nachbarinsel Tulagi gelandet.

Die Schlacht im Atlantik

Das Scheitern der U-Boot-Offensive

Die wohl entscheidendste Schlacht dieses Krieges findet nicht auf dem europäischen Festland, sondern tausende Meilen entfernt, mitten auf dem Ozean statt.

Der Kriegserfolg in Europa hing entscheidend vom stetigen Fluss der Nachschublieferungen ab. Dies war Aufgabe der Handelskonvois, welche zwischen der Neuen und der Alten Welt hin und her pendelten. Die wichtigste Waffe der Deutschen beim Versuch, den Fluss versiegen zu lassen, waren U-Boote und ihr Befehlshaber, Konteradmiral Karl Dönitz, war sich der Bedeutung seiner Aufgabe bewusst. Schon vor seiner Ernennung im Jahr 1935 hatte er eine neue Strategie, die so genannte Rudeltaktik, entwickelt. Auch die Spezifikationen von für den Einsatz in Küstennähe bzw. auf hoher See tauglichen Booten hatte er ebenso festgelegt wie die zur Zerschlagung eines gut organisierten Konvoisystems nötige Zahl. Im deutsch-britischen Flottenabkommen von 1935 waren die Beschränkungen für den deutschen U-Boot-Bau weitgehend gelockert worden, doch der ehrgeizige Z-Plan zur Aufrüstung der Überwasserkräfte verhinderte die Verwirklichung des Dönitzschen Konzepts. Daher standen im September 1939 statt der benötigten 300 nur 59 U-Boote zur Verfügung, 22 davon hochseetauglich. Einige Zeit überstiegen die Verluste bei weitem die Produktion, sodass im Februar die Gesamtzahl einsatzfähiger Boote auf 22 gesunken war.

Das uneingeschränkte Versenken fremder Handelsschiffe hielt Dönitz für durchaus legitim, wurden diese doch von

*U-Boot **U-635** wird von einer Sunderland der **No. 422 Squadron** der RAF aufgespürt und erfolgreich mit Unterwasserbomben eingedeckt. Das luftgestützte Radar der Fluzgeuge hemmte das Potenzial der U-Boote erheblich, die unter Wasser keineswegs die Leistung der Überwasserfahrt erreichten. Daher erhielten viele U-Boote zusätzliche Flugabwehrwaffen, um in dem verzweifelten Kampf gegen Feindflugzeuge bessere Chancen zu haben.*

Die großartige Short Sunderland, von deutschen Piloten „Fliegendes Stachelschwein" genannt, war bei den U-Boot-Besatzungen gefürchtet. Die Masten am Rumpf zeugen von ihrem ausgeklügelten Radar, die Unterwasserbomben sind im Rumpf untergebracht. Bei Kriegsausbruch war das Coastal Command der RAF gerade eben vier Jahre alt und kaum mit dem Nötigsten ausgerüstet. Dies sollte sich jedoch rasch ändern, sodass ihm bald eine tragende Rolle bei der Schlacht im Atlantik zukam.

Die Focke-Wulf Fw 200 Condor, ursprünglich ein 26-sitziges Langstrecken-Passagierflugzeug, wurde als Überseeaufklärer zum Aufspüren von Konvois und zum Heimholen von U-Booten eingesetzt. Mit ihren Bomben und Geschützen konnte sie jedoch auch aktiv Schiffe angreifen: 1.600 km von ihrer Basis in Bordeaux entfernt, griffen im Februar 1941 fünf Condors einen Konvoi an und versenkten fünf Schiffe.

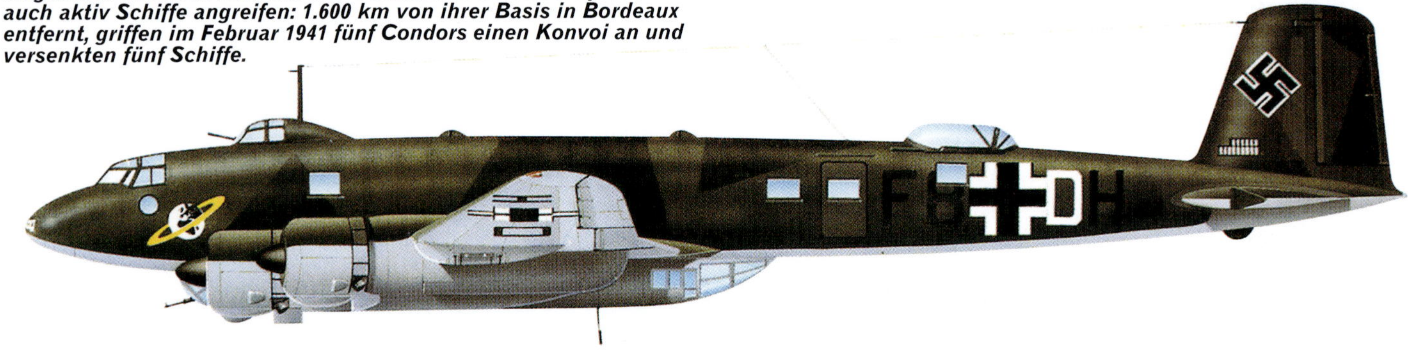

Eskorten geleitet, waren bewaffnet und hatten Anweisung, jeden Gegner zu rammen. Die erklärte Kriegszone reichte vorerst bis 20° West, etwa 800 km westlich von Irland. Anfangs machten die U-Boote reiche Beute, da die meisten Handelsschiffe allein unterwegs waren. Selbst auf der Hauptroute von Großbritannien nach Halifax oder Sidney in Nova Scotia wurden Konvois mangels geeigneter Geleitschiffe auf jeder Seite nur je 15 Längengrade weit eskortiert. Aufgrund ihrer damals noch geringen Zahl griffen die U-Boote zwar selten in „Rudeln“ an, doch selbst einzeln waren sie bereits eine so große Gefahr, dass man alle Anstrengungen unternahm, den Handelskonvois mit älteren Schlachtschiffen Deckung zu geben.

Mit dem Fall Frankreichs im Juni 1940 konnten Dönitz' U-Boote nun von den Häfen der Biskaya aus operieren, was kürzere Transit- und längere Einsatzzeiten bedeutete. Daher liefen die meisten Konvois nun nördlich von Irland, während die U-Boote ihr Operationsgebiet aufgrund der Zunahme maritimer Langstrecken-Flugzeuge weiter nach Westen verlegten. Zu dieser Zeit belief sich die Gesamtzahl der alliierten Verluste auf vernachlässigbare 630.000 Brutto-Registertonnen (BRT), doch auch die ersten „Asse“ machten von sich reden: Hartmanns U-37 hatte, als es am 9. Juni 1940 von einer 26-tägigen Feindfahrt heimkehrte, allein 43.000 BRT versenkt.

Die tief liegende Plattform eines U-Boot-Turms bot nur sehr beschränkte Sicht, doch Dönitz' Flehen um Luftaufklärung traf auf taube Ohren. Auch seine Hoffnung, mit Hilfe der italienischen Boote, welche seit Juli 1940 in Bordeaux stationiert waren, mehr Konvois zu lokalisieren, zerbrach – die Bauweise der Schiffe machte sie für die Aufgabe untauglich und obendrein erwiesen sich die Nationalcharaktere als unvereinbar.

Erfolgreiche Attacken

Im Januar 1941 erhielt Dönitz das I./KG40 der Luftwaffe. Mit seinen Focke-Wolf Fw 200 Condor konnte es nicht nur Nachzügler versenken, sondern auch verfügbare U-Boote zu den Konvois leiten.

Der erste erfolgreiche Angriff eines Wolfsrudels traf im September 1940 die Atlantikkonvois SC2 und HX72: 17 Schiffe mit einer Gesamt-Tonnage von fast 100.000 BRT gingen verloren. Die Attacken erfolgten über Wasser bei Nacht und nützten die hohe Geschwindigkeit und das flache Profil der U-Boote. Zudem waren sie aufgetaucht vom Sonar (Asdic) der Eskorten nicht zu orten.

Obwohl Dönitz' taktisches Konzept bereits lang vor dem Krieg bekannt war, hatten die Briten dem nichts entgegenzusetzen und deutsche U-Boot-Kommandeure wie Kretschmer, Schepke, Prien und Kuhnke wurden zu Nationalhelden. Die erste Antwort der Eskorten bestand in starken Leuchtmitteln, etwa der „Snowflake“, doch die tatsächliche Lösung lag in der Ausstattung mit den ab Anfang 1941 verfügbaren Radargeräten. Spätere Eskorten erhielten zunehmend mehr Luftunterstützung und mit der Entwicklung des Kurzwellenpeilgeräts (Huff Duff) verwandelte sich der Funkverkehr zwischen den U-Booten, auf den Dönitz zur Koordination der Rudel baute, in eine Waffe, die sich gegen sie kehrte.

Es war ein grausiger Kampf. Im Jahr 1941 gingen im Nordatlantik 496 alliierte Schiffe mit insgesamt 2,42 Millionen BRT verloren. Den traurigen Rekord brachte das Jahr 1942: 1.006 Schiffe mit 5,47 Millionen BRT wurden versenkt. Der Monatsschnitt von fast einer halben Million BRT hätte die Vision von Dönitz wahr werden lassen, der Güter und Schiffe schneller zerstören wollte, als der Feind in der Lage war, sie zu produzieren. Doch nicht nur die Alliierten, die verstärkt Standardtypen wie Fort, Ocean, Liberty u.s.w. zu Eskorten umrüsteten, auch das eigene Oberkommando, das U-Boote immer wieder für weniger produktive „Nebeneinsätze“ anforderte, arbeiteten diesem Ziel entgegen.

Trotz mancher Rückschläge kamen die meisten Konvois durch und im Lauf des Jahres 1941 konnten Geleitzüge die ganze Strecke über eingesetzt werden. Doch in weit höherem Maß, als die Briten an Erfahrung gewannen, ging den Deutschen die ihre – in Gestalt ihrer Asse – nach und nach verloren. Eine lang anhaltende Luftoffensive gegen die U-Boote im Golf von Biskaya erwies sich als höchst produktiv. Zwar waren die deutschen U-Boote durch die Entwicklung des Schnorchels besser geschützt, da sie aber ständig unter Wasser bleiben mussten, sank ihr Aktionsradius beträchtlich. Hatten sie endlich Kontakt zu einem Konvoi, bedeutete dies meist auch das Auftauchen eines Trägers und Bedeckung aus der Luft. Die U-Boote mussten wieder abtauchen, während der Flankenschutz die Eskorten im Fall einer Bedrohung jederzeit verstärken konnte.

Der Niedergang

Im März 1943 wurden zwar wiederum 500.000 BRT versenkt, doch von da an begann sich das Blatt zu wenden. Von Mai bis August wurden zwar 98 neue U-Boote in Dienst gestellt, 123 jedoch verloren. Trotz der hohen Verlustrate blieb die Gesamtstärke der U-Boot-Waffe jedoch von Mitte 1943 bis zum Ende des Kriegs auf 400 Stück. Doch die Erfolgsquote im Nordatlantik sank dramatisch. Mit Recht bezeichnet man den Sieg in der Atlantikschlacht als den wichtigsten Erfolg der Alliierten im gesamten Krieg. Von all ihren Handelsgütern, die während des II. Weltkriegs vernichtet wurden, versank mehr als die Hälfte, etwa 12 Millionen Brutto-Registertonnen, im Atlantik.

Die Fregatten der „River“-Klasse hatten eine Verdrängung von 1.320 Tonnen und waren mit 10,2-cm-Geschützen, einem Hedgehog-Werfer und 200 Wasserbomben ausgerüstet. Die speziell als Geleitschiff gebauten Fregatten wurden eingeführt, als die Grenzen der „Flower“-Klasse sichtbar wurden. Insgesamt wurden 138 Schiffe dieser Klasse gebaut, 70 davon in kanadischen Werften.

Der U-Boot-Typ IX war ein Hochseeboot mit großem Radius und wurde den gesamten Krieg hindurch ständig weiterentwickelt. U-106 (unten) hatte 48 Mann Besatzung, war mit 22 Torpedos und einem 10,5-cm-U-Boot-Geschütz bewaffnet und hatte aufgetaucht eine Reichweite von mehr als 22.000 km. Es kämpfte vor der Küste Nordamerikas, in der Karibik und vor Westafrika, bevor es im August 1943 vor Spanien bombardiert wurde und sank.

Die Schlacht im Atlantik:
Chronologie

Im Fall einer Niederlage der Briten in der Schlacht zwischen den Atlantik-Konvois und den Wolfsrudeln der U-Boote hätte der Hunger zur Kapitulation führen können.

1939

3. September
Das britische Passagierschiff *Athenia* wird auf seinem Weg von Glasgow nach Montreal von *U-30* versenkt. Die erste U-Boot-Attacke des Krieges fordert 112 Menschenleben.

5. September
U-Boote versenken das erste Handelsschiff, die *Bosnia*.

6. September
Im ersten Konvoi überqueren 36 Schiffe in Reihen zu je vier Schiffen den Atlantik.

1940

6. Juli
Nach dem Fall Frankreichs einen Monat zuvor operieren die deutschen U-Boote mehr und mehr von französischen Häfen aus, beginnend mit Lorient.

17. August
Hitler befiehlt die totale Seeblockade der britischen Inseln. Jedes Handelsschiff in und um britisches Hoheitsgewässer darf angegriffen werden.

20. September
Deutsche U-Boote setzen erstmals die Rudeltaktik ein: Etwa 20 U-Boote schließen sich zu einer massierten Attacke gegen einen Konvoi zusammen.

Oktober
Die Verlustrate der Handelsschiffe erreicht mit 60.000 BRT pro Monat einen Höhepunkt. Allein vom 18. bis 19. Oktober versenken sechs U-Boote 36 Schiffe aus zwei Konvois.

1941

11. März
In Washington unterzeichnet Präsident Roosevelt den Lend-Lease-Vertrag. Damit verpflichtet sich die US-Regierung, andere Staaten mit der Lieferung von Kriegsgerät im Kampf gegen die Achsenmächte zu unterstützen. Die Voraussetzung dafür ist allerdings das Offenhalten der Transatlantikrouten.

10. April
Der US-Zerstörer *Niblack* beschießt ein U-Boot, welches in die Sicherheitszone der USA eingedrungen ist. Es ist dies die erste direkte amerikanisch-deutsche Auseinandersetzung des II. Weltkrieges.

9. Mai
Die erste *Enigma* wird von der HMS *Bulldog* aus *U-110* geborgen. Der Fund ist entscheidend, denn dadurch schaffen es die britischen Dechiffrierer bis Jahresende, den Kommunikationscode der U-Boote zu entschlüsseln.

27. Mai
Mit HX129 überquert der erste Konvoi den Atlantik, der die ganze Strecke über von einer Eskorte gedeckt wird.

1942

Januar
Die deutsche U-Boot-Flotte ist von 21 einsatzfähigen Booten Anfang 1940 auf 331 U-Boote angewachsen. Von Januar bis März werden vor der Ostküste der USA 226 Schiffe versenkt.

14. Mai
Die USA übernehmen endlich das Konvoisystem und errichten Sperrzonen entlang der Ostküste.

Juni
Mit mehr als 834.000 versenkten Brutto-Registertonnen ist dies für die Alliierten der schlimmste Monat des Krieges.

19. Juli
Alle deutschen U-Boote, welche vor der Ostküste der USA operieren, werden neu formiert und

Überlebende eines versenkten deutschen U-Boots klettern an einem Netz in ein rettendes Schiff der Alliierten. Bis Kriegsende führten die Verbesserungen in Taktik und Bewaffnung der alliierten U-Boot-Abwehr dazu, dass 80 % der deutschen U-Boote versenkt wurden. Damit war die U-Boot-Waffe zu jener Waffengattung geworden, welche die meisten Verluste zu tragen hatte.

Ein 12.000-Tonnen-Passagierschiff läuft auf eine deutsche Seemine auf und sinkt. Seeminen konnten Akustik-, Magnet- oder Kontaktzünder haben. Sie wurden nicht nur von deutschen Schiffen und U-Booten gelegt, sondern auch von Langstrecken-Flugzeugen abgeworfen (von Fallschirmen gebremste Seeminen sogar über dem britischen Festland).

sollen sich ganz auf das Abfangen transatlantischer Konvois konzentrieren.

1943

14. Januar
Die RAF beginnt mit der Bombardierung von U-Boot-Basen in Cherbourg und Lorient, um der wachsenden Bedrohung zu begegnen.

Februar
US-Präsident Roosevelt stellt 250 Flugzeuge für Anti-U-Boot-Einsätze im Atlantik ab.

Mai
Die Flugzeuge der Alliierten sind nun mit 10-cm-Radar zum Aufspüren von U-Booten ausgerüstet, die Eskorten erhalten bessere Bewaffnung und ihre Taktik wird verbessert. In diesem Monat verliert die U-Boot-Flotte 43 Boote, versenkt aber selbst nur 34 Schiffe. Am 19. Mai greifen 33 U-Boote einen Konvoi an, können jedoch aufgrund der effektiven Abwehr kein Schiff versenken. Am 24. Mai zieht Dönitz alle U-Boote aus dem Nordatlantik ab.

Juni 1943 – Mai 1945
Die U-Boote kehren in den Atlantik zurück, um in kleinen Gruppen Handelsschiffe zu ärgern und Kräfte auf sich zu ziehen. Trotz neuer Technik – etwa zielsuchende Torpedos und „Schnorchel“ (Luftansaugrohre) – können sie weder die eigenen Verluste eindämmen, noch die Konvois ernsthaft gefährden. Nach der Landung der Alliierten in der Normandie am 6. Juni 1944 verlieren sie die Basen in Frankreich. Im April 1945 versenkt die US Navy vier U-Boote vor ihrer Ostküste, eine der letzten Anti-U-Boot-Aktionen des Kriegs.

Internationale Ereignisse 1939

Das deutsche „Westentaschen-Schlachtschiff“ *Graf Spee* wird gesprengt, nachdem es von Schiffen der Royal Navy in Montevideo, Uruguay, in eine Falle gelockt worden war.

1940

3. – 7. Juli
Bei einem Angriff bei Oran und Mers-el-Kebir versenkt die Royal Navy ein französisches Schlachtschiff und beschädigt zwei weitere, da man fürchtet, die Deutschen würden die Schiffe nach dem Fall Frankreichs in Dienst stellen.

1941

27. Mai
Das deutsche Schlachtschiff *Bismarck* wird nach fünf Tage währenden Kämpfen von der Royal Navy versenkt.

21. Juli
Die britische Marine startet Operation „Substance“, die Versorgung des belagerten Malta von Gibraltar aus.

7. Dezember
Die Pazifikflotte der USA wird in Pearl Harbor auf Hawaii bei einem Luftangriff der Japaner schwer getroffen. Die Flugzeuge starten von sechs Trägern, versenken sechs Schlachtschiffe, zehn andere Schiffe werden schwer beschädigt.

1942

2. – 8. Mai
Die Schlacht im Korallenmeer (Pazifik) endet mit der Zerstörung des US-Trägers *Lexington*, die Japaner verlieren ebenfalls einen Träger, zwei weitere werden schwer beschädigt. Japan kann die geplante Invasion von Papua-Neuguinea nicht durchführen.

4. – 7. Juni
In der Schlacht um Midway, der Entscheidungsschlacht im Pazifik, zerstört die US Navy vier japanische Flugzeugträger – die Hälfte der gesamten Trägerflotte Japans.

Die Überlebenden eines U-Boot-Angriffs auf ein so genanntes Mercy-Ship, das 321 britische Schulkinder nach Kanada brachte. Kein Kind kam ums Leben, anderen Mercy-Schiffen erging es jedoch weniger gut.

Die „Big Week“

Ein Angriff im Herzen des „Reichs“

Februar 1944: Die bevorstehende Landung in der Normandie verlangt auch nach der Luftüberlegenheit der Alliierten, daher greift die Bomberflotte in einer anhaltenden Offensive deutsche Flugzeugwerke und Rüstungsbetriebe an.

Das ganze Jahr 1943 hindurch hatte die strategische Bomberflotte der USAAF an ihrer Offensivtaktik bei gezielten Tagangriffen auf deutsche Rüstungsbetriebe gefeilt. Man konnte durchaus einige Erfolge erzielen, das Fazit der Kampagne von 1943 blieb die nicht wegzuleugnende Tatsache, dass die deutsche Jagdwaffe viel zu stark war, als dass die 8. und 15. US-Luftarmee Dauerangriffe fliegen könnten. Das Erscheinen von Langstrecken-Begleitjägern verbesserte die Lage der US-Bomber etwas, doch in seiner Neujahrsansprache an die Kommandanten der Airforce-Verbände in Europa brachte General H. H. „Hap“ Arnold, der Oberkommandierende der USAAF, die Lage auf den Punkt: „Wir sind uns alle darüber einig, dass Overlord und Anvil [die Landungen der Alliierten in Frankreich] nicht möglich sein werden, wenn wir die Deutsche Luftwaffe nicht zerstören können. Daher lautet meine persönliche Botschaft an euch – das ist ein Muss – zerstört die feindlichen Luftstreitkräfte, wo immer ihr sie findet, in der Luft, auf dem Boden, in den Fabriken.“

Die Kommandanten in Europa waren sich des Problems nur allzu bewusst, daher war im November 1943 Operation Argument ausgearbeitet worden, ein anglo-amerikanischer Plan zur Klärung der Situation: eine kurze, aber massive Rund-um-die-Uhr-Offensive gegen die deutsche Jagdwaffe. Bomber sollten die Produktionsstätten für Jagdflugzeuge angreifen und nachhaltige Schäden verursachen, während man gleichzeitig die Jagdgeschwader zum Angriff lockte, welche dann von den Begleitjägern der Bomberflotte im Luftkampf zerstört würden. Einige Monate lang erlaubten die Wetterverhältnisse keine solche Offensive, deren Ziele am 14. Februar 1944 wie folgt festgelegt wurden: Zerstörung der deutschen Jagdwaffe und der Industrien, von denen sie abhängt, sowie im Anschluss daran Angriffe auf die V-1-Produktionsstätten in Frankreich und den Niederlanden und auf Berlin selbst.

Wetterumschwung

Ende Februar schlug das Wetter um und das Bomber Command der RAF brachte in der Nacht vom 18. zum 19. Februar mit einem Angriff von 823 viermotorigen Bombern auf Leipzig den Ball ins Rollen. Der Verlust von 78 Maschinen bewies die äußerst gute Verfassung der deutschen Nachtjäger. Am Morgen darauf warfen sich die Amerikaner ins Getümmel und sandten 1.008 Boeing B-17 und Consolidated B-24-Bomber gegen Braunschweig, Oschersleben, Leipzig, Posen, Tutow, Halberstadt, Gotha und eine Reihe von kleineren Zielen. Die Bomberflotte der 8. US-Luftarmee wurde von nicht weniger als 661 Jägern von 17 Groups des VII. und des IX. US Fighter Command sowie 16 britischen Sqadrons des RAF Fighter Command eskortiert. Deren North American P-51 war durch die Lockheed P-38 oder die Republic P-47 ersetzt worden, alle Jäger hatten Abwurftanks, wodurch ihre Reichweite um 800 oder mehr Kilometer stieg.

Das I. Jagdkorps von Generalleutnant Josef Schmidt antwortete bescheiden: Den 941 angreifenden Bombern wurden 362 Jäger entgegengeworfen. Die USAAF verlor 21 Bomber, 62 deutsche Jäger wurden abgeschossen, 18 beschädigt: Aus der Sicht der Alliierten ein guter Start für die Operation, die später nur „Big Week“ (Große Woche) genannt wurde.

Eine Avro Lancaster des RAF Bomber Command startet zu einem Angriffsflug. Da die Briten bei Nacht angriffen, während die USAAF ihre Bomben bei Tag abwarf, kam die deutsche Verteidigung niemals zur Ruhe und hatte ihre Grenzen bald erreicht.

Nun war wieder die RAF an der Reihe: In der Nacht von 20. auf 21. Februar sandte Air Chief Marshal Sir Arthur Harris 598 Bomber gegen Stuttgart, elf gingen verloren. Am Morgen starteten wiederum US-Bomber von den Luftstützpunkten der 8. US-Luftflotte in England. Major General James Doolittle schickte 861 viermotorige Bomber gegen Braunschweig und die Flugfelder oder Basen in Diepholz, Rheine, Werl, Gütersloh, Münster-Handorf und Achmer bei Osnabrück. Der Kommandant der Luftflotte „Reich“, Generaloberst Hans-Jürgen Stumpff, warf ihnen das I. und das II. Jagdkorps sowie die 7. Fliegerdivision entgegen, die gemeinsam 16 Maschinen abschossen, selbst aber 33

An den Angriffen der 8. US-Luftflotte waren Formationen von mehreren Hundert Flugzeugen beteiligt. Die gewaltige Streitmacht wurde von speziell gekennzeichneten B-24-Bombern über England gelotst, die zu ihren Basen zurückkehrten, sobald sich die amerikanischen Bomber formiert hatten und auf dem Weg nach Deutschland waren.

Jäger verloren. In den nächsten drei Nächten flog das Bomber Command der RAF kleinere Attacken mit zweimotorigen de Havilland Mosquitos und viermotorigen Minenlegern, vor allem um den Deutschen keine Ruhepause zu gönnen. Die Hauptverantwortung für weitere Offensivschläge lag also bei den Amerikanern.

Am 22. Februar erhielt die 8. US-Luftflotte Unterstützung von der von Italien aus operierenden 15. US-Luftflotte unter Major General Nathan Twining. Die USAAF plante eine mittlere Attacke gegen die Messerschmitt-Werke in Regensburg und die Kugellagerfabriken in Schweinfurt, welche durch kleinere Angriffe auf Oschersleben, Bernburg, Aschersleben, Halberstadt und Gotha unterstützt wurden. Bei dieser Gelegenheit wurde die 8. US-Luftflotte erstmals ernsthaft dezimiert, von 44 gestarteten Bombern gingen rund 41 verloren, andererseits konnten die 529 amerikanischen Jäger 59 Maschinen der Luftwaffe abschießen, 14 wurden beschädigt.

Am 23. Februar verhinderte das Wetter weitere Angriffe. Am selben Tag kehrte der Generalinspekteur der Luftwaffe, Generalfeldmarschall Erhard Milch, von einer Inspektionsreise der Flugzeugproduktionsstätten zurück und berichtete: „Die Lage in unseren Hauptwerken ist äußerst angespannt, um kein stärkeres Wort zu benutzen.“ Milch hatte für den Februar einen Ausstoß von wöchentlich 2.000 Flugzeugen versprochen, musste nun aber eingestehen, dass eine Produktion von 800 Maschinen eher den Tatsachen entsprach.

Trotz der konzentrierten Bombenangriffe der Alliierten nahm die deutsche Jägerproduktion bis 1945 kontinuierlich zu. Die Messerschmitt Bf 109K – hier mit der grünen Banderole der „Verteidiger des Reichs“ – war die letzte von Deutschland im Krieg gebaute Version dieses berühmten Jägers.

Der Langstrecken-Begleitjäger North American P-51B Mustang gab im Kampf gegen die Luftwaffe den Ausschlag. Diese Maschine war der 357. Fighter Group der 8. US-Luftarmee zugeteilt, die im März 1944 die Bombergeschwader bis Berlin und wieder zurück eskortierten.

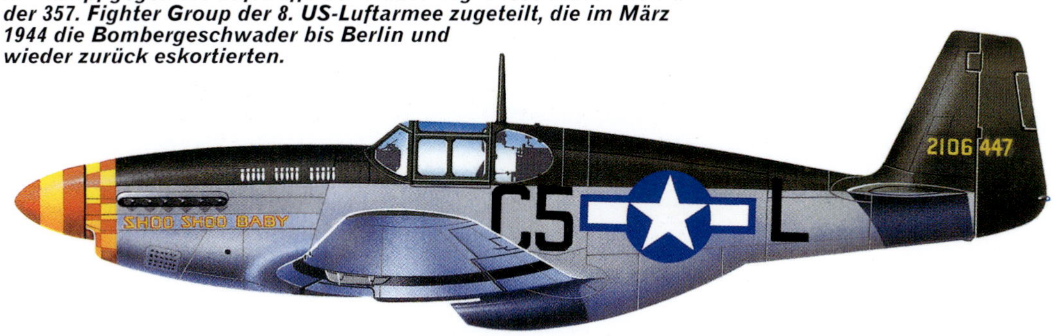

Das Finale

Am 24. Februar wurden die Angriffe wieder aufgenommen. die 15. US-Luftflotte sandte 87 Bomber gegen ein Werk in Steyr, welches Daimler-Benz Flugzeugmotoren herstellte: Die 7. Fliegerdivision unter Generalmajor Joachim Huth antwortete entschieden mit dem Abschuss von 17 Bombern. 809 viermotorige Bomber der 8. US-Luftflotte flogen gegen Gotha, Schweinfurt und Posen; wieder antworteten die Verteidiger bestimmt, rund 48 Bomber wurden abgeschossen. Allerdings zog die Anfangsattacke, die sich in erster Linie gegen Schweinfurt und Gotha im Süden richtete, den überwiegenden Teil der deutschen Jäger an, sodass jene Verbände, die im Norden Posen, Tutow und Kiesing angriffen, nur auf minimalen Widerstand trafen.

In der Nacht zum 25. Februar griffen 733 Bomber der RAF Schweinfurt an, 33 gingen verloren. Der darauf folgende Morgen sah die Abschlussattacke der „Big Week“: die 15. US-Luftarmee griff die Messerschmitt-Werke in Regensburg an, während die 8. US-Luftflotte außer Regensburg auch Ziele in Augsburg und Furth attackierte. Huth sah sich mit mehreren gleichzeitig angreifenden Bomberverbänden konfrontiert und beschloss, da sich zwei davon Regensburg näherten, seine Hauptmacht im Süden zu konzentrieren: 33 der 179 Bomber der 15. US-Luftflotte, welche ohne Eskorte flogen, wurden abgeschossen. Die 738 Bomber der 8. US-Luftflotte wurden zwar von Jägern begleitet, dennoch wurden 39 Bomber abgeschossen. Damit waren ihre Verluste in absoluten Zahlen zwar höher als jene der 15. US-Luftflotte, machten aber einen weit geringeren Prozentsatz der Gesamtstärke aus.

Die 8. und 15. US-Luftflotte hatten in dieser Woche gemeinsam etwa 3.300 Bomber gestartet, von denen 226 abgeschossen worden waren. Das VIII., IX. und XV. Fighter Command hatten insgesamt 28 Begleitjäger verloren. Dem standen auf deutscher Seite 290 zerstörte (plus etwa 90 beschädigte) Jäger und, was noch wichtiger war, der Tod einer großen Zahl erfahrener Piloten gegenüber. Die Flugzeugproduktion hingegen konnte nicht ernsthaft gestört werden, da die Dezentralisation der Produktionsstätten von den Deutschen schon lange vorher geplant und umgesetzt worden war. Doch während die Jagdwaffe der Alliierten an Kampferfahrung und Stärke gewonnen hatte, erlitt die Luftwaffe durch den Verlust unzähliger Fliegerasse einen vernichtenden Schlag.

Einige B-17-Bomber der 381. Bomb Group in tadellosem Formationsflug. Die Flugzeuge wurden nur poliert, nicht lackiert, das ergab etwas mehr Geschwindigkeit in der Luft und in einer Formation von 1.000 Maschinen war jede Art der Tarnung ohnehin hinfällig.

Die „Big Week“: Chronologie

Die „Big Week“ brachte den ersten 1.000-Bomber-Angriff der USAAF. Dies war allerdings nur einer in einer einwöchigen Serie gewaltiger Attacken gegen Industrieanlagen in ganz Deutschland.

Eine Menschenschlange vor einer Weinhandlung in Hamburg – Wein war ein rares Gut im Deutschland dieser Zeit. Hamburg litt schrecklich unter den Luftangriffen der Alliierten. Eine Serie von Brandbomben-Abwürfen entfachte 1943 einen Feuersturm von über 500° C, der mit einer Geschwindigkeit von 240 km/h durch die Stadt raste und 40.000 Menschen tötete.

1944

19. – 20. Februar
Das Bomber Command der RAF greift Leipzig mit 823 Bombern an, verliert dabei allerdings 78.

20. Februar
Der erste Tag der „Großen Woche“. Mehr als 1.000 Bomber der United States Strategic Air Forces in Europa bombardieren zwölf über ganz Deutschland verstreute Ziele, darunter auch das schon in der Nacht von der RAF heimgesuchte Leipzig. Die Angriffe richten sich hauptsächlich gegen Industrieanlagen, vor allem Flugzeug-Produktionsstätten. Durch die Einführung des Langstrecken-Begleitjägers P-51 Mustang, welcher es den Jägereskorten erlaubt, die Bomber auf der gesamten Strecke zu decken, können die Verluste gegenüber früheren Angriffen auf Deutschland niedriger gehalten werden: Nur 21 US-Maschinen werden abgeschossen.

21. Februar
Am zweiten Tag der „Big Week“ greifen 900 US-Bomber deutsche Flugzeug-Produktionsstätten in Braunschweig an. Die Industrieanlagen werden schwer beschädigt.

22. Februar
Wieder kehren Unmengen von US-Bombern zurück und greifen industrielle Ziele in ganz Deutschland an. Die äußerst schlechten Wetterbedingungen über ganz Europa führen jedoch zu Kollisionen und zur irrtümlichen Bombardierung von Wohngebieten. Auch Nimwegen in den Niederlanden wird getroffen, wobei 200 Menschen getötet werden. An diesem Tag gehen 41 Bomber verloren.

23. Februar
Die Bombenflüge werden für einen Tag ausgesetzt: Die Mannschaften brauchen eine Ruhepause, auch sind an vielen Flugzeugen Reparaturen nötig.

24. Februar
Die Angriffe auf Deutschland werden mit über 800 Bombern wieder aufgenommen. Ein Hauptziel sind die Kugellagerfabriken in Schweinfurt, welche schon am 14. Oktober 1943 von der US Air Force bombardiert worden waren und gegen die wiederum 233 Maschinen gesandt wurden. In Gotha wird ein Flugzeugwerk fast völlig zerstört. An diesem Tag gehen 49 Flugzeuge verloren.

24. – 25. Februar
Nach den Tagangriffen der USAAF wird Schweinfurt in der Nacht erneut Ziel einer Attacke, dieses Mal durch 733 Bomber des Bomber Command der RAF. Der Angriff kann zu den von

Oktober 1943: Flying-Fortress-Bomber der 8. US-Luftflotte werfen Serien von hochexplosiven 454-kg-Bomben auf den deutschen Hafen von Emden.

den Amerikanern angerichteten Schäden nichts hinzufügen, die Briten verlieren allerdings 33 Flugzeuge.

25. Februar
Zum Abschluss der „Big Week“ bombardieren 830 US-Bomber drei Hauptziele – Augsburg, Stuttgart und Regensburg –, wobei man sich wieder auf Flugzeugwerke und andere industrielle Ziele konzentriert.

25. – 26. Februar
Die RAF greift Augsburg mit 594 Bombern an, um die Verwüstungen durch die US-Bomber zu verstärken. Das historische Stadtzentrum wird fast völlig zerstört.

Internationale Ereignisse 1944

22. Februar
Japans Staatschef General Hideki Tojo entlässt die Oberbefehlshaber von Armee und Marine und übernimmt selbst deren Funktion.

24. Februar
Der finnische Staatschef Risto Ryti beginnt Friedensverhandlungen mit der Sowjetunion.

26. – 27. Februar
Die finnische Hauptstadt wird bei einem 12-stündigen Angriff von 600 Bombern der Roten Armee verwüstet.

29. Februar
US-Truppen fassen auf den Admiralitätsinseln im Pazifik Fuß.

29. Februar
Der Befehlshaber der russischen 1. Ukrainischen Front, General Nikolai Watutin, wird bei einem Partisanenangriff in der Ukraine schwer verwundet. Mit seinem Tod am 14. April verliert die Rote Armee einen ihrer besten Taktiker.

B-17 Flying-Fortress-Bomber über Stuttgart. Da es in den ersten Kriegsjahren an Begleitjägern fehlte, flogen die US-Bomber in großen, viereckigen Formationen, um sich gegenseitig mit ihren Bordwaffen (je 13 schwere Maschinengewehre Kaliber 12,7 mm) gegen feindliche Jäger zu decken.

Schlacht am Monte Cassino

Bomben auf ein Kloster

Januar 1944: Der alliierte Vormarsch auf Rom kommt bei der Stadt Cassino im Liri-Tal zum Stillstand. Sollte dies die Schwachstelle in der schier unüberwindlichen Gustav-Linie sein?

Von der Ost- bis zur Westküste Italiens erstreckte sich die deutsche Gustav-Linie. Die Deutschen nützten die mächtigsten Bastionen, die die Natur zur Verfügung stellte, und errichteten eine lange Verteidigungslinie aus künstlichen und natürlichen, zusätzlich verstärkten Stellungen: ein ernsthaftes Hindernis für die im Winter 1943/44 nach Norden vorstoßenden Armeen der Alliierten.

Nur an einer einzigen Stelle gab es zumindest eine winzige Chance auf einen Durchbruch, und das war die Stadt Cassino im Liri-Tal. Doch auch diese Stadt war durch einen künstlich gestauten Fluss und unzählige Befestigungsanlagen geschützt und wurde von einem Berg überragt: einem natürlichen, viele Meilen weit reichenden Beobachtungsposten, dem Monte Cassino, der wegen seines Benediktinerklosters bald traurige Berühmtheit erlangen sollte. Die Gustav-Linie war so stark, dass die Alliierten diese veritable Festung dennoch als ihre beste Chance für einen Durchbruch erachteten.

Als ob die Gustav-Linie allein nicht gereicht hätte, mussten die Alliierten zudem mitten im italienischen Winter angreifen – eine Jahreszeit, die sich vor allem durch Regen und schlechte Sicht auszeichnet. Ein zusätzliches Hindernis war die extrem lange Nachschublinie, die eine große Zahl an Flüssen mittels Pontons oder anderer Behelfsbrücken zu überwinden hatte. Beim diesem Italienfeldzug waren Ingenieure ebenso gefragt wie Infanteriesoldaten.

Frontalangriff

Die erste Schlacht dauerte über einen Monat, von Januar bis Februar 1943. Es war quasi ein Frontalangriff, der bald stecken blieb. Die Alliierten verbissen sich in den Versuch, gegen eine wohl organisierte und entschlossene Verteidigung anzurennen. Ein direkter Angriff einer US-Einheit in Brigadestärke wurde zu einem größeren Desaster, aber auch als sie den Fluss an anderen Stellen endlich doch überschritten, standen die Alliierten bloß vor der fast senkrechten Felswand des Monte Cassino.

Die Gustav-Linie wurde von mehreren deutschen Verbänden gehalten, darunter auch zwei Panzerdivisionen. Diese Panzer konnten allerdings kaum in die direkten Auseinandersetzungen eingreifen, da ihnen das Gelände ebenso wenig entgegenkam, wie den Alliierten. Sie dienten, oft auch noch in Gebäuden vergraben, deren massive Mauern zusätzlichen Schutz boten, als mobile Bunker. Die Deutschen griffen auch zu einem anderen Trick: Der abgespeckte Turm eines Panther Panzers, mit einem Stahlkasten verschweißt, wurde an speziellen Verteidigungspositionen vergraben. Die meisten davon lagen landeinwärts, in den Bergen oberhalb von Cassino, doch die Alliierten sahen bald, dass es kein Durchkommen gab, wo immer sich ein solcher Geschützturm befand. Führend in der deutschen Verteidigung von Cassino war die 1. Fallschirmjäger-Division, welche nach der Invasion Kretas keine Luftlandeoperationen mehr durchführte, sondern als Infanterie kämpfte.

Die Klosterruinen nach dem Rückzug der Deutschen im Mai 1944. Der von General Freyberg angeforderte Luftangriff bleibt umstritten, doch die 4. Indische Division, welche am 15. Februar angriff, war sich sicher, dass sich eine Aufklärungsstation, wenn nicht gar bewaffnete Einheiten der Deutschen hinter den Klostermauern befanden.

Eben diese Eliteeinheit stand auch im Mittelpunkt der zweiten Schlacht, welche Mitte Februar begann. Den Anfang machte ein Angriff auf das Kloster selbst, welches durch gezielte Bomben völlig zerstört wurde. Zum Pech der Alliierten erwies sich dies allerdings als schwerer Fehler, denn dadurch wurde das Kloster von einer starken Festung zu einer uneinnehmbaren. Die deutschen Fallschirmjäger fanden in den Ruinen eine ideale Verteidigungsposition vor und verschanzten sich dort. Die Schlacht entwickelte sich zu einer Serie ungestümer Infanterieattacken, denen erbittertes Abwehrfeuer entgegenschlug, ja selbst Kämpfe Mann gegen Mann waren mancherorts nicht unüblich. Jeder Gebietsgewinn ging umgehend durch deutsche Gegenangriffe wieder verloren.

Darauf folgte eine Pause, da das Wetter von schlecht zu grauenhaft umschlug und jede Operation verhinderte. Die dritte

Dem zweiten Ansturm auf Cassino ging ein massives Bombardement der Alliierten voraus, das Benediktinerkloster wurde durch 435 t Sprengstoff dem Erdboden gleichgemacht. Die 4. indische Division konnte den Berg nicht stürmen und erlitt durch MG-Stellungen am Berghang schwere Verluste.

Der Blick auf die Stadt Cassino verdeutlicht die strategisch wichtige Lage des Berges. Beide Seiten hatten dem Vatikan zugesichert, dieses bedeutende religiöse Zentrum nicht anzugreifen. Dieses Bild entstand, bevor das Kloster völlig zerstört wurde.

Schlacht begann am 15. März, wieder mit einem massiven Luftangriff, dieses Mal auf die Stadt Cassino. Kein einziges Gebäude der Stadt blieb unbeschädigt und die wartenden Angreifer meinten, nach diesem Inferno keine lebende Seele mehr anzutreffen. Doch wieder irrten sie, die Verteidiger überstanden nicht nur das den Bomben folgende Artilleriefeuer, sie nahmen auch ihren verbissenen Abwehrkampf wieder auf und schlugen alle bis auf einen Angriff der Alliierten zurück. In einem kleinen Vorstoß gelang die Einnahme einer als Schlosshügel bekannten Erhebung direkt unterhalb des Klosterhügels. Die ganze Nacht lang versuchten die Deutschen in mehreren Angriffen, den Hügel mit dem alten Schloss auf dem Gipfel zurückzuerobern, wurden aber in der wohl heftigsten Konfrontation dieser Schlacht abgewehrt. Doch zu welchem Preis!

Die dritte Schlacht ist auch deshalb bemerkenswert, weil die Alliierten zum ersten Mal Panzer einsetzten. Die Stuart und Sherman der 2. neuseeländischen Division bahnten sich einen Weg über die Ruinen der zerbombten Stadt und begannen, den Hügel zu erklimmen. Ohne Infanterieunterstützung kamen sie nicht weit und mussten bald umkehren, doch immerhin konnte man sich am Fuß des Monte Cassino festsetzen. Weiter landeinwärts, in den Bergen, machten die „Goumiers“ des französischen Korps von General Alphonse Juin stetige, doch unspektakuläre Fortschritte mit Hilfe altehrwürdiger Taktiken. Ihren Nachschub zogen Maultierkarren.

Nach einer Woche kam die dritte Schlacht schließlich zum Stillstand. Wiederum hatten die Verteidiger durchgehalten, vor allem deshalb, weil sie zu diesem Zeitpunkt so weit aufgestockt worden waren, dass 23 deutsche Divisionen 28 Divisionen der Alliierten gegenüberstanden, ein für die Verteidiger äußerst günstiges Verhältnis. Die einzige Möglichkeit eines Durchbruchs bestand für die Alliierten darin, all ihre Offensivkräfte an einem Punkt zu konzentrieren und dort mit aller Macht durchzustoßen: die Taktik für die vierte Schlacht. Die Alliierten reorganisierten ihre Kräfte, um eine zahlenmäßige Überlegenheit zu erreichen, und der Angriff Anfang Mai erfolgte mit mehreren Divisionen, wo früher eine Einheit in Brigadestärke gekämpft hatte.

Panzer in der Stadt

Als der Angriff begann, war der Winter längst vorüber und die Infanterie rückte im Staub des italienischen Sommers vor. Wie üblich wurde die Attacke von der Artillerie vorbereitet – insgesamt 1.600 Geschütze schossen aus allen Rohren – und wie üblich schossen die Deutschen erbittert zurück. Doch dieses Mal griffen die Alliierten in überwältigender Übermacht an. In den Bergen durchbrachen die Franzosen die Verteidigungslinie und in Cassino wälzte sich das 2. polnische Korps vorwärts und nahm das Kloster ein. Sobald das Kloster gefallen war, brach die gesamte Gustav-Linie zusammen, denn auch hier bewahrheitete sich die alte militärische Weisheit, dass eine Verteidigungslinie in den Bergen, sobald sie an einer Stelle durchstoßen wird, als Ganzes untergeht. Nach der Eroberung von Cassino war der Weg nach Rom frei. Die Alliierten nahmen ihren Vormarsch nach Norden wieder auf und eroberten Anfang Juni Rom.

Die Schlachten um Cassino dauerten fünf Monate. Danach glich Cassino vielen Dörfern an der Westfront des I. Weltkriegs. Weite Gebiete um die Stadt waren dem Erdboden gleichgemacht und das Kloster nichts als ein Trümmerhaufen. Und unter den Trümmern lagen die Leichen von mehr als 50.000 Gefallenen, Deutschen wie Alliierten, von denen viele niemals gefunden wurden. Allein bei den Briten galten 4.000 Mann als „vermisst“.

Nur mit unmittelbarer Bedeckung durch Panzer und dem vorbereitenden Beschuss durch schwere Artillerie konnten die Alliierten in die Stadt vordringen. Hier rumpelt ein M4 Sherman über die Ruinen der Stadt. Die Hügel im Hintergrund werden nach wie vor von den Deutschen gehalten.

Deutsche Fallschirmjäger, gefangen genommen während des missglückten Angriffs auf Cassino am 15. 2. 1944. Ihre gekonnte und ritterliche Verteidigung von Monte Cassino war eine Glanzleistung.

Schlacht am Monte Cassino
Chronologie

Monte Cassino überragte das Liri-Tal, jenen Weg, den die 5. US-Armee zur Eroberung Roms einschlagen wollte. Die Hügel um Cassino wurden für Deutsche und Alliierte gleichermaßen zum Massengrab.

Das 530 v. Chr. erbaute Benediktinerkloster auf dem Monte Cassino beherbergte eine der wichtigsten Sammlungen religiöser Kunstschätze Europas. Ein Großteil davon wurde, wie auch das historische Gebäude, 1944 durch alliierte Bomben zerstört.

1944

11. Januar
Einheiten des französischen Expeditionskorps greifen mit Erfolg den äußeren Verteidigungsring um Cassino an. Sie und das IV. US-Korps erreichen den Rapido am 16. Januar.

17. Januar – 10. Februar
Erste große US-Offensive zur Einnahme von Cassino. Das II. US-Korps überschreitet den Fluss Rapido und rückt im Liri-Tal vor. Der Monte Calvario, eine Erhebung etwa 1 km vor Cassino, wird eingenommen, die Amerikaner werden jedoch kurz darauf von deutschen Fallschirmjägern wieder vertrieben.

11. Februar
Die 34. und die 36. (Texas) US-Division sowie die 4. indische Division erleiden entsetzliche Verluste bei groß angelegten Angriffen gegen Calvario, die Stadt und den Berg Cassino. Das 142. US-Regiment wird völlig aufgerieben. Die Alliierten ziehen sich zurück und bereiten eine zweite Offensive vor.

15. Februar
Zur Vorbereitung der zweiten Offensive verwüsten 229 alliierte Bomber das historische Benediktinerkloster am Gipfel des Monte Cassino. Die Annahme, im Kloster befände sich eine deutsche Stellung, erweist sich als falsch. Nun allerdings bieten die Ruinen eine ausgezeichnete Defensivposition, welche von den deutschen Verbänden, die zuvor an den Berghängen postiert waren, umgehend besetzt wird.

15. – 18. Februar
Dem vorbereitenden Bombardement folgt der zweite Großangriff auf Cassino. Die 2. neuseeländische Division hat die Bahnstation zum Ziel, während die 4. indische Division gegen den Klosterhügel und den Monte Calvario anstürmt. Beide erleiden schwere Verluste durch die gut postierten Verteidiger. Die Angriffe schlagen fehl.

19. Februar – 14. März
Schlechtwetter über dem gesamten Gebiet verhindert weitere Angriffe der Alliierten.

15. – 22. März
Die Alliierten stürmen wiederum auf Cassino. Mehr als 600 alliierte Bomber zertrümmern die Stadt, während ihre Artillerie die deutschen Stellungen mit 196.000 Geschossen eindeckt. Die 4. indische, die 2. neuseeländische und die 78. britische Division nehmen die Offensive, unterstützt von einer großen Zahl an Panzern, wieder auf. Einige wichtige Erfolge gelingen – einschließlich der Besetzung von Monte Cassiono selbst –, doch am 22. werden die Angriffe aufgrund der hohen Verluste an Menschen und Panzern eingestellt.

23. März – 10. Mai
Die Alliierten setzen ihre Offensive für sechs Wochen aus.

11. – 18. Mai
Die vierte und letzte Offensive gegen Cassino. Eine Salve von 2.000 Artilleriegranaten macht die ohnehin schon zerstörte Stadt dem Erdboden gleich, dann beginnen das 13. britische Korps, das 2. polnische Korps und die 5. US-Armee einen Generalangriff auf Cassino. Die Briten erobern die Stadt, die Polen nehmen Monte Calvino ein und zu guter Letzt auch Monte Cassino (unter 3.500 eigenen Verlusten), nachdem sich die deutschen Fallschirmjäger am 17. zurückgezogen haben.

Internationale Ereignisse 1944

27. Januar
Eine Offensive der sowjetischen Wolkow-Front kann endlich den Belagerungsring um Leningrad durchbrechen, der vor drei Jahren von den Deutschen errichtet worden ist.

31. Januar
US-Verbänden gelingt eine groß angelegte amphibische Landung auf den von den Japanern besetzten Marshall-Inseln.

9. Februar
In Großbritannien werden kritische Stimmen gegen das Vorgehen des RAF Bomber Commands laut. Moralische

Autoritäten wie der Bischof von Chichester, Dr. George Bell, erklären offen, dass der Einsatz von Brandbomben gegen die Zivilbevölkerung kaum dazu diene, den Krieg zu gewinnen, die britische Position gegen den Faschismus aber ernsthaft in Frage stellen könne.

19. – 25. Februar
Alliierte Bomberverbände greifen strategische Ziele in ganz Deutschland an. Die sechs Tage dauernde Attacke wird als „Big Week" bekannt: Mehr als 1.000 Bomber fliegen 3.800 Angriffe.

9. März
Operation „Thursday": Die „Chindit", eine Spezialeinheit unter dem Kommando von General Orde Wingate, landen in Burma, 322 km hinter den japanischen Linien.

19. März
Deutschland besetzt Ungarn, da man befürchtet, dass das Land sofort kapitulieren würde, sobald die Alliierten sich seinen Grenzen nähern.

9. Mai
Die deutschen Besetzer werden durch eine sowjetische Offensive aus Sewastopol auf der Halbinsel Krim vertrieben.

Zwei deutsche Kriegsgefangene werden durch die Stadt Cassino geführt, ringsum herrscht totale Verwüstung. Monte Cassino wurde letztendlich doch eingenommen, und zwar von General Wladislaw Anders' 2. polnischen Korps, das jedoch im Kampf gegen die Eliteeinheiten der deutschen Fallschirmjäger ein Viertel seiner Männer verlor.

Landung bei Anzio

Der „gestrandete Wal"

Der Italienfeldzug hat sich sichtlich totgelaufen, daher versuchen die Alliierten eine weitere amphibische Landung 32 km südöstlich von Rom, bei Anzio.

DUKW, amphibische Lastentransporter, werden bei dem Versuch, die belagerten Truppen im Brückenkopf von Anzio zu versorgen, von der stählernen Faust der deutschen Artillerie getroffen. Die Landung kam völlig überraschend, doch die zögerlichen Kommandanten versagten und konnten daraus keinen Nutzen ziehen.

Im Januar 1944 hatten die Alliierten die Gustav-Linie erreicht, der Monte Cassino ragte drohend über Lieutenant General Mark Clarks 5. US-Armee und der 8. Armee der Briten (nunmehr unter Lieutenant General Sir Oliver Leese) auf, die sich die Adriaküste entlang bis Ortona durchgekämpft hatten. Rom, das schon vor Monaten zum Greifen nahe schien, war unerreichbarer denn je, und die nicht enden wollenden Frontalattacken forderten Tribut, nicht nur an Männern, besonders auch an deren Moral.

Es brauchte eine Idee und Winston Churchill hatte sie: Ein entschlossener Landungstrupp müsste über das Meer einen Haken um die deutschen Linien schlagen und die Küsten in einem Sturmangriff nehmen, wodurch die deutschen Kommunikations- und Nachschublinien gekappt würden. Gleichzeitig würden die 5. und die 8. Armee auf breiter Front die Hauptverteidigung an der Gustav-Linie angreifen, um so viele Feindkräfte wie möglich andernorts zu binden und für das nötige Überraschungsmoment zu sorgen. Dies sollte diesem wirklich mächtigen Angriffsverband genug Zeit geben, um anzulanden, in Windeseile an der Küste Fuß zu fassen und sich über den Westteil der Halbinsel vorzukämpfen.

Am Nachmittag des 21. Januar 1944 verließen 243 Schiffe aller Größen den Golf von Neapel und nahmen unter klarem Himmel Kurs auf die Strände von Anzio und dem benachbarten Nettuno. Die Flugzeuge der Alliierten hatten die deutschen Luftstützpunkte bereits Tage vorher eingedeckt und behielten dies bei, um die Luftwaffe am Boden zu halten. Meerseitiger Beschuss an anderen Punkten der Küste sollte die Aufmerksamkeit von Generalfeldmarschall Albert Kesselring und den ihm unterstellten Kommandanten vom Ort des tatsächlichen Geschehens ablenken. Um Mitternacht waren die ersten Schiffe vor der Küste, die Landungsboote wurden beladen und in Fahrt gebracht und, zu jedermanns Verblüffung, war nirgendwo eine Spur des Feindes zu entdecken. Bis zum Abend des 22. Januar waren 90 Prozent der Angriffskräfte – etwa 45.000 Mann und 3.000 Fahrzeuge – angelandet worden: Auf der rechten Seite waren die Briten bereits bis zum Ufer des Flusses Moletta vorgedrungen, auf der linken Seite hatten die Amerikaner den Mussolini-Kanal erreicht. Kaum ein Opfer war zu beklagen, kaum ein Schuss zu hören. Selbstsicher und begierig auf den Durchbruch, schienen den Männern die Albaner Berge und die Hauptstadt Rom nur einen Katzensprung entfernt.

Vorsicht und Bitterkeit

Doch sie wurden von den falschen Männern geführt. Clark, der Kommandant der 5. Armee, aus deren Reihen die Angriffsverbände kamen, blieb nach den bitteren Erfahrungen der Schlacht um Salerno vorsichtig und Major General John P. Lucas, der Befehlshaber der Truppen in Anzio, VI. Korps, konnte sich weder für das Projekt an sich begeistern noch – so scheint es – für irgendetwas anderes. Über seinen 54. Geburtstag im selben Monat schrieb er: „Ich fürchte, ich spüre jedes einzelne Jahr davon!" Dies war sicher nicht der richtige Mann, um eine Operation zu leiten, bei der es in erster Linie auf Einfallsreichtum, Eifer und Risikofreude ankam.

Das Ergebnis: Als die Einheiten ihre Primärziele erreicht hatten, wurde ihnen befohlen, nicht weiter vorzurücken, sondern sich zu „konsolidieren" – und so geschah es auch. Bis zum 28. Januar befanden sich in dem Brückenkopf 70.000 Soldaten sowie 27.000 Tonnen Kriegsmaterial, 508 Geschütze und 237 Panzer – der Befehl jedoch, auszubrechen und mit den Zerstörungsaktionen zu beginnen, fehlte. Es gab anscheinend überhaupt keinen Befehl, außer vielleicht dem, dazusitzen und auf den Angriff des Feindes zu warten.

Gegen einen derart erfahrenen und trickreichen Gegner wie Kesselring und seine Truppen hieß dies das Schicksal mehr als herausfordern. Die Landung hatte das deutsche Oberkommando völlig überrascht, einige Zeit war man vor Schreck wie gelähmt. Die Überraschung blieb, doch der Schrecken verwandelte sich schnell in professionelle Verachtung für die beklagenswerte Vorstellung der alliierten Kommandanten, die solch eine Chance nicht nützten. Flugs marschierten Panzer- und Panzergrenadierdivisionen auf und schlossen um den Brückenkopf bei Anzio einen stählernen Ring.

Mit seiner 88-mm-Kanone in fixem Turm war der PzJg IV Tiger, „Elefant" genannt, ein ausgezeichnetes Sturmgeschütz, das selbst aber, außer durch die Panzerung, kaum geschützt war. Dieses zerschossene Exemplar ließen die Deutschen auf ihrem Rückzug zurück.

Innerhalb einer Woche waren acht deutsche Divisionen in Stellung und bestrichen mit ihrer Artillerie die gesamte Landungszone. Darunter befanden sich auch zwei Eisenbahngeschütze K 5 (E), welche bald nur noch „Anzio-Anni“ genannt wurden. Sie schleuderten ihre 255-kg-Geschosse über 32 km von den Albaner Bergen bis Anzio. Kesselrings erste Absicht war es, den Brückenkopf völlig zu zerstören, doch die alliierten Kommandeure waren zwar nicht fähig auszubrechen, besaßen aber die Mittel und den Willen, zu bleiben wo sie waren. In wüsten Gefechten folgte Schlag auf Gegenschlag – einmal schien es, als könnten die Deutschen bis zur Küste durchbrechen und den Brückenkopf entzweispalten, dann wurden sie wieder durch einen Gegenangriff aufgehalten und innerhalb weniger Tage an ihre Ausgangsposition zurückgedrängt.

Obwohl beide Seiten bald das Patt akzeptierten, gingen die Kämpfe Tag für Tag erbittert weiter und das Wetter machte die Sache nicht eben besser. Anfang März kam es zu einer Art Stillstand – wiewohl das Töten ohne Unterlass weiter ging – und den ganzen Monat wie auch im April und einem Großteil des Mai wurde ein grimmiger Zermürbungskrieg ausgefochten, der an die Schlachten der Westfront von 1917 erinnerte. Als dann im Mai den Alliierten endlich doch die Zerschlagung der Gustav-Linie gelang und polnische Truppen am 17. Mai Monte Cassino einnahmen, konnten Patrouillen bis nördlich von Terracina vorstoßen und zu guter Letzt, am 25. Mai 1944, vier Monate nach der Landung, das VI. Korps wieder mit der Hauptmacht der 5. Armee vereinigen.

Diese Geschichte kann kaum als Ruhmesblatt für die Alliierten gelten und Churchill brachte es wohl am besten auf den Punkt: „Wir dachten, wir würden eine Wildkatze an Land bringen, doch sie erwies sich als gestrandeter Wal.“

Der nachhaltigste Versuch, die Alliierten ins Meer zurückzutreiben, begann am 3. Februar 1944. Am 16. des Monats trafen das LXXVI. Panzerkorps und die 45. US-Division aufeinander. Die Deutschen stellten zwei Panzergrenadier- und eine Panzerdivision mit je einem Bataillon mittelschwerer Panther und schwerer Tiger.

Oben: Eine der hervorstechendsten Eigenschaften der deutschen Bodentruppen im II. Weltkrieg war die Fähigkeit zu improvisieren: Schnell und effektiv errichteten sie Defensivstellungen, wann immer sich die Gelegenheit dazu bot.

Unten: Nach langer Zeit konnten die Deutschen endlich wieder Kriegsgefangene in Massen der Öffentlichkeit vorführen, hier vor dem Denkmal von Victor Emmanuel II. Beachten Sie die Geste des Soldaten ganz rechts – in seiner Lage der einzig mögliche Protest.

Landung bei Anzio: Chronologie

Die Landung der Alliierten bie Anzio sollte den festgefahrenen Italienfeldzug vorantreiben, doch das Gegenteil war der Fall: Die Alliierten waren in einem engen Brückenkopf eingeschlossen und erlitten durch deutsche Gegenangriffe schwerste Verluste.

1944

22. Januar
Das 4. US-Korps unter Major General John Lucas beginnt Operation „Shingle“ (Kies). Die Landung konzentriert sich auf einen 24 km langen Küstenstreifen bei Anzio und Nettuno, etwa 48 km von Rom entfernt. Man trifft auf keinerlei Widerstand. Um Mitternacht befinden sich 36.000 alliierte Soldaten und 3.069 Fahrzeuge in einem Brückenkopf am Strand von Anzio, nur 13 Mann werden getötet, 97 verwundet.

23. Januar
Anstatt ins Landesinnere vorzustoßen entscheidet Lucas, den Brückenkopf zu konsolidieren. Zwei Tage hält er seine Position und ermöglicht es so den Deutschen, eine starke Verteidigung aufzuziehen. Generaloberst von Mackensen wird entsandt, um das weniger als 48 km westlich von Rom neu etablierte Oberkommando über die 14. Armee zu übernehmen. Er kann vier Kampfdivisionen aufstellen, die durch Verstärkung und die Umverteilung anderer Einheiten ständig wachsen. Die Luftwaffe beginnt mit heftigen Angriffen.

28. Januar
Von Mackensen gruppiert mehrere Verbände um, sodass nun sechs Divisionen vor Anzio stehen. Die 1. US-Panzerdivision nimmt die Stadt Aprilia 16 km nördlich von Anzio ein, wird jedoch in Cisterna geschlagen. In einer Weisung befiehlt Hitler Generalfeldmarschall Kesselring, dem Oberkommandierenden der deutschen Truppen in Italien, „durchzuhalten, bis der letzte Feind ausgelöscht oder ins Meer zurückgeworfen ist“.

30. Januar
Die Verluste der Alliierten steigen auf über 5.000 Mann.

31. Januar
Von Mackensen hat mittlerweile gegen die Alliierten in Anzio acht Divisionen zur Verfügung.

Ein britischer Offizier beobachtet die Front in Italien. Die italienische Landschaft erwies sich für den Vorstoß der Alliierten als ebenso großes Hindernis wie der deutsche Widerstand. Italien ist ein Land für Verteidiger, denn mit seinen massiven Bergketten, seinen schmalen Küstenstreifen und einer Unzahl von Flusssystemen bietet es so gut wie überall natürliche Defensivstellungen.

12. Februar
Winston Churchill beklagt sich in einem Schreiben an Sir Harold Alexander, den Oberkommandierenden der Alliierten in Italien: „Ich habe eine wilde Katze erwartet, die in die Berge stürmt – und was sehe ich? Einen Wal, der sich am Strand wälzt!“

16. – 20. Februar
Angespornt von Hitlers Weisung an Kesselring startet von Mackensen eine massive Gegenattacke, die die Alliierten fast

Britische und amerikanische Soldaten begrüßen sich am Strand von Anzio. Von den 50.000 Mann, welche ursprünglich bei Anzio angelandet wurden, wurden nur 13 – von Landminen – getötet.

Britische Soldaten suchen in einem Graben Schutz vor den Bomben der Deutschen. Bis 3. Februar hatten die Deutschen einen Ring von 70.000 Mann um Anzio gezogen und bestrichen den viel zu kleinen Brückenkopf der Alliierten mit Dauerfeuer aus Panzer- und Artilleriekanonen. Nur die massive Feuerkraft der Alliierten konnte den Bann brechen.

sechs Kilometer zurückwirft. Massive Feuerkraft und Erkenntnisse aus der Entschlüsselung deutscher Funksprüche helfen den Alliierten, sich bei Anzio zu halten. Die Deutschen verlieren fast 5.500 Mann.

22. Februar
Major General John Lucas wird durch Major General Lucius Truscott ersetzt.

29. Februar
Aufgrund untragbarer Verluste stellt von Mackensen alle Angriffe gegen Anzio ein. Da die Deutschen nun zu Belagerungstaktiken greifen, wird die Schlacht für fast drei Monate zu einem blutigen Stellungskrieg.

23. Mai
Im Anschluss an alliierte Erfolge weiter südlich, in Cassino, kann das 4. US-Korps aus Anzio ausbrechen und in die Albaner Berge vorrücken.

25. Mai
Das 4. US-Korps schließt sich mit dem 2. US-Korps zusammen, welches über das italienische Festland vorrückt, und beginnt den Marsch auf Rom.

Internationale Ereignisse 1944

27. Januar
Die Rote Armee sprengt den deutschen Ring um Leningrad. Stalin erklärt die 900 Tage während Belagerung für beendet.

30. Januar
US-Verbände im Pazifik starten Operation „Flintlock“ zur Rückeroberung der von Japanern besetzten Marshall-Inseln. Etwa 85.000 Mann gehen bei einem amphibischen Manöver auf dem Majuro-Atoll an Land.

15. Februar
Das 700 Jahre alte Benediktinerkloster am Monte Cassino wird von alliierten Bomben dem Erdboden gleichgemacht. Die Alliierten dachten fälschlicher Weise, die Deutschen würden das Bergkloster als strategische Defensivstellung nutzen.

4. März
US-Bomber unterstützen die Briten bei ihren Luftangriffen auf Berlin. Sie werden die ganze Strecke von Lightning und P-51 Mustang Begleitjägern eskortiert, welche den 1.931 km langen Weg mit Hilfe von Zusatztanks unter den Tragflächen bewältigen.

8. – 11. März
Britischen und amerikanischen Einheiten gelingen in mehreren Offensivangriffen nennenswerte Gebietsgewinne gegen die Japaner in Burma. Diese antworten mit Operation „U-Go“, welche die Einnahme der Versorgungs- und Kommunikationszentren in Imphal im nördlichen Landesteil zum Ziel hat.

30. März
Aus Wut über die russischen Vorstöße in der Ukraine entlässt Hitler die Generalfeldmarschälle von Manstein und von Kleist. Vor allem von Manstein hatte sich Hitlers Gebot widersetzt, dass deutsche Soldaten im Kampf niemals zurückweichen sollten.

6. April
Die japanische „U-Go“-Offensive kommt bei Imphal zum Stehen.

18. Mai
Nach unzähligen, für Angreifer wie Verteidiger gleichermaßen verlustreichen Gefechten fällt das von den Deutschen gehaltene Kloster am Monte Cassino an die Alliierten.

31. Mai
Der Tag der Landung in der Normandie rückt näher und alliierte Bomber beginnen mit vorbereitenden Bombardements von Zielen entlang der französischen Kanalküste.

Sie haben ihren Auftrag erfüllt und die Luftlandetruppen der US-Armee über der Normandie abgesetzt: Gleiterpiloten auf dem Rückweg nach England, zwei Tage nach dem Beginn der Invasion. Das Luftlandeunternehmen sollte die deutschen Nachschublinien zur Küste unterbinden. An diesem Tag verhinderten die drei Luftlandedivisionen und die heftigen Attacken jeden konzertierten Gegenangriff.

„D-Day"
Die Landung in der Normandie

6. Juni 1944: Die größte jemals aufgestellte amphibische Invasionsarmee greift Hitlers „Atlantikwall" in der Normandie im Norden Frankreichs an.

Im Frühling des Jahres 1944 wusste Adolf Hitler, dass die Entscheidung in diesem Krieg in Frankreich fallen würde. Bei einer Besprechung mit seinen Befehlshabern auf seinem Landsitz in Berchtesgaden merkte er an: „Der Ausgang dieses ganzen Kriegs hängt von jedem einzelnen Mann im Westen ab, das entscheidet das Schicksal des Reichs selbst ..." Die Verluste an der Ostfront waren zu diesem Zeitpunkt von den Deutschen bereits unmöglich wieder auszugleichen und die Industriezentren des Reichs litten unter dem ununterbrochenen Bombardement durch alliierte Bomber. Wenn die Invasion der Alliierten in Frankreich allerdings fehlschlug, würde dies Deutschland unter Umständen jene Atempause verschaffen, die man für einen Gegenangriff auf die Sowjets sowie für die Fertigstellung der verbesserten U-Boote und der V2-Raketen brauchte. Damit, so hoffte Hitler, könnte er die Initiative in diesem Krieg zurückgewinnen.

Alliiertes Täuschungsmanöver

Das deutsche Oberkommando war sicher, dass die Landung der Alliierten in der Region Pas de Calais erfolgen würde: Dieses Gebiet lag sowohl den britischen Häfen als auch den Grenzen Deutschlands näher als jeder andere Küstenabschnitt. Dank einer grandios inszenierten Kampagne gezielter Fehlinformationen glaubte man dies selbst dann noch, als die Landung in der Normandie bereits begonnen hatte. Während sich die reale Invasionsarmee unter größter Geheimhaltung an der Südküste sammelte, summte der Äther oberhalb von Kent ob des Funkverkehrs einer fiktiven „1. US-Heeresgruppe". Getürkte Munitionsdepots, falsche Stellungen und sogar die Anwesenheit des berühmten Generals George Patton machten die Täuschung komplett.

Der exakte Zeitplan der alliierten Invasion hing von günstigen meteorologischen Bedingungen ab: Vor allem würde ein niedriger Wasserstand bei Ebbe am Morgen die Unterwasser-Verteidigungsstellungen freilegen, welche am Strand errichtet waren. Daher kamen für den Angriff der 17. Mai oder der 5. bzw. 6. Juni in Frage und General Dwight D. Eisenhower legte letztendlich den Termin für 5. Juni fest. Wegen des schlechten Wetters musste der Angriff dann allerdings um 24 Stunden verschoben werden.

Der Invasion voraus ging das größte Luftlandeunternehmen, das jemals durchgeführt wurde: Fast 20.000 Mann landeten per Fallschirm oder Gleiter. Die 82. und die 101. Luftlandedivision der Amerikaner sollten strategische Positionen hinter dem Strandabschnitt „Utah" einnehmen, die 6. Luftlandedivision der Briten Übergänge über den Fluss Orne und den Caen-Kanal an der Ostflanke der Landungszone sichern.

Angriff aus der Luft

Die Landungen selbst verliefen chaotisch: Die Amerikaner wurden über ein weites Gebiet verstreut und die frühen Morgenstunden sahen nichts als eine Reihe konfuser Einzelaktionen verirrter Fallschirmspringer. Die wichtigen Kreuzungen bei Sainte-Mère-Église wurden zwar eingenommen, doch die beiden US-Divisionen konnten sich nicht sammeln und blieben bis 7. Juni weit verstreut. Die Landung der Briten verlief erfolgreicher, noch vor Tagesanbruch konnten sie fast alle ihre Ziele erreichen.

Die amphibischen Landungen begannen um 06.30 Uhr auf dem Strandabschnitt mit dem Codenamen „Utah". Nach dem vorbereitenden Bombardement durch Flugzeuge und Schiffsgeschütze stürmten die US-Truppen etwa 1.830 m von dem beabsichtigten Landungspunkt entfernt auf den Strand, wo sie von allen fünf Invasionsverbänden auf den geringsten Widerstand trafen. Die überraschten Verteidiger waren schnell überwältigt und man verbrachte den Rest des Tages damit, Nachschub und Verstärkung an Land zu holen, während sich die Vorhut ins Landesinnere aufmachte, um sich mit den Fallschirmjägern zu vereinigen.

Im Strandabschnitt „Omaha" wurde die Landung der Amerikaner durch die unruhige See behindert. Zudem traf man auf die deutsche 352. Division, die

Ausgerüstet mit Schiffsschrauben und einer Schwimmschürze, welche rundum befestigt wurde und für Auftrieb sorgte, „schwamm“ der Sherman DD Panzer mit der ersten Welle der Invasionstruppen an Land. Es war ein riskantes Unternehmen, denn in einige Panzer drang Wasser ein und sie sanken. Doch der Schutz, den sie den Infanterieeinheiten geben konnten, war unverzichtbar.

wild entschlossen war, die Invasoren ins Meer zu werfen. Als die Nacht hereinbrach, saß das V. Korps von Major General Leonard Gerow noch immer am Strand fest, von „Utah“ durch eine Flussmündung und vom britischen Abschnitt „Gold“ durch die Anwesenheit der Deutschen getrennt, welche sich stur weigerten, den Fischerhafen Port en Bessin aufzugeben. Dieser wurde erst am 8. Juni von den Royal Marines eingenommen.

In der Mitte trafen die Briten in ihrem Abschnitt „Gold“ auf eine ähnlich raue See, jedoch kaum auf deutschen Widerstand, sodass ihre 50. Division gegen Mittag landeinwärts vorrücken konnte. Bayeux wurde am 8. Juni befreit, und zwar mit weit weniger Aufwand als die meisten anderen Städte der Normandie. Im Abschnitt „Juno“ waren die Kanadier am Abend 9,6 km ins Landesinnere vorgedrungen, hatten aber ihre doch recht ehrgeizigen Ziele nicht erreicht. Am nächsten Tag wurde ein weiterer Vormarsch durch eine wilde Attacke der SS-Panzerdivision „Hitlerjugend“ jäh gestoppt.

Noch mehr Hindernisse

Der östlichste Landeabschnitt „Sword“ wurde am stärksten verteidigt. Die Truppen trafen auf weit mehr Hindernisse und Befestigungen als erwartet, vor allem, weil die entsprechenden Luftbilder mehr als ein Jahr alt waren. Als Einzige waren sie am 6. Juni mit einer organisierten Gegenattacke konfrontiert, als die 21. Panzerdivision zu einem energischen Angriff auf die Trennlinie zwischen den britischen und den kanadischen Einheiten ansetzte. Die Panzer wurden erfolgreich zurückgeschlagen und die Vorhut kam bis 4,8 km vor Caen.

Am 7. Juni schlossen die Alliierten mit kleineren Attacken entlang der Küste die fünf Landungszonen zu einer einzigen, 80 km langen Front zusammen und wurden in der Folge von den Deutschen kaum mehr gestört. Generalfeldmarschall Erwin Rommel, Oberbefehlshaber der Heeresgruppe B, hatte Recht gehabt: Die Panzerreserve war viel zu lange und viel zu weit zurückgehalten worden, um die Invasoren noch abwehren zu können, und Hitlers sture Einmischung in die strategische Planung hatte die Reaktion der Deutschen auf die alliierte Landung nachgerade paralysiert. Etwa 15.000 Soldaten waren am D-Day gelandet und hatten, bei eigenen Verlusten von etwa 9.000 Mann, das Dritte Reich tödlich getroffen.

Auf diesem Foto aus einer eingenommenen deutschen Stellung wird die gewaltige Stärke der alliierten Landungstruppen deutlich. Sperrballons schützten vor einer Luftwaffe, die dank der Luftüberlegenheit der Alliierten ohnehin kaum eine Chance zum Eingreifen hatte.

„D-Day“: Chronologie

Die Landung in der Normandie am 6. Juni 1944 eröffnete die zweite Front in Europa. In einer einzigen amphibischen Operation wurden mehr als 132.000 alliierte Soldaten am Strand der Normandie angelandet.

Ein Soldat der 82. US-Luftlandedivision hilft einer französischen Familie in Sainte-Mère-Église zwei Tage nach der Landung in der Normandie. Viele französische und belgische Zivilisten wurden durch die alliierten Luftangriffe zur Vorbereitung der Invasion obdachlos.

1944

17. Mai
Eisenhower, der Oberkommandierende der Alliierten in Europa, bestimmt den 5. Juni 1944 als Tag X – „D-Day“ für Operation „Neptune“, die Landung in der Normandie.

1. April – 5. Juni
Zur Vorbereitung des „D-Day“ fliegen alliierte Bomber 200.000 Einsätze gegen strategische Ziele in Westfrankreich, unter anderem Bahnhöfe, Straßen, Brücken, Radarstationen und militärische Einrichtungen.

4. Juni
Das Landeunternehmen wird wegen Schlechtwetters um 24 Stunden verschoben.

5. Juni
Britische Meteorologen versprechen ein Schönwetterfenster für 6. Juni. Eisenhower gibt grünes Licht. Mehr als 6.000 Schiffe verlassen die Kanalhäfen an der Südküste Englands.

6. Juni
Mitternacht – 06.30 Uhr
Vor der amphibischen Landung der Hauptstreitmacht beginnen die Alliierten mit Luftlandeunternehmen in der Normandie. Die 82. und die 101. US-Luftlandedivision springen über der Halbinsel Cotentin ab, die 6. Luftlandedivision der Briten an der Ostflanke der Landungszone, in und um Benouville. Die Amerikaner werden weit verstreut und erreichen nur wenige ihrer Primärziele. Allerdings stürzt die unbeabsichtigt weite Verteilung der Fallschirmjäger auch die Deutschen in heillose Verwirrung. Bis 00.30 Uhr haben die Briten ihre Primärziele erreicht – Brücken über den Fluss Orne und den Caen-Kanal. In Folgeoperationen zerstören sie die deutsche Küstenbatterie in Merville und sprengen fünf Brücken über den Dives. In den Stunden unmittelbar vor der Landung wird die Landungszone von schwerer Schiffsartillerie beschossen.

06.30 Uhr
Als erste landen die Amerikaner im von Hitler-Deutschland besetzten Frankreich an zwei Küstenabschnitten mit den Codenamen „Utah“ und „Omaha“. Bei „Utah“ lassen Navigationsprobleme die Landungstruppen der 4. US-Infanteriedivision ihren Landeplatz um 1.800 m verfehlen. Doch dies ist eher ein Vorteil, da sie so die starken Verteidigungsstellungen der Deutschen bei Les-Dunes-de-Varreville

Begierig verschlingen die Londoner Zeitungsberichte über die Landung in der Normandie. Vor der Invasion wurden die alliierten Truppen in hochsicheren Camps untergebracht, jeder Kontakt nach außen war streng untersagt, damit die Angriffspläne unter keinen Umständen durchsickern konnten.

umgehen. Diese Gruppe erleidet 300 Verluste, während die 1. US-Infanteriedivision im Abschnitt „Omaha“ von der deutschen 352. Division empfangen wird und 2.400 Mann verliert. Dennoch wird der Brückenkopf gehalten.

07.25 Uhr
Britische und kanadische Kräfte gehen in den Abschnitten „Gold“ und „Sword“ an Land. Die Landung im Abschnitt „Gold“ verläuft erfolgreich, in der Folge dringt die 50. Division der Briten fast 10 km ins Landesinnere vor. Im Abschnitt „Sword“ trifft die britische 3. Division auf starken Widerstand, doch gegen 08.00 Uhr sind die meisten deutschen Stellungen in dem Gebiet ausgeschaltet.

07.55 Uhr
Die kanadische 3. Infanteriedivision landet im Abschnitt „Juno“. Schon bei der Anfahrt werden 30% der Landungsboote durch die raue See, Minen oder Unterwasser-Einrichtungen zerstört. Als sie die Position erweitern, stoßen sie auf massiven deutschem Widerstand. Die Kanadier erleiden schwere Verluste, können jedoch aus dem Brückenkopf ausbrechen.

10.00 Uhr
Bei ihrem Vorstoß aus dem Abschnitt „Gold“ erobern die Briten La Rivière.

11.00 Uhr
Die Stadt Bernières wird von den Kanadiern aus dem Abschnitt „Juno“ eingenommen.

12.00 Uhr
Einheiten der 4. US-Infanteriedivision rücken vom Abschnitt „Utah“ vor und treffen in der Nähe von Pouppeville auf Fallschirmjäger der 101. Luftlandedivision.

13.00 Uhr
Britische und kanadische Kommandoeinheiten aus dem Abschnitt „Sword“ vereinigen sich mit den britischen Luftlandetruppen, welche die Brücken über den Orne besetzt haben.

16.00 – 20.00 Uhr
Ein Gegenangriff der 21. Panzerdivision auf den Abschnitt „Sword“ erreicht zwar die Küste, wird aber von Panzern und Flugzeugen der Alliierten zurückgeschlagen. Die 3. Infanteriedivision der Kanadier schließt sich mit der britischen 50. Division zusammen und bildet das größte zusammenhängende und von den Alliierten kontrollierte Areal des ersten Invasionstags.

Mitternacht
Der „D-Day“ endet mit einigen Gebietsgewinnen. Die größten Areale liegen in den britischen und kanadischen Sektoren. Die Landungstruppen in „Gold“ und „Juno“ können einen 15 km langen und 10 km tiefen Küstenstreifen besetzen, der Brückenkopf im Abschnitt „Sword“ ist etwa 10 mal 10 km groß, kann aber nicht an „Juno“ anschließen. Den US-Truppen erging es weniger gut. Die Landungstruppen im Abschnitt „Omaha“ halten Positionen in Vierville-sur-Mer, St-Laurent-sur-Mer und Colleville, insgesamt ist ihr Einflussgebiet etwa 2 km tief und 7 km lang. Die „Utah“-Kräfte sind, unterstützt von Luftlandeeinheiten, an manchen Stellen bis zu 10 km weit ins Landesinnere vorgestoßen und haben mit Sainte-Mère-Église die erste französische Stadt befreit.

Internationale Ereignisse 1944

4. Juni
Die 5. US-Armee unter Lieutenant General Mark Clark marschiert in Rom ein. Zuvor hatten die Deutschen die Stadt bereits verlassen.

4. Juni
Der US-Zerstörer *Chatelain* birgt aus dem vor der Küste von Sierra Leone in Afrika beschädigten U-Boot *U-505* weitere Enigma-Codes und den akustisch gesteuerten Torpedo „Zaunkönig“, den die Alliierten noch nie zuvor gesehen hatten.

7. Juni
US-Truppen nehmen auf dem Vormarsch durch Neuguinea das Flugfeld Mokmer in Biak ein.

10. Juni
Die Rote Armee startet von Leningrad aus eine Offensive gegen finnische Verbände in der Karelischen Landenge.

10. Juni
Einheiten der 2. SS-Panzerdivision „Das Reich“ veranstalten im französischen Dorf Oradour-sur-Glâne ein Massaker an 642 Menschen.

Ein englischer Hafen unmittelbar vor dem D-Day: Überall sind Schiffe und Transporter der Alliierten. Während der Landungen selbst wurde ein verschwindend kleiner Teil der Streitmacht von über 7000 Schiffen der Alliierten, nämlich 59, von deutschen U-Booten, Schiffen, Küstenbatterien oder Flugzeugen versenkt.

Unaufhaltsame Rote Armee

Der Untergang der Heeresgruppe Mitte

Juni 1944: Am 3. Jahrestag des deutschen Überfalls auf die UdSSR beginnen die stark aufgerüsteten Sowjets die größte Sommeroffensive des II. Weltkriegs.

Am 22. Juni 1944, auf den Tag genau drei Jahre nach dem Unternehmen „Barbarossa", begann die große Sommeroffensive der Sowjets. Entlang eines großen Frontbogens, der von Welikije Luki im Norden bis nach Kowel südlich der Pripjetsümpfe reichte, begannen die Kanonen von vier Fronten der Roten Armee – zusammen 15 Feldarmeen – gleichzeitig zu sprechen. Zur selben Zeit starteten die Flugzeuge von vier Luftarmeen zum Angriff und auch die Infanterie- und Panzereinheiten, die man auf über 60% ihrer Sollstärke gebracht hatte, rückten vor. Ihre Aufgabe war die Vernichtung der Heeresgruppe Mitte unter Generalfeldmarschall Ernst Busch, die aus drei Infanteriearmeen und einer Panzerarmee bestand und die eine Million Mann, 1.000 Panzer und 1.400 Flugzeuge zählte. Mit aller Macht wollte man durch deren Verteidigungsstellungen brechen und dadurch auch die deutschen und finnischen Armeen im Norden sowie die ungarischen, rumänischen und deutschen Verbände im Süden zum Rückzug zwingen. Mit dieser Aktion wollte man die Invasoren aus dem Gebiet von „Mütterchen Russland" vertreiben.

Gefangene Verteidiger

Innerhalb von nur einer Woche wurden die drei wichtigsten Bastionen der Deutschen abgeschnitten und eingenommen. Witebsk im Norden fiel nach einem Zangenangriff, den je eine Armee von General I. Kh. Bagramjans 1. Baltischer Front von Norden und der 3. Weißrussischen Front von General I. D. Tschernjakowski von Süden führte; Mogilew wurde von zwei Armeen der 2. Weißrussischen Front von General G. F. Tschakarow genommen; Bobruisk fiel in die Hand der Armeen von Marschall K. K. Rokossowskis 1. Weißrussischen Front: Starke Verbände der 1. Weißrussischen Front hatten im Schutz der Nacht unbemerkt unzählige kleine Flüsse und Seen überquert und waren aus einem Sumpfgebiet hervorgebrochen, das der Feind für unpassierbar gehalten hatte. Nachdem man Teile zweier Panzerkorps von den anderen Truppen getrennt und „in Grund und Boden" geschossen hatte, nahmen Rokossowskis Männer Bobruisk ein und machten 24.000 Gefangene.

Enormer Schwung

Bis 4. Juli legten Tschakarows und Tschernjakowskis Männer beinahe 240 km zurück und ließen lediglich einen kleinen Kessel Widerstand leistender Deutscher hinter sich, die sich am 11. Juli ergaben. Rokossowskis 2. Armee stieß bis Minsk vor. Mit Ausnahme eines kleinen Gebiets im Norden, um Dvinsk (Dünaburg), waren die

SCHWINDEL ERREGENDE OFFENSIVE: AUF NACH BERLIN!

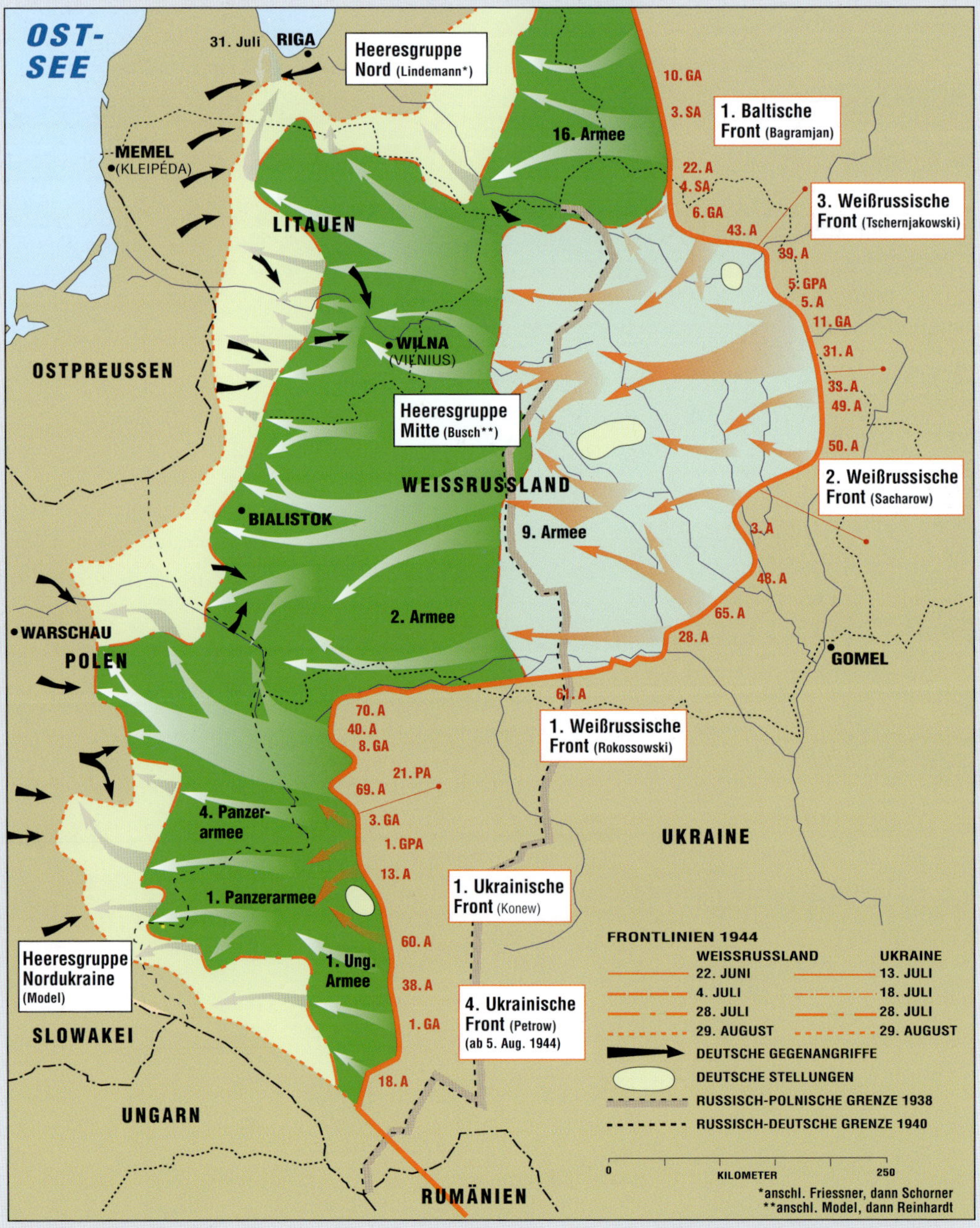

Die deutsche Heeresgruppe Nord wurde von einer Offensive Schwindel erregenden Ausmaßes überwältigt. Bei diesem Angriff bewies die Rote Armee im Zusammenspiel an fünf Fronten Schlagkraft und Selbstvertrauen und zeigte, dass sie nicht mehr aufzuhalten war.

Trotz schonungsloser Vergeltungsmaßnahmen durch die brutalsten SS-Einheiten wurden die Deutschen hinter der Front ständig von mächtigen Partisanenverbänden angegriffen.

Deutschen über die Vorkriegsgrenze zwischen Polen und der Sowjetunion getrieben worden.

Damit war der Vormarsch der Roten Armee jedoch keineswegs zu Ende. Obwohl sie manchmal wendeten und zurückschlugen, waren die Deutschen überall in vollem Rückzug. Innerhalb weniger Tage überschritten die Armeen der 1. Baltischen Front die Düna und namen Polozk. Die Armeen Tschernjakowskis und Tschakarows, die bei ihrem Übergang über die Berezina 105.000 Deutsche abgeschnitten hatten, stießen auf Wilna sowie Bialistok vor und eroberten die Stadt gegen Monatsende. Generaloberst Heinz Guderian, eben zum Generalstabschef ernannt, schrieb in sein Tagebuch: „Die Heeresgruppe Mitte gibt es nun nicht mehr."

Weiter nörlich stieß Tschernjakowskis rechte Flanke von Wilna nach Kaumas in Litauen vor und erreichte Ende August die Grenzen Ostpreußens. Hoch im Norden durchquerten die Armeen von Bagramjans Baltischer Front sowohl Lettland als auch Litauen und sandten Panzereinheiten gegen den Rigaischen Meerbusen.

Am 28. Juli fiel Brest-Litowsk an Rokossowski und kurz darauf erreichten seine Kämpfe einschalteten, konnte die enorme Übermacht an Feuerkraft und Männern die Verteidigung durchbrechen. Bei Brody wurden 40.000 Deutsche eingekesselt. Die Armeen des rechten Flügels der Front Rokossowskis hielten in gerader Linie auf die Weichsel zu, querten sie und errichteten bei Sandomirz einen Brückenkopf. Eine Panzerarmee umging Lemberg im Norden, während eine weitere angriff und die

Als am 31. Juli 1944 Tukums am Rigaischen Meerbusen fiel, war die Heeresgruppe Nord abgeschnitten. Am 21. August konnten die 5. und die 14. Panzerdivision in einem Gegenangriff einen schmalen Korridor öffnen, der aber nicht gehalten werden konnte. Die baltischen Republiken waren verloren.

Oben: „Mitfahrgelegenheit" für die Infanterie – die Taktik der Sowjets war besser geworden, aber die zur Unterstützung der Panzer benötigten Infanteristen kamen meist nur auf den Panzern selbst voran.

Truppen den westlichen Bug nördlich von Warschau. Zu seiner Linken preschte Mitte Juli die 8. Gardearmee unter W. I. Tschuikow aus Kowelj vor, nahm Lublin und setzte am 2. August über die Weichsel.

Dawai, dawai

Die Armeen von Marschall I. Koniews Ukrainischer Front blieben zu Beginn der Offensive in ihren Stellungen und rückten erst ab 13. Juli vor. Dabei stießen sie auf heftigen Widerstand der Heeresgruppe Nordukraine, da die Deutschen hier den Hauptangriff der Sowjets erwartetet hatten. Erst als sich am 16. Juli zwei weitere Panzerarmeen der Reserve in die Stadt am 27. Juli einnahm. Kurz darauf fielen Przemysl und dann Mielec am nördlichen und Nadwornaja am südlichen Ende der Front.

Ende August stand man am Hauptkamm der Karpaten, die polnische Grenze lag hinter den vordersten Positionen der Roten Armee, die bis zu den einstigen Grenzen Tschechiens und Ungarns aufgeschlossen hatte. Innerhalb von zwei Monaten waren die sowjetischen Truppen 725 km vorgerückt – ihre Verluste an Menschen und Material waren hoch, jene des Feindes aber erheblich höher. Es war Zeit, die Nachschublinien für den nächsten Vorstoß zu reorganisieren.

Die Leistungsfähigkeit der sowjetischen Schwerindustrie wurde 1943 enorm gesteigert. Den Deutschen standen nicht nur der mittlere T-34 Panzer in Überzahl gegenüber, die Rote Armee verfügte nun auch über schwerere Panzer wie den IS-2, der als Erster eine 122-mm-Kanone trug, und dessen Panzerung nahezu allen Panzerabwehrwaffen widerstand.

Unaufhaltsame Rote Armee
Chronologie

Im April 1944 hatte die Rote Armee die Deutschen aus dem Süden Russlands nach Polen getrieben. Weiter im Norden hielt die Heeresgruppe Mitte auf sowjetischem Gebiet noch einen großen Bogen, der bis 80 km vor Smolensk reichte. Am 23. Juni ging die Rote Armee in die Offensive, um die Truppen in diesem Bogen zu zerschlagen.

1944

Mai
Das Unternehmen „Bagration“ – bei dem die Heeresgruppe Mitte unter General Busch in Weißrussland vernichtet wurde – beruhte auf Ideen und Plänen des Oberkommandos der Sowjets. Das Unternehmen erhielt seinen Namen (nach einem georgischen Fürsten und General, der in den Napoleonischen Kriegen gekämpft hatte) am 20. Mai und wurde am 22. Juni gestartet.

19. – 23. Juni
Die Heeresgruppe Mitte leidet hinter den Linien zunehmend unter Partisanenaktivitäten, die die Operation „Bagration“ vorbereiten sollen. Mehr als 40.000 Sabotageakte, meist Sprengstoffanschläge, stören Transporte, Nachschub und Kommunikation.

22. Juni
Beginn der Operation „Bagration“: Unter dem Oberkommando Schukows rücken 1,2 Millionen Mann der 1. Baltischen sowie der 1., 2. und 3. Weißrussischen Front von vier Seiten gegen die weißrussische Hauptstadt Minsk vor. Gleichzeitig eröffnet die 1. Baltische Front nördlich von Minsk ihre Offensive gegen die Heeresgruppe Nord, die auf das litauische Riga zielt. Nach einem Zangenangriff der 1. Baltischen sowie der 3. Weißrussischen Front, bei dem die 3. Panzerarmee der Deutschen nahezu zur Gänze vernichtet wird, fällt als erste Stadt Witebsk.

23. Juni
Nordöstlich von Minsk werden die Stellungen der 4. Armee von der 1. und der 3. Weißrussischen Front eingekesselt. Bis 30. Juni fallen über 200.000 Deutsche.

26. Juni
Hitler gestattet der 9. Armee, sich vor der schonungslos vorgehenden ersten Welle der Sowjets an die Beresina östlich von Minsk zurückzuziehen, um der Einkesselung durch die 1. und 2. Weißrussische Front zu entgehen.

28. Juni
Generalfeldmarschall Model, einer der von Hitler am meisten geschätzten Taktiker, löst Busch als Kommandant der Heeresgruppe Mitte ab.

29. Juni
Bobruisk im Südabschnitt der Heeresgruppe Mitte wird von den Russen eingenommen. Damit ist der Weg für die 1. und 2. Weißrussische Front frei, um gemeinsam mit der 3. Weißrussischen Front Minsk in die Zange zu nehmen.

4. Juli
Minsk fällt. 130.000 von 160.000 Soldaten der 4. Armee sind gefallen. Insgesamt betragen die Verluste der Deutschen 400.000 Mann.

5. – 11. Juli
Die Überreste der 4. Armee ergeben sich oder fallen bei Versuchen, aus dem Kessel auszubrechen. Die 9. Armee wird durch ununterbrochene Angriffe gänzlich vernichtet.

Gefangene Deutsche, im Dezember 1943 auf dem Marsch durch Kiew. Der sowjetische Vorstoß nach Deutschland führte zu einer der größten Flüchtlingswellen der Geschichte: 12 Millionen flohen aus Ostpreußen und Ostdeutschland.

Sowjetische Infanterie und T-34 Panzer in der Offensive. 1944 bauten die Sowjets mehr als 1.000 Panzer pro Monat. Insgesamt wurden im Verlauf des Kriegs unglaubliche 35.120 T-34 produziert. Dies entspricht 68% aller während des Kriegs von den Sowjets gefertigten Panzer.

13. Juli
Die Sowjets erobern die litauische Hauptstad Wilna. Zur selben Zeit beginnen die 1. und die 4. Ukrainische Front ihren Hauptangriff auf die Heeresgruppe Nordukraine. Die Hauptziele sind die Eroberung von Lemberg und der Vorstoß nach Südpolen.

17. Juli
Moskau feiert die Befreiung Weißrusslands von den Deutschen. Mehr als 57.000 gefangene deutsche Soldaten werden durch die Hauptstadt getrieben. Die Heeresgruppe Mitte existiert nur noch auf dem Papier.

27. Juli
Lemberg wird nach zwei Wochen erbitterter Kämpfe endgültig von der Ukrainischen Front erobert.

28. Juli
Die 1. Weißrussische Front, die bereits Minsk erobert hat, nimmt Brest-Litowsk an der russisch-polnischen Grenze ein.

August
Die Sowjets stoßen so weit nach Osten vor, bis ihre Versorgungslinien überdehnt sind. Seit Beginn der Operation „Bagration“ haben die Weißrussischen Fronten und die 1. Baltische Front 724 km zurückgelegt. Ende August hat die sowjetische Frontlinie beinahe die Vorstädte Warschaus erreicht, durchschneidet Ostpreußen und reicht bis nach Riga.

Internationale Ereignisse 1944

19. – 20. Juni
In der Schlacht um die Philippinensee schießen US-Jäger 242 japanische Flugzeuge ab und verlieren dabei lediglich 29 eigene Maschinen. Dadurch werden die japanischen Pläne, die Flugzeugträger der Invasionsflotte vor den Marianen-Inseln zu zerstören, zunichte gemacht.

27. Juni
Cherbourg wird durch das VI. US-Korps, das entlang der französischen Halbinsel Contentin vorrückte, befreit.

8. Juli
Britische und kanadische Verbände, die sich durch die Normandie kämpfen, nehmen die massiv verteidigte Stadt Caen. Die Deutschen kämpften verbissen um jede Straße, obwohl sie ununterbrochen unter Beschuss von Flugzeugen der RAF und Geschützen der Royal Navy standen.

17. Juli
Generalfeldmarschall Erwin Rommel wird in der Normandie bei einem Tiefffliegerangriff der RAF auf sein Kommandofahrzeug schwer verletzt.

24. Juli
Die Sowjets befreien in Polen das Konzentrationslager Majdanek. Erstmals wird das Ausmaß der Gräueltaten der Nationalsozialisten bekannt.

1. August
Pazifik. Nach einer verlustreichen Schlacht von neun Tagen entreißen Truppen der USA die zur Kette der Marianen zählende Insel Tinian den Japanern.

15. August
Bei Cannes kommt es zu einer weiteren amphibischen Landung in Frankreich. Die Männer der 7. US-Armee stoßen nur auf geringen Widerstand.

25. August
Paris wird von den Alliierten befreit.

Hinaus aus der Normandie

Obwohl die kleinen Hecken und Mauern der *Bocage*, welche die Landschaft Normandie prägen, eher die Infanterie der Deutschen als die Panzer der Alliierten begünstigten, musste ein Durchbruch erzielt werden.

Trotz der technischen Überlegenheit der Alliierten und der enormen logistischen Leistung in der Normandie verdankte man jeden Meter vor allem der hart kämpfenden Infanterie. Die dreimonatigen Kämpfe in diesem Teil Frankreichs kosteten der 21. Armeegruppe 83.000 Tote.

Ende Juni 1944 gab es in Whitehall und Washington viele besorgte Mienen. Die Pläne zur Befreiung Europas schienen zum Scheitern verurteilt. Am 6. Juni hatten die Alliierten die Küste der Normandie erstürmt und dieser offensichtliche Erfolg ließ vorerst alle Zweifel verstummen und Hoffnung schöpfen. Doch bald sank die Hoffnung erneut, die Zweifel kamen wieder, stärker denn je.

Unter den Kommandanten der Alliierten gab es jedoch eine Ausnahme – jenen Mann, der die kämpfende Truppe befehligte. General Sir Bernard Montgomerys ungebrochenes Selbstvertrauen war Balsam für jene, die an ihn glaubten, und ein Quell tiefsten Misstrauens für all jene, die dies nicht taten. Schon am 11. Juni hatte Montgomery seine Pläne dargelegt: Dempseys Truppen am Ostende des Brückenkopfs, die Caen zum Ziel hatten, müssten nach Möglichkeit die Hauptkonzentration der Feindtruppen auf sich ziehen und binden. Dadurch sollten die feindlichen Linien bei den Stellungen Bradleys ausgedünnt werden. Sobald der richtige Zeitpunkt für einen Durchbruch gekommen sei, sollte Bradley zuerst die Halbinsel Cotentin besetzen, danach südlich von Avranches über die Selune setzen und die 3. US-Armee unter Lieutenant General George Patton entlasten. Im Anschluss stünde ihnen der Weg in die Bretagne offen und die lebenswichtigen Häfen Brest, Lorient und St. Nazaire wären das nächste Ziel.

Vor dem 1. August war Pattons Position nicht ganz eindeutig: Das 8. US-Korps unter Major General Troy Middleton war zwar Teil seiner 3. Armee, während der Invasion aber der 1. Armee Bradleys zugeteilt. Und es war eben jenes Korps an der Westflanke „Cobras", das sich die Küste entlanggekämpft hatte, um Avranches zu nehmen und die Selune zu queren. Am 28. Juli bat Bradley Patton, den Befehl über das vom 8. Korps gehaltene Gebiet als „Deputy Army Commander" zu übernehmen, obwohl Patton gar nicht auf den Kontinent kommen sollte und offiziell Kommandeur der 3. Armee war.

Am 1. August änderte sich die Lage grundlegend. Patton war nun unumstrittener Kommandant von vier Korps (8., 13., 15. und 20.), die aus acht Infanterie- und vier Panzerdivisionen bestanden. Dies beruhte auf Befehlen, die vor dem „D-Day" erlassen, am 27. Juli von Montgomery und an diesem Morgen von Bradley bestätigt wurden. Pattons Auftrag: die Bretagne und ihre Häfen schnellstmöglich zu befreien.

Links: Die Befreiung Caens. Das massive Bombardement Caens bleibt eine der umstrittensten Aktionen des Feldzugs. Hier kommt ein britisches Panzerfahrzeugen in den Trümmern der Stadt vor einem gigantischen Bombentrichter zum Stehen.

Ziel Paris

Er befahl den Panzerdivisionen von Middletons 8. Korps, direkt auf Brest, Vannes und Lorient vorzurücken, und wandte sich vom Atlantik ab. Seine Aufmerksamkeit galt der 160 km entfernten Lücke im Osten, zwischen Chartres und Orléans, denn dahinter lagen die Seine und Paris. Pattons Ehrgeiz war es, die französische Hauptstadt als erster Kommandeur der Alliierten zu erreichen.

In der Zwischenzeit war das 15. Korps unter Major General Haislip südlich von Avranches in Stellung gegangen, um die Nachhut von Middletons Korps zu entlasten und seine linke

Mit Pflanzen getarnte britische Cromwell-Panzer warten östlich der Orne auf den Befehl zum Vorrücken. Den britischen Panzern gelang es bei der Operation „Goodwood" nicht, in ihrem Abschnitt durch die starken Verteidigungslinien der Deutschen zu brechen.

Flanke zu sichern. Als die Divisionen bereit waren, wandten sie sich von der Bretagne in Richtung Osten ab und hielten auf das Herz Frankreichs zu.

Haislips XV. Korps setzte sich als Erstes in Bewegung, querte am 8. August die Mayenne und erreichte Le Mans. Walker stieß am 7. August vor, nahm am 11. Angers und rückte pro Tag 25 bis 32 km vor, um bei der Pforte zwischen Chartres und Orléans die Flanke Haislips zu decken.

Nun kam es zu einer ersten Verzögerung. Außer Montgomery und Patton hatten auch Andere die Lage beobachtet: Was die Wehrmacht-Generäle auch befehlen mochten, Hitler war immer noch ihr Oberbefehlshaber und seine Aufmerksamkeit galt der Lücke zwischen Mortain und Avranches, durch die der gesamte Nachschub Pattons befördert werden musste. Am 4. August rückten vier Panzerdivisionen der 7. Armee von SS-Oberstgruppenführer Paul Hausser über Mortain nach Osten vor und wurden erst 11,3 km vor Avranches zum Stehen gebracht. Bradley, nunmehr Kommandeur der 12. Armeegruppe, hatte die Bedrohung erkannt und ihnen zwei Korps der 1. US-Armee entgegengeworfen.

Deutsche Stärke

Es kam zu erbitterten Kämpfen, aber Avranches blieb frei. Nun gingen zwei deutsche Feldarmeen und eine Panzergruppe (fast 100.000 Mann) im Westen an einer Linie südlich von Falaise bis Alençon in Stellung. Wenige Meilen nördlich von Falaise standen die Briten und Kanadier Dempseys sowie, bei Le Mans, Haislips Panzer. Selbst mit wenig Fantasie kann man sich vorstellen, was passierte, wenn sich diese Heere träfen. Montgomery blieb gelassen: „So wir die Lücke nicht vollständig schließen können, müssen wir den Feind eben in ein möglichst großes Dilemma stürzen."

VORSTOSS IN FRANKREICH: OPERATION „COBRA"

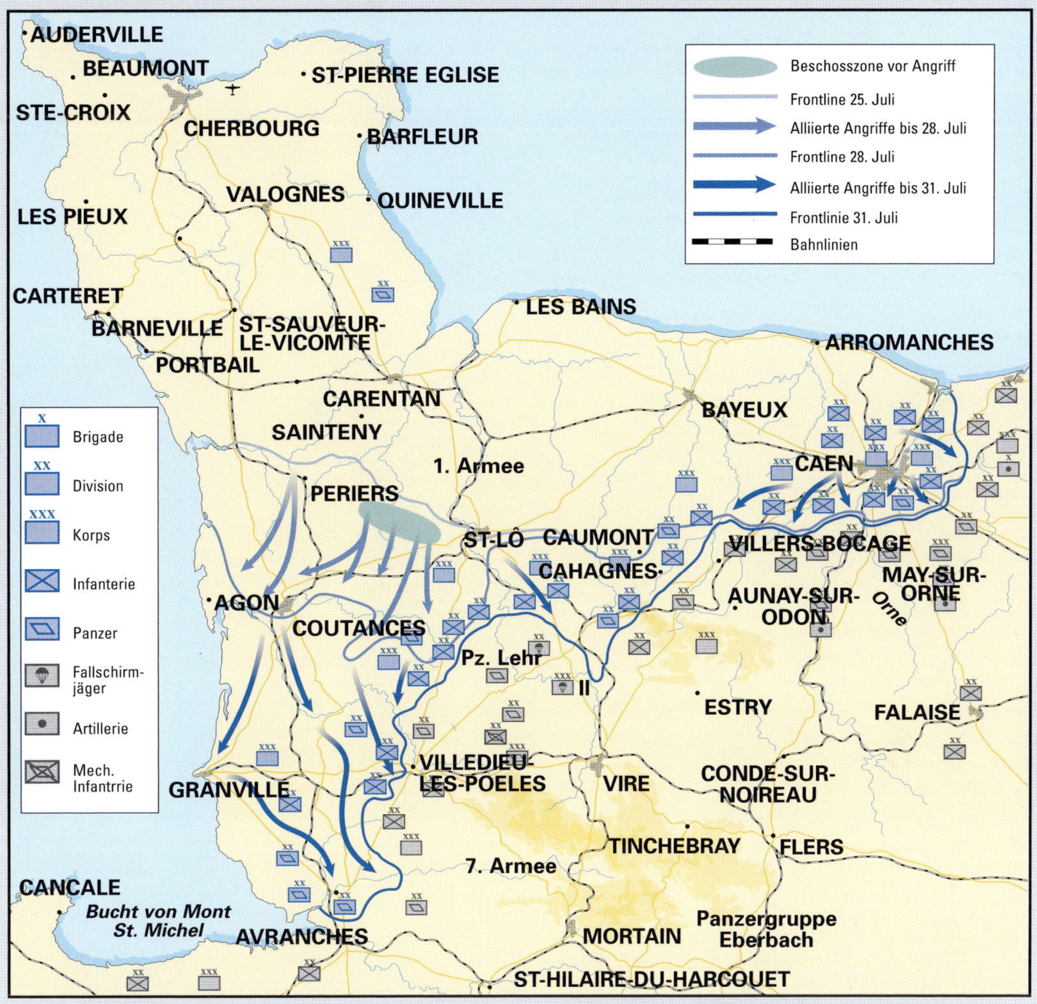

In 21 Tagen stieß Pattons 3. Armee von Avranches ausgehend 320 km nach Osten bis zur Seine und 240 km nach Westen bis Brest vor. Die Amerikaner befreiten rund 116.550 km² Frankreichs und spielten bei der Zerschlagung der enorm starken deutschen Verbände, die bei Falaise eingekesselt worden waren, eine wichtige Rolle. Dies war unter allen Gesichtspunkten ein bedeutender militärischer Erfolg, der in Bezug auf die Logistik zum Klassiker wurde.

Auch wenn der Kessel von Falaise nicht ganz abgeriegelt werden konnte, die Deutschen erlitten mit 60.000 Mann und erheblichen Mengen schweren Geräts einen empfindlichen Verlust. Haislips 15. Korps erreichte Argentan am 13. August und hätte wahrscheinlich bis Falaise vorstoßen können, was aber Demarkationslinien und mangelnder Nachschub verhinderten.

Im Süden erreichte Walkers XX. Korps am 16. August Chartres. Patton hatte seinem vierten Korps an der rechten Flanke (dem XII. Korps unter Maj. Gen. Manton S. Eddy) befohlen, Orléans zu nehmen. Nunmehr lagen fast 500 km zwischen den äußersten Flügeln von Pattons 3. US-Armee (den Divisionen Middletons in Brest und Eddys in Orléans) und der Abstand sollte noch wachsen. Am 16. August verließ Haislips XV. Korps Dreux und kam am 19. August nach Mantes-Gassicourt, während Walkers XX. Korps von Chartres aus am 20 August Melun und Fontainebleau erreichte (sie überschritten die Seine nahezu gleichzeitig oberhalb und unterhalb von Paris). Eddys XII. Korps rückte von Orléans aus am 21. August in Sens ein.

Der Vormarsch der Alliierten wurde oft durch verzweifelten Widerstand einer Hand voll deutscher Soldaten behindert. Einige wenige gut platzierte Scharfschützen konnten die Eroberung eines französischen Dorfes um Stunden verzögern und viele Opfer fordern.

Hinaus aus der Normandie
Chronologie

Anfang Juli 1944 steckte die alliierte Offensive wegen des entschlossenen Widerstands der Deutschen etwa 48 km von der Küste entfernt in der Normandie fest. Erst mehrere Schlüsseloperationen führten zum Durchbruch. Die deutsche Heeresgruppe B wurde im Kessel von Falaise nahezu vollständig vernichtet. Der Weg nach Paris war für die Alliierten frei.

1944

7. Juli
Britische Truppen versuchen erneut Caen zu nehmen, nachdem die Stadt von der RAF mit einem Flächenbombardement belegt worden war.

13. Juli
Briten und Kanadier erreichen den Stadtrand von Caens, werden jedoch durch überraschend heftigen deutschen Widerstand gestoppt.

18. Juli
US-Truppen bringen nach und nach das heiß umkämpfte St. Lô unter ihre Kontrolle. St. Lô ist eine hervorragende Basis für Vorstöße in den Süden der Halbinsel Contentin.

18. – 20. Juli
Die 2. britische Armee beginnt die Operation „Goodwood". Britische Panzerverbände greifen im Norden Caens an und vereinigen sich mit der 2. kanadischen Division, die vom Süden vorgeht. Das Ziel ist die Eroberung Caens und der Vorstoß auf Falaise. Nach dem Fall Caens kommen sie jedoch nur 8 km auf Falaise voran. Am 20. wird „Goodwood" gestoppt.

24. Juli
Die US-Truppen auf der Halbinsel Contentin starten Operation „Cobra". Sie wollen die deutschen Linien durchbrechen und den Weg für die Alliierten nach Avranches am Fuß der Halbinsel freimachen.

30. Juli
Die 1. US-Armee nimmt Avranches und hält es gegen einen Angriff der deutschen 7. Armee.

1. August
Die 3. US-Armee unter General George S. Patton stößt durch eine Lücke in den deutschen Linien bei Avranches auf das Loiretal und die Bretagne vor.

4. August
Das 30. Korps der Deutschen kann Pattons Vormarsch in der Bretagne nicht stoppen, zieht sich in die Seehäfen zurück und baut diese zu Verteidigungsstellungen aus.

7. August
Bei einem Gegenangriff auf Avranches erobern die Deutschen Mortain und rücken weitere 11 km gegen Avranches vor. Erst alliierte Artillerie und Luftangriffe auf die Panzer bringen den Vorstoß zum Stehen.

7. – 10. August
Die 1. kanadische Armee ist an einem Hauptangriff im Süden Caens beteiligt, rückt aber nur einige Meilen in Richtung Falaise vor.

8. August
General Omar Bradley, Kommandeur der 12. US-Armee, legt Montgomery seinen Plan vor: 21 deutsche Divisionen sollen im Kessel von Falaise – Argentan zwischen Montgomerys 21. Armeegruppe, die von Caen nach Süden vorrückt, und Pattons 3. Armee, die von Avranches nach Osten eindrehen soll, eingeschlossen werden. Der Plan wird angenommen.

10. – 13. August
Nachdem er Le Mans am 8. August erreicht hat, wendet Patton seine 3. Armee nordwärts und nimmt Argentan am 13. August ein.

14. August
Starke Verbände der 3. US-Armee lösen sich auf Pattons Befehl von Falaise und machen sich auf den Weg nach Osten. Ihr Ziel: Chartres und Paris.

16. August
Die Kanadier erreichen nach einer Woche harter Kämpfe Falaise. Nun erhalten die deutschen Truppen um Falaise Hitlers Erlaubnis, sich aus der drohenden Falle zurückzuziehen. Als die 3. US-Armee in Chartres eintrifft, wird die Stadt zu einem weiteren Hauptschauplatz.

19. August
Eine Division des 15. US-Korps quert bei Mantes-Gassicourt die Seine.

20. August
Das offene Ende des Kessels von Falaise wird durch amerikanische und kanadische Einheiten geschlossen. Nahezu alle in der Normandie kämpfenden deutschen Truppen sind in einem nur 9 mal 11 km großen Gebiet eingeschlossen.

22. August
Die überlebenden Deutschen kapitulieren im Kessel von Falaise. An die 50.000 Soldaten geraten in Kriegsgefangenschaft, 10.000 sind gefallen.

25. August
Paris wird von den Alliierten befreit. Pattons Truppen sichern bei Louviers und Elbeuf weitere Brückenköpfe an der Seine.

Der durch die Bomben der Alliierten zerstörte Hauptbahnhof von Caen. Die Alliierten warfen über 6.000 t Bomben auf die Stadt. 5.000 Zivilisten starben. Da die Straßen von Schutt übersät waren, hatten die Angriffe die Alliierten mehr behindert als ihnen genutzt.

Ein Handschlag zwischen General George C. Marshall, Stabschef der Amerikaner, und Brigadegeneral Charles de Gaulle, Kommandeur der Truppen des „Freien Frankreich", nach der Befreiung von Paris. Bei der Parade auf dem Champs Elysées am 26. August 1944 wurde De Gaulle von den Parisern mit frenetischem Jubel gefeiert.

Internationale Ereignisse 1944

3. Juli
Im Zuge des Unternehmens „Bagration", der großen Sommeroffensive in Weißrussland, erobert die Rote Armee Minsk. Die deutsche Heeresgruppe Mitte wird bei dieser Offensive in riesigen Einkesselungsmanövern aufgerieben.

20. Juli
Adolf Hitler wird bei einem Bombenattentat im Führerhauptquartier *Wolfsschanze* im ostpreußischen Rastenburg verletzt. Entsetzt über die Grausamkeiten der Deutschen an der Ostfront, hatte Claus Graf Schenk von Stauffenberg, ein Oberst der Wehrmacht, eine Kofferbombe neben dem Konferenztisch platziert.

21. Juli
US-Truppen landen auf der Pazifikinsel Guam, dem südlichsten Eiland der von den Japanern besetzten Inselkette der Marianen.

31. Juli
Die Rote Armee steht 12 km vor Warschau, nimmt die Stadt aber nicht ein. Die Russen überlassen es den Deutschen, einen Aufstand der nationalpolnischen „Heimatarmee" zu zerschlagen, welche die Stadt vor dem Eintreffen der Sowjets übernehmen will.

10. August
Hitler versucht, die Überlegenheit der Panzerwaffe zu retten, die wegen der Lufthoheit der Alliierten verloren gegangen ist, und wirft sämtliche Jäger der Luftwaffe an die Westfront.

Eine Gruppe weiblicher Kollaborateure wird in Cherbourg, mit geschorenen Köpfen zur Schau gestellt und gedemütigt. Diese Frauen wurden zu Fremden im eigenen Land.

Der Warschauer Aufstand

Tod einer Stadt

Als das Donnern der Kanonen der Roten Armee in Hörweite war, erhob sich der polnische Untergrund gegen die auf dem Rückzug befindlichen Deutschen.

Im Juli 1944 war die Rote Armee mit der beachtlichen Geschwindigkeit von 40 km pro Tag durch Weißrussland vorgerückt. Ende Juni eroberten die Sowjets Brest-Litowsk und überschritten im Süden Warschaus zwischen Magnuszew und Pulawy die Weichsel. Im Nordosten kämpften sie, lediglich 16 km von Warschau entfernt, um die Stadt Wolomin. Am Abend des 31. Juli ging ein Gerücht durch die polnische Hauptstadt: Die Sowjets wären bereits am Ostufer der Weichsel, in der Vorstadt Praga.

1939, fast unmittelbar nachdem Warschau in die Hand der Deutschen gefallen war, war die Untergrundbewegung „polnische Heimatarmee" entstanden. Sie hatte allein in Warschau 38.000 Mitglieder, davon 4.000 Frauen. Allerdings waren lediglich 25% von ihnen bewaffnet und die Munitionsvorräte reichten für höchstens sieben Tage. Sie hatten weder Artillerie noch Panzer, nur einige wenige Fahrzeuge und selbstverständlich keine Luftwaffe. Im Überfluss besaßen sie allerdings das Feuer des uralten Patriotismus, der vom Hass auf die deutschen Besatzer genährt wurde – und in diesen Tagen den dringenden Wunsch, die anrückenden Sowjets als „Herren im eigenen Haus" begrüßen zu können. Die polnische Heimatarmee war samt ihrer Führung der Londoner Exilregierung treu ergeben und stand in Opposition zu den Moskau-treuen Kommunisten.

In der dritten Juliwoche erhärtete sich der Eindruck, dass die Deutschen aus Warschau abziehen wollten. Lager, Werkstätten, Militärkommandos, Armee- und Polizeieinheiten wurden aufgelöst. Lediglich auf den von ihren Konvois verstopften Weichselbrücken waren sie weiter präsent. Doch dann befahl Hitler, den Abzug einzustellen, und übertrug Generaloberst Heinz Guderian das Kommando. Die deutschen Einheiten strömten in die Stadt zurück, eine Fallschirmjäger- und zwei SS-Panzerdivisionen riegelten den Süden Warschaus ab. Wandplakate, Straßenschilder und Polizei forderten alle Polen auf, ihre Hauptstadt gegen die Bolschewiken zu verteidigen.

Warschauer Altstadt, August 1944: Ein deutscher Infanterist wacht in den Ruinen, im Hintergrund ein Hetzer Jagdpanzer. Die Polen konnten lediglich ein Viertel ihrer Kämpfer mit Kleinwaffen ausstatten. Schlimmer war aber, dass Panzerabwehrwaffen fehlten.

Zwei Sturmgeschütze, seitlich durch Metallplatten gegen Panzerabwehrraketen der Infanterie verstärkt, führen einen Angriff auf eine polnische Stellung. Es ist nahezu unglaublich, dass die Polen zwei Monate gegen eine solche Übermacht aushalten konnten.

Befreite Altstadt

Aber längst waren andere Entscheidungen gefallen. General Tadeusz Komorowski, Deckname „Bor", hatte seine Befehle erteilt: Um 17.00 Uhr am 1. August erhob sich die polnische Heimatarmee gegen die Nazis. Ihnen kam sowohl das Überraschungselement zur Hilfe als auch das Faktum, dass viele deutsche Verbände und Patrouillen immer noch im Begriff waren, sich erneut einzurichten. In der Nacht besetzten die Polen die Altstadt, das Stadtzentrum, den Stadtteil Powisle am Fluss zwischen der Poniatowski- und der Kierbedziabrücke, Zoliborz im Norden sowie Mokotow, Sielce and Czerniaków im Süden. Große Teile der Stadt dazwischen wurden zum Schauplatz heftiger Kämpfe.

Die deutschen Stellungen waren mit den leichten Infanteriewaffen und stetig schwindenden Munitionsvorräten – eben allem, was die Polen besaßen – nicht zu bezwingen, dennoch dauerten die Straßenkämpfe während der nächsten zwei Tage an. Die ganze Zeit hielt die Polen vor allem eines aufrecht: der Klang schwerer Artillerie, die nur wenige Kilometer entfernt am anderen Flussufer sprach. Sie würden sicher aushalten können bis ihnen die Rote Armee zur Hilfe kam.

Am 3. August aber nahm der Kanonendonner langsam ab und verstummte am 4. August ganz. Auch die sowjetischen Flugzeuge verschwanden vom Himmel über Warschau. Der Heimatarmee wurde klar: Sie war auf sich allein gestellt.

Churchill und Roosevelt zeigten sich entsetzt. Die dringlichen Protestnoten beider Präsidenten wurden von Stalin erst ignoriert und später mit der Aussage beantwortet, dass er von den Polen nicht vorher konsultiert worden sei, ob sie den Aufstand beginnen sollten, und er daher keine Verantwortung übernehmen könne. Im Übrigen wäre die Rote Armee aufgrund der enormen Anstrengung bei den Kämpfen, die sie

Durch die Montage einer Pak mit geringer Beweglichkeit auf eine veraltete Panzerwanne konnten rasch und billig selbst fahrende Panzerabwehrwaffen hergestellt werden. Die Deutschen stellten als eine der Ersten Panzerjäger in Dienst: Für den Jagdpanzer „Hetzer“ war eine 75-mm-PaK 39 auf das Chassis des alten Panzer 38(t) aufgesetzt worden.

Wenn die Deutschen eine Stellung überrannten, wurden die Gefangenen sofort erschossen oder beim nächsten Angriff als lebende Schilde an die Panzer gebunden.

im Juli bis an die Weichsel geführt hatten, derart erschöpft, dass ein Angriff erst wieder möglich sei, wenn sich die Soldaten erholt hätten und Nachschub eingetroffen wäre. Und er verwehrte jedem Flugzeug, das über Warschau Nahrung und Munition abwarf, die Landeerlaubnis in Russland, wenn es nicht genug Treibstoff für die Rückkehr hätte. Offensichtlich hatte Stalin ganz andere, unverrückbare Vorstellungen davon, wer hier in Polen der „Herr im eigenen Haus“ war.

Lediglich der Tapferkeit und Ausdauer der Polen ist es zu verdanken, dass sie so lange aushielten. Hitlers Wut über den Aufstand war so groß, dass er die Liquidierung aller Widerstandskämpfer und die völlige Zerstörung der Stadt befahl – und den Reichsführer-SS, Heinrich Himmler mit der Ausführung des Befehls betraute. Auf Straße und Schiene führte man Verstärkung heran: Polizei, Infanterie, eine in Gefängnissen ausgehobene Brigade Krimineller und zwei Brigaden sowjetischer Soldaten, die zu den Nazis übergelaufen waren. Sie alle standen unter dem Befehl von SS-Gruppenführer Erich von dem Bach-Zelewski, einem ausgewiesenen Experten im Kampf gegen Partisanen.

Lebendig verbrannt

Mit Panzern, Granaten, Flammenwerfern und Sturzkampfbombern trieben die Deutschen die Polen aus ihren Stellungen. Einige Zeit konnte die Heimatarmee in Verbindung bleiben, indem sie sich durch das Netz der Abwasserkanäle bewegte. Wenn der Kampfgeist der Polen wegen der ausbleibenden Hilfe sank, wurde er durch Berichte über Gräueltaten neu entfacht, mit denen die Deutschen die warteten. Dann warf ein sowjetisches Flugzeug Waffen und Nahrung ab. Allerdings ist der Begriff „abwerfen“ wörtlich zu nehmen: Man verzichtete auf Fallschirme, sodass alle Waffen bei der Landung zerschmettert wurden. Dies war wahrscheinlich die grausamste, sicher aber die zynischste aller Reaktionen Stalins auf den polnischen Kampf um Demokratie.

Nach zweimonatigem Kampf wurde am 2. Oktober ein Waffenstillstand vereinbart, die Heimatarmee legte ihre Waffen nieder. Während des Aufstands starben etwa 150.000 Polen und 26.000 Deutsche. Die Überlebenden wurden weggetrieben, die Stadt zur Gänze geräumt. Dann begannen die Truppen

Die Überlebenden der Schlacht um Warschau erwartete Deportation oder sofortige Vernichtung in den Gaskammern. Der sowjetische Angriff auf die Stadt kam für sie zu spät, ihr Brückenkopf an der Weichsel, den sie gemeinsam mit Kommunisten gehalten hatten, war überrannt worden.

Frauen des Jüdischen Widerstands. Die antisemitische Politik der polnischen Vorkriegsregierung kann nicht mit der „Endlösung“ der Nazis verglichen werden. Der jüdische Untergrund hatte 1944 nichts zu verlieren. Aber auch der gesamte polnische Widerstand kämpfte, je länger der Aufstand anhielt, mit dem Mut der Verzweiflung.

Stadt knechteten. In den Gefängnissen wurden Häftlinge erschossen, in Spitälern Ärzte, Schwestern und Patienten ermordet, Verwundete wurden mit Benzin übergossen und bei lebendigem Leib verbrannt. Bis 16. September erhielt die Heimatarmee keinerlei Unterstützung durch die Russen, die nur 16 km vor der Stadt lagen und unter von dem Bach-Zelewski mit deren systematischer Zerstörung: Ganze Stadtteile wurden gesprengt oder in Brand gesetzt, alle Wertgegenstände ins Reich verbracht. Als sie ihr Werk vollendet hatten, wandten sie sich wieder gegen Osten, wo die Rote Armee nun bereit war, ihren Marsch nach Berlin aufzunehmen.

Der Warschauer Aufstand
Chronologie

Der Warschauer Aufstand vom August 1944 hatte zwei Ziele: Man wollte die deutschen Besatzer vertreiben, da diese hinreichend geschwächt erschienen, und eine Verhandlungsbasis mit den Sowjets schaffen, welche die politische Kontrolle übernehmen wollten.

US-Bomber werfen Container mit Waffen über Warschau ab, die Fallschirme öffnen sich jedoch im Propellerstrahl. Da die Sowjets ihren Verbündeten die Nutzung der russischen Flugfelder untersagten, waren die Möglichkeiten der westlichen Alliierten, die Aufständischen zu versorgen, sehr beschränkt.

1944

Juli
Der Oberkommandierende der polnischen Heimatarmee, Generalleutnant Komorowski, plant einen Aufstand in Warschau. Am 26. Juli ersucht die polnische Exilregierung in London Großbritannien um Unterstützung, obwohl diese wenig praktischen Wert hat, da die Briten wenig mehr machen können, als Waffen über dem Stadtgebiet abzuwerfen. Da die Sowjets andere Pläne für das Land haben, ist von Stalin kaum Hilfe zu erwarten.

1. August
Die 1. und die 2. Weißrussische Front sowie die 1. Ukrainische Front stehen 32 km vor Warschau. Komorowski gibt den Befehl zur Erhebung. Die Polen verfügen über rund 37.000 überwiegend schlecht bewaffnete Kämpferinnen und Kämpfer.

1. – 20. August
Voller Zorn über den Aufstand entsendet Hitler Truppen. Am 20. August befinden sich 21.300 deutsche Soldaten unter dem Befehl der SS in der Stadt.

4. August
Die den Deutschen zahlenmäßig und an Material unterlegene Heimatarmee bittet die Alliierten direkt um Hilfe.

11. August
Auch der Papst fleht die Alliierten an, den Warschauer Aufstand rasch zu unterstützen. Er bringt seine tiefe Besorgnis zum Ausdruck, dass die Russen nur deswegen nicht einmarschieren, weil sie darauf warten, dass die Deutschen den Aufstand niederschlagen, damit der Weg für ihre politischen Pläne frei ist. Die Sowjets sind mittlerweile nur mehr 19 km vor den Warschauer Vorstädten entfernt.

Mitglieder eines deutschen Fernmeldetrupps werden vorübergehend von den Polen gefangen genommen und durch die Stadt geführt.

Deutsche Soldaten schießen am Grab eines in Warschau gefallenen Kameraden Salut. Die Rote Armee drang am 17. Oktober, lediglich zwei Wochen nach Zusammenbruch des Aufstands, den sie nur 19 km von den Vorstädten entfernt beobachtet hatte, aus dem Osten in Warschau ein.

16. August
Stalin lehnt die Unterstützung der polnischen Heimatarmee sowie anderer Partisanenverbände in Warschau mit aller Entschiedenheit ab. Er nennt es ein unbesonnenes Abenteuer, das zu verurteilen ist, und rügt die Aufständischen, weil sie die Sowjets nicht vorher über ihre Absichten informiert hatten. Die Sowjets stehen nunmehr bei Ossow, 9,6 km vor Warschau.

20. August
Die polnischen Aufständischen werden in Warschau in drei isolierte Bereiche zersplittert, die Deutschen bereiten ihre Schlussoffensive vor.

25. August
Der deutsche Hauptangriff auf die Heimatarmee beginnt. Er wird von SS-Obergruppenführer Erich von dem Bach-Zelewski geplant und geleitet.

16. September
Stalin lässt als pathetische Geste Waffen über Warschau abwerfen – zwei Maschinengewehre und 50 Pistolen. Der nominelle Beitrag erfolgt aufgrund des fortgesetzten Drucks der Westalliierten.

18. September
Ein einziges Mal dürfen B-17-Bomber auf einem Versorgungsflug nach Warschau in Poltawa zwischenlanden und auftanken. Allen anderen Maschinen der Briten und Amerikaner, die von Foggia in Italien starteten, verweigerte Stalin die Nutzung der vorgeschobenen Flugplätze der Sowjets. Die B-17 werfen den Nachschub für die Polen am 25. September ab, die Container fallen jedoch in die Hand der Deutschen.

16. – 21. September
Eine Abteilung der 1. polnischen Armee, die unter den Sowjets kämpfte, versucht nach Warschau vorzustoßen, um den Aufstand zu verstärken. Sie setzen über die Weichsel und erreichen die Außenbezirke, werden aber durch energischen deutschen Widerstand zurückgeschlagen. Ihr Kommandeur, Oberstleutnant Zygmunt Berling, wird wegen Verstoßes gegen die sowjetischen Befehle seines Amtes enthoben.

30. September
Abgesehen vom Stadtzentrum sind alle Bezirke Warschaus in deutscher Hand.

2. Oktober
Komorowski befiehlt den verbliebenen Kämpfern in Warschau die Kapitulation. Fast 250.000 Bewohner der Stadt werden noch in den Nachwehen des Aufstandes sterben – als Opfer von Repressalien der Nazis oder des Konzentrationslager Pruszkow.

Internationale Ereignisse 1944

1. – 16. August
Die Alliierten versuchen in der Normandie durchzubrechen. Die 3. US-Armee kämpft sich durch eine Lücke bei Avranches nach Süden, während britische, kanadische und amerikanische Einheiten die Deutschen zwischen Falaise und Argentan einkesseln.

1. August
US-Einheiten erobern die zu den Marianen zählende Insel Tinian.

10. August
Guam fällt an die Pazifikstreitkräfte der USA. Damit sind alle Inseln der Marianen unter amerikanischer Kontrolle.

21. August
Mehr als 50.000 deutsche Soldaten werden von den Alliierten im Kessel von Falaise gefangen genommen. Weitere 10.000 fielen während der Operation „Totalize“, bei der die Deutschen in der Region Falaise – Argentan abgeschnitten wurden.

25. August
Paris wird von den Alliierten befreit.

11. September
US-Einheiten erreichten bei Trier deutschen Boden und rücken gegen Aachen vor.

17. September
Beginn der alliierten Operation „Market Garden“: Britische und amerikanische Luftlandeverbände versuchen, eine Kette strategisch wichtiger Brücken an Unterrhein zu nehmen, bevor diese noch in Reichweite der Hauptstreitmacht der Alliierten sind.

Die Brücke von Arnheim

„Market Garden“

Die Alliierten inszenierten im September 1944 das größte Luftlandeunternehmen des Kriegs, um strategisch wichtige Brücken zu nehmen.

„MARKET GARDEN“: DER ANGRIFF AUF DIE BRÜCKEN

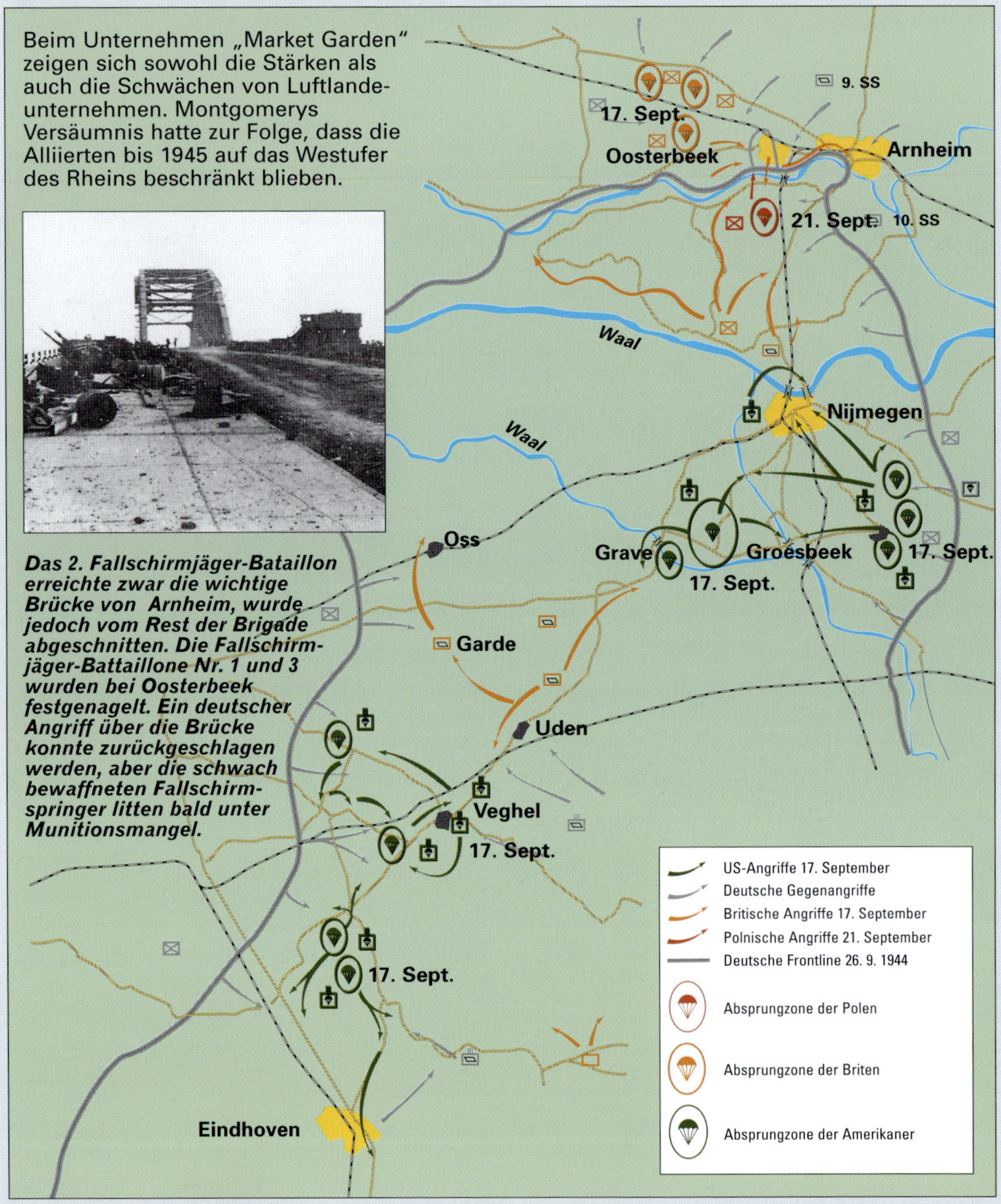

Am 17. September 1944 wurde in Südostengland die größte Luftlandearmada aller Zeiten zusammengezogen. Über 1.500 Flugzeuge starteten von 22 Flugfeldern. Jägern und Bombern mit Schutz- und Angriffsaufgaben folgten Dakota-Transportmaschinen und zu Transportern umgerüstete Sterling-Bomber auf dem Weg nach Holland.

Jene Abteilung, die Eindhoven anflog, beförderte Männer und Material der 101. US-Luftlandedivision. Die zweite, größere, brachte die 82. US-Luftlandedivision in das Gebiet zwischen Grave und Nimwegen sowie die Luftlandebrigade und eine Fallschirmjäger-Brigade der 1. Britischen Luftlandedivision (unter Major General Urquhart) zu ihrem Zielgebiet 16 km westlich von Arnheim mit seiner strategisch wichtigen Brücke über den Niederrhein.

Diese sowie vier weitere Brücken, die bei Nimwegen, Grave, Veghel und Eindhoven nach Süden führten, waren die Primärziele der Luftlandetruppen. Weiter südlich warteten Sturmeinheiten der 2. (brit.) Armee, die entlang der Straße von Eindhoven nach Arnheim vorstoßen und dabei alle Känäle und Flüsse queren sollte. Die Verteidigungsstellungen der deutschen Siegfried-Linie waren zu umgehen. Sie würden „das Sprungbrett für einen mächtigen und vollblütigen Schlag gegen das Herz Deutschlands“ schaffen, wie Feldmarschall Montgomery meinte.

Die alliierten Strategen hatten allerdings nicht bedacht, dass die Deutschen das Gebiet zur Auffrischung ihrer Fronteinheiten nutzten. Daher trafen die leicht bewaffneten Fallschirmjäger nicht nur auf die hier stationierten Truppen, sie standen auch der 9. und 10. SS-Panzerdivision sowie Verbänden der Heeresgruppe B gegenüber, die beim Hauptquartier von Generalfeldmarschall Model Dienst taten.

Zwölf umgerüstete britische Bomber und sechs amerikanische C-47 brachten die Vorausabteilung, die die Landezone auftragsgemäß gesichert hatte, als die Männer der 1. Luftlandedivision in 149 Dakotas die Absprungzone X erreichten. Analog dazu ging man auch bei den Landezonen S und Z vor, 254 Horsa- und 38 Hamilcar-Gleiter der Luftlandebrigade sowie vom Hauptquartier Urquharts wurden losgeschickt. Von der gesamten Luftflotte fielen nur fünf

Gleiter aus, die Treffer erhielten oder deren Taue während des Flugs gekappt werden mussten, insgesamt gingen 35 verloren.

Das Ziel: die Brücke

Doch die Truppen setzten sich nur langsam in Bewegung. Lieutenant Colonel Frost konnte sein 2. Fallschimjäger-Battailon erst um 15.30 Uhr sammeln und führte die Männer 13 km zur Brücke von Arnheim.

Auf halbem Weg wollte Frost eine Kompanie zur Sicherung der Eisenbahnbrücke über den Niederrhein entsenden, als eine laute Explosion anzeigte, dass diese soeben gesprengt worden war. Obwohl es zu dieser Zeit bereits dunkel war, rückten die britischen Fallschirmjäger weiter vor und erreichten die Brücke von Arnheim.

Unterdessen hatte Urquhart ein anderes ernstes Problem zu lösen: Seine Funkanlage arbeitete nicht. Um die Lage zu erkunden, saß er hinter seinen Fallschirmspringern auf einem Jeep auf. Nachdem er Frosts Hauptquartier in der Nähe des Rheinufers gefunden hatte, kehrte er nach Oosterbeek zurück. Hier fand Urquhart das 3. Battalion unter Lt. Col. Fitch (in heftige Kämpfe mit den Deutschen verwickelt) sowie den Kommandeur der 1. Fallschirmjäger-Brigade Brigadier Lathbury.

Offensichtlich wurde Arnheim gegen das 3. Battalion, aber auch gegen das 1. Fallschirmjäger-Bataillon von Lt. Col. Dobie, das sich entlang der Eisenbahn vorarbeiten sollte, von Panzereinheiten blockiert.

Massive deutsche Verbände schirmten Frosts Männer auf der Brücke von jedem denkbaren Nachschubweg ab. Auch die 4. Fallschirmjäger-Brigade unter Brigadier Hackett, die tags darauf eintraf, konnte sich lediglich den Weg zu den Resten des 1. und 3. Battalions freikämpfen. In den nächsten zwei Tagen wüteten einzelne Schlachten mit ständig steigender Härte. Die Deutschen waren im Vorteil, da Zahl und Munitionsvorräte der Briten stetig schwanden.

Durch die defekte Funkanlage und das Fehlen von taktischer Luftunterstützung aufgehalten, konnten die Fallschirmjäger nur aushalten und hoffen, dass das 30. Korps durchbrechen würde.

Am 20. Setember war an der Brücke alles vorüber. Frost war verwundet, sämtliche von den Briten besetzte Gebäude kurz und klein geschossen worden und unaufhaltsam setzten deutsche Panzer über die Brücke, gefolgt von der Infanterie, um die letzten Überlebenden gefangen zu nehmen.

Rettungsversuch

Am 22. September schöpften die Briten kurz Hoffnung: Die 1. polnische Luftlandebrigade unter Maj. Gen. Sosabowski landete am gegenüberliegenden Südufer. Aber die Fähren waren zerstört worden und die Polen wurden, als sie versuchten über den Fluss zu setzten, von beiden Ufern aus unter Feuer genommen.

Den Männern war gesagt worden, dass man sie innerhalb von vier Tagen herausholen würde, tatsächlich blieben sie neun Tage auf sich allein gestellt. Als drei Battalione der 43. Division zum Südufer kamen, setzten Männer der 5. Dorset zur Unterstützung der Fallschirmjäger, die noch immer ausharrten, über. Am folgenden Nachmittag wurde die Evakuierung organisiert.

In der Nacht legte die Artillerie des XX. Korps einen Feuerteppich um das Gebiet. Gleiterpiloten der Luftlandebrigade spähten eine Fluchtroute aus und führten ihre Kameraden ans Ufer, wo britische und kanadische Pioniere warteten, die in Sturmbooten flussaufwärts von Nimwegen gekommen waren.

„Market Garden" war an sich eine gute Idee. Wegen mangelnder Information über die feindlichen Truppen um Arnheim, aber auch wegen des Wetters, das den Vormarsch des XXX. Korps verzögerte, und weil die 1. Luftlandedivision aufgrund eines Planungsfehlers zu weit von ihrem Ziel abgesetzt wurde, war das Unternehmen jedoch zum Scheitern verurteilt.

Unten: Die Landung der britischen Lastensegler am 17. September war riskant, aber die einzige Möglichkeit, die leicht bewaffneten Luftlandesoldaten mit Panzerabwehrwaffen, Jeeps und Nachschub zu versorgen.

Ganz unten: Holländische SS-Bataillone leisteten nur schwachen Widerstand, der jedoch durch Panzereinheiten versteift wurde. Arnheim war das Hauptquartier von Generalfeldmarschall Model, der bis zum Eintreffen der Verstärkung die Verteidigung improvisierte.

Oosterbeek: Kameramänner der Fallschirmjäger-Brigade teilen ihre Ration mit einer Holländerin. Der Untergrund schmuggelte nach dem Fehlschlag viele Soldaten hinter die Linien der Alliierten.

Die Brücke von Arnheim
Chronologie

„Market Garden" war der Versuch der Alliierten, jenseits des Niederrheins, bei Arnheim, einen Brückenkopf für den Vorstoß nach Deutschland zu errichten. Das am weitesten vorgeschobene Luftlandeunternehmen in Arnheim selbst lag aber zu entfernt, um ausreichend mit Nachschub versorgt werden zu können.

Soldaten der 82. US-Luftlandedivision an Bord eines C-47 Transportflugzeugs in England. Mit Fallschirmen, Funkgeräten und Waffen schwer beladen, warten sie auf den Start zur Absprungzone in den Niederlanden. Jede C-47 Skytrain konnte 27 voll bewaffnete Fallschirmspringer befördern.

1944

10. September
Der Oberkommandierende der Alliierten in Europa, General Eisenhower, stimmt der von Feldmarschall Montgomery vorgeschlagenen Operation „Market Garden" zu. Luftlandeeinheiten sollen strategisch wichtige Brücken bei Eindhoven, Veghel, Grave, Nimwegen und Arnheim nehmen und halten, bis das XXX. (brit.) Korps 152 km vom Maas-Schelde-Kanal vorgerückt wäre, um sie zu entsetzen.

17. September
Beginn der Operation „Market Garden": Die 1. britische Luftlandedivision sowie die 82. und die 101. US-Luftlandedivision landen bei Eindhoven, Veghel, Grave und Oosterbeek. Die Landeunternehmen der US-Truppen bei Eindhoven und Veghel (101. US-Luftlandedivision) sowie Grave (82. US-Luftlandedivision) sind erfolgreich, nahezu alle Brücken werden genommen und gehalten. Die britischen Truppen stoßen bei Arnheim jedoch auf heftigen Widerstand der 9. und 10. SS-Panzerdivision, die in diesem Gebiet reorganisiert werden sollten. Dem 2. Bataillon gelingt es, die Brücke von Arnheim zu besetzen, aber es wird von den Deutschen sofort abgeschnitten und eingekesselt.

18. September
Das XXX. Korps der Briten erreicht die 101. US-Luftlandedivision bei Eindhoven und Veghel, nachdem es sich gegen heftigen Widerstand der Deutschen den Weg über die Hauptstraße nach Eindhoven erkämpft hat.

Britische Fallschirmjäger werden in der Nähe von Arnheim von holländischen Zivilisten versorgt. Angesichts des Erfolgs der deutschen Luftlandeunternehmen in Westeuropa und auf dem Balkan stellten die Briten 1941 selbst ein Fallschirmjäger-Regiment auf.

Wenige Minuten nachdem die britischen Gleiter am 17. September bei Arnheim gelandet waren, gingen diese deutschen Soldaten in Gefangenschaft. Als die Deutschen jedoch den ersten Schock überwunden hatten, leisteten sie erbitterten Widerstand.

19. September
Das XXX. Korps der Briten vereinigt sich um 08:20 Uhr mit der 82. US-Luftlandedivision.

20. September
Verstärkt durch das XXX. (brit.) Korps startet die 82. US-Luftlandedivision bei Nimwegen einen Angriff auf die Brücke über den Waal. Ein Bataillon setzt mit Sturmbooten über. Nach der Einnahme der Brücke verzögert sich der Vormarsch des XXX. Korps nach Arnheim um weitere 24 Stunden.

21. September
Aufgrund der Wucht der deutschen Gegenangriffe müssen die britischen Fallschirmjäger die Brücke von Arnheim aufgeben. Sie ziehen sich in die Stadt zurück, ein verzweifelter Überlebenskampf beginnt. Nördlich von Nimwegen wird der Vormarsch des XXX. Korps durch deutsche Artillerie und Panzerabwehr aufgehalten.

22. September
Die 1. polnische Fallschirmjäger-Brigade landet zur Unterstützung der 1. Luftlandedivision der Briten südlich von Arnheim.

25. September
Die Überlebenden der 1. Luftlandedivision ziehen sich in Arnheim über den Niederrhein zurück und versuchen, das bereits nahe der Stadt stehende XXX. Korps zu erreichen. Lediglich 2.200 Mann entkommen, sie lassen 6.000 Gefangene und 1.000 Tote zurück.

27. September
Die letzten in Arnheim eingekesselten britischen und polnischen Soldaten ergeben sich den Deutschen. Die US-Truppen vor der Stadt halten den Deutschen stand, verlieren in den Kämpfen der nächsten beiden Monate jedoch 3.500 Mann.

Internationale Ereignisse 1944

17. September
Adolf Hitler erleidet einen leichten Herzinfarkt.

19. September
Premierminister Winston Churchill und US-Präsident Franklin D. Roosevelt legen in einer dreitägigen Konferenz die Bedingungen für den Einsatz von Atomwaffen fest. Die Vereinbarung umfasst auch die Option eines Atombombenabwurfs auf Japan.

21. September
Die italienische Stadt Rimini fällt nach einmonatigen Kämpfen an kanadische und griechische Truppen.

22. September
Sowjetische Einheiten unter Marschall Goworow nehmen die estnische Hauptstadt Tallinn. Damit hat die sich auf dem Rückzug befindliche Heeresgruppe Nord ihren letzten Fluchthafen verloren.

22. September
Flugzeuge starten von Trägern der US Navy zum ersten Tageslichtangriff auf die Philippinen. Sie bombardieren japanische Flugfelder bei Luzon und in der Nähe Manilas.

24. September
Aus der Tschechoslowakei kommend stößt die Rote Armee rund 32 km auf von den Deutschen besetztes polnisches Gebiet vor.

Der letzte Blitzkrieg
Die Ardennenoffensive

16. Dezember 1944: Zur völligen Überraschung der Alliierten beginnen die Deutschen eine massive Offensive durch die als undurchdringlich geltenden Wälder der Ardennen.

Der bewölkte Himmel beraubte die Alliierten ihrer Luftunterstützung und wertete die Bedeutung der Artillerie gefährlich auf. Die M7 Panzerhaubitze mit 105-mm-Geschütz war das erste Vollkettenfahrzeug, das bei der US-Armee als Panzerjäger eingesetzt wurde. Es fand auch bei den Briten weite Verbreitung.

Entsprechend der Absicht ihres Oberkommandos konzentrierte sich Mitte Dezember 1944 die Hauptmacht der Alliierten auf beide Enden der Westfront. Im Norden hatten anglokanadische Armeen Antwerpen befreit und die Scheldemündung geöffnet. Die 1. und die 9. US-Armee standen vor dem Niederrhein und bedrohten die lebenswichtigen Talsperren an der Rur. Im Süden war Lieutenant General George Pattons 3. Armee nach ihrem spektakulären Vorstoß durch Frankreich bereit, das ebenfalls wichtige Saarland zu nehmen und bis an den Rhein bei Mannheim vorzustoßen.

Zwischen den beiden mächtigen Gruppen lagen auf einem 145 km langen Frontabschnitt etwa 80.000 Amerikaner, vorwiegend vom VIII. Korps unter Major General Troy Middleton, die eben erst aus Großbritannien eingelangt waren. Sie wurden von der 9. Panzerdivision gedeckt, die ebenfalls neu in dem Gebiet war und noch keine Kampferfahrung hatte. Diese Einheiten waren an die Ardennenfront verlegt worden, denn dort herrschte einigermaßen Ruhe. Vor ihnen lag das dünn besiedelte Hochland der deutschen Eifel, in ihrem Rücken das stark bewaldete, steil ansteigende und von Sümpfen durchzogene Hügelland der Ardennen, beides Gebiete, die man als für offene Feldschlachten ungeeignet hielt.

„Wacht am Rhein“

Die Amerikaner waren daher mehr als überrascht, als sie am 16. Dezember um 05.30 Uhr durch schweres Artilleriefeuer geweckt wurden. Aus dem Halbdunkel brachen deutsche Stoßtrupps durch ihre Reihen, gefolgt von starken Panzer- und Panzergrenadierverbänden, von denen viele die Runen der Waffen-SS trugen.

Hitler hatte unmittelbar nach dem Ende der Schlacht von Falaise angekündigt, dass bis November eine Streitmacht von 25 Divisionen für einen massiven Gegenangriff auf die angloamerikanischen Armeen bereitstehen würde. Selbst das OKW war erstaunt, als dieses Heer tatsächlich zustande kam. Alle Winkel des Reiches waren nach wehrfähigen Männern durchkämmt worden. Etappenoffiziere und 16-jährige Hitlerjungen, Beamte, kleine Ladenbesitzer und Studenten wurden zum Fronteinsatz getrieben.

Uffz. Manfred Pernass, 23, vor einem Erschießungskommando, nachdem der Deutsche in amerikanischer Uniform aufgegriffen worden war. Die amerikanische Etappe wurde von Englisch sprechenden Deutschen unter dem Befehl des legendären Otto Skorzeny infiltriert.

Mitte Dezember standen dem VIII. US-Korps, das ob der mustergültigen Geheimhaltung und brillanter Täuschungsmanöver gänzlich unvorbereitet war, drei neu ausgehobene Armeen gegenüber: Im Norden stand die 6. SS-Panzerarmee unter SS-Oberstgruppenführer Sepp Dietrich (zu jener Zeit, als die Nazis noch als Mob auf den Straßen kämpften, Hitlers Leibwächter, später eines der Asse der „Leibstandarte Adolf Hitler“). In der Mitte der Angriffsfront wartete die 5. Panzerarmee unter dem bewährten Wehrmachtsgeneral Hasso von Manteuffel. An der Südflanke bildete die 7. Armee unter dem getreuen, aber fantasielosen General Erich Brandenberger ein Bollwerk gegen jeden denkbaren nordwärts gerichteten Gegenangriff der 3. US-Armee.

Insgesamt warteten an die 200.000 Mann auf den Angriffsbefehl für das Unternehmen, welches den Codenamen „Wacht am Rhein“ erhalten hatte. Zusätzlich zu diesen konventionellen Kampfverbänden standen unter dem Kommando von Oberst von der Heydte, der bereits in Kreta gekämpft hatte, 1.250 Fallschirmjäger bereit, um vor der Hauptkampflinie abzuspringen, Brücken und Straßenkreuzungen zu sichern und jede Kommandoeinrichtung des Feindes anzugreifen, die sie entdecken konnten. Bei ihrer Aufgabe, Panik und Verwirrung zu stiften, wurden sie von dem berühmt-berüchtigten SS-Sturmbannführer Otto Skorzeny unterstützt, der ein Freiwilligen-Sonderkommando in amerikanischen Uniformen und Fahrzeugen hinter die feindlichen Linien führte. Ein Manöver, das im Falle ihrer Gefangennahme mit standrechtlicher Erschießung belohnt wurde.

Das Ziel all dieser in aller Heimlichkeit aufgestellten Verbände war Antwerpen und die Zersplitterung der alliierten Truppen, welche die deutsche Grenze bedrohten. Die anglokanadischen Armeen sollten zerschlagen, die 1. und 9. US-Armee durch die Besetzung ihres wichtigsten Nachschubhafens ausgehungert werden. Überdies erhoffte man sich eine schier unermessliche Stärkung der Kriegsmoral der deutschen Bevölkerung sowie eine Demoralisierung der Alliierten, deren strategische Planung durch die der Niederlage unausweichlich folgenden Streitereien für Wochen, wenn nicht gar Monate zunichte gemacht werden würde.

Die Spitze der 1. SS-Panzerdivision unter ihrem rücksichtslosen Kommandanten,

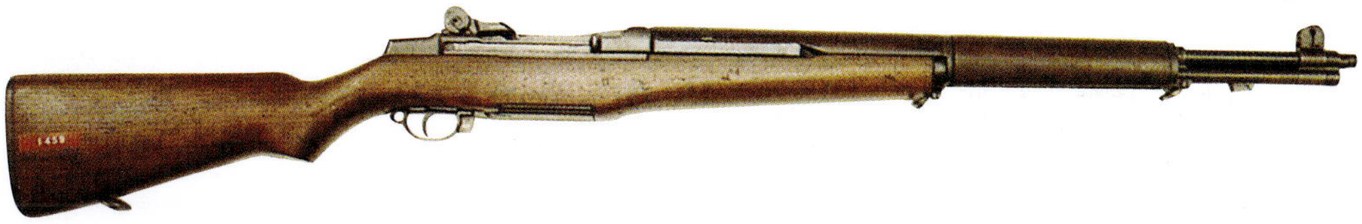

Das 1932 bei der US-Armee eingeführte Gewehr M1 Garand Kaliber .30 (7,62 mm) war der erste Selbstlader, der zur Standardwaffe wurde. Er hatte ein Magazin mit acht Schuss, war robust und zuverlässig.

Das deutsche Gewehr 43 (Kaliber 7,92 mm) war ein Selbstlader mit 10-Schuss-Magazin, das nur in geringer Zahl an der Westfront zu sehen war. Ein Teleskop-Zielfernrohr zählte zur Standardausstattung der oft von Scharfschützen verwendeten Waffe.

Mit seiner 8,8-cm-Kanone und der massiven Panzerung war der Königstiger der leistungsfähigste deutsche Panzer dieses Krieges. Dieses Exemplar wurde auf der Straße nach Stavelot erbeutet, nachdem der deutsche Treibstoffnachschub zusammengebrochen war und sich seine Besatzung ergeben hatte.

SS-Standartenführer Joachim Peiper, brach bei Honsfeld durch eine Lucke in den amerikanischen Linien, eroberte bei Bullange (Büllingen) ein großes Treibstofflager und nahm an einer Straßenkreuzung bei Malmédy ein US-Beobachtungsbataillon gefangen, bevor sie weiter auf Stavelot vorrückte. Zum Schaden aller Beteiligten erschossen seine Männer, die durch die erbitterten Kämpfe an der Ostfront verroht waren, bei Honsfeld 19, bei Bullange 50 und in der Nähe von Malmédy 87 US-amerikanische Kriegsgefangene, barbarische Akte, die sich selbst richteten: Als die Gerüchte über die Massaker die Stellungen der Amerikaner erreichten, kochten sowohl Wut als auch Verzweiflung auf. Die Folge war, dass selbst unerfahrene Einheiten, die oft nur unter dem Kommando blutjunger Unteroffiziere standen, mit so großer Hingabe kämpften, dass sie den deutschen Vorstoß in den Süden blockierten.

Eine von Manteuffels Speerspitzen war ähnlich erfolgreich wie Peipers Kampfgruppe, ohne aber auch nur annähernd so brutal vorzugehen. Kurz vor der strategisch wichtigen Straßenkreuzung von St. Vith wurden sie von der Artillerie und den Jagdpanzern einer amerikanischen Infanteriedivision gestoppt. Dadurch wurde die Hauptmacht von Manteuffels Armee gezwungen, im Süden, zwischen St. Vith und einer weiteren wichtigen Straßenkreuzung bei Bastogne (Bastenaken), vorzugehen.

Auf diesen Ort konzentrierte sich in der Folge die Aufmerksamkeit von Angreifern und Verteidigern. Lieutenant General Omar Bradleys 12. Armeegruppe hatte die Aufgabe, die Offensive im Mittelabschnitt abzufangen. Anfangs betrachtete Bradley den Angriff lediglich als Ablenkungsversuch, der im Norden den Vormarsch der 1. Armee auf die Ruhr und im Süden jenen der 3. Armee auf die Saar stören sollte. Bald musste er aber einsehen, dass weit mehr geschah. Am 19. Dezember befahl er Lieutenant General Courtney Hodges, einige Divisionen seiner 1. Armee aus dem Norden abzuziehen, um die Flanke zu sichern und nach St. Vith vorzustoßen. Im Norden sollte Patton dasselbe tun und seine 4. Panzerdivision nach Bastogne in Marsch setzen, um den Ort zu entsetzen: Mit bewundernswerter Effizienz schwenkte Patton die Hauptverbände seiner Armee innerhalb von kaum 48 Stunden um 90 Grad.

In der Zwischenzeit hatte General Dwight D. Eisenhower seine Reserven mobilisiert und verlegte sie mit jedem verfügbaren Transportmittel an die beiden Hauptschauplätze: Die 82. und die 101. Luftlandedivision, die nach den Kämpfen um Nimwegen und Eindhoven wieder aufgefrischt worden waren, setzten sich im Norden von Pattons Linien in Marsch – die 82. nahm Defensivpositionen bei St. Vith ein, die 101. bei Bastogne. Nun kam Bewegung in die Schlacht, und diese Kampftaktik beherrschten die Amerikaner bestens.

Panther im Schnee

Als von Manteuffels Speerspitzen weiter nach Westen vorstießen (wobei es ihnen nie gelang, über die Maas zu setzen, obwohl die 11. Panzerdivision fast bis nach Dinant vorrückte), griffen US-Panzerjäger und Artillerie die Flanken der Eindringlinge an, während die Infanterie jede Lücke zum Angriff nutzte oder isolierte Stellungen in verbissenem Abwehrkampf hielt. Meist hatten sie ohne Luftunterstützung zu kämpfen, da das Wetter die Deutschen begünstigte. Nach einigen der härtesten Schlachten, die Westeuropa je gesehen hatte, wich am 25. Dezember der Schwung aus dem deutschen Angriff: Von Manteuffel befahl einen letzten verzweifelten Angriff auf Bastogne, der jedoch zurückgeschlagen wurde. Am nächsten Tag waren Pattons Panzer vor Ort, um die Belagerung zu durchbrechen.

In der Zwischenzeit hatte Feldmarschall Montgomery das Kommando über die Nordflanke übernommen. Er gestattete den Rückzug aus St. Vith, um „das Schlachtfeld aufräumen zu können", und verlegte die 29. (brit.) Panzerbrigade zur Verstärkung der rechten Flanke, die von US-Truppen gehalten wurde und an der die Deutschen am tiefsten vorgestoßen waren, nach Süden. Als am folgenden Tag auch die gesamte 2. US-Panzerdivision als Verstärkung einlangte, kam Hitlers letzte Offensive im Westen zum Stillstand.

Die GIs an der Front kämpften tapfer gegen die deutschen Angreifer. Warme Nahrung war wichtig, fehlte aber oft während der Schlacht. Diese Aufnahme entstand im Januar 1944, als die Deutschen bereits zum Rückzug gezwungen worden waren.

Der letzte Blitzkrieg
Chronologie

Die Ardennenoffensive war Hitlers wenig durchdachter Plan, die alliierte Front in den Ardennen zu durchbrechen und bis nach Antwerpen vorzustoßen. Die britischen und amerikanischen Truppen sollten zersplittert und vom wichtigen Nachsschubhafen Antwerpen abgeschnitten werden. So wollte Hitler den Vormarsch der Alliierten an der Westfront stoppen und die Deutschen wieder in die Offensive bringen.

1944

16. Dezember
Vier deutsche Armeen – die 15., 6. SS-, 5. Panzer- und die 7. Armee – greifen zwischen Bastogne und Aachen das VIII. US-Korps an. In der Mitte kommen sie voran, im Norden werden sie von der 2. und der 99. US-Division bei Elsenborn und Malmédy gestoppt.

16. – 23. Dezember
Schlechtwetter und eine extrem dichte, tief liegende Wolkendecke sind ein wichtiger Faktor für den Fortschritt der Offensive. Die Alliierten sind nicht in der Lage, ihre Luftüberlegenheit auszuspielen.

17. Dezember
Soldaten der 6. SS Panzerarmee, die der Einheit von SS-Standartenführer Peiper angehören, ermorden bei Malmédy 87 kriegsgefangene Amerikaner.

19. Dezember
Zwei Regimenter der 106. US-Division werden in der Schnee-Eifel eingekesselt. Mehr als 6.000 Mann kapitulieren. Andernorts leisten die US-Truppen tapfer Widerstand und gehen sogar zum Gegenangriff über. Im Nordabschnitt geht die Stadt Stavelot am 17. Dezember an die Deutschen, wird aber bereits am 19. Dezember wieder zurückerobert.

Panzer der 9. US-Armee kämpfen gegen die entsetzlichen Verhältnisse des europäischen Winters. Hitler wählte die Jahreszeit für seine Ardennenoffensive, da die Alliierten bei diesen Verhältnissen keinen Angriff erwarteten.

Männer der 6. Panzerarmee auf dem Vormarsch während des Unternehmens „Wacht am Rhein". Den Deutschen war es gelungen, 950 Panzer für die Winterschlacht in den Ardennen zusammenzuziehen.

19. Dezember
Eine Konferenz alliierter Generäle – darunter Eisenhower, Bradley und Patton – beschließt, sechs US-Divisionen von der Saarfront abzuziehen und gegen die Südflanke der deutschen Offensive zwischen Bastogne und Echternach zu werfen.

20. Dezember
Die 101. US-Luftlandedivision wird bei Bastogne gemeinsam mit der 19. US-Division und der 10. Panzerdivision vom XLVII. Panzerkorps vollständig eingekesselt. Montgomery übernimmt das Kommando über die Alliierten im Norden, Bradley jenes im Süden.

22. Dezember
Die deutsche Offensive leidet an chronischer Überdehnung der Flanken. Runstedt schlägt den Abbruch vor, Hitler lehnt ab.

23. Dezember
Der Himmel klart auf. Umgehend werden Panzer und Infanterie der Deutschen von alliierten Bombern und Kampfflugzeugen angegriffen. Allein am 23. Dezember werden über 2.000 Einsätze geflogen. Die Luftunterstützung rettet die in Bastogne eingekesselten Alliierten.

25. Dezember
Die 2. Panzerdivision unter Generalleutnant von Lauchert steht kurz vor Dinant. Damit haben sie die Offensive, 97 km von den Ausgangsstellungen entfernt, am weitesten vorgetragen. Die 29. britische Panzerbrigade und die 2. US-Panzerdivision bringen sie zum Stillstand. Am ersten Weihnachtstag verlieren die Deutschen 3.500 Mann und 400 Fahrzeuge, darunter 81 Panzer.

26. Dezember
Bastogne wird durch die 4. US-Panzerdivision, die einen schmalen Korridor zur Stadt freikämpft, entsetzt.

28. Dezember
Die Ardennenoffensive ist an allen Frontabschnitten geschlagen. Die Deutschen haben enorme Verluste an Männern und Material zu beklagen und leiden an Nachschubmangel, vor allem Treibstoff fehlt. Hitler bricht die Offensive mit der pathetischen Aussage ab, er sei mit dem bis dato Erreichten zufrieden. Allerdings zieht er seine Truppen nicht zurück, sondern befiehlt einen fruchtlosen Abwehrkampf.

Generäle der 101. US-Luftlandedivision inspizieren Stellungen ihrer Männer bei Bastogne. Die Division schrieb Geschichte, da sie Bastogne eine Woche lang gegen fünf deutsche Divisionen hielt, die sie eingekesselt hatten.

7. Februar
Die Deutschen stehen wieder an der Ausgangslinie der Ardennenoffensive, die 82.000 ihrer Soldaten und 77.000 Alliierten das Leben gekostet hat.

Internationale Ereignisse 1944

16. Dezember
Mehr als 560 Menschen werden in Antwerpen durch eine V2 getötet die in ein Kino mit 1.200 Besuchern einschlägt.

20. Dezember
Bei Kifissia in der Nähe Athens retten britische Truppen 350 Angehörige des britischen Militärs vor den kommunistischen Verbänden der ELAS. Nachdem Griechenland von den deutschen Besatzern befreit worden war, waren heftige Kämpfe zwischen Nationalisten und Kommunisten entbrannt.

24. Dezember
Als Vergeltungsmaßnahme für einen Angriff der Resistance töten SS-Einheiten alle erwachsenen Männer des Dorfes Bande.

25. Dezember
Nach massiven Angriffen der USA und dem Zusammenbruch der Versorgungsrouten beginnen die Japaner mit dem Abzug von der philippinischen Insel Luzon.

31. Dezember
Die unter sowjetischer Kontrolle am 22. Dezember eingesetzte provisorische ungarische Regierung erklärt Deutschland den Krieg.

Sturmlauf nach Deutschland

Die Schlacht am Rhein

März 1945: Die alliierten Armeen stehen angriffsbereit am Rheinufer, bereit, die letzte Hürde zu nehmen, die das „1.000-jährige Reich" noch schützt.

Die Männer des Dorset-Regiments queren den Rhein in ihrem „Büffel" genannten Schützenpanzer. Der Büffel war, obwohl lediglich leicht gepanzert und mit Benzinmotor betrieben, hochgradig erfolgreich. Wenn sie nur auf leichten Widerstand trafen, konnten die Angreifer dank des in großer Zahl verfügbaren Geräts schnell ausschwärmen und den Brückenkopf sichern.

Im Februar 1945 hatten die kanadische Armee im Norden, die unmittelbar an sie anschließenden Briten sowie vier US-Armeen, die die Front bis Straßburg bildeten, und die französische Armee in den Vogesen einen klaren Auftrag: Sie sollten über die Flüsse Rur, Our und Saar setzen und zum Rhein vorstoßen.

Am 21. Februar waren Goch, Kleve und Kalkar in britischer und kanadischer Hand. Im Süden schlug die 9. US-Armee im Rahmen der Operation „Grenade" Pontonbrücken über die Rur bei Mönchengladbach und nahm die Stadt am 1. März ein. Fünf Tage später war auch Köln in amerikanischer Hand. Tags darauf, am 7. März, erreichte die 1. US-Armee die Rheinbrücke bei Remagen und nahm sie ein – zur Überraschung der Alliierten und Hitlers unsäglicher Wut scheinbar unbeschädigt. Zum Glück für die Amerikaner wurden in den nächsten Tage dennoch stromauf und stromab Pontonbrücken geschlagen. So riss das Desaster vom 17. März, als die von Bomben und durch Überlastung stark mitgenommene Brücke über die Seite in den Rhein stürzte, zwar 28 Pioniere in den Tod, schnitt aber den am Ostufer errichteten Brückenkopf nicht vom notwendigen Nachschub ab.

Am 24. März befanden sich 150.000 Kriegsgefangene mehr in den Lagern der Alliierten, der Blutzoll der Deutschen war hoch, die Zahl der Gefallen ist jedoch unbekannt. Bis Monatsende war das Westufer des Rheins von der Schweizer Grenze bis zum Kanal in der Hand der Alliierten, die nun kaum 500 km vor Berlin standen.

In der Nacht des 23. März 1945 überquerte die 21. Armeegruppe von Feldmarschall Montgomery den Rhein. Zu ihrem Schutz hatte man sämtliche verfügbare Artillerie zusammengezogen. Die ersten Einheiten setzen in Schwimmpanzern der Typen Buffalo und DD Sherman und mit anderen Amphibienfahrzeugen über. Die Luftunterstützung war so intensiv, dass die Stadt Wesel noch durch RAF-Bomber angegriffen wurde, als die Alliierten nur noch wenige hundert Meter davon entfernt waren. Damit sollte der Feind nicht nur aus der Stadt vertrieben, sondern auch jeder Gegenangriff unmöglich gemacht werden.

Heftiges Feuer

Aber es ging keineswegs alles so, wie die Alliierten wollten. Mancherorts war der Schlamm so tief, dass die „Büffel" kaum vorwärts kamen. Daher kam die in Sturmbooten anlandende zweite Welle unter massiven Artilleriebeschuss und musste hohen Blutzoll entrichten.

Als die Hauptangriffswelle gegen Mittag landete, kamen die ersten Luftlandeeinheiten in Sicht. Das als „Armada der Lüfte" bekannt gewordene Geschwader spie über dem Rhein zwei Luftlandedivisionen aus, so zahlreich, dass sich der Himmel zu verdunkeln schien. Ihnen folgten Schleppverbände, die ihre Gleiter mit Ziel auf die Landezonen im Diersfordter Wald und bei Hamminkeln ausklinkten. Die Gleiter landeten jedoch keineswegs unbeschädigt. Trotz aller Versuche der Air Force, die Flakstellungen in der Nähe der Landezonen zu neutralisieren, hatten einige überlebt, die nun ihr Feuer auf die Gleiter konzentrierten. Etwa ein Viertel aller Gleiterpiloten fiel, doch waren die sicher gelandeten Einheiten so zahlreich, dass die Fallschirmspringer und jene Männer, die über den Strom gesetzt hatten, oft schneller als geplant zu ihnen aufschließen konnten. Als die Nacht hereinbrach, waren die Brückenköpfe gesichert. Daran konnte auch die sporadische deutsche Gegenwehr nichts ändern.

Die Amerikaner setzen über

Auch die Amerikaner, welche weiter südlich mit weniger Männern und Ressourcen über den Strom zu setzen hatten, waren erfolgreich. Bereits am Tag, bevor die 21. Armeegruppe zum Hauptangriff ansetzte, gelangte ein Sturmregiment der 5. US-Division südlich von Mainz zwischen Nierstein und Oppenheim über den Fluss. Die Einheit war Teil des XII. Korps der 3. Armee, die – wie könnte es anders sein – unter dem Befehl von Lieutenant General George S. Patton stand.

BEI STURM UND REGEN: MÄRZ 1945

Obzwar das Ergebnis vorhersehbar war und der deutsche Widerstand abnahm, musste sich die Infanterie immer noch jeden Schritt nach vorne hart erkämpfen. Erbittert focht man bei den letzten Schlachten am Westufer des Rheins auf engstem Raum im allgegenwärtigen Schlamm.

Die Brücke von Remagen war das erste Ziel der Geschichte, das von düsengetriebenen Kampfbombern angegriffen wurde. Die Arado Ar 234 stieß, von ebenfalls mit Düsentriebwerken ausgerüsteten Messerschmitt Me 262 Jägern begleitet, durch die tief liegenden Wolken. Die einsitzige Ar 234 kam auch als Hochgeschwindigkeitsaufklärer über Großbritannien zum Einsatz. Mit einer Spitzengeschwindigkeit von 740 km/h und einer Bombenlast von 2.000 kg war die Ar 234 eine Furcht erregende Waffe.

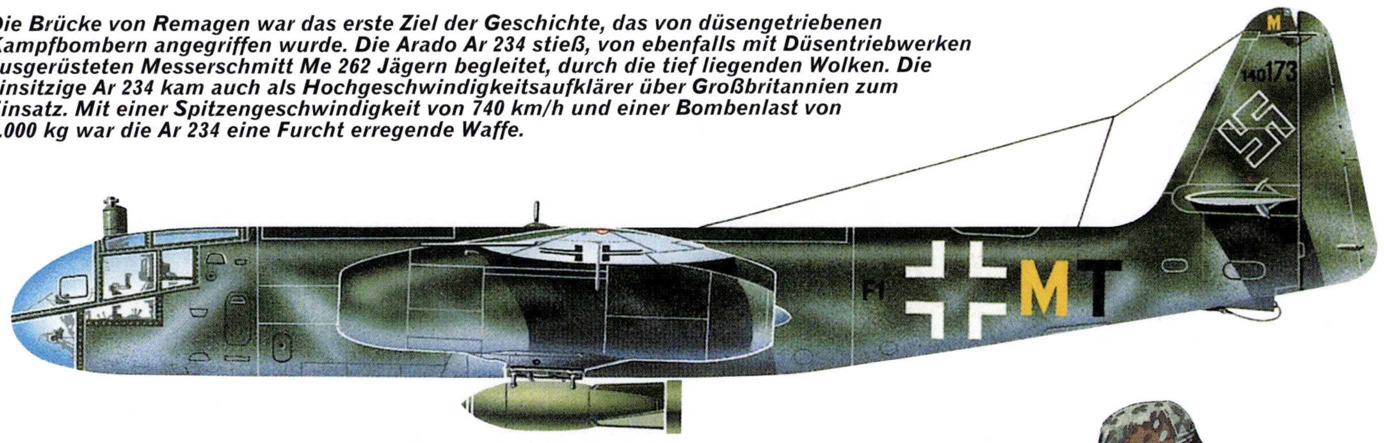

Der Divisionskommandant, Major General Leroy Irwin, protestierte zwar zaghaft gegen die kurze Vorbereitungszeit, da Patton jedoch auf der Dringlichkeit beharrte, sandte er bereits um Mitternacht die ersten Sturmboote über den an dieser Stelle 360 m breiten Strom, der zudem in hellstem Mondschein lag. Die zur Unterstützung abkommandierte Artillerieeinheit beklagte später, keine lohnenswerten Ziele vorgefunden zu haben. Kaum über dem Fluss, nahmen die ersten Amerikaner sieben Deutsche gefangen, die sich sofort erboten, ihr Sturmboot für sie zurückzupaddeln. Spätere Wellen stießen auf sporadisches MG-Feuer. Das Regiment hatte vor Mitternacht vollständig übergesetzt und hielt schon auf die Dörfer am Ostufer zu, als ihnen weitere Regimenter zur Unterstützung folgten. Am 23. März abends befand sich die 5. Division zur Gänze jenseits des Rheins, errichtete einen Brückenkopf und wartete auf die vom Westufer nachrückenden Panzer.

Die Luftwaffe, die den Befehl erhalten hatte, den Fehler der Wehrmacht zu korrigieren und die Brücke von Remagen zu zerstören, flog unzählige schwere Bombenangriffe. Zwei M3 Halbkettenfahrzeuge mit 4-fach MGs Kaliber .50 (entspricht 12,7 mm) erwarten im Nieselregen des März die deutschen Angreifer.

Während der nächsten Tage setzen die Alliierten auch bei Boppard, St. Goar, Worms und Mainz über den Rhein. Bis Monatsende waren Darmstadt und Wiesbaden in amerikanischer Hand und die Panzerkolonnen stießen auf Frankfurt und Aschaffenburg vor. Weiter im Süden nächst Germersheim war eine algerische Division der Franzosen übergesetzt. Zwischen Bonn und Mannheim bildeten die Allierten einen riesigen Brückenkopf. Von hier ging die letzte große Offensive nach Westen aus, die an der Elbe auf die Sowjets traf und die Teilung Deutschlands besiegelte. Hauptziel der 12. US-Armeegruppe waren die Industrieregionen um Leipzig and Dresden.

Ein deutsche Infanterist 1945: Obwohl sie unlösbaren Aufgaben gegenüberstand und die Niederlage unausweichlich geworden war, kämpfte die deutsche Wehrmacht im Frühjahr 1945 mit schier unglaublicher Professionalität. Dieser SS-Mann trägt das Sturmgewehr 44 (7,92 mm), das zum Vorläufer der modernen Sturmgewehre wurde.

Nordwärts

Im Norden näherte sich die anglo-kanadische 21. Armeegruppe Hamburg. Die Kanadier säuberten an der linken Flanke die Niederlande von den Deutschen und bewegten sich danach entlang der Küste nach Emden und Wilhelmshaven. An der rechten Flanke drehte die 9. US-Armee in Richtung Ruhr, vereinigte sich bei Lippstadt mit der 1. US-Armee unter Lieutenant General Courtney Hodges und kesselte Generalfeldmarschall Walter Models Heeresgruppe B im Ruhrgebiet ein. Nach der Einnahme von Hamburg sollten die Briten elbaufwärts bis Magdeburg vorstoßen und weitere Einheiten nach Schleswig-Holstein und ins Baltikum entsenden.

Es sprach einiges für den Wunsch der 21. Armeegruppe, bis nach Berlin vorstoßen zu dürfen, aber General Dwight D. Eisenhower entschied im Einverständnis mit Roosevelt, dass die Hauptstadt in optimaler Reichweite der Roten Armee läge. Die Sowjets würden sich – davon war Roosevelt fest überzeugt – nach dem Krieg in Bezug auf die Verantwortung aller Alliierten für die Neuordnung Europas als zugänglich und kooperativ erweisen. Stalin wäre zweifellos höchst amüsiert gewesen, wären ihm diese Argumente zu Ohren gekommen.

Frankenthal, 26. März 1945: Männer des 7. Infanterieregiments der 3. Division landen im Rahmen des Angriffs der 7. US-Armee am Ostufer des Rheins. Der nachfolgende Vormarsch nach Sachsen war eine Vorentscheidung für die spätere Aufteilung der Besatzungszonen.

Sturmlauf nach Deutschland
Chronologie

Nachdem sie die Deutschen aus „Mütterchen Russland" vertrieben hatte, stand die Rote Armee im Januar 1945 an der Weichsel. Der nächste Schritt war der Vorstoß nach Deutschland selbst, bis an die Oder, nur 80 km von Berlin entfernt.

1945

6. Januar
Der britische Premierminister Winston Churchill fordert Josef Stalin in einem Telegramm auf, zur Unterstützung des alliierten Angriffs im Westen noch im Januar den Beginn der sowjetischen Offensive gegen Deutschland zu befehlen. Stalin gelingt es, das Datum des Angriffs, der ursprünglich für den 20. Januar geplant war, auf den 12. vorzuverlegen.

12. – 14. Januar
Die Sowjetarmee beginnt den Großangriff gegen die Heeresgruppen A und Mitte in Ostpreußen und Polen – die größte Offensive des II. Weltkriegs hat begonnen. Den Hauptstoß führen die 1., die 2. und die 3. Weißrussische Front, die 1. Baltische Front und die 1. Ukrainische Front. Die Linie, an der angegriffen wird, reicht von Litauen im Norden bis an den Balkan im Süden.

14. Januar
Die sowjetischen Angreifer machen in den ersten Tagen überwältigende Fortschritte, die Verteidiger in Ostpreußen beginnen zurückzuweichen.

16. Januar
Hitler befiehlt die Verlegung des Panzerkorps Großdeutschland von der Heeresgruppe Mitte zur Heeresgruppe A. Er beabsichtigt einen Flankenangriff auf die Sowjetarmee bei Posen. Aber er erreicht damit nur, dass die in Ostpreußen dringlichst benötigten Verteidigungskräfte fehlen.

17. Januar
Warschau wird nach einer großen Einkesselungsaktion von der 47. Armee der Sowjets genommen. Im Norden steht die Rote Armee in Ostpreußen und rückt entlang der Küste mit enormem Druck gegen Danzig und Königsberg vor.

20. Januar
In dem vergeblichen Versuch, den Vormarsch der Sowjets zu stoppen, verlegt Hitler die 6. SS-Panzerarmee von den Ardennen nach Budapest.

22. Januar
Koniews 1. Ukrainische Front erreicht die Oder und überquert sie bei Steinau.

25. Januar
Hitler reorganisiert seine Truppen durch Umbenennung. Aus der Heeresgruppe Mitte wird die Heeresgruppe Nord. Die Heeresgruppe A wird zur Heeresgruppe Mitte. Eine neue Heersgruppe mit Namen „Weichsel" wird zur Verteidigung Pommerns und Nordpolens aufgestellt.

1. Februar
Der Vormarsch auf Berlin von Feldmarschall Schukows 1. Weißrussischer Front bleibt bei Küstrin wegen des sich versteifenden Widerstands der Deutschen stecken.

Deutschland, März 1945: Feldarbeiter beobachten alliierte Bomber, die Ziele östlich des Rheins anfliegen. Der Luftkampf über Deutschland hielt bis zum Ende des Kriegs in Europa an.

Britische Truppen nach der Überquerung des Rheins beim Einmarsch in Brünen. Die Alliierten überquerten im Westen die Elbe und näherten sich Berlin bis auf 100 km, bevor sie den Haltebefehl erhielten und die Sowjets die Stadt allein einnehmen konnten.

3. Februar
Schukows 1. Weißrussische Front vereinigt sich an der Oder mit Konews Truppen, obwohl Küstrin weiterhin von den Deutschen gehalten wird. Die russische Front an der Oder reicht nun von Zehden, 80 km südlich von Stettin, bis an die tschechische Grenze im Süden.

5. Februar
Die russischen Truppen queren die Oder und dringen tiefer auf deutsches Gebiet vor.

15. Februar
Breslau wird von der Roten Armee eingekesselt, allerdings wird die Stadt bis Kriegsende gegen die Russen durchhalten.

22. Februar
Posen an der Hauptachse Warschau – Berlin fällt an die 1. Weißrussische Front, nachdem die Deutschen in einem Kessel hinter den russischen Linien besiegt werden konnten.

24. Februar
Koniews 1. Ukrainische Front nimmt Unterschlesien ein.

16. März
Die 2. und 3. Ukrainische Front der Sowjets rücken entlang der Donau nach Österreich und Wien vor.

31. März
Die sowjetische Front steht bereits tief auf deutschem Gebiet. Sie verläuft entlang der Oder von Stettin in Pommern bis zum lediglich 80 km vor Berlin gelegenen Küstrin und weiter nach Görlitz, etwa 96 km östlich von Dresden. Die Sowjets rüsten sich für die letzte Schlacht um Berlin.

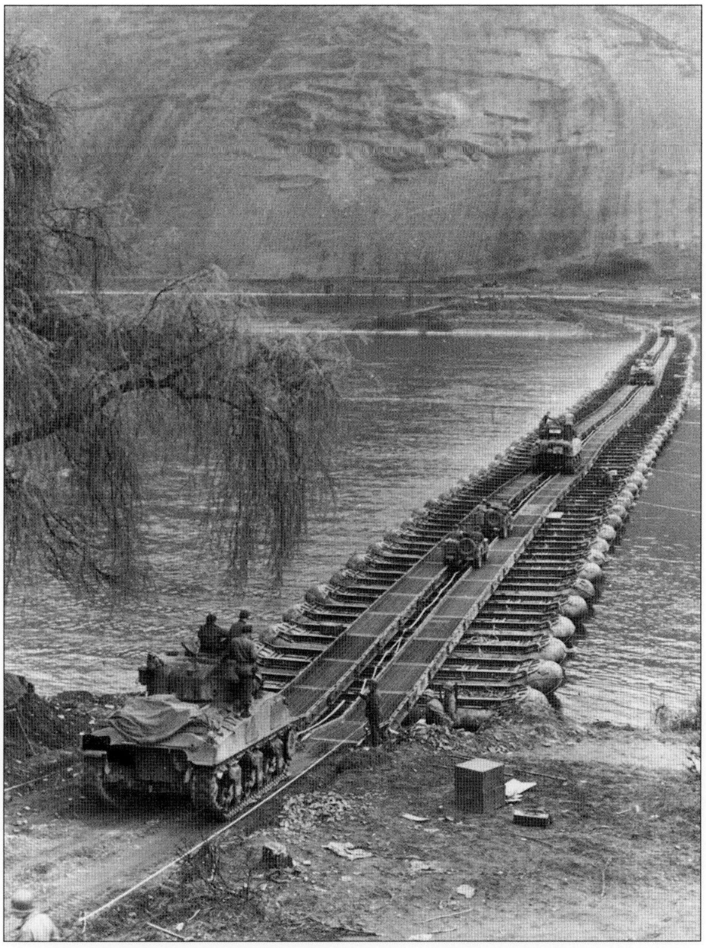

Internationale Ereignisse 1945

15. Januar
Nach dem Zusammenbruch der Ardennenoffensive beginnen die Alliierten einen Gegenangriff.

27. Januar
Die durch Polen vorrückende Rote Armee befreit das Konzentrationslager Auschwitz.

11. Februar
Franklin D. Roosevelt, Josef Stalin und Winston Churchill entscheiden bei einem Gipfeltreffen in Jalta auf der Krim über die Teilung und die zukünftige Regierung im besiegten Deutschland. Großbritannien, die USA, Frankreich und die Sowjetunion sollen ihre Besatzungszonen getrennt verwalten.

16. Februar
Pazifik. Truppen der Vereinigten Staaten von Amerika landen während ihres Feldzugs zur Befreiung der Philippinen auf der Insel Corregidor.

6. März
Hitler befiehlt den Beginn des Unternehmens „Frühlingserwachen“ zur Rückeroberung des von den Sowjets besetzten Budapest. Aus dem Bereich des Plattensees und des Velencei-Sees stoßen zwei Panzerarmeen vor mit dem Auftrag, die Sowjets einzukesseln. Das Unternehmen scheitert.

7. März
Nachdem sie die Ludendorffbrücke, eine Eisenbahnbrücke in Remagen, die als eine von wenigen Rheinbrücken intakt geblieben war, eingenommen und gesichert haben, setzen Einheiten der 1. US-Armee über den Rhein.

Eine Pontonbrücke über den Rhein. Außer in Remagen mussten an allen Rheinabschnitten Brücken geschagen werden. Lediglich die Brücke von Remagen konnte von einer Einheit der 1. US-Armee nahezu unbeschädigt erobert werden. Hitler tobte vor Wut.

Schlacht um Budapest

Eine belagerte Stadt

Heinz Guderian, der Chef des deutschen Generalstabs, wollte entlang der Oder gegen die vorrückenden Sowjets in Stellung gehen, doch Hitler lehnte dies ab und befahl Budapest zu entsetzen, das seit Ende 1944 von der Roten Armee gehalten wurde.

Hitler entschied, dass es wichtiger war, die letzten Ölquellen in Ungarn zu sichern, als die Rote Armee auf dem Weg nach Berlin zu stoppen. Er befahl Budapest zu halten.

Am zweiten Weihnachtsfeiertag des Jahres 1944 wurde Budapest von der 2. und 3. Ukrainischen Front erobert. Marschall Rodion Malinowskis 2. Ukrainische Front war von Norden, die 3. unter Marschall F. I. Tolbuchin von Süden gegen die die ungarische Hauptstadt vorgegangen.

Rascher Vormarsch

Der Erfolg der Operationen in Polen und der Zusammenbruch Bulgariens, Rumäniens und im November auch Ungarns eröffnete der STAVKA, dem sowjetischen Oberkommando, die einmalige Chance auf ein rascher Vorankommen auf dem Balkan.

Die Sowjets waren bereits im Oktober in Ungarn eingedrungen, aber ihr erster Angriff auf Budapest war zurückgeschlagen worden. Zwei russische Offiziere, die am 29. Dezember als Parlamentäre in die Stadt kamen, um die Deutschen zur Kapitulation aufzufordern, wurden erschossen.

Die Ungarn betrachteten den Krieg als verloren und wollten nichts als Frieden, aber deutsche Truppen waren im Land und Hitler hatte die Vasallenstadt Budapest zur Festung erklärt. Die deutschen Einheiten in Ungarn unterstanden Generaloberst Johannes Frießner.

Die Stadt war gut befestigt und im Umkreis befanden sich mehrere deutsche Divisionen, darunter die 13. Panzerdivision und die Panzerdivision „Feldherrnhalle", zwei Kavalleriedivisionen der Waffen-SS, die Division Florian Geyer und die 22. SS-Freiwilligen-Kavalleriedivision Maria Theresia.

Die Division Maria Theresia war im Frühjahr 1944 in Ungarn aus zwei Regimentern „Volksdeutscher" aus Ungarn sowie dem 17. SS-Kavallerieregiment (früher 3. SS-Reiterregiment) gebildet worden. Die Männer bewährten sich im Kampf und ihr Kommandeur, der erst 37-jährige Sturmbannführer der Reserve Anton „Toni" Ameiser, erhielt für seine Verdienste bei den Kämpfen im November das Ritterkreuz.

Die Einheiten in Budapest unterstanden dem weit älteren Befehlshaber der Waffen-SS in Ungarn, SS-Oberstgruppenführer Karl Pfeffer-Wildenbruch. Er nutzte das Gelände des Budaer Donauufers im Westen, besonders den Gelert- und den Burgberg, und ließ massiv gebaute Regierungsgebäude und Fabriken auf der Pester Seite in Befestigungen verwandeln.

Chance zum Ausbruch

Am 24. Januar versuchte das 4. SS-Panzerkorps, bestehend aus der 3. SS-Totenkopfdivision und der 5. SS-Panzerdivision „Wiking", unter SS-Gruppenführer Herbert Gille Budapest zu entsetzen. Es kam jedoch beim 25 km von der Stadt entfernten Flughafen und in den südlichen Vorstädten zum Stehen. Hitler hatte das Panzerkorps von der Verteidigung Warschaus abgezogen gehabt. Obwohl dieser Vorstoß eine Möglichkeit zum Ausbruch geboten hätte, befahl Hitler, die Stadt bis zum letzten Mann zu verteidigen.

Tolbuchins 3. Ukrainische Front stand am Westufer der Donau unter enormem Druck. Malinowskis Truppen an der Ostseite konnten jedoch in die Pester Vorstädte eindringen und belegten von dort die deutschen

Die einzige Hoffnung für die Verteidiger Budapests war ein von Einheiten der Waffen-SS geführter Entlastungsangriff. Ihr Kommandeur „Sepp" Dietrich (links) war kein begnadeter Stratege, aber ein aufrechter Kämpfer, der für seine Männer sorgte und sie zu Höchstleistungen motivierte.

Die Sowjets nahmen Budapest am 12. Februar. Dietrich befahl seinen Männern, sich nach Westen zurückzuziehen und den Amerikanern zu ergeben, da die Sowjets gefangene SS-Soldaten auf der Stelle erschossen.

Positionen in Buda mit Artilleriefeuer und Granatsalven aus ihren Katjuschas, den so genannten „Stalinorgeln".

Am 12. Januar bildeten die Sowjets eigens die Korpsgruppe „Budapest", um den Angriff voranzutreiben. Als die Panzer des Korps Richtung Stadtzentrum vorstießen, verteidigten die Deutschen erbittert jede Straße, jedes Haus. Es dauerte sechs Tage, bis Malinowskis Einheiten Pest völlig unter ihrer Kontrolle hatten, aber der Preis, den die Deutschen zu zahlen hatten, war enorm hoch: 32.000 Mann fielen, 62.000 gerieten in Gefangenschaft.

Anfang Februar mussten die Rationen der Verteidiger auf 75 g Brot pro Tag gekürzt werden, doch sie kämpften trotzdem in den Trümmern und Kanälen der Stadt.

Angriff auf Buda

Tolbuchin musste sich immer noch gegen deutsche Panzer verteidigen, als die 2. Ukrainische Front einen Angriff auf Buda begann. Hier hielten die Deutschen in ihren hervorragend ausgebaute Stellungen weitere 13 Tage aus. Malinowski machte nochmals 30.000 Gefangene. Am 11. Februar versuchten rund 16.000 Überlebende der Garnison in einer bitterkalten Nacht nach Nordosten auszubrechen. Bevor sie aufbrachen, wurden sie von ihren verwundeten Kameraden gebeten, sie lieber zu erschießen, als sie zurück und in die Hände der Sowjets fallen zu lassen. Nahezu alle Männer, die den Ausbruchsversuch gewagt hatten, wurden umstellt und getötet, lediglich 800, darunter 170 Mann der Division „Florian Geyer", konnten sich retten. Ihr Kommandant, der 34-jährige SS-Brigadeführer Joachim Rumohr, tötete sich, nachdem er bei dem Unternehmen verwundet worden war.

In seinem Beharren auf der Verteidigung Budapests und der ungarischen Puzta suchte Hitler die Kontrolle über die kriegswichtigen Ölfelder zu behalten, tatsächlich schwächte er aber die Flanken des Reichs, vergeudete Männer und Material und beschleunigte so den Fall von Wien und Berlin im April 1945. Dies wusste auch Radio Moskau, das am 13. Februar meldete: „Ein wichtiges Hindernis ist beseitigt, der Weg nach Wien ist frei."

Verlust der Kontrolle

Mit einem Angriff von Dietrichs 6. SS-Panzerarmee wollten die Deutschen ein letztes Mal die Kontrolle über die Stadt zurückgewinnen. Eine unlösbare Aufgabe. Die Sowjets hielten Budapest fest in ihrer Hand und Dietrich beschrieb ironisch die Stärke seine Truppe: „Wir heißen 6. Panzerarmee, weil wir nur noch sechs Panzer haben." Nach Dietrichs Scheitern nahm die Rote Armee am 2. April die ungarischen Ölfelder. Statt die 6. SS-Panzerarmee zur Verteidigung Berlins einzusetzen, brüskierte Hitler in seiner Wut die treuesten seiner Gefolgsleute. Dietrich führte seine Männer an den Rand von Wien, zog sich nach heftigen Kämpfen bis nach Krems zurück und ergab sich, anstatt „Widerstand bis zur Vernichtung" zu leisten, mit seinen Männern den Amerikanern.

Als Dietrichs 6. Panzerarmee den Befehl erhielt, mit ihren wenigen schweren Königstigern Budapest zu entsetzen, bestand für seine erschöpften Männer keine Hoffnung, die an Zahl und Material überlegenen Sowjets zu bezwingen.

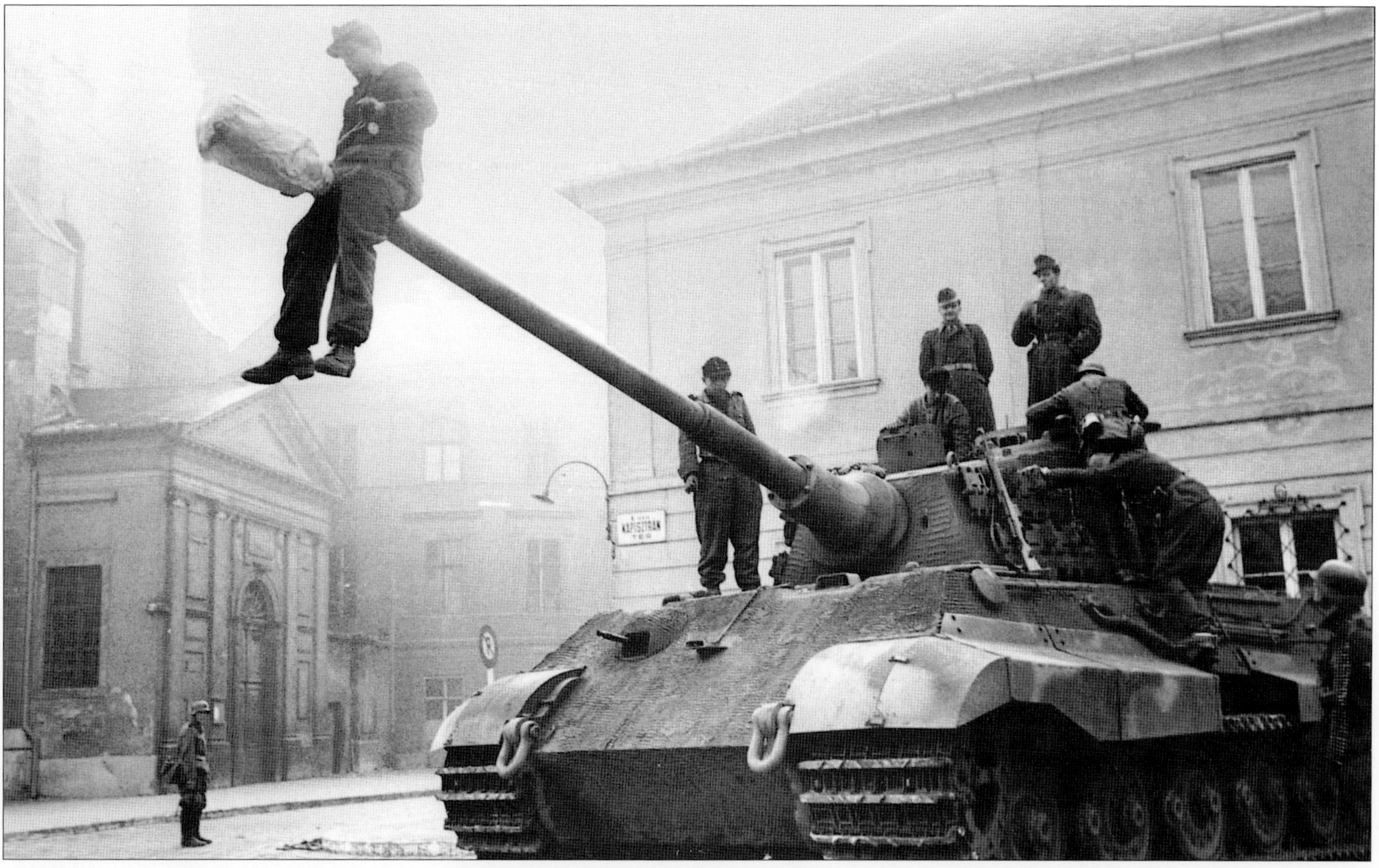

Schlacht um Budapest
Chronologie

Die Schlacht um Budapest wird auch „Stalingrad der SS" genannt. Als sich die Schlinge um sein „Drittes Reich" immer enger zog, vergeudete Hitler bei der Verteidigung der Stadt mehrere Divisionen.

1944

19. März
Als die Sowjets auf die Donau vorrücken, wird Ungarn von den Deutschen besetzt. Der zweitgrößte Erdöllieferant des „Reichs" drohte – nach den Aussagen des Reichsverwesers Admiral Horthy – zu kapitulieren, sobald alliierte Truppen seine Grenzen überschritten.

27. März
Die Deutschen verstärken ihre Truppen in Ungarn massiv, die Russen nähern sich der Grenze.

September
Die Rote Armee überschreitet die ungarische Grenze und stößt auf erbitterten Widerstand der Deutschen.

18. Oktober
In Kenntnis der deutschen Stärke wird Marschall Tolbuchins 3. Ukrainische Front von Jugoslawien nach Ungarn verlegt.

29. Oktober
Die 2. Ukrainische Front unter Marschall Malinowski greift Budapest an. Stalin selbst hat den Befehl erteilt, die Stadt zu nehmen.

4. November
Die sowjetische Offensive erreicht die Vorstädte. Sie wird von vier deutschen Divisionen gestoppt: der 13. Panzerdivision,

Sowjetische Artillerie belegt deutsche Stellungen. Die Sowjets benötigten mehr als drei Monate, um den deutschen Widerstand in Budapest zu brechen.

Im Schutz eines Maschinengewehrs stoßen die Sowjetpanzer vor – ein veraltetes aber zuverlässiges Maxim M1910 (7,62 mm) auf Sokolow-Lafette.

Eine sowjetische Geschützmannschaft in den Straßen von Budapest. Der Kampf um die Stadt währte lange, da deutsche und ungarische Verteidiger verzweifelt auf Entsatzung hofften.

der 8. und der 22. SS-Kavalleriedivision sowie der SS-Panzergrenadier-Division „Feldherrnhalle“. Ihnen zur Seite steht das I. Korps der ungarischen Armee.

11. November
Die sowjetischen Angreifer werden von den sich verbissen wehrenden Deutschen zu einem Stellungskampf gezwungen.

26. Dezember
Budapest ist vollständig eingekesselt. Die Schlacht um die Stadt wird zur Belagerung.

1945

18. Januar
Die Deutschen wollen den Belagerungsring durch einen Gegenangriff brechen. Die Heeresgruppe Mitte entsendet ihr IV. Panzerkorps, das gemeinsam mit dem III. Panzerkorps einen Frontalangriff auf die Belagerer führen soll. Am selben Tag fällt im Osten der Stadt Pest an die 2. Ukrainische Front Malinowskis.

24. Januar
Das IV. Panzerkorps nähert sich den Verteidigern im Süden der Stadt bis auf 25 km. Hitler untersagt jedoch den Ausbruch und besteht darauf, dass Budapest selbst befreit werden muss. Nach dreiwöchigen Kämpfen ist der Gegenangriff endgültig gescheitert und die Garnison Budapest ihrem Schicksal ausgeliefert.

13. Februar
Malinowski erobert nach einer blutigen Schlacht Buda und nimmt über 30.000 Soldaten der Achsenmächte gefangen.

17. Februar
Das letzte Widerstandsnest der Deutschen und der Ungarn, im Stadtzentrum, wird von den Sowjets überrannt, wiederum fallen 10.000 Soldaten der Achsenmächte.

Internationale Ereignisse 1944

14. Oktober
Generalfeldmarschall Erwin Rommel, der berühmte deutsche Stratege, begeht Selbstmord mit Gift. Zu dieser Tat sieht er sich aufgrund der Anschuldigung gezwungen, Teil der von Claus Graf Schenk von Stauffenberg geführten Verschwörung gegen Hitler zu sein.

28. November
Die britische Regierung veröffentlicht Zahlen, die das volle Ausmaß der bisherigen Produktion an Kriegsgütern bewusst machen. So wurden 25.000 Panzer, 102.600 Flugzeuge sowie Schiffe mit einem Gesamtvolumen von 4,5 Millionen BRT gebaut.

16. Dezember
Die Deutschen treten in den Wäldern der Ardennen zu ihrer letzten großen Offensive an. Das Unternehmen „Wacht am Rhein“ kommt anfangs gut in Richtung seines Ziels – Antwerpen – voran, wird jedoch während der folgenden sechs Wochen durch ständige Gegen- und Luftangriffe der Alliierten zum Fiasko.

1945

12. Januar
Über zwei Millionen Rotarmisten nehmen Teil an der großen Offensive, die über Polen und Ostpreußen nach Deutschland selbst vorstößt.

27. Januar
Die Sowjets befreien das Konzentrationslager Auschwitz und finden Beweise für den vollen Umfang der Grausamkeiten von Hitlers „Endlösung“.

13. – 14. Februar
Die Brandbomben von 805 Bombern der RAF entfachten in Dresden einen Feuersturm, in dem 50.000 Menschen umkommen. Die verschmelzenden Feuer erreichen die Temperatur eines Hochofens, die von ihnen entfachten Winde die Stärke eines Orkans.

Luftkrieg über Europa 1945

Alliierte Überlegenheit

Im März 1945 standen die Westalliierten bereits jenseits des Rheins. Im Osten waren Hitlers Armeen an der Oder-Neiße-Linie mit der geballten Kraft der Roten Armee konfrontiert, im Süden tobte die Schlacht um Ungarn. Die Luftwaffe schlug sich tapfer, aber ihre Tage waren gezählt.

Die schweren Bomber waren praktisch bis Kriegsende im Einsatz. Hier räumen Bodenmannschaften Anfang 1945 ein Flugfeld vor dem Einsatz der Lancaster.

Im Anschluss an die Ardennenoffensive im Dezember 1944 beendeten die alliierten Luftstreitkräfte ihre Anstrengungen zur Zerschlagung der Luftwaffe: Das für die Deutschen desaströse Unternehmen „Bodenplatte“ am 1. Januar 1945 hatte gemeinsam mit ihren enormen Verlusten beim Kampf gegen die 8. US-Luftarmee nahezu alle Arbeit erledigt. Überdies waren durch Verlegung fast aller Jäger und der für die Unterstützung der Bodentruppen geeigneten Maschinen nur noch eine Hand voll Flugzeuge verblieben, die sich der alliierten Übermacht entgegenstemmten. Im März 1945 standen weniger als 1.100 deutsche Flugzeuge an der Westfront im Einsatz, dazu zählten auch Fernaufklärer mit den Jets Ar 234B-1 und Me 262A-1a sowie deren Eskorten mit den neuesten Jägern Fw 190D-9 und Bf 109K-4. Auch Bomber der Typen Arado Ar 234B-1 Blitz und Me 262A-2a taten Dienst, während zur Verteidigung des Reiches die Fw 190, die Bf 109 sowie raketengetriebene Me 163 und Me 262A-1a eingesetzt wurden. Viele der Letzteren waren mit Luft-Luft-Raketen bestückt.

Düsenjäger

Im Februar und März 1945 operierten die strategischen Bomber der Alliierten über Deutschland, ohne von der Luftwaffe ernsthaft behindert zu werden. Am 3. März 1945 wurde, mit 30 oder mehr Maschinen des 7. JG, die größte Zahl deutscher Jets am Himmel beobachtet. Sie griffen B-17 der Amerikaner an. Innerhalb der nächsten drei Wochen waren im Sektor Hamburg – Berlin – Braunschweig Einsätze mit mehr als 50 Jets die Norm. Am 4. April 1945 gelang es den Jets, fünf Bomber und de Havilland Mosquitos abzuschießen.

Eine am 7. April durchgeführte Aktion deutscher Jäger wurde legendär: der letzte Einsatz der Fw 190 und Bf 109 des Sonderkommandos „Elbe“. Die Piloten des SdKdo „Elbe“ hatten Befehl, US-Bomber zu rammen, um sie abzufangen. Aber trotz ihres Todesmuts brachten sie lediglich acht Bomber zum Absturz.

Im April 1945 erreichte das RAF Bomber Command mit 1.609 Bombern die größte Stärke. Als der Ausgang des Kriegs außer Zweifel stand, nahmen die Bemühungen der RAF ab. Im April wurden 8.822 Tagangriffe (51 Maschinen kehrten nicht heim) und 5.001 Nachtangriffe (bei 22 Verlusten) geflogen. Die „Schweren“ der 8. US-Luftarmee flogen im April 19 Missionen mit 17.437 effektiven Angriffen und verloren dabei 108 B-17G und B-24. Die Jäger der 8. US-Luftarmee flogen 12.771 Einsätze und verloren 99 Flugzeuge. Ihre Horste befanden sich bereits in Prag und München.

Hitlers letzte Offensive

Unmittelbar nach der Ardennenoffensive im Westen stießen die Sowjets an Oder und Neiße über die Reichsgrenzen vor. Als die Sowjets am 31. Januar 1945 Küstrin an der Oder, nur 84 km vor der Reichshauptstadt Berlin, erreichten, wurden die deutschen Truppen durch Entscheidungen des „Führers“ gelähmt, die man nur als geisteskrank bezeichnen kann. Einer seiner entscheidendsten Fehler war die Konzentration der verbliebenen deutschen Armeen auf den Süden, wo sie Budapest entsetzen und die ungarischen Ölquellen bei Nagykanizsa sichern sollten, anstatt sich dem auf Berlin vorrückenden Feind entgegenzustellen.

Bf 109G-10 verstärkten die ungarischen Jagdgeschwader mit ihren K-4, die Bodentruppen wurden von Ju 87D-5, Ar 66 und Fiat CR.42 unterstützt. Als die Entlastungsoffensive scheiterte, zog Hitler seine Verbände zwar zurück, aber nicht an die wichtige Oderfront. Er beließ sie in Ungarn, um sie bei dem für 6. März geplanten Unternehmen „Frühlingserwachen“ einzusetzen.

Die Offensive hatte wegen eines Schlechtwettereinbruchs einen schlechten Start. Einmal mehr waren die Deutschen zum Rückzug gezwungen. Die Front in Ungarn brach zusammen, die Sowjets marschierten in Österreich ein. Nach erbitterten Kämpfen fiel Wien am 13. April 1945 in ihre Hände.

Schlacht um Berlin

Ende April standen sowohl die Westalliierten als auch die Russen und ihre Verbündeten an der Elbe. Deutschland war

Die Me 163 war eines der erfolgreicheren „Experimente“, mit denen die Deutschen den alliierten Bombern begegneten. Der Jäger Me 163 war zwar das schnellste Flugzeug der Welt, aber weder in der Luft noch am Boden einfach zu beherrschen.

***Die Down For Double**, eine **P-51D** der **8. AF**, **354. FS, 355. FG**, wurde im März und April 1945 von **Lt. Col. Gordon Graham** geflogen. Die 355. schoss 365,5 Flugzeuge ab und zerstörte 502 auf dem Boden.*

***Die "Gelbe 3"**, eine **Messerschmitt Me 262A-1a**, wurde im April 1945 in der Nähe von Klötze vom **Oberfeldwebel** beim **III/JG 7 Hermann Buchner** notgelandet, nachdem die Maschine durch leichte **US-Bordkanonen** beschädigt worden war. Am **Heckleitwerk** befinden sich die **Abzeichen** der „Verteidiger des Reichs".*

***Diese Lavochkin La-7** wurde Anfang 1945 von **Oberstleutnant Ivan N. Kozhedub** bei der **176 Gv.IAP, 302 IAD**, geflogen. Es mag diese Maschine gewesen sein, mit der Kozhedub, das größte Ass der **V-VS**, am **19. April 1945** seinen **61. und 62.** Abschuss (zwei **Fw 190**) erzielte.*

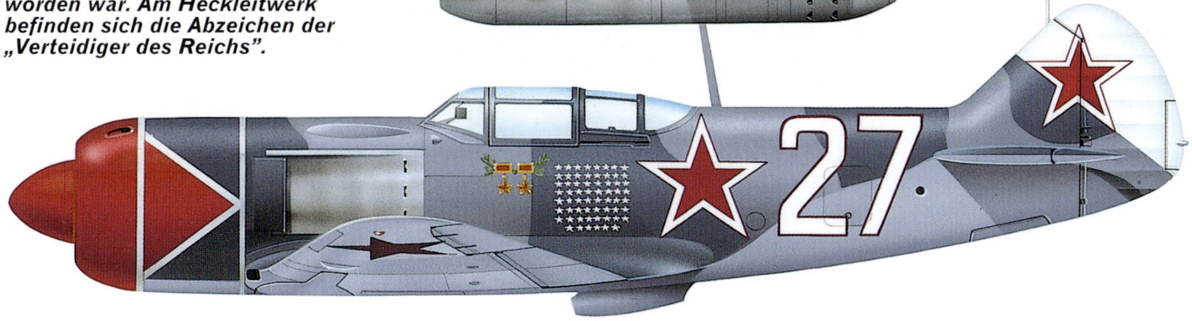

zweigeteilt. Die Alliierten entschieden, nicht nach Berlin vorzustoßen und den Sowjets den Siegespreis zu überlassen.

Die Luftstreitmacht zur Verteidigung des Berliner Ostens bestand aus 1.850 Jägern und Kampfflugzeugen zur Unterstützung der Bodentruppen. Eine trotz Treibstoffmangels eindrucksvolle Macht.

Ihr warf die V-VS (Sowjetische Luftarmee) etwa 7.500 Kampfflugzeuge entgegen. Den Sturm auf Berlin, der im Morgengrauen des 16. April 1945 begann, unterstützen an allen Fronten Petljakow Pe-8, Tupolev Tu-2 und Iljuschin Il-4 Langstreckenbomer. Als Jäger und Langstreckenbomber kamen vor allen Yakovlev Yak-3, Yak-7B und Yak-9DD sowie Lavochkin La-5FN und La-7 Jagdflugzeuge, gemeinsam mit Il-2m/3 Stormovik, Pe-2, Tu-2 und Polikarpov Po-2 Tag- und Nachtbombern sowie Aufklärer zum Einsatz. In der Nacht vor der Offensive verhinderte dichter Nebel alle geplanten Erdkampfeinsätze. Am 16. April griffen aber die schweren Bomber Straßen bei Müncheberg, Fürstenwalde, Buckow und Heinersdorf an. Über Berlin entfaltete sich am 18. April eine große Luftschlacht, nachdem die Yak-3 der 43. IAP via Radar zu einer Formation von 35 oder mehr Junkers Ju 88 geleitet wurden. Am 20. April wurden die Verteidigungsstellungen an der Oder durchbrochen, obwohl die Luftwaffe bis zu 1.000 Angriffe täglich flog.

Die letzten Tage

Am 16. April wurde ein deutscher Gegenangriff im Sektor Forst – Bad Muskau mit Hilfe der Stormovik Erdkampfflugzeuge, die von über 50 Yak-9 und La-7 eskortiert wurden, abgewiesen. Die Heftigkeit der Kämpfe nahm zu. Ein weiterer Gegenangriff zwischen Cottbus und Spremberg konnte trotz des Einsatzes von mehr als 100 Fw 190F-8 und Ju 87D zurückgeschlagen werden. Das Son-2A Radar leitete die 6. Gv.IAK in die Schlacht, die an diesem Tag 56 deutsche Flugzeuge über der 4. Panzerarmee abschießen konnte. Am 20. April hatte die Rote Armee die Oder überquert und schloss die Einkesselung Berlins ab. Am 28. April landeten Oberstleutnant V. G. Gromov von der 515. IAP (193. IAD) und sein zweiter Mann, Leutnant 2. Grades Yu. T. Djaschenko, ihre Yak-7B auf der Rollbahn von Berlin-Tempelhof. Andere Einheiten operierten bereits ab Schönefeld. Während die Schlacht um den Reichstag tobte, beging Adolf Hitler im Führerbunker Selbstmord. Es war der 30. April 1945. Am Morgen des 1. Mai wehte die „Rote Fahne" am höchsten Punkt des Reichstagsgebäudes.

Kapitulation

Am 7. Mai 1945 um 01.41 Uhr wurde die bedingungslose Kapitulation Deutschlands unterzeichnet. Aber auch danach, bis zum Beginn der offiziellen Waffenruhe am 9. Mai 1945 um 00.01 Uhr, kam es zu Luftgefechten mit Fw 190 und Bf 109. Aber der Krieg in Europa war vorüber.

Gemeinsam mit der Typhoon der RAF wurden die P-47 zur Nemesis der deutschen Verbindungslinien. Sie zerstörten das für den Transport von Truppen und Nachschub wesentliche Schienennetz.

Luftkrieg über Europa 1945

Chronologie

1945 war die Luftwaffe nur noch ein Schatten ihrer selbst. Auch die in letzter Minute bei der Jagdwaffe eingeführten neuen Technologien konnten sie nicht vor der völligen Vernichtung bewahren.

1945

1. Januar

Beginn des Unternehmens „Bodenplatte“ der Luftwaffe. Mehr als 1.000 deutsche Jäger und Bomber greifen alliierte Flugfelder in Europa an und zerstören dabei 156 Flugzeuge. Aber es ist ein Pyrrhussieg, da dabei 277 deutsche Maschinen bei Luftkämpfen und einige versehentlich von der eigenen Flak abgeschossen werden.

30. Januar

P-38 der USAAF fliegen Vergeltungsangriffe auf deutsche Flugfelder in Österreich.

3. Februar

Über 1.150 US-Bomber werfen ihre Last auf Berlin. Sie werden von 900 Jägern geschützt. Diese Zahl entspricht in etwa allen der Luftwaffe zu dieser Zeit im Westen zur Verfügung stehenden flugfähigen Maschinen.

9. Februar

An die 2.000 Bomber der USAAF greifen, von 871 Jägern eskortiert, Einrichtungen der Treibstoffversorgung in ganz Deutschland an. Die zur Verteidigung bestimmten Einheiten der Luftwaffe können 80 Maschinen abschießen.

3. März

Die Deutschen werfen den Bombern der Alliierten 30 ihrer neuesten Kampfjets entgegen. Obwohl diese den alliierten Flugzeugen überlegen wären, können sie diesen Vorteil nicht ausspielen: Sie sind zu wenige und ihre Flugzeit ist zu gering.

8. März

Ein Beleg der chronischen Schwäche der Luftwaffe in diesem Monat: 1.353 alliierte Bomber und 326 Begleitjäger greifen Benzolfabriken, eine Raffinerie und Einrichtungen der Eisenbahn an, ohne nur ein Flugzeug zu verlieren.

21. März

Über 1.000 alliierte Bomber und Jäger gehen gegen die Horste der deutschen Jets vor. Rund 60 Maschinen der Luftwaffe werden zerstört, die USAAF verliert 7 B-17 und 9 P-51 Mustang.

Berlin nach der Zerstörung durch alliierte Bomber. Über 1,5 Millionen Berliner waren obdachlos geworden. Ein entsetzliches statistisches Detail: Je eines von sieben Gebäuden, die in Deutschland durch alliierte Bomben zerstört wurden, lag in Berlin.

Eine „Fliegende Festung" im Einsatz über Deutschland. Wegen der vorgeschobenen Flugfelder in Frankreich und der nahezu vollständigen Lufthoheit wurden 1945 die 1.000-Bomber-Angriffe, besonders gegen Berlin und wichtige Industriestädte, praktisch zur Routine.

7. April
Mehrere Bombengeschwader der USAAF treffen über Deutschland auf insgesamt 100 konventionelle Jäger und 50 Düsenjäger der Luftwaffe. Die Deutschen unterliegen trotz der Präsenz der Jets, da sie einer Übermacht von 898 US-Jägern gegenüberstehen. 100 deutsche Flugzeuge, unter ihnen viele Jets, gehen verloren.

16. April
Die sowjetischen Luftarmeen beginnen ihre Einsätze zur Vorbereitung der Schlacht um Berlin. Die Luftwaffe kann zwar 1.850 Flugzeuge mobilisieren, bleibt jedoch gegenüber der sowjetischen Armada von über 7.500 Maschinen nur ein Zwerg.

18. April
Sowjetische Yak-3 fügen über Berlin einer aus mehr als 35 Junkers Ju 88 bestehenden Einheit schwere Verluste zu.

28. April
Sowjetische Kampfflugzeuge landen erstmals auf dem Flugfeld von Berlin-Tempelhof, nachdem die Luftwaffe praktisch zur Gänze ausgeschaltet werden konnte.

5. Mai
Als letztes Flugzeug der Luftwaffe in diesem Krieg wird eine deutsche Siebel 204 von Jägern der RAF über Hamburg abgeschossen.

Internationale Ereignisse 1945

31. Januar
Die US-Armee exekutiert den Soldaten Eddie Slovik wegen Fahnenflucht. Es ist das erste Todesurteil, das seit 80 Jahren aufgrund dieses Vergehens vollstreckt wird.

13. Februar
Japanische Kamikaze versenken vor der umkämpften Pazifikinsel Iwo Jima den Träger *Bismarck Sea,* der Träger *Saratoga* wird beschädigt.

5. März
Deutschland zieht 16-jährige Jungen zum Dienst im „Volkssturm" ein, der die Hauptstadt Berlin verteidigen soll.

21. März
Die RAF bombardiert versehentlich die dänische Hauptstadt Kopenhagen. Eine Schule wird zerstört, 86 Kinder und 17 Lehrer kommen ums Leben.

6. April
US-Truppen landen auf der Pazifikinsel Okinawa, eine der blutigsten Schlachten der amerikanischen Geschichte beginnt.

Eine ausgebombte Deutsche flüchtet durch den Schutt und die Ruinen der Stadt. Infolge der Bombardements gab es in den meisten deutschen Städten weder Wasser noch Gas oder Strom.

Schlacht um Berlin

Der Fall des „Reichs“

Berlin, April 1945: Die Rote Armee schießt sich den Weg in die Reichshauptstadt frei, wo sie auf eine Armee aus Jugendlichen, Pensionisten und dem letzten Aufgebot an verzweifelten SS-Männern stößt.

Die Männer eines schweren IS-2 Panzers triumphieren im „Lager der faschistischen Bestie“, wie die Sowjetpresse Berlin nannte. Nach dem Zusammenbruch des deutschen Widerstands zogen viele Rotarmisten plündernd und mordend durch die Stadt.

Am 1. April 1945 empfingen Marschall Georgi Schukow und Marschall Iwan Koniew in Moskau die letzten Befehle für die Schlacht um Berlin. Stalin gab vor, dass die falschen und verlogenen Westalliierten einen Überraschungsangriff auf Berlin planten, um die Stadt allein in Besitz zu nehmen. Dies erzürnte beide Feldherren – kaum verwunderlich, bedenkt man die Leistungen und Opfer der Roten Armee.

Sie hatten erwartet, dass der Angriff gegen Berlin Anfang Mai befohlen würde, aber unter diesen speziellen Umständen waren sie bereit, die Vorbereitungen zu beschleunigen, um loszuschlagen, bevor Amerikaner und Briten ihre Positionen in Deutschland ausreichend abgesichert hätten. Aber welche der beiden Fronten – die 1. Weißrussische von Schukow oder Koniews 1. Ukrainische – würde die Aufgabe und Ehre haben, in Berlin selbst einzudringen? Der gewiefte Georgier gab eine vieldeutige Antwort, indem er auf ihrer Generalstabskarte eine Demarkationslinie zwischen den Kommandos zog, die etwa bei Lübben, 30 km südöstlich von Berlin, endete.

Deutsche Verteidiger

Obwohl der Großteil der deutschen Verbände, die die Hauptstadt verteidigen sollten, kaum ausgebildet und schlecht organisiert war, kämpften sie, von blindem Gehorsam erfüllt, mit dem Mut der Verzweiflung wild und entschlossen. Einmal mehr drängte sich der viel strapazierte Vergleich mit einer in die Ecke gedrängten Ratte auf, die

BERLIN: DIE LETZTEN TAGE DES „TAUSENDJÄHRIGEN REICHS“

Die Ziele der letzten Großoffensive der Roten Armee waren die Elbe, die Vernichtung des organisierten Widerstands der Deutschen und aller Divisionen, die sie aufhalten wollten, und die Eroberung Berlins. Für die Erfüllung dieser Aufgaben verfügten die Marschälle Schukow und Koniew über rund 1,640.000 Mann, 41.600 Geschütze und Werfer, 6.300 Panzer sowie drei Luftarmeen mit 8.400 Flugzeugen.

Hitlers letzte Verteidiger
Ihnen standen sieben Panzer- und 65 Infanteriedivisionen unterschiedlichster Stärke, Zusammensetzung und Ausrüstung sowie etwa 100 unabhängige Bataillone gegenüber. Diese bestanden aus den Überlebenden ausgelöschter Verbände oder waren neu aufgestellt und mit von der SS „rekrutierten“ Kindern, Kranken, Kriminellen sowie Debilen aufgefüllt worden. Sie standen unter Befehl des Führerbunkers – in dem Hitler und sein wahnsinniges Gefolge ihre letzten Fantasien auslebten und Befehle gaben, als würden sie aus den Trümmern des Reichs eine neue Armee heraufbeschwören können.

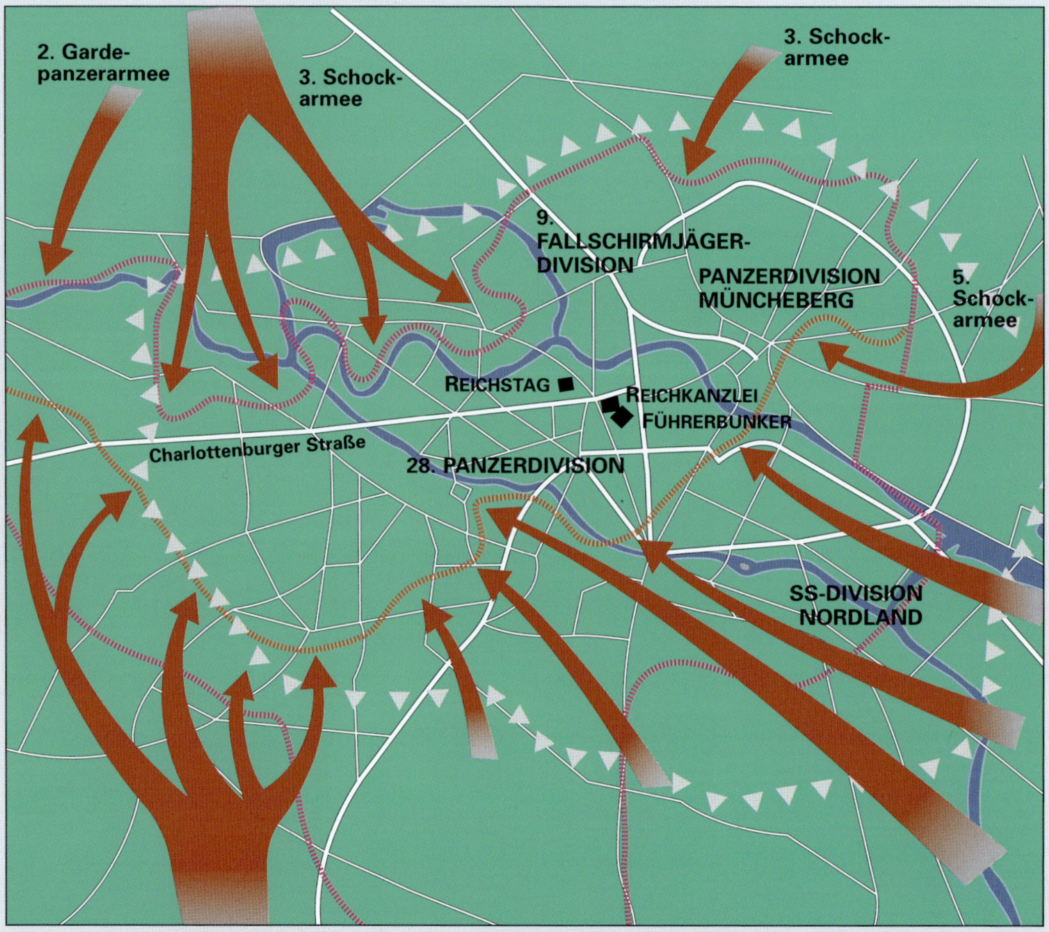

Der ISU-152 wirkte mit seiner 152mm-Kanone in einem stark gepanzerten Aufbau wie grob gezimmert. Er war unbequem und nur die Kommandopanzer hatten Funkgeräte. Andererseits aber war er eine mächtige Waffe, die schnell und in großer Zahl gefertigt werden konnte.

Unten: Mehrere sowjetische Panzerkorps hatten Befehl, Berlin zu isolieren und zum Flughafen Tempelhof vorzustoßen, über den Hitlers letzter Fluchtweg führen musste. Die Sowjets wussten nicht, dass der „Führer“ zu bleiben gedachte und in der Hauptstadt seines „Tausendjährigen Reichs“ sterben wollte.

ihr Kampfgeist ungeahnte Kräfte mobilisieren lässt.

Für die Deutschen sollte es jedoch kein Entkommen geben. Im Morgengrauen des 16. April eröffneten Artilleriegeschütze und Werfer mit einem Trommelfeuer bisher unbekannter Stärke, unterstützt von massiven Bombardements aus der Luft, den Angriff entlang der Oder-Neiße-Linie. Aus den sowjetischen Brückenköpfen ergossen sich die Angriffswellen der Stoßarmeen. Schukows Front benötigte im Norden zwei Tage, um 6,5 km vorzustoßen und die Seelower Höhen zu erreichen. Im Süden rückte sein Angriffskeil 13 km vor. Zu diesem Zeitpunkt wiesen noch keine Anzeichen auf einen Zusammenbruch der deutschen Verteidigung hin. Koniews Truppen stießen auf weniger steifen Widerstand: Sie rückten bereits am ersten Tag 13 km vor. Am 18. April entsandte Koniew zwei Panzerarmeen nach Nordwest, die sich den Weg in die Berliner Vorstädte erkämpfen sollten.

Rennen um die Stadt

Schukow, ob der Leistung seines Konkurrenten unter Druck, trieb seine Infanterie- und Panzerarmeen mit unerbittlicher Strenge an. Am 19. April waren seine beiden Angriffskeile auf einer 65 km breiten Font bereits 30 km weit vorgestoßen. Am 21. April konnte ihm General Tschuikow melden, dass die 8. Gardearmee, die seit Stalingrad unter seinem Befehl stand, die südöstlichen Außenbezirke erreicht hatte.

Koniew konzentrierte sich nun auf den Westen und auf die Elbe. Am 20. April erreichte er Luckenwalde mit zwei Panzerarmeen – damit war die deutsche Heeresgruppe Mitte von Berlin und den Verteidigern im Norden abgeschnitten. Zwei weitere Armeen, die ihm die STAVKA neu zugeteilt hatte, entsandte er nach Potsdam, wo sie sich, im Norden Berlins, am 25. April mit einer von Schukows Gardepanzerarmeen verbanden. Damit war die Stadt, samt ihren Bewohnern und der Garnison, die noch 200.000 Mann umfasste, eingekesselt.

Geteiltes Deutschland

Am selben Tag standen Verbände der 5. Gardearmee bei Torgau am Elbufer und tauschten nur Minuten später Getränke, Mützen, Abzeichen und Fotos mit Soldaten der 1. US-Armee. Überall entlang der Teilungslinie durch Deutschland gab es solche Szenen kameradschaftlicher Verbrüderung, wenn die Soldaten, die sich von Stalingrad den Weg nach dem Westen erkämpft hatten, auf jene trafen, die aus der Normandie gegen Osten vorgestoßen waren. In der kurzen Zeit, in der es ihnen erlaubt war, lernten sie einander zu achten. Aber den so geschlossenen Freundschaften war keine Zukunft beschieden.

Kapitulationsgespräche

Am 1. Mai wurde Tschuikow, der sich im Zentrum Berlins befand, von Generaloberst Hans Krebs, dem Chef des deutschen Generalstabs, und drei Offizieren mit weißen Fahnen aufgesucht, um über einen Waffenstillstand zu verhandeln. Krebs hatte die Stirn, das Gespräch mit folgender unglaublicher Bemerkung zu beginnen: „Heute ist der 1. Mai, ein wichtiger Feiertag für unsere beiden Nationen.“

Angesichts der Verbrechen, die Landsleute des Deutschen in Russland begangen hatten, war Tschuikows Replik ein Muster an Beherrschtheit: „Wir feiern heute ein großes Fest. Wie jedoch die Dinge hier stehen, kann weniger leicht gesagt werden!“

Aber trotz allem waren diese Verhandlungen der erste Schritt zur offiziellen Beendigung der Kampfhandlungen in Europa.

Berlin kapitulierte am 2. Mai bedingungslos. Am 7. Mai wurde von General Jodl für die Besiegten sowie den Generalen Bedell Smith und Suslaparow für die Sieger der Vertrag über die „Bedingungslose Kapitulation Deutschlands gegenüber den westlichen Alliierten und Russland“ unterzeichnet. Der Krieg in Europa war vorüber.

Vor seinem Selbstmord am 30. April hatte Hitler in seinem Letzten Willen Admiral Dönitz zu seinem Nachfolger ernannt. Im Anschluss verabschiedete er sich kurz von jedem Mann seines persönlichen Stabs, heiratete – und vergiftete danach – seine langjährige Geliebte und nunmehrige Ehefrau Eva Braun wie auch seinen Hund. Die drei Körper wurden verbrannt.

Ein Mann von enormer, doch dämonischer Gabe hatte – in lediglich 12 Jahren – sein Land aus Schwäche und Chaos zu bislang unerreichter Stärke geführt. Und all dies nur, um es in noch größerem Chaos versinken zu lassen.

Trotz der furchtbaren Umstände lösten sich nur wenige deutsche Einheiten auf, nahezu alle kämpften bis zum bitteren Ende. Nie waren die herausragende Disziplin und die Professionalität der deutschen Soldaten besser zu erkennen als in den Todesstunden des Nationalsozialismus.

Schlacht um Berlin
Chronologie

Die Schlacht um Berlin war die letzte traumatische Episode des Kriegs in Europa. Die Russen allein verloren bis zum Fall der Hauptstadt 305.000 Männer.

1945

16. April
Die Sowjets belegen die deutsche Hauptstadt und ihr Umland mit massivem Feuer. Die sowjetischen Artillerie steht auf einer 295 km langen Frontlinie nahezu Rad an Rad. Der Beschuss ist das Angriffssignal für Schukows 1. Weißrussische Front und Koniews 1. Ukrainische Front.

20. April
Russische Truppen brechen durch die deutschen Defensivstellungen an der Oder und stoßen auf Berlin selbst vor. Zur selben Zeit feiert Hitler seinen 56. Geburtstag, indem er im Garten der Reichskanzlei eine Gruppe der Hitlerjungen auszeichnet.

21. April
Panzerverbände der 1. Weißrussischen Front dringen in die Berliner Vorstädte ein.

22. April
Stalin erteilt Koniew und Schukow die letzten Befehle für den Angriff auf das Herz Berlins. Koniew hat nur 100 m vor dem Reichstagsgebäude an einer Linie zu stoppen, die den Anhalter Bahnhof umschließt. Schukow kommt die Ehre zu, das Verwaltungszentrum der Hauptstadt zu besetzen.

23. April
Die Russen dringen an allen Fronten in die Vorstädte ein.

24. April
Die 12. Armee der Deutschen unter General Wenck soll vom

Unten: Sowjetische Soldaten stürmen den Reichstag. Bei der Eroberung der Stadt fielen 300.000 Rotarmisten, obwohl 2,5 Millionen sowjetischer Soldaten lediglich 1 Million Deutscher gegenüberstanden.

Rechts: Freudentanz eines sowjetischen Panzersoldaten. Marschall Schukow hatte die Ehre, die Stadt endgültig einzunehmen, machte sich aber, da er im Rampenlicht stand, Stalin zum Feind.

Ein SdKfz 251 Halbkettenfahrzeug der SS, dessen Besatzung tot auf einer Berliner Straße liegt. In ihrer Glanzzeit gehörten der Waffen-SS nahezu eine Million Männer an, aber bis zum Ende des Krieges war einer von dreien gefallen.

Westen Berlins aus einen Entlastungsangriff führen. Schwere Bombardements durch die RAF zwingen sie zum Rückzug.

25. April
Schukows 1. Weißrussische Front, die sich im Norden um Berlin gekämpft hatte, vereinigt sich im Westen der Stadt mit Koniews 1. Ukrainischer Front, die vom Süden her vorgegangen war. Berlin ist von den Sowjets vollständig umschlossen, im Kessel befinden sich 30.000 Soldaten und zwei Millionen Zivilisten. Alle Straßen, die nach dem Westen aus der Stadt führen, sind blockiert.

26. April
Berlins letzte Verteidigungslinien werden durch einen Zwillingsangriff beider Fronten der Sowjets durchbrochen. Die Russen setzen über die Spree und erreichen den Boulevard Unter den Linden, die Straße zum Reichstag, dem Brandenburger Tor und zur Reichskanzlei.

27. April
General Wencks 12. Armee kommt 24 km vor der Stadt am russischen Verteidigungsring zum Stehen. Die deutschen Soldaten in der Stadt halten einen nur mehr 16 km langen und 4,8 km breiten Streifen.

30. April
Der Reichstag, das Zentrum der deutschen Administration, wird von den Sowjets erobert. Hitler begeht im Führerbunker mit seiner Gefährtin Eva Braun Selbstmord. Die beiden Körper werden im Garten der Reichskanzlei verbrannt, damit sie nicht in die Hand der Sowjets fallen.

1. Mai
Die noch umkämpften Gebiete um die Reichskanzlei werden von sowjetischer Artillerie umgepflügt. Reichspropagandaminister Joseph Goebbels und seine Frau wählen den Freitod, nicht ohne zuvor ihre sechs Kinder zu ermorden.

2. Mai
Erste Einheiten der Deutschen kapitulieren, die Kämpfe in Berlin flauen ab.

5. – 11. Mai
Die 1., 2. und 3. Ukrainische Front beginnen einen Hauptangriff auf die tschechoslowakische Hauptstadt Prag. Die deutschen Truppen in der Stadt leisten noch vier Tage Widerstand. Die Stadt wird am 11. Mai befreit, damit ist der letzte Vorposten des „Dritten Reichs" gefallen.

7. Mai
General Alfred Jodl unterzeichnet den Vertrag über die bedingungslose Kapitulation Deutschlands. Der Krieg in Europa ist formal beendet.

8. Mai
Die letzten deutschen Truppen in Ostpreußen kapitulieren. Koniews 1. Ukrainische Front erreicht Dresden.

9. Mai
Die Reste der Heeresgruppe Nord (früher Heeresgruppe Mitte) ergeben sich an der Danziger Bucht. Die Heeresgruppe Mitte war durch einen Zangenangriff der 2. Weißrussischen Front, die aus der Gegend um Warschau vorstieß, sowie der 1. Baltischen und der 3. Weißrussischen Front, die sich aus Litauen nach Süden kämpften, an die polnische und ostpreußische Küste gedrängt worden.

Internationale Ereignisse 1945

17. April
Einheiten der britischen Armee untersuchen die schrecklichen Bedingungen im KZ Bergen-Belsen. Britische Ärzteteams versuchen, die 30.000 Überlebenden des Lagers zu retten, die nahezu alle an Flecktyphus und Ruhr leiden.

27. April
Amerikaner und Russen begegnen einander bei Torgau an der Elbe.

29. April
Die deutschen Truppen in Italien kapitulieren bedingungslos vor den Alliierten.

1. Mai
Australische Soldaten der 26. Infanteriebrigade landen bei Tarakan auf Ostborneo. Der Feldzug zur Befreiung Niederländisch Ostindiens von den japanischen Besatzern hat begonnen.

3. Mai
General Sir William Slims 14. Armee befreit Rangoon, die Hauptstadt Burmas, aus japanischer Hand.

DER KRIEG IM PAZIFIK

Pearl Harbor
Tag der Schande

Am 7. Dezember 1941 lag die US-Pazifikflotte friedlich in Pearl Harbor vor Anker. Es war Sonntag und keiner ahnte, dass 183 feindliche japanische Flugzeuge im Anflug auf den Hafen waren.

Die USS **Nevada** *steht in Flammen: Das Großkampfschiff aus dem I. Weltkrieg war modernisiert und mit einer verstärkten Rumpfpanzerung ausgestattet worden, doch das half bei diesem Angriff der Japaner auch nicht sehr viel.*

Reich an Ehrgeiz, doch arm an Ressourcen war Japan der Idee des „Panjapanismus", der Konföderation der asiatischen Staaten unter japanischer Führung, seit längerem zugetan. Die Nöte der europäischen Kolonialmächte hatten die Militärführung zur Besetzung eines Teils von Französisch-Indochina im Juli 1941 inspiriert. Als Antwort darauf verhängten die USA, Großbritannien und Niederländisch-Indien (heute: Indonesien) ein für Japan potenziell existenzbedrohendes Ölembargo. Von nun an sahen die Japaner den Eintritt in den II. Weltkrieg als unvermeidlich an, welcher sich in der raschen Eroberung der klar festgelegten Interessenssphäre Japans äußern sollte. Dann wollte man mit den westlichen Industriestaaten aus einer Position der Stärke in Verhandlungen treten und sie, bevor deren Wirtschaftsmacht zum Tragen käme, zwingen, den Status quo als Voraussetzung für den Frieden zu akzeptieren.

Das Grauen naht

Zwar waren die Streitkräfte der kriegführenden Europäer im Fernen Osten stark ausgedünnt, doch die Pazifikflotte der US Navy auf ihrem Stützpunkt Hawaii war eine ernste Bedrohung und würde sicherlich auf jedes Vordringen in Gebiete, welche die USA als ihr Territorium ansahen, mit aller Macht reagieren. Sie musste vernichtet werden – ein Vorhaben, das durch die Konzentration der gesamten Flotte in Pearl Harbor erleichtert wurde. Die Angriffe der Briten auf Oran und mehr noch Tarent stärkten die japanischen Überlegungen: Wie leicht war mit kaum eigenen Verlusten größtmöglicher Schaden anzurichten. Bereits 1904 hatte Japan gezeigt, dass ein Angriff nicht unbedingt der Formalität einer Kriegserklärung bedurfte. Alle Voraussetzungen für einen vorbeugenden Schlag gegen Pearl Harbor waren gegeben.

Der Oberkommandierende der japanischen Flotte, Großadmiral Isoroku Yamamoto, beauftragte Vizeadmiral Chuichi Nagumo mit der Durchführung des Vorhabens und unterstellte ihm die sechs größten seiner zehn Flugzeugträger. Zusammen nahmen sie etwa 450 Flugzeuge – Stukas, Torpedobomber und Jäger – auf. Die Aufklärung oblag Aichi E13A Flugbooten in spezieller Langstreckenausführung (von den Amerikanern „Jake" genannt) auf den Schlachtschiffen und Zerstörern der Eskorte. Soe waren *Tone* und *Chikuma* umgerüstet worden und übernahmen je sechs Maschinen. Auch die Schlagkraft der Träger wurde verbessert. Spezielle 450-mm-Flachwasser-Torpedos wurden entwickelt und 356-mm-

PEARL HARBOR: GEBALLTE KRAFT AUS DER LUFT

Mit der geballten Kraft von 350 Flugzeugen flogen die Japaner in den frühen Morgenstunden zwei Angriffswellen zur Vernichtung der amerikanischen Pazifikflotte. Die erste Welle schlug um 07.55 Uhr zu und bestand aus Höhenbombern, Sturzkampf- und Torpedobombern, welche von Jägern eskortiert wurden; sie griffen Flugfelder, Marinedepots und Schiffe an. Die Bomberflotte näherte sich von Norden, flog zuerst nach Süden und schwenkte dann zum Angriff auf Pearl Harbor nach Westen.

Ihr folgte um 08:54 Uhr die zweite Welle. Dabei griffen Torpedobomber Pearl Harbor direkt an, während sich die Jäger trennten und auf die militärischen Flugfelder konzentrierten. Sturzkampfbomber fehlten, doch eine zweite Welle schwerer Bomber belegte direkt die Hafeneinfahrt. Wieder kamen die Flugzeuge aus südlicher Richtung, die Formation teilte sich aber über der Nordostküste auf. Nicht nur Schiffe, auch die Flugfelder Wheeler, Bellows, Hickam und Ewa wurden bei diesem Angriff zerstört.

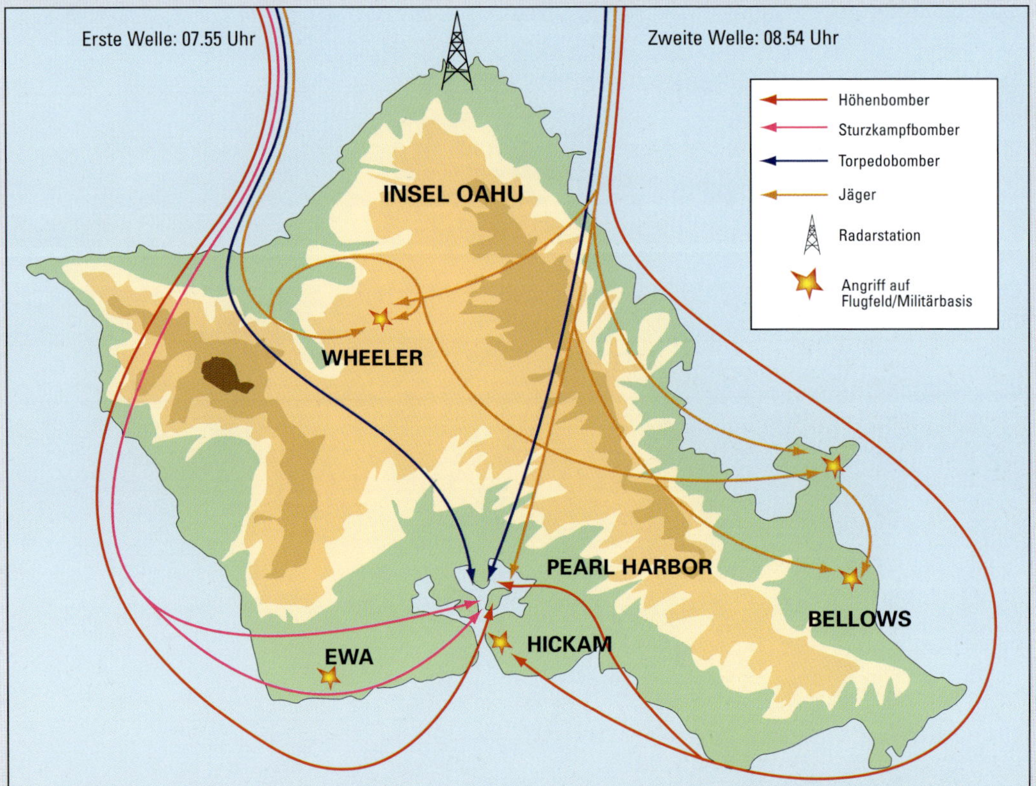

***Links:* Eine gewaltige Explosion erschüttert die USS Shaw, nachdem sie von den Bomben der ersten Angriffwelle der Japaner getroffen wurde. Noch zwei weitere Zerstörer wurden versenkt.**

***Unten:* Ein Nakajima Typ 97 (in der Ausführung als trägergestützter Torpedobomber) hebt während des Angriffs auf Pearl Harbor auf der Suche nach US-Schiffen von einem japanischen Träger ab.**

Bomben zu 800 kg panzerbrechenden Bomben umgearbeitet und getestet. 27 U-Boote, von denen einige Mini-U-Boote mitführten, tummelten sich im November um Hawaii, obwohl ihnen beim Angriff selbst keine Rolle zugedacht war. Unter strenger Geheimhaltung sammelte sich Nagumos Streitmacht bei den Kurilen und brach am 26. November auf. Begleitet von Tankschiffen ging sie gemächlich auf Zick-Zack-Kurs durch die einsamen und verlassenen Gewässer des Nordpazifiks. Zusätzlich durch konstant schlechtes Wetter verborgen, erreichte die Flotte am Sonntag, dem 7. Dezember, vollkommen unentdeckt ihr Ziel etwa 440 km nördlich von Hawaii.

Im ersten Morgengrauen bestätigten Aufklärer die Anwesenheit der US-Flotte in Pearl Harbor und meldeten den vorgesehenen Fluchtweg frei von Feindschiffen. Sie berichteten aber auch, dass vom Hauptziel des Angriffs, den amerikanischen Flugzeugträgern, jede Spur fehlte: Von den drei US-Trägern im Pazifik waren die *Enterprise* und die *Lexington* unterwegs, um Marineflugzeuge nach Midway und Wake zu transportieren, und die USS *Saratoga* lag in San Diego. Da das Wetter derart schlecht war, ließ Nagumo die erste Welle von 51 Sturzkampf-, 49 Höhen- und 40 Topedobombern sowie 43 Jägern zu früh, ab 05.30 Uhr, starten. Die Formationen waren um 06.15 Uhr komplett in der Luft, und so begann der Angriff versehentlich bereits vor der Übergabe der offiziellen Kriegserklärung anstatt, wie es Japan geplant hatte, 30 Minuten danach.

Über den Inseln von Hawaii war das Wetter klar, sodass – im Hochgefühl des Augenblicks und gegen jede strategische Planung – alle Flugzeuge zugleich angriffen.

Überraschungsmoment

Um 07.55 Uhr warfen die Stukas ihre Last über den Flugfeldern ab, die anschließend beharkt wurden, um wirklich alle US-Jäger am Start zu hindern. Die restlichen 132 Flugzeuge nützten das Überraschungsmoment und fielen über die Flotte her, ohne auf Gegenwehr zu stoßen. Sieben Schlachtschiffe ankerten vor Ford Island in einer „Straße der Schlachtschiffe“ genannten Reihe, das achte (*Pennsylvania*) lag am Trockendock. Dies waren die Opfer und binnen Minuten hatte die *West Virginia* sieben Torpedos abbekommen. Sie hielt sich noch im Flachwasser, als um 08.10 Uhr eine verheerende Explosion das unmittelbar nächste Schiff, die *Arizona*, zerriss: Die letzte von acht panzerbrechenden Bomben hatte ein Magazin getroffen. Die *Oklahoma* war nach fünf Torpedotreffern bereits am Kentern, als sie die beiden Torpedos, die schon die *California* getroffen hatten, endgültig versenkten. Die *Nevada* schaffte es, nach einem Torpedotreffer noch auszulaufen, lief jedoch nach Treffern der zweiten Welle am Strand auf Grund, um nicht zu sinken. Nur die *Maryland* und die *Tennessee* kamen mit kleinen Schäden davon. Auch im Dock gab es Opfer: Zwei Zerstörer sanken, ein dritter, die *Shaw*, explodierte spektakulär.

Die zweite Welle

Um 09.00 Uhr trafen nochmals 167 japanische Flugzeuge ein, die den allgemeinen Schaden vergrößerten, aber auch auf mehr Widerstand trafen. Ein dritter Schlag blieb aus: Ungewiss über den Verbleib der US-Träger, besorgt über die ihm bekannte Zahl der auf Hawaii stationierten Bomber und da die zweite Welle gemeldet hatte, dass das gesamte Zielgebiet ohnehin unter dichten Rauchwolken lag, ließ Nagumo nach Norden abdrehen und verschwand auf Nimmerwiedersehen.

Ein deutlicher Sieg

Bei Verlust von nur 29 Maschinen hatte Nagumo einen deutlichen, doch nicht entscheidenden Sieg erreicht. Zum Schaden an der Flotte kamen noch fast 200 zerstörte US-Flugzeuge, die meisten davon auf dem Boden. Ein dummer Planungsfehler hatte jedoch die Tanklager, die Reparaturdocks und die U-Boot-Basis verschont, Pearl Harbor funktionierte noch und die Träger waren unversehrt. Und was noch wichtiger war: Angesichts von 2.403 Toten sann eine ganze Nation auf Rache.

Links – die Nachwehen des Chaos: Die USS* West Virginia *und die* Tennessee *liegen Seite an Seite. Die* Tennessee *entging schwereren Schäden, die* West Virginia *sank nach sieben Torpedotreffern.

***Unten:* Eine Armada von 490 japanischen Flugzeugen hatte bis zum Mittag der US-Pazifikflotte schwerste Schäden zugefügt. Allerdings wurde das wichtigste Ziel von Vizeadmiral Nagumo, die Vernichtung der US-Trägerflotte, nicht erreicht.**

Pearl Harbor
Chronologie

7. Dezember 1941: Ohne Vorwarnung greifen Flugzeuge der japanischen Kampfflotte die Hauptbasis der US-Pazifikflotte in Hawaii an und bringen damit die USA zum Eintritt in den II. Weltkrieg. Die amerikanische Flotte wird arg dezimiert, doch zum Glück der Us Navy waren die Flugzeugträger zum Zeitpunkt des Angriffs nicht im Hafen.

Amerikanische Seeleute ehren die Gefallenen des Angriffs auf den Flugplatz Kaneohe. Die hawaiianische Zeremonie fand wenige Tage, nachdem die Männer am 8. Dezember begraben worden waren, statt.

1941

26. November
Ein Großteil der japanischen Flotte verlässt ihre Heimatgewässer mit dem Ziel Hawaii.

6. Dezember
Washington DC: US-Präsident Franklin D. Roosevelt richtet einen letzten Friedensappell an Japans Kaiser. Er bleibt unbeantwortet. Spät am Abend fängt die US-Dechiffrierabteilung eine aus 14 Teilen bestehende japanische Nachricht ab. 13 Teile werden entschlüsselt und dem Präsidenten und dem Staatssekretär übermittelt. Man schließt daraus auf einen bevorstehenden Angriff der Japaner, wahrscheinlich in Südostasien.

7. Dezember
Washington DC: Der letzte Teil der Nachricht, die den Abbruch der diplomatischen Beziehungen mit den USA ankündigt, ereicht am Morgen Washington und wird um ca. 09.00 Uhr entschlüsselt. Etwa eine Stunde später wird eine weitere Nachricht abgefangen, die den japanischen Botschafter anweist, die Hauptnachricht um 13.00 Uhr an die Amerikaner zu übergeben. Man stellt fest, dass diese Zeit in Washington den frühen Morgenstunden in Pearl Harbor entspricht, das weiter östlich liegt. Das Kriegsministerium sendet eine Warnung, muss dazu jedoch einen Telegrafen benutzen, da der Funkkontakt mit Hawaii unterbrochen ist.

Die ***Seattle Daily Times*** *meldet die Kriegserklärung an Japan.*

WAR EXTRA

WAR DECLARED!

U. S. FLEET SAILS!

BATTLESHIP BOMBED

2ND RAID ON HONOLULU!

3RD SUNDAY EXTRA!

America's Best Evening Newspaper

The Seattle Daily Times

PRICE FIVE CENTS

SEATTLE, WASHINGTON, MONDAY, DECEMBER 8, 1941.

Hawaii: Die japanische Streitmacht unter Vizeadmiral Nagumo, bestehend aus sechs Trägern mit 423 Flugzeugen, macht sich zum Angriff auf die US-Pazifikflotte bereit.

06.00 Uhr
Die erste Angriffswelle von 183 japanischen Flugzeugen hebt von den Flugzeugträgern ab, welche sich etwa 230 Seemeilen nördlich der Insel Oahu befinden, und nimmt Kurs auf Pearl Harbor.

07.02 Uhr
Zwei Beobachter in der Radarstation an der Nordküste von Oahu entdecken den sich nähernden Verband japanischer Flugzeuge und melden dies dem diensthabenden Offizier. Dieser ignoriert die Meldung, da er die Flugzeuge für amerikanische B-17 hält, deren Eintreffen man erwartet.

07.15 Uhr
Die zweite Angriffswelle von 167 Flugzeugen hebt von den japanischen Trägern ab. Auch ihr Ziel ist Pearl Harbor.

07.53 Uhr
Die erste japanische Angriffswelle mit 51 Sturzkampfbombern („Val"), 40 Torpedobombern („Kate"), 50 Höhenbombern und 43 Jägern („Zero") beginnt den Angriff unter dem Kommando von Fregattenkapitän Mitsuo Fuchida. Sein Funkspruch „Tora! Tora! Tora!" signalisiert, dass die Amerikaner völlig überrascht werden konnten. Die erste Welle richtet sich gegen Flugfelder und Schlachtschiffe, die zweite Welle nimmt andere Schiffe und Schiffsbaueinrichtungen aufs Korn. Die Angriffe dauern bis 09.45 Uhr. Acht Schlachtschiffe sind beschädigt, fünf davon gesunken. Drei leichte Kreuzer, drei Zerstörer und drei kleinere Schiffe sind zerstört, ebenso 188 Flugzeuge. Die Japaner verlieren 27 Flugzeuge und fünf Mini-U-Boote, welche in das innere Hafenbecken von Pearl Harbor vordringen und dort ihre Torpedos abschießen wollten. Die USA beklagen 2.335 getötete Soldaten und 68 Zivilisten, 1.178 werden verwundet. Unter den Gefallenen sind 1.104 Besatzungsmitglieder der USS *Arizona*, deren Magazin von einer 800-kg-Bombe getroffen wurde, worauf das Schiff in einer schrecklichen Explosion zerbarst.

14.30 Uhr (Washingtoner Zeit)
Japanische Diplomaten übergeben – spät aber doch – die Kriegserklärung an Staatssekretär Cordell Hull in Washington.

8. Dezember
Die USA und Großbritannien erklären Japan den Krieg, wobei Präsident Roosevelt den 7. Dezember als einen „Tag der Schande" bezeichnet.

11. Dezember
Deutschland und Italien erklären den Vereinigten Staaten den Krieg. Die Konflikte in Europa und Südostasien sind zu einem Weltkrieg geworden.

Die amerikanische Flotte liegt schwer getroffen in Pearl Harbor – fünf Schlachtschiffe wurden versenkt, drei schwer beschädigt. Mehr als 2.400 Soldaten und Zivilisten kamen bei dem Angriff ums Leben. Die Überraschung war derart groß, dass die Japaner nur 27 Flugzeuge und fünf Mini-U-Boote verloren. Die meisten Gefallenen gab es an Bord der USS **Arizona*****, die von einer einzelnen Bombe versenkt worden war.***

Expansion im Pazifik

Im Indischen Ozean

Nach dem Angriff auf Pearl Harbor stellte die 1. Luftflotte der kaiserlichen Marine Japans ihre Schlagkraft und das Geschick ihrer Piloten gegen neue Ziele unter Beweis – und dieses Mal traf es die Royal Navy.

Die Erschütterung über den japanischen Angriff auf Pearl Harbor lässt uns bis heute oft übersehen, dass Vizeadmiral Chuichi Nagumos 1. Luftflotte nur wenige Monate später dasselbe Meisterstück mit den Briten gelang. Quasi „zum Aufwärmen" führten vier seiner sechs Flugzeugträger am 19. Februar einen Präventivschlag gegen Darwin und Broome im Nordwesten Australiens. Um den Preis von nur zwei eigenen Maschinen versenkten sie 12 unterschiedliche Schiffe der ABDACOM (Australisch-Britisch-Niederländisch-Amerikanisches Kommando) und vergnügten sich eine Stunde lang damit, so gut wie unbehelligt die Hafenanlagen und einen Großteil der Stadt in Schutt und Asche zu legen.

Mit Ende Februar 1942 hatten die Japaner fast alle ihrer Ziele in Ostindien, Malaysia und auf den Philippinen erreicht, die Luftstreitkräfte fanden sichere Basen an Land, sodass sich die 1. Luftflotte einen Monat wohlverdienter Ruhe gönnen durfte, bevor sie sich am 26. März in den Indischen Ozean aufmachte.

Ein Abkommen der Alliierten aus etwa jener Zeit stellte den Indischen Ozean westlich der Malaiischen Halbinsel in die Verantwortung der Briten, doch die Royal Navy musste die Kräfte für seine Verteidigung buchstäblich zusammenkratzen. Admiral Sir James Somerville unterstand eine mächtige Flotte um fünf Schlachtschiffe und drei Träger. Mächtig auf dem Papier, denn nur zwei der Träger waren modern und vier Schlachtschiffe zählten zur R-Klasse und waren so veraltet und unterlegen, dass sie nur mehr als Zielscheibe taugten. Daher bildete Somerville zwei Verbände: Die älteren Schiffe hatten ihre Basis in Ostafrika, die anderen in Ceylon und auf dem Geheimstützpunkt Addu Atoll, 965 km entfernt auf den südlichen Malediven.

Der Geheimdienst hatte verlässliche Hinweise auf einen japanischen Angriff auf Ceylon

Rechts: Nach Pearl Harbor verursachte die 1. Luftflotte in Darwin, im Norden Australiens, beträchtliche Schäden. Die Eroberung der Ostindischen Inseln gab den japanischen Verbänden nun genug Spielraum, um britische Ziele im Indischen Ozean anzugreifen.

Die HMS* Dorsetshire *brennt nach einem Angriff von 90 Flugzeugen. Gemeinsam mit der HMS* Cornwall *war das Schiff auf dem Weg zu dem von Admiral Somerville befehligten Verband, als es von einem Aichi E13A Flugboot („Jake") ausgemacht wurde, das vom Bord eines Zerstörers gestartet war.

***Darwin war der Hauptversorgungshafen der eilig zusammengewürfelten Seestreitmacht der ABDA. Eines der 12 am 19. Februar versenkten oder zerstörten Schiffe war das Munitionsschiff* Neptune.**

am 1. April. Daher dirigierte Somerville seine noch ungeteilte Streitmacht tagsüber, da er sich stark im Nachteil wusste, nach Westen und steuerte nachts wieder ostwärts, auf den erwarteten Angriff der Japaner zu.

In der Sache korrekt, lagen Somervilles Informationen jedoch bezüglich des Zeitpunkts völlig falsch.

Am Abend des 2. April kehrte der britische Verband nach Addu zurück, um aufzutanken und Proviant zu fassen. Die schweren Kreuzer HMS *Cornwall* und HMS *Dorsetshire*, den ältere Träger HMS *Hermes* und den Zerstörer HMS *Vampire* sandte Somerville aufgrund anderer Vereinbarungen nach Ceylon.

Luftaufklärung

Kaum hatten Somervilles Schiffe am Abend des 4. April Addu erreicht, meldeten Aufklärer Nagumos Flotte südöstlich von Ceylon, keine 650 km entfernt. Die Briten wurden auf dem falschen Fuß erwischt. Somerville, ohne jede Hoffnung, dem Angriff zuvorzukommen, brach sofort auf, aber auch die beiden Kreuzer verließen, in dem Versuch, sich mit der Hauptmacht zu vereinen, Ceylon, das nunmehr völlig schutzlose Opfer.

Wie schon in Pearl Harbor griffen die Japaner sonntags vor dem Frühstück an. Das Küstenradar machte 126 Flugzeuge aus, die sich dem Ziel Colombo näherten. Im Schutz einer gut organisierten Flugabwehr und der RAF glaubte man sich sicher genug und beließ alle Schiffe im Hafen. Die 40 oder mehr Jäger, die sich tapfer den Japanern entgegenwarfen, wurden auf die Hälfte dezimiert, ohne dass sie den Angriff aufhalten konnten. Nach dem 30 Minuten dauernden Angriff, bei dem die Japaner sieben Flugzeuge einbüßten, war der Hafen jedoch wie durch ein Wunder funktionsfähig.

Zu ihrem Pech wurden kurz vor Mittag die beiden eiligen Kreuzer von einem „Jake“, einem Aichi E13A Flugboot des japanischen Kreuzers *Tone*, ausgemacht. Mehr als drei Stunden blieb ihnen der Japaner auf den Fersen, bis er eine Streitmacht von 90 Flugzeugen herbeigelotst hatte. Ohne jede Luftunterstützung wurden die beiden britischen Schiffe innerhalb von 20 Minuten versenkt. Mehr als 400 Menschen kamen dabei um.

Um die Bilanz auszugleichen, steuerte Somerville auf Kollisionskurs: Er wollte Nagumo am 6. April abfangen, doch die Japaner waren verschwunden – zum Glück der Briten, die ein solches Zusammentreffen wohl kaum überstanden hätten.

Japan weiter siegreich

Um die vermutliche Panik nach dem Angriff auf Colombo für sich zu nutzen, hatte Nagumo eine zweite Angriffsgruppe um den kleineren Träger *Ryujo* gebildet, der ohnehin zu langsam war, um mit der Hauptmacht mitzuhalten. Der Verband verließ am 1. April das kürzlich besetzte Burma und teilte sich in drei Gruppen, welche die Handelsschifffahrt entlang der Küste von Orissa aufmischten. In nur zehn Tagen versenkten die Überwasser-Schiffe im Verein mit U-Booten und den 48 Flugzeugen der *Ryujo* 28 Schiffe (insgesamt 145.000 BRT) und bombardierten einige Häfen, um in Übung zu bleiben.

Die *Ryujo*-Gruppe zog sich am 7. April zurück, doch den Briten blieb keine Verschnaufpause: Tags darauf, zu Mittag, wurde Nagumo von einer auf Ceylon stationierten PBY etwa 725 km weit im Westen erneut ausgemacht. Wieder befand sich Somerville in Addu, von wo er eben die älteren Schiffe in die weniger gefährlichen Gewässer Ostafrikas gesandt hatte. Der Kurs der Japaner ließ auf Trincomalee oder Madras als ihr Ziel schließen und da keine Luftunterstützung verfügbar war, ließ man die Häfen räumen. Etwa 15 Stunden später schlugen 85 Flugzeuge in Trincomalee zu. Sie fanden zwar keine Schiffe und auch kaum lohnende Ziele an Land, sprangen aber wiederum recht hart mit der RAF um. Neun britischen Bombern gelang der erste Angriff auf die Träger, doch sie litten schwer und wurden kaum belohnt.

Ein „Jake“ der *Haruna* fand die *Hermes* in Küstennähe. Der Träger hatte abgelegt, als der Hafen geräumt worden war, trug keine Flugzeuge und konnte aufgrund von Kommunikationsproblemen auch keine Luftunterstützung von der Küste anfordern. Nicht weniger als 85 von Jägern eskortierte Bomber deckten ihn mit ihrer Last ein. Innerhalb weniger Minuten wurde der Träger von geschätzt 40 250-kg-Bomben getroffen, kenterte und sank. Ein Zerstörer und zwei Tankschiffe teilten sein Schicksal.

Admiral Nagumo sammelte seine Flugzeuge ein und nahm Kurs auf die Heimat. Er hatte die Briten ebenso erfolgreich geschlagen wie zuvor die Amerikaner, und zumindest für den Augenblick waren die Gewässer an der Westgrenze der japanischen Sphäre sicher. Obwohl die Japaner nie wieder mit solcher Stärke in den Indischen Ozean vordrangen, hatten ihre Aktivitäten sichergestellt, dass ein Gegenangriff lange auf sich warten ließ.

Oben: Die HMS* Cornwall *sinkt nach einem Treffer durch eines von Nagumos Flugzeugen. Eine E13A vom schweren Kreuzer* Tone *hatte die britischen Kreuzer ausgemacht und folgte ihnen drei Stunden, bis sie die Luftmacht zum Angriff leiten konnte.

Links: Admiral Chuichi Nagumo führte die 1. Koku Kantai (1. Luftflotte) der Vereinten Flotten der Kaiserlich-Japanischen Marine durch sechs Monate der verblüffendsten Seemanöver, die die Welt je gesehen hatte – vom Angriff auf Pearl Harbor bis zum Höhepunkt, der Schlacht um Midway.

Expansion im Pazifik
Chronologie

Die japanische Offensive im Pazifik nach Pearl Harbor kam in ihrer Brillanz dem Blitzkrieg der Deutschen gleich. Bis August 1942 hatte Japan Gebiete erobert, die bis zu 3.200 km von der Heimat entfernt waren.

Die letzten Tage Singapurs unter britischer Herrschaft: Als die Japaner den Angriff auf die Insel vorbereiteten, versuchte man, Frauen und Kinder mit Handelsschiffen zu evakuieren. Es kam zu langen Schlangen und chaotischen Szenen auf den Kais.

1941

7. Dezember
Die Pazifikflotte der USA wird bei einem japanischen Luftangriff schwer getroffen. Die Flugzeuge waren von einem Trägerverband aus sechs Flugzeugträgern gestartet.

10. Dezember
Zwei große japanische Landungstrupps landen an der Nordküste von Luzon, der Hauptinsel der Philippinen, bei Aparri, Gonzago und Vigan. Beide dringen nach Süden vor und nehmen am 12. die Flugfelder von Tuguegarao und Laoag.

22. Dezember
Die japanische 48. Division landet auf Luzon im Golf von Lingayen. Am 25. Dezember beginnt sie eine machtvolle Offensive nach Süden in Richtung auf die philippinische Hauptstadt Manila und treibt die US-Truppen vor sich her.

23. Dezember
General Douglas MacArthur befiehlt den Rückzug der US-Truppen auf die Halbinsel Bataan, da sich die Japaner von Norden Manila nähern. Zwei weitere Landungstrupps südlich von McArthurs Einheiten verhindern jedoch den Rückzug nach Süden.

23. Dezember
Eine japanische Invasionsflotte unter Konteradmiral Kajioka Sadamichi besetzt das Wake-Atoll. Der kleine US-Militärstützpunkt hatte den Japanern seit 7. Dezember standgehalten, über 1.000 Japaner getötet und mit seinen Küstenbatterien vier Kriegsschiffe versenkt.

27. Dezember
Manila fällt an die Japaner. Die US-Truppen ziehen sich in verzweifeltem Abwehrkampf auf die Halbinsel Bataan zurück.

1942

9. Januar
Die Japaner beginnen auf Bataan vorzustoßen und überwinden die erste Verteidigungslinie der Amerikaner am 23. Januar.

11. Januar
Die malaiische Hauptstadt Kuala Lumpur wird von der japanischen 5. Division eingenommen, die etwa 500 km über das Festland vorgestoßen war.

Japanische Truppen bejubeln einen weiteren Sieg in ihrem imperialen „Blitzkrieg“ im Pazifik. Hier feiern sie die Einnahme einer US-Stellung in Bataan im April 1942. Am 9, April hatten sich alle US-Truppen auf der Halbinsel ergeben und Tausende gerieten in Gefangenschaft.

15. Januar
Die japanische Südarmee dringt in Burma ein und marschiert weiter nordwärts. Gegen eine schwache britische Verteidigung erreichen sie die 370 km weiter nördlich gelegene Stadt Tavoy in nur vier Tagen.

11. Januar – 14. Februar
Drei japanische Angriffsverbände starten unabhängig voneinander die Invasion Niederländisch-Ostindiens. Bis Mitte Februar sind die Insel Celebes (heute: Sulawesi), das britische Protektorat Sarawak und weitere große Teile Borneos in der Hand der Japaner.

15. Februar
Singapur kapituliert und 60.000 Alliierte geraten in japanische Kriegsgefangenschaft. Während des gesamten Feldzugs gegen die Insel hatten die Japaner 2.000 Gefallene zu beklagen.

19. Februar
Bei einem etwa einstündigen Angriff der japanischen 1. Luftflotte auf Darwin und Broome in Nordwestaustralien werden zwölf Schiffe der Alliierten versenkt.

19. Februar – 8. März
Bali, Timor und Java werden von den Japanern erobert, die damit die Besetzung Niederländisch-Ostindiens abschließen.

8. März
Rangun in Burma fällt nach einer japanischen Offensive, die britischen Truppen entgehen nur knapp der Einkesselung. Am selben Tag dringen japanische Verbände in Neuguinea ein, doch nach den Niederlagen bei den Seeschlachten im Korallenmeer und bei Midway kann das Land nie von den Japanern besetzt werden.

1. April
Japanische Kriegsschiffe um den Träger *Ryujo* kreuzen im Golf von Bengalen, um die Handelsschifffahrt im Indischen Ozean zu unterbinden.

3. April
Die fünf japanischen Träger von Admiral Chuichi Nagumos 1. Luftflotte durchqueren den Indischen Ozean mit Kurs auf Ceylon.

4. April
Der britische Marineverband zum Schutz des Indischen Ozeans – eine Flotte von fünf Schlachtschiffen und drei Trägern unter Admiral Sir James Somerville – wird informiert, dass japanische Träger weniger als 650 km vor Ceylon gesichtet wurden. Er bricht auf, um die Japaner abzufangen.

6. April
Mehr als 120 japanische Kampfflugzeuge fliegen einen Überraschungsangriff auf den Hafen von Colombo in Ceylon. 26 Jäger der Alliierten werden abgeschossen und drei Schiffe – die Kreuzer *Dorsetshire* und *Cornwall* und der Zerstörer *Tenedos* – versenkt.

9. April
Die US-Truppen auf der Halbinsel Bataan ergeben sich nach drei Monaten heftiger Kämpfe.

9. April
85 japanische Flugzeuge von Nagumos Trägern greifen den Flugplatz und den Hafen von Trincomalee auf Ceylon an. Der britische Geheimdienst hatte vor dem Angriff gewarnt, sodass die Japaner nur wenige Ziele vorfinden. Sie verlieren fünf Flugzeuge. Doch der britische Träger *Hermes* wird mit seinen Begleitschiffen nahe der Küste Ceylons entdeckt. Die Japaner versenken den Träger sowie weitere vier Schiffe.

5. – 6. Mai
Nach zweitägigen Kämpfen nehmen die Japaner die Corregidor-Inseln in der Einfahrt zur Manilabucht ein.

15. Mai
Die Japaner erreichen die Nordgrenze Burmas zu Indien und China. Damit ist ein weiteres Land zur Gänze von den Japanern besetzt.

Mai – August 1942
Die Japaner setzen die Eroberung der Pazifikinseln fort: Mit den Karolinen, den Gilbert- und den Marshall-Inseln, den Marianen sowie einem Großteil der Salomon-Inseln erreichen sie den Gipfel ihrer Expansion. Zu diesem Zeitpunkt war Japans Marine jedoch schon von der US Navy empfindlich geschlagen worden, und die Amerikaner beginnen mit der Rückeroberung von Papua-Neuguinea und den Salomonen.

Internationale Ereignisse 1941

22. Dezember
Bei der ARCADIA Konferenz in Washington kommen US-Präsident Franklin D. Roosevelt und der britische Premierminister Winston Churchill überein, dass der Kampf gegen Deutschland trotz des Kriegseintritts Japans erste Priorität haben muss.

1942

20. Januar
Bei der Wannsee-Konferenz in Berlin unter der Leitung von Reinhard Heydrich, Chef des Reichssicherheitshauptamtes, werden die Mittel und Wege der „Endlösung der europäischen Judenfrage", also der Auslöschung aller Juden in Europa festgelegt.

14. Februar
Eine nicht unbestrittene Weisung des RAF Bomber Command bezüglich Flächenbombardements erklärt auch zivile Gebiete in Deutschland zu legitimen Bombenzielen.

30. Mai
Der erste 1.000-Bomber-Angriff des RAF Bomber Command trifft die Stadt Köln.

28. Juni
Die Deutschen brechen die russische Verteidigung von Sewastopol. Dabei werden 90.000 Soldaten gefangen genommen. Die deutsche Besetzung der Halbinsel Krim ist damit gefestigt.

23. August
Die an der Ostfront vorrückenden deutschen Verbände erreichen die Wolga, treffen aber in der Stadt Stalingrad (heute: Wolgograd) auf überraschend starke Gegenwehr der Russen.

Admiral Isoroku Yamamoto, der Oberbefehlshaber der japanischen Marine ab 1939. Yamamoto war für die strategische Planung des Angriffs auf Pearl Harbor im Dezember 1941 verantwortlich, obwohl er einen Krieg mit den USA ursprünglich nicht guthieß. Er starb im April 1943, als amerikanische Jäger sein Flugzeug in der Nähe von Bougainville abschossen.

Korallenmeer
Träger in Aktion

Japan bedroht Neuguinea und eine neue Art von Seeschlacht steht bevor, in der die glorreiche kaiserlich-japanische Marine ihren ersten Rückschlag erleidet.

Japan hatte die Absicht, die Nachrichtenverbindung von den USA nach Australien zu kappen. Daher startete man im April 1942 Operation „MO“: Die Stadt Port Moresby im südlichen Neuguinea sollte in einem seegestützten Luftlandeunternehmen besetzt und weiter östlich, auf der Salomoneninsel Tulagi, ein Luftstützpunkt etabliert werden. Zur Einnahme des unverteidigten Tulagi war ein kleiner Verband genug. Das Dutzend Transportschiffe der nach Port Moresby aufbrechenden Gruppe wurde hingegen von einer Eskorte geleitet, zu der auch der neue leichte Träger *Shoho* gehörte. Da das Manöver mit Sicherheit die Aufmerksamkeit der US Navy auf sich ziehen würde, verstärkte Vizeadmiral Takeo Takagi den Verband mit den beiden großen Trägern *Shokaku* und *Zuikaku*.

Geheimdiensterfolg

Selbst in diesem frühen Stadium des Kriegs konnten die Amerikaner bereits gut genug Nachrichten abfangen und entschlüsseln, um Admiral Isoroku Yamamotos Absichten vorherzusehen. CINCPAC Admiral Chester Nimitz (Commander in Chief Pacific, Oberbefehlshaber Pazifik) entsandte Admiral Frank Fletchers Task Force 17 in das Gebiet. Die Flotte mit den Trägern USS *Lexington* und *Yorktown* war bereits am 3. Mai in der Korallensee, als die Nachricht von der Landung auf Tulagi eintraf. Die *Yorktown* drehte ab und flog am 4. Mai drei Luftangriffe, die kaum Schaden anrichteten, allerdings Takagi die Anwesenheit von Fletchers Flotte verrieten. Dieser konnte jedoch erst am 5. Mai auf Angriffsdistanz herankommen, als die *Yorktown* bereits weiter im Süden wieder zur *Lexington* aufgeschlossen hatte.

Während die beiden Trägerverbände einander nicht finden konnten, wurde die auf Port Moresby zuhaltende Gruppe, welche Rabaul am 4. Mai verlassen hatte, am 5. und 6. Mai, von landgestützten Flugzeugen der Alliierten gesichtet, gemeldet und angegriffen. Fletcher reagierte sofort auf die Meldungen und durchquerte die Korallensee, um ebenfalls anzugreifen. Früh am 7. Mai schickten beide Trägerverbände Aufklärer los. Takagi entdeckte den amerikanischen Öltanker *Neosho* und seine Eskorte, einen einzigen Zerstörer. Der Pilot hielt den Tanker für einen Flugzeugträger und rief seine Kampfflugzeuge in voller Stärke herbei. Dies kostete die Amerikaner zwar zwei Schiffe, bewahrte Fletcher aber wahrscheinlich vor der Entdeckung in einem kritischen Moment. Gleichzeitig hatte dieser nämlich den auf Port Moresby zuhaltenden Verband ausgemacht und schickte, ebenfalls dem Irrtum verfallen, bei den Japanern wären Träger anwesend, zwei Drittel seiner Flugzeuge jenem Verband entgegen, den er für Takagis Flotte hielt.

In dem Wissen, entdeckt worden zu sein, änderten die japanischen Transporter fürs Erste den Kurs. Daher bekam die unglückliche *Shoho*, die den Amerikanern nur 21 Maschinen entgegensetzen konnte, die volle Stärke des Angriffs alleine ab. Während der Starts konnte sie sich schlecht verteidigen: Die vereinte Feuerkraft der Gruppe konnte zwar die Maschinen der *Lexington* auf Distanz halten, die Flugzeuge der *Yorktown*, die unmittelbar darauf um 10.25 Uhr folgten, durchbrachen jedoch das Flakfeuer und überwältigten die *Shoho*.

Die Trägerschlacht

Innerhalb von zehn Minuten wurde die *Shoho* von 13.454 kg Bomben, wahrscheinlich sieben Torpedos und einer abstürzenden Douglas SBD getroffen und sank, völlig zerstört. Bei dieser ersten Schlacht Träger gegen Träger verlor Fletcher drei Maschinen, blieb jedoch zu seinem Glück unentdeckt, während seine Streitmacht solcherart abgelenkt war. Nachdem er seine siegreichen Flugzeuge wieder eingesammelt hatte, zog er sich

Mit einer Höchstgeschwindigkeit von 394 km/h und einer Reichweite von 1.770 km war die SBD das effektivste amerikanische Kampfflugzeug in den Schlachten im Korallenmeer und um Midway.

Die Nakajima B5N, von den Amerikanern „Kate“ genannt, war im Jahr 1942 der beste Torpedobomber der Welt. Ihre einzige Schwäche war die geringe Defensivbewaffnung mit nur einem 7,7-mm-Maschinengewehr im hinteren Cockpit.

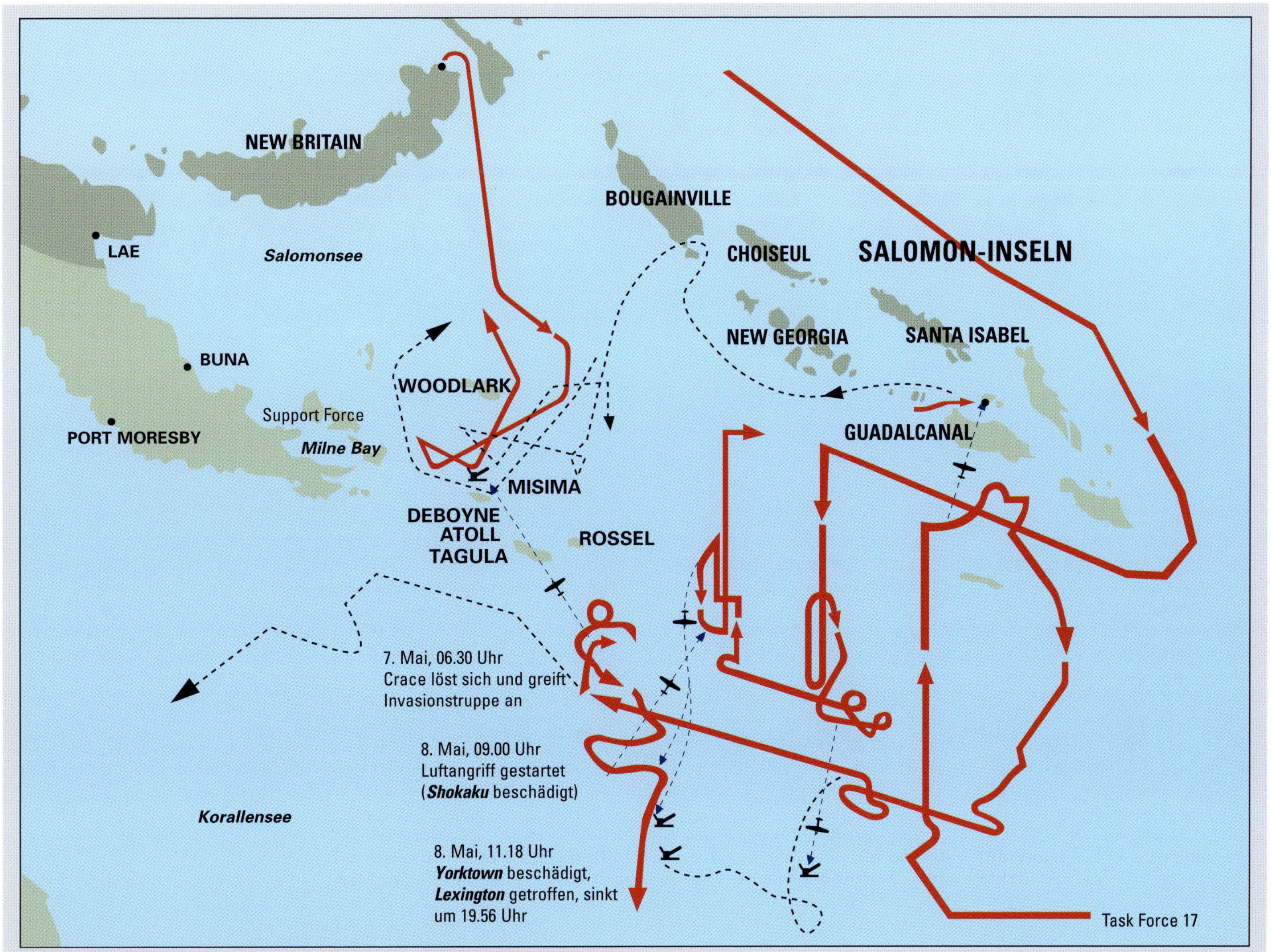

DAS ENDE VON OPERATION „MO"

Der amphibische Angriff der Japaner auf Port Moresby wurde aufgegeben, da durch das Sinken der *Shoho* die Luftunterstützung fehlte. In der nachfolgenden Luftschlacht verloren die Japaner 86 Flugzeuge, sodass die *Shokaku* und die *Zuikaku* in Midway nicht eingreifen konnten, wo die beiden großen Träger den Ausgang der Schlacht entscheidend hätten beeinflussen können.

im Schutz einer dichten Wolkenbank zurück. Durch den Verlust der *Shoho* überrascht, hielten die Japaner ihre Transporter weiter zurück.

Am Morgen des 8. Mai trennten die beiden feindlichen Trägerflotten nur 320 km. Um 07.20 Uhr hatten sie einander entdeckt und griffen jeweils mit maximaler Stärke an. Dieses Mal war es Takagi, der durch trübes Wetter gedeckt war, doch Flugzeuge der *Yorktown* fanden ihn gegen 10.30 Uhr. Noch unerfahrenen, vergeudeten die Mannschaften der Douglas TBD ihre Torpedos, die sie aus zu großer Entfernung und mit einem der Geschwindigkeit der Japaner nicht entsprechenden Tiefgang abwarfen. Die Sturzkampfbomber waren erfolgreicher. Sie trafen die *Shokaku* zweimal, wobei ein Treffer am Bug das Flugdeck so schwer beschädigte, dass keine Flugzeuge mehr starten konnte. Die meisten Maschinen der *Lexington* fanden die Japaner gleich gar nicht, doch eine, der dies letztendlich doch gelang, meldete um 11.14 Uhr einen weiteren Bombentreffer.

In der Zwischenzeit waren 69 japanische Kampfflugzeuge auf Fletchers Radar aufgetaucht, gerade, als er seine verteidigenden Jäger tauschte. Eine Bombe traf um 11.20 Uhr die *Yorktown* schwer, sie wurde beschädigt, blieb jedoch einsatzfähig.

Simultanbombardement

Gleichzeitig wurde die *Lexington* von einer kleinen Gruppe von Torpedobombern angegriffen, die aus beiden Richtungen vorstießen und sie zweimal trafen. Ein simultan ausgeführter Stuka-Angriff erzielte ebenfalls zwei Treffer. Ihre Aufzüge steckten in gehobener Position fest, das Flugdeck selbst konnte jedoch noch benützt werden. Leider wurde auch das Avgas-System des Trägers schwer beschädigt, hochexplosives Gas entwich. Etwa gegen Mittag erschütterte ihn die erste einer Serie von Explosionen, überall brachen Feuer aus, die schnell außer Kontrolle gerieten. So viele Flugzeuge wie möglich wurden auf die *Yorktown* verlegt und die *Lexington* gegen 17.00 Uhr aufgegeben und mit einem Torpedo versenkt.

Als Folge der Schlacht im Korallenmeer mussten die Japaner die Landung in Port Moresby aufgeben. Ein weiterer Versuch kam wegen der bevorstehenden Flottenoperation gegen Midway nicht in Frage. Takagis große Träger hätten dort möglicherweise eine entscheidende Rolle gespielt, nach Operation „MO" fehlten sie jedoch.

Einer Dauntless der Yorktown, geflogen von Lt. Powers, gelang ein direkter Treffer auf die* Shokaku. *Dabei kamen beide Besatzungsmitglieder ums Leben. Der Flugzeugträger überstand den Angriff, verlor jedoch im Korallenmeer den Großteil seiner Flugzeuge.

Korallenmeer: Chronologie

Die Schlacht im Korallenmeer war die erste Seeschlacht der Geschichte, die von Flugzeugträgern geschlagen wurde. Obwohl die Japaner theoretisch siegreich blieben, begünstigten ihre Verluste während der Schlacht den späteren Sieg der USA in der Schlacht um Midway und verhinderten eine japanische Invasion in Australien.

1942

3. Mai

Japanische amphibische Verbände landen auf der Salomoneninsel Tulagi und errichten einen Stützpunkt für Flugzeuge und Schiffe. In der Zwischenzeit umschifft eine japanische Trägerflotte die Salomonen auf der Suche nach Trägern der US Navy. Sie hoffen, die amerikanischen Träger abzufangen, bevor sie jene Verbände aufspüren und stören können, welche eine Invasion in Port Moresby in Neuguinea planen. Die USA und die alliierten Kräfte in dem Gebiet sind durch „Ultra" über die japanischen Aktivitäten informiert.

4. Mai

Flugzeuge des Trägers *Yorktown* greifen um 06.30 Uhr aus einer Position südlich von Guadalcanal die japanischen Schiffe und Stellungen auf Tulagi an und versenken einige kleinere Schiffe. Die Invasionsgruppe für Port Moresby verlässt ihre Basis auf Rabaul. Sie wird von einem Verband mit zwei Trägern unter dem Kommando von Konteradmiral Goto eskortiert.

5. – 6. Mai

Aufgrund des Schlechtwetters verfehlen die japanischen und die US-Trägerverbände einander südlich der Salomonen.

7. Mai

Task Force 44, ein gemischter Verband mit Zerstörern und Kreuzern unter Rear Admiral Crace (Royal Navy), versucht, die japanischen Invasionskräfte abzufangen. Sie werden von den Japanern entdeckt und bombardiert, ohne dass sie selbst etwas ausrichten können. Am Südzipfel des Operationsgebiets der Alliierten werden die Zerstörer *Neosho* und *Sims* bei einem japanischen Luftangriff zerstört. Man hatte sie für die Hauptstreitmacht der alliierten Flotte gehalten. Die Alliierten entdecken den Invasionsverband, der japanische Träger *Shoho* sinkt nach Angriffen durch Flugzeuge der *Lexington* und der *Yorktown*.

7. – 8. Mai

Die Japaner geben ihr Vorhaben der Invasion von Port Moresby auf und die Gruppe zieht sich nach New Britain zurück. In der Nacht vom 7. zum 8. Mai starten 27 Flugzeuge der japanischen Trägerflotte auf der Suche nach den Alliierten. Sie können allerdings nichts finden und nur sechs kehren zurück.

8. Mai

Die japanische und die US-Trägerflotten (bekannt als Task Force 11 und Task Force 17)

Mai 1942: Sturzkampfbomber Douglas SBD Dauntless und Torpedobomber Douglas TBD Devastator der US Navy heben während der Schlacht im Korallenmeer vom Deck der USS Yorktown *ab. Die Devastator wurde schon bald durch die Grumman TBF Avenger ersetzt.*

entdecken einander kurz nach Tagesanbruch.

09.25 Uhr
Die gegnerischen Träger starten ihre Kampfflugzeuge.

11.40 Uhr
Der japanische Träger *Shokaku* wird durch US-Bomben schwer beschädigt.

14.47 Uhr
Nach einem Bombentreffer der Gastanks im Generatorraum wird die *Lexington* von schweren Explosionen erschüttert. Der US-Träger kann nicht gerettet werden.

18.00 Uhr
Fast die gesamte Besatzung der *Lexington* ist auf andere Schiffe evakuiert worden. Der Träger wird versenkt.

9. Mai
Der Kommandant der japanischen Trägerflotte, Vizeadmiral Takagi, wird zurückbeordert, um die US-Träger trotz eines gefährlichen Mangels an Flugzeugen anzugreifen. Wieder können die Flotten einander nicht finden und die Schlacht im Korallenmeer ist zu Ende.

Internationale Ereignisse 1942

5. Mai
Die RAF übernimmt eine neue Technologie zur Störung von Funksignalen, welche die Genauigkeit der deutschen Bombenabwürfe um 30% vermindert.

6. Mai
Die alliierten Truppen auf der Philippineninsel Corregidor ergeben sich den Japanern. Über 12.000 Mann werden gefangen genommen.

6. Mai
Chinesische Truppen unter General Tschiang Kai-schek beginnen eine Großoffensive gegen japanische Einheiten in verschiedenen Städten, darunter Shanghai und Nanking.

8. Mai
Das Kriegskabinett in London ordnet verstärkte Einsätze in der nordafrikanischen Wüste an, nachdem Rommels Truppen über ca. 650 km von El Agheila an der libyschen Küste bis in die Cyrenaika vorgestoßen sind.

Die Besatzung des Trägers **Lexington** *wird an Bord eines anderen Schiffes der US-Navy geholt. Obwohl der Träger nach Treffern durch japanische Flugzeuge versenkt werden musste, konnten fast 3.000 Mann gerettet werden.*

Der US-Träger **Bon Homme Richard** *(CV-31) läuft am 29. April 1944 vom Stapel. Der Träger wurde im Pazifik eingesetzt und gegen Kriegsende auch bei der Bombardierung von Japan selbst.*

Die Schlacht um Midway

Entscheidung im Pazifik

Am 4. Juni 1942 versuchte die kaiserlich-japanische Marine, die Amerikaner bei Midway in einen kolossalen Hinterhalt zu locken. Es wurde eine Schlacht von Zug und Gegenzug, wobei sich die Kontrahenten nie näher kamen als auf 160 km.

Wie schon Admiral Jellicoes Grand Fleet im I. Weltkrieg, ging auch die japanische Marine von der „großen Entscheidungsschlacht" aus. Mit der Operation „MI" wollte Admiral Isoroku Yamamoto eine solche herbeiführen. Zuerst wollte man auf den Aleuten landen, um die US-Kräfte zu einem Gegenangriff nach Norden zu locken. Dann wollte man den strategischen Vorposten der USA auf der Insel Midway besetzen. Nur 1.850 km von Hawaii entfernt, wäre dies eine Gefahr, die CINCPAC Admiral Chester Nimitz auf keinen Fall ignorieren könnte. Er würde seine geschwächte Flotte sofort zur Rettung Midways losschicken, wo die Japaner in voller Stärke über sie herfallen würden. Der Plan hatte aber mehrere Haken. Zum einen war er zu kompliziert, zum anderen wussten die Japaner nicht, dass die Amerikaner ihren Funkverkehr entschlüsseln konnten und so ihre Absichten kannten.

Die Flottenstärke

Die Stärke der US-Trägerflotte befand sich zu dieser Zeit auf einem Tiefpunkt. Von den vier im Pazifik verfügbaren Trägern waren nur die *Enterprise* und die *Hornet* von Vice Admiral William Halseys Task Force 16 in Pearl Harbor (eben von Doolittles berühmtem B-52-Angriff auf Tokio zurückgekehrt). Die im Korallenmeer von Bomben hart getroffene USS *Yorktown* kam am 27. Mai an und wurde in der Rekordzeit von drei Tagen instand gesetzt. Die kürzlich reparierte *Saratoga* war weit im Westen unterwegs und würde nie rechtzeitig eintreffen.

Für Operation „MI" boten die Japaner 162 Schiffe, organisiert in 13 Gruppen, auf. Flugzeuge der Träger *Junyo* und *Ryujo* begannen am 3. Juni mit Luftangriffen auf Attu auf den Aleuten, doch die US Navy fiel nicht darauf herein. Die geplante Aufklärung der Japaner im Gebiet von Midway durch Flugboote und U-Boote schlug fehl, doch US-Flugzeuge von der Insel entdeckten Teile der feindlichen Invasionsflotte am Vormittag des 4. Juni westlich der Insel, noch etwa 1.100 km entfernt. Noch verborgen blieb die Speerspitze der Japaner, Admiral Nagumos schlachterfahrener Trägerverband, dem nach der Schlacht im Korallenmeer allerdings zwei Decks fehlten. Etwa 500 km achteraus befand sich die Hauptstreitmacht der Japaner, die von Yamamoto selbst vom Schlachtschiff *Yamato* aus befehligt wurde – bereit, bei der ersten

Die zerschlagene japanische Trägerflotte zog sich aus dem Kampfgetümmel nach Westen zurück, während sich die beschädigten Kreuzer* Mogami *und* Mikuma *auf Wake in Sicherheit brachten.

MIDWAY: NAGUMOS TRÄGERFLOTTE WIRD BESIEGT

Gemeinsam mit jener im Korallenmeer bezeichnet die Schlacht um Midway den Beginn einer neuen Art der Seekriegsführung mit Hilfe von Flugzeugträgern. Vizeadmiral Chuichi Nagumos 1. Marineluftflotte Kido Butai umfasste die Träger *Akagi*, *Kaga*, *Hiryu* und *Soryu*. Dazu stieß die 2. Flotte mit zwei Schlachtschiffen, fünf Kreuzern, acht Zerstörern und einem kleinen Träger. Ihnen gegenüber stand Rear Admiral Fletchers Task Force 17 mit dem Träger *Yorktown*, zwei Kreuzern und fünf Zerstörern sowie Rear Admiral Spruances Task Force 16 mit den Trägern *Enterprise* und *Hornet*, sechs Kreuzern und neun Zerstörern. Dank einer List der amerikanischen Funkaufklärung konnten die Stukas der Navy im Herzen der kaiserlich-japanischen Marine zuschlagen und sich der Zerstörung aller vier Träger der 1. japanischen Marineluftflotte rühmen.

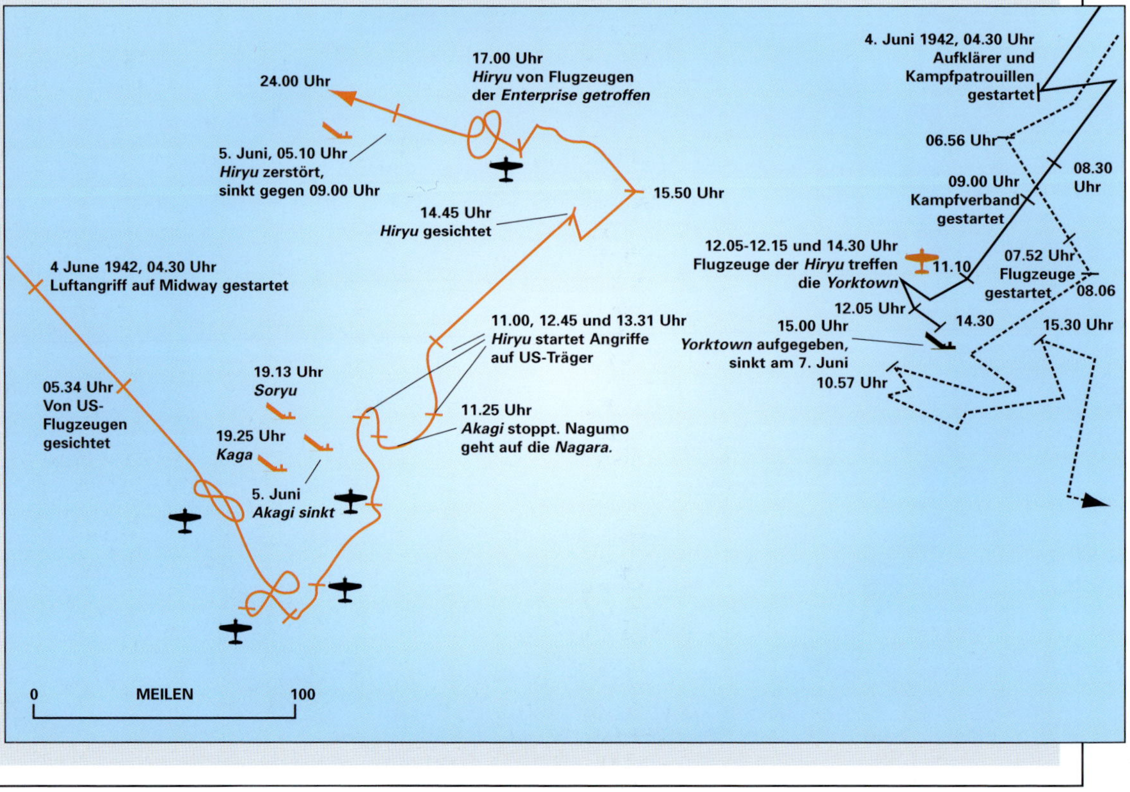

Die Flaksalven der **Yorktown** *verdunkeln den Himmel, während ein japanischer Torpedobomber vorbeirast. Nach drei Bombentreffern war die* **Yorktown** *manövrierunfähig.*

Darunter: Durch exzellente Schadensbegrenzung war die **Yorktown** *wieder einsatzfähig, bevor sie nochmals von zwei Torpedos von Flugzeugen der* **Hiryu** *getroffen wurde. Der Träger musste aufgegeben werden und wurde letztendlich am nächsten Tag von einem japanischen U-Boot versenkt.*

sich bietenden Gelegenheit über die Amerikaner herzufallen. Als Katalysator nahm die Invasionsflotte ca. 950 km weiter südlich Kurs auf Midway.

Überraschungsmoment

Enterprise und *Hornet* (kommandiert von Rear Admiral Raymond Spruance in Abwesenheit des kranken Halsey) warteten gemeinsam mit Rear Admiral Frank Fletchers *Yorktown* (eine potenziell problematische Kompetenzaufteilung) unentdeckt ca. 565 km nordöstlich der Insel. Yamamoto, der einen Hinterhalt legen wollte, geriet selbst in einen Hinterhalt.

Um 04.30 Uhr am 4. Juni startete Nagumo 72 Bomber und 36 Jäger gegen die Insel. Er war noch etwa 385 km vom Ziel entfernt und kam mit hoher Geschwindigkeit näher.

Ein massiver Schild aus Jägern kreiste am Himmel, um sich des Gegenangriffs von Midway anzunehmen, und fast 100 mit Torpedos und panzerbrechenden Bomben bewaffnete Flugzeuge erwarteten das Herannahen der US Schiffe.

Luftangriff

Um 05.30 Uhr wurde Nagumos Verband von einer Consolidated PBY aus Midway gesichtet und die gesamte Fliegertruppe der Insel stieg im Alarmstart auf. Nun, da die Position der japanischen Träger bekannt war, kam Spruance heran. Zwischen 06.30 und 07.00 Uhr zerstörten die japanischen Maschinen trotz heftigster Gegenwehr die meisten Einrichtungen auf der Insel, signalisierten jedoch, dass ein zweiter Einsatz nötig wäre.

Im Gegenzug

Allerdings hatte Nagumo bereits 67 Maschinen verloren oder sie waren beschädigt. Der Verbleib der US-Träger, falls es welche gab, war nach wie vor unbekannt und seine eigenen vier Träger waren aufgrund der Komplexität von Yamamotos Plan weit verstreut. Nagumos Unbehagen wurde durch das totale Versagen der auf Midway stationierten Flugzeuge, die ihn angegriffen hatten, etwas gemildert. Ihre Stärke überzeugte ihn jedoch davon, dass noch ein Angriff gegen Midway nötig war. Da es nach wie vor keine Hinweise auf Flottenbewegungen der Amerikaner gab, sollten die verfügbaren Flugzeuge mit Sprengbomben ausgerüstet werden und wurden unter Deck geholt.

Um 08.00 Uhr hatten Spruance und Fletcher eine Angriffswelle von 151 Maschinen gestartet. Diese waren noch unterwegs, als ein japanischer Aufklärer zu guter Letzt doch die Amerikaner entdeckte. Die Meldung löste bei Nagumo etwas aus, das einer Panik sehr nahe kam, denn alle noch an Bord befindlichen Flugzeuge mussten unverzüglich wieder umgerüstet werden. Doch sein Jagdschutz war nach wie vor höchst effektiv. Während die Maschinen der *Hornet* das Ziel gar nicht fanden, wurde eine Gruppe von 41 Douglas TBD, die um 10.18 Uhr angriffen, um 35 Flugzeuge dezimiert. Sie hatten aber die japanischen Jäger auf Meeresniveau gelockt, sodass die nachfolgenden 49 Stukas freie Bahn hatten. Die Träger *Akagi*, *Kaga* und *Soryu*, die nahe beieinander lagen, erhielten zwei, vier und drei Bombentreffer. Voll mit aufmunitionierten, aufgetankten Maschinen standen sie innerhalb kürzester Zeit in Flammen und sanken schnell. Die *Hiryu* hielt sich etwas entfernt, entkam fürs Erste dem Angriff und schickte nun ihrerseits Stukas los. Diese fanden die *Yorktown*, die eben ihre siegreichen Flugzeuge einsammelte, und trafen den Träger trotz starken Jagdschutzes dreimal. Feuer an Bord ließ das Schiff um 12.20 Uhr stoppen, es nahm aber wieder Fahrt auf. Nur 200 km trennten nun die beiden Flotten und eine zweite Welle der *Hiryu* platzierte um 14.45 Uhr zwei Torpedos. Die *Yorktown* wurde aufgegeben, sank aber nicht, sondern wurde ins Schlepptau genommen.

Der letzte Streich

Noch einmal sandten die *Enterprise* und die *Hornet* ihre schon recht zerzausten Maschinen los. 40 Douglas SBD fanden die *Hiryu* und machten kurzen Prozess. Vier Bomben befreiten sie von ihrem Vorderdeck und vier Nahtreffer erschütterten das Schiff. Völlig zerstört, wurde sie versenkt.

Nur der Verlust der USS *Yorktown* durch einen U-Boot-Torpedo, während sie noch im Schlepptau war, trübte den Triumph. Elf Schlachtschiffe waren vor Ort gewesen, doch die Auseinandersetzung wurde allein von Trägern geführt und entschieden. Die selbstbewussten Japaner wurden gestoppt. Nur sechs Monate nach Pearl Harbor lagen vier der sechs angreifenden Träger auf dem Grund des Pazifiks und alle Pläne der Japaner, Australien zu isolieren, mussten aufgegeben werden.

Einige TBF-1 Avenger waren noch auf Midway, als die Japaner angriffen. Sechs davon schlossen sich dem Luftangriff an, der von der Insel gegen die Japaner gestartet, von deren Jägern und Schiffsgeschützen jedoch massakriert wurde. Alle gingen verloren, ohne einen Treffer zu erzielen. Dieses Flugzeug sollte als eine der ersten seegestützten Maschinen des Typs an Bord der **Hornet** *gehen, war aber bei jenen sechs schicksalhaften Maschinen, die die japanische Flotte angriffen.*

Die Schlacht um Midway
Chronologie

Die Schlacht um Midway kennzeichnet den Wendepunkt für die japanischen Marineverbände im Pazifik. Nach der Zerstörung der Hälfte ihrer Trägerflotte sahen sich die Japaner in die Defensive gedrängt.

Eine japanische Nakajima B5N „Kate“ wird vom Flakfeuer der USS Yorktown *vom Himmel geholt. Während des Einsatzes im Pazifik zeichnet die B5N für drei gesunkene Flugzeugträger verantwortlich. Ab 1943 war sie allerdings dann ein leichtes Ziel für die US-Jäger – ihr einzelnes MG im hinteren Cockpit erwies sich für eine effektive Verteidigung als unzureichend.*

1942

25. – 28. Mai
Fast die gesamte Flotte der Japaner verlässt Japan und die Marianen – ihr Ziel: die Insel Midway im mittleren Pazifik. Die Flotte ist in vier Gruppen geteilt. Die nördliche Angriffsgruppe nimmt Kurs auf die Aleuten weit im Norden von Midway, um die US-Verbände wegzulocken. Die anderen drei Gruppen – die Midway-Invasionsflotte, die Hauptstreitmacht unter Yamamoto und die 1. Marineluftflotte mit ihren Trägern – machen sich auf nach Midway, um die Insel zu besetzen.

3. Juni
Die nördliche Angriffsgruppe beginnt den Angriff auf die Aleuten. Im Juni werden die Inseln Kiska und Attu besetzt. CINCPAC Admiral Nimitz war durch den Geheimdienst über das Ablenkungsmanöver informiert und behielt seine wichtigsten Verbände – einschließlich der drei Flugzeugträger *Enterprise, Hornet* und *Yorktown* – im Gebiet um Midway.

4. Juni
04.30 Uhr
Die Insel Midway wird von Flugzeugen von Vizeadmiral Nagumos 1. Marineluftflotte bombardiert. Die US-Maschinen, welche die Insel verteidigen, erleiden schwere Verluste, können jedoch Nagumos Pläne entscheidend verzögern, da er sich zu einem zweiten Angriff auf die Insel veranlasst sieht.

07.28 Uhr
Japanische Aufklärer melden einen Verband von zehn Schiffen der US Navy etwa 320 km nordöstlich der japanischen Invasionsflotte, welche sich Midway nähert. Nagumo erfährt jedoch nicht, welche Art von Schiffen dies ist.

07.52 Uhr
Torpedo- und Sturzkampfbomber heben von den Decks der *Enterprise* und der *Hornet* ab.

08.20 Uhr
Nagumo erfährt, dass sich unter den US-Schiffen ein Träger befindet. Dies ist ein Schock für Nagumo, der das Gebiet um Midway frei von feindlichen Trägern glaubte.

08.37 Uhr
Die japanischen Maschinen der zweiten Angriffswelle auf Midway kehren zum Auftanken und Aufmunitionieren zu ihren Trägern zurück.

09.00 Uhr
Die *Yorktown* startet ihre Angriffsflugzeuge. Etwa 150 Maschinen werden gegen Nagumos Trägerflotte gesandt.

09.30 – 10.00 Uhr
Torpedobomber der *Enterprise* und der *Hornet* beginnen ihren ersten Angriff auf die japanischen Träger – Träger, deren Jäger und Bomber eben aufgetankt und mit Waffen bestückt werden. Alle angreifenden Devastator-Bomber werden von japanischen „Zero“-Jägern in nur sechs Minuten abgeschossen. Um 09.18 Uhr ändert Nagumo den Kurs, sodass ihn die ersten Stukas der Amerikaner nicht finden können. Um 10.00 Uhr sieht es so aus, als hätte der japanische Verband den Angriff der Amerikaner unbeschadet überstanden.

10.25 Uhr
Eine Stuka-Gruppe von 37 Dauntless der USS *Enterprise* überrascht die japanischen Träger und beginnt sofort mit ihrer ohrenbetäubenden Attacke. Innerhalb von fünf Minuten sind die Träger *Kaga, Soryu* und *Akagi* zerstört, da Bomben im Gewirr der Munitionsstapel, Treibstofftanks und Flugzeuge an Deck explodieren.

12.00 – 14.30 Uhr
Flugzeugen der *Hiryu* gelingt ein Vergeltungsschlag gegen die *Yorktown*, der den Träger schwerst beschädigt.

15.00 Uhr
Die *Yorktown* wird von der Mannschaft aufgegeben. Das schwer beschädigte Schiff wird zwei Tage später von einem japanischen U-Boot endgültig versenkt.

17.00 Uhr
Nach fünf Bombentreffern durch Sturzkampfbomber der *Enterprise* verwandelt sich die *Hiryu* in ein Inferno. Das Schiff wird am nächsten Tag versenkt.

Internationale Ereignisse 1942

31. Mai
Mehr als 1.000 Bomber der RAF legen die Stadt Köln in Schutt und Asche. Ungefähr 50.000 Menschen werden obdachlos.

31. Mai
Beim Unternehmen „Friederikus“, einem massiven Gegenangriff der Deutschen, werden die Einheiten der Roten Armee um Charkow eingekesselt. Mehr als 250.000 russischen Soldaten drohen Tod oder Gefangenschaft.

3. Juni
Die britischen Kohlengruben werden verstaatlicht, um die Produktion dieses kriegswichtigen Rohstoffs zu sichern.

4. Juni
Reinhard Heydrich, der Chef des Reichssicherheitshauptamts, erliegt den Verletzungen, die er acht Tage zuvor bei einem Attentat tschechischer Partisanen davontrug.

6. Juni
Nordafrika. Eine Großoffensive Rommels auf die Gazala-Linie der Alliierten schlägt fehlt. Deutsche und italienische Truppen erleiden nicht wieder wettzumachende Verluste.

Besatzungsmitglieder der USS* Yorktown *arbeiten hart, um die Schäden zu reparieren, die der Träger während der Schlacht um Midway erhalten hat. Dennoch sinkt sie auf den Grund des Pazifiks. Die Feuer an Bord können zwar zuerst unter Kontrolle gebracht werden, als sich jedoch ausströmendes Gas entzündet, besiegelt eine gewaltige Explosion das Schicksal des Schiffs.

Schlacht von Guadalcanal

Nur ein Flugfeld

7. August 1942: 19.000 Marines landen auf der Insel Guadalcanal – die erste Gegenoffensive der US-Armee im Pazifik beginnt.

Die Kämpfe auf Guadalcanal vermittelten eine erste Vorahnung von den Bedingungen, auf welche die Amerikaner auf ihrem Vorstoß über die Pazifikinseln treffen würden: Auge in Auge mit dem Gegner, brutal und in feindlicher Umgebung.

Im Jahr 1942 kam den Salomon-Inseln plötzlich eine strategische Schlüsselrolle im laufenden Krieg im Südpazifik zu. Fielen sie in die Hände der Japaner, könnten diese die Schifffahrtswege zwischen den USA und Australien bedrohen. In der Hand der Alliierten wären sie zum einen ein Schutzschild zum Aufbau der alliierten Truppen in Australien, zum anderen ein wichtiges Sprungbrett für eine alliierte Offensive, um die Japaner wieder auf ihre eigene Insel zu verweisen.

Anfang Mai errichtete Japan einen ansehnlichen Militärstützpunkt in dem wertvollen Hafen Tulagi auf den kleinen Florida-Inseln am östlichen Ende der Salomonen und mit Monatsende begannen sie, Truppen über den Nggela Channel auf die größere Insel Guadalcanal überzusetzen. Bald erreichten General Douglas MacArthur vom Team der australischen „Küstenwache“ Meldungen, die Japaner würden in der Nähe von Lunga Point und dem Dorf Kukum ein Flugfeld bauen. Die Gefahr, dass japanische Bomber von dort aus Angriffe gegen alliierte Schiffe und sogar das australische Festland fliegen würden, war offensichtlich.

Erfolgreiche Landung

Zur Überraschung aller Beteiligten landeten am 7. August 19.000 US Marines unter dem Kommando von Major General Alexander Vandegrift sowohl in Lunga Point als auch in Tulagi. Als der Abend anbrach, hatten sie die etwa 2.200 japanischen Bauarbeiter in den Dschungel gejagt und 36 Stunden später waren auch die 1.500 japanischen Soldaten in Tulagi überwunden. Bis 8. August war das Flugfeld von amerikanischen Ingenieuren fertig gestellt worden und wurde in Henderson Field umgetauft. Am 20. August landeten dort die ersten US-Maschinen, Grumman F4F Wildcat Jäger und Douglas SBD Dauntless Sturzkampfbomber.

Bevor es so weit kam, hatten die Japaner selbstverständlich reagiert. In der Schlacht von Savo Island wurde die alliierte Marine empfindlich geschwächt und nach dem Rückzug des Flottenverbands von Rear Admiral Richmond Turner blieben die Marines ohne ausreichende Mittel zurück, um starke Verteidigungsstellungen zu bauen. Zu ihrem Glück hatten die Japaner einiges Material zurücklassen müssen, welches die „Ledernacken“ gut brauchen konnten.

Dies erwies sich bereits am 18. August als äußerst nützlich, als die Japaner mit einer Truppe von etwa 6.000 Soldaten unter Oberst Ichiki Henderson Field angriffen. In dem Glauben, es nur mit 2.000 Marines zu tun zu haben, rannten die Japaner blindlings in tödliches Abwehrfeuer, die Einheit wurde ausgelöscht. Die darauf folgenden Angriffe der Japaner waren weniger überstürzt, doch das kaiserliche Oberkommando schien nie in der Lage, die tatsächliche Truppenstärke der US Marines auf Guadalcanal zu erfassen.

Jede der darauf folgenden Schlachten in dem Gebiet – von der Schlacht um die Ost-Salomonen über die Schlachten von Cape Esperance und um die Santa-Cruz-Inseln bis zu den letzten Auseinandersetzungen in der Seeschlacht von Guadalcanal – wurde geschlagen, um mehr japanische Truppen auf die Insel zu bringen und die Kontrolle über Henderson Field wieder zurückzugewinnen. Bis 13. September hatte der „Tokio-Express“ weitere 8.000 Soldaten gebracht – und mehr als 1.200 von ihnen wurden in derselben Nacht in der Schlacht am Bloody Ridge (blutigen Bergrücken) getötet.

Einen Monat nach Cape Esperance war die Truppenstärke der Japaner auf der Insel auf 22.000 Mann angewachsen – doch es gab auch 23.000 Marines und weitere 4.500 standen auf Tulagi, denn die Alliierten konnten aus Australien viel leichter Verstärkung heranführen als die Japaner aus Luzon oder gar dem

US MARINE

Alles in allem waren die Männer des US Marine Corps, die im II. Weltkrieg nur auf dem Pazifikschauplatz eingesetzt wurden, ihren japanischen Kontrahenten sowohl körperlich als auch an Ausbildung, Ausrüstung und Material überlegen. Zudem stärkte das Wissen, einer Elitetruppe innerhalb der US-Armee anzugehören, in ungeheurem Maß das Selbstbewusstsein und den Kampfgeist der Soldaten. Eine der hervorstechendsten Eigenschaften des US Marine Korps im II. Weltkrieg war seine Bereitschaft, sich schnell und mühelos den unterschiedlichsten Einsatzbedingungen anzupassen. Davon zeugt auch das Bild dieses Marines. Der Kampf im warmen, feuchten Dschungel von Guadalcanal erforderte leichte Tarnuniformen, die kurzen Distanzen, auf welche die Inselkämpfe im Pazifik üblicherweise stattfanden, verlangten nach entsprechenden Waffen wie zum Beispiel diesen 7.62-mm-Karabiner M1 mit 15- oder 30-schüssigem Magazin.

Das Gelände der meisten Pazifikinseln war für schwerere Panzer denkbar ungeeignet, doch die 37-mm-Kanonen leichter Panzer waren für viele Aufgaben ausreichend, zum Beispiel die Zerstörung von Bunkern.

fernen Japan. Die Geschütze zweier schwerer japanischer Schlachtkreuzer setzten die Treibstofftanks auf Henderson Field in Brand, zerstörten mehr als die Hälfte der Flugzeuge und beschädigten die Landebahn so schwer, dass die Bomber für einige Zeit nach Australien zurückkehren mussten. Doch zu Land wurde auch der Angriff Ende Oktober wieder einmal zurückgeschlagen: Die japanischen Verluste gingen in die Tausende, während die Marines, die aus gut befestigten Stellungen heraus kämpften und mit jedem Schuss an Erfahrung gewannen, nur einige Hundert verloren. Zudem konnten amerikanische Ärzte mittlerweile einen Großteil der Verwundeten und fast alle Kranken versorgen und retten.

Offensive aufgegeben

In der Nacht vom 14. auf den 15. November, als sieben der Transporter von Konteradmiral Raizo Tanaka versenkt wurden, die neue Truppen heranführten, kamen nur 4.000 der insgesamt 11.000 ausgesandten Soldaten tatsächlich auf Gudalcanal an.

Als der Kampf begann, gaben die Amerikaner ihre Defensivpositionen, die sie über fast vier Monate so erfolgreich gehalten hatten, auf und gingen zum Angriff über. Während der letzten Novembertage vergrößerten die Marines ihren Aktionsradius und Anfang Dezember war genug Platz für die 25. Infanteriedivision, die 2. Marinedivision und die „Americal"-Division – das XIV. Korps unter Major General Alexander Patch –, um hereinzukommen und Vandegrifts brillante, doch schon etwas erschöpfte 1. Marinedivision zu entsetzen. Patch organisierte umgehend einen Ausbruch, um die Japaner ganz von der Insel zu vertreiben.

Doch mittlerweile hatte das kaiserlich-japanische Oberkommando begonnen, die Kosten aufzurechnen: Seit 7. August hatte man 65 Seeflugzeuge und 800 andere Fluzeuge verloren, die Zahl der Gefallenen war unmöglich festzustellen. Es war nicht mehr zu übersehen, dass die Reste der 17. Armee von Generalleutnant Harukichi Hyakutake, die mit einem Drittel der Normalrationen auskommen mussten und daher krank und ausgehungert waren, den mittlerweile 50.000 wohlgenährten und gut gerüsteten Amerikanern derart unterlegen waren, dass ein weiterer Angriff nicht in Frage kam.

Am 4. Januar fügte sich auch Tokio der Realität und gab entsprechende Befehle. Zwischen 1. und 9. Februar kamen die Zerstörer des „Tokio-Express" ein letztes Mal nach Guadalcanal und holten 11.000 Mann heim. Die Nachhut hielt die Amerikaner mit dem letzten Aufgebot an Kräften zurück, bis alle evakuiert waren. Nur die Toten blieben am Strand zurück.

Im Wurzelgewirr der Palmen war ein Eingraben schwer möglich, doch umgestürzte Bäume boten gute Deckung und aus den Stämmen waren schnell improvisierte Verteidigungsstellungen gebaut.

Schlacht von Guadalcanal
Chronologie

Die Niederlage der Japaner auf Guadalcanal hatte für die Alliierten eine Reihe von Vorteilen. Sie nahm den Japanern einen wichtigen Luftstützpunkt für Operationen über den Salomonen und war überdies ein gewaltiger Dämpfer für das Selbstbewusstsein und die Moral der Männer.

1942

Juli
Die Alliierten erhalten die Meldung, dass die Japaner auf der Salomoneninsel Guadalcanal ein Flugfeld bauen – später als Henderson Field bekannt. Die Nachricht zwingt die US-Verbände im Pazifik, Pläne zur Invasion der Salomonen zu entwickeln.

7. – 8. August
Einheiten der 1. Marinedivision landen auf den Salomonen-Inseln Guadalcanal, Tulagi und Gavutu. Auf Guadalcanal treffen sie auf keinerlei Widerstand, die US-Truppen dringen geradewegs zum Henderson Field vor und nehmen es ein.

8. August
Vor den Salomonen entwickeln sich heftige Seeschlachten, da die Japaner auf die Invasion der USA reagieren. Die US-Truppen können Henderson Field trotz schwerem Beschuss durch japanische Schiffe sichern. Die Nachbarinseln Tulagi und Gavutu sind nun in der Hand der USA.

18. August
Als Teil einer Gegenoffensive landen japanische Truppen in Taivu, 32 km östlich von Henderson Field.

20. August
Die erste Abteilung US-Jäger – insgesamt 31 Flugzeuge – landet auf dem Flugfeld. Nun steht den Truppen in Henderson und den Schiffen vor den Salomonen die notwendige Luftunterstützung zur Verfügung

21. – 22. August
Ein japanisches Regiment greift Henderson Field und US-Stellungen in Tenaru an. Die Japaner können die Verteidigung der US Marines nicht durchbrechen, sie werden selbst eingeschlossen und vernichtet. Ihr Kommandant, Oberst Ichiki, begeht Seppuku.

23. – 24. August
In der Schlacht um die Ost-Salomonen verliert die japanische Marine einen Träger.

7. – 8. September
Ein Trupp US Marines landet in Taivu und startet einen Überraschungsangriff gegen japanische Küstenstellungen. Sie sammeln Informationen und zerstören Vorratslager.

Der Verlust von Guadalcanal war die erste große Niederlage dieses Krieges, welche die Japaner zu Land erfuhren. Die US-Truppen lernten eine Menge über die Kriegführung in den Tropen, unter anderem auch, dass der Krieg im Dschungel vor allem eines erforderte: überlegene Feuerkraft.

Zwei „Ledernacken“ zeigen stolz eine erbeutete japanische Flagge. Der Feldzug war eine heilsame Lektion in Bezug auf den Aufwand an Organisation und Truppenstärke, welche zur Klärung einer wichtigen Pazifikinsel nötig sein würden. In Guadalcanal mussten bis zu 100.000 Mann eingesetzt werden und es dauerte oft eine halbe Stunde und länger, bis ein ganzes US-Bataillon einen einzigen kleinen Bunker überwunden hatte.

12. – 14. September
Die japanische 35. Brigade – insgesamt 6.000 Mann – startet die größte Offensive gegen die US-Truppen auf Guadalcanal. Der Angriff kommt bis auf 800 m an das Flugfeld heran, wird aber dann doch zurückgeschlagen. 1.200 gefallene Japaner bleiben auf dem Schlachtfeld zurück.

15. September – 10. Oktober
Die Japaner sammeln ihre Truppen westlich von Henderson Field und verschiffen sie nach Tenaro, keine 32 km von den US-Stellungen entfernt.

23. Oktober
Mit etwa 20.000 Soldaten der 17. Armee und der 2. Division greifen die Japaner unter dem Kommando von General Maruyama von Süden her das Flugfeld an.

26. Oktober
Nachdem etwa 3.500 Japaner gefallen sind, wird die Offensive abgeblasen.

November 1942 – Januar 1943
Auf Guadalcanal entwickelt sich ein Stellungskrieg, ohne dass eine Seite entscheidende Vorstöße unternimmt. Die USA haben mittlerweile 58.000 Mann auf der Insel, die Japaner 20.000. Im Januar 1943 entscheidet Tokio, dass die Verluste auf der Insel bereits zu hoch sind, der Rückzug nach Westen beginnt mit 17. Januar.

1943

1. – 7. Februar
Etwa 11.000 Japaner werden von Guadalcanal nach Tenaro evakuiert, die Insel fällt an die Amerikaner.

Internationale Ereignisse 1942

23. August
An der Ostfront bombardiert die Luftwaffe Stalingrad in einem Angriff von mehr als 600 Bombern.

23. Oktober
Nordafrika. Die Schlacht von El Alamein beginnt mit schwerstem Geschützfeuer. 195.000 alliierte Soldaten sind aufgeboten.

8. – 11. November
Operation „Torch“ (Fackel). Mehr als 100.000 britische und amerikanische Soldaten landen in Marokko und Algerien, um in Nordafrika eine zweite Front zu eröffnen.

2. Dezember
Wissenschaftern in den USA gelingt ein Durchbruch in der Atomwaffenforschung. Eine Kettenreaktion bei der Spaltung von Uranatomen ist erfolgreich.

1943

13. Januar
Der Kokoda-Trail – der lebenswichtige Buschpfad durch Papua-Neuguinea zwischen den Owen-Stanley-Ridge-Bergen und Port Moresby – wird von amerikanischen und australischen Truppen eingenommen.

14. – 23. Januar
Der britische Premier Winston Churchill und US-Präsident Franklin D. Roosevelt besprechen in der Casablanca-Konferenz die weitere Strategie in diesem Weltkrieg.

2. Februar
Die deutsche 6. Armee in Stalingrad kapituliert. Mehr als 90.000 deutsche Soldaten geraten in russische Gefangenschaft, nur 5.000 von ihnen werden heimkehren.

Die Salomonen: Seeschlachten

Während der heftigen Kämpfe zu Lande auf Guadalcanal sah das Meer vor der Insel erbitterte Seeschlachten, die dem Gebiet den Namen Iron Bottom Sound – Eisengrund-Sund – eintrugen.

Die Landung der Amerikaner auf Guadalcanal markiert den Beginn einer harten und langen Auseinandersetzung im Pazifik. Die Marines gerieten bald vom Meer her unter Druck, denn die kaiserlich-japanische Marine setzte alles daran, um die Invasoren zu vertreiben. Die Tatsache, dass ein amerikanischer Kreuzerverband vor Savo Island buchstäblich ausgelöscht wurde, zeigte die Unerfahrenheit der Amerikaner, während die Japaner in nächtlichen Kämpfen zur See wahre Meister waren. Zum Glück für die US-Landungsboote verließen die mächtigen Kreuzer von Vizeadmiral Gunichi Mikawa das Gebiet schnell wieder aus Angst, am nächsten Tag von einem amerikanischen Trägerverband aufgespürt zu werden. Die vier US-Kreuzer, welche auf den Grund des Iron Bottom Sound sanken, waren die ersten von vielen Schiffen, die in diesen damals recht belebten Gewässern verloren gingen.

„Tokio-Express“

Die Japaner kontrollierten den „Slot“ – die Passage in der Mitte der Inselkette der Salomonen – zwar bei Nacht, am Tag herrschten dort jedoch die amerikanischen Luftstreitkräfte. Der Feldzug wurde zu einer Serie von Zügen und Gegenzügen: Die Japaner wurden nicht müde, mit den Schiffen des „Tokio-Express“ immer neue Verstärkung heranzuführen, welche bei Tag von den Amerikanern mit unausweichlicher Regelmäßigkeit aus der Luft angegriffen wurden. Die japanische Marine versuchte, die US-Träger in die Reichweite eines gemischten Flottenverbandes unter dem Kommando des „Helden von

Die* Hornet *mit deutlicher Schlagseite am Abend des 26. Oktober. Die* Enterprise *entging dem Schicksal der* Hornet *durch einen Satz hinter einen praktischen Regenvorhang, als sich am Morgen die japanischen Flugzeuge näherten.

Nach der Abnahme im März 1942 nahm die* South Dakota *sofort Kurs auf den Kriegsschauplatz Pazifik. Mit einer Verdrängung von 42.000 t und neun 406-mm-Kanonen war sie den modernisierten Schlachtkreuzern aus dem I. Weltkrieg, auf die sie vor Guadalcanal traf, mehr als ebenbürtig.

Pearl Harbor", Chuichi Nagumo, zu locken. Am 23. August, in der Schlacht um die Ost-Salomonen (22. – 25. August 1942), wurde der japanische leichte Träger *Ryujo* versenkt, der US-Träger *Enterprise* funktionsunfähig geschossen. Später wurde die USS *Saratoga* torpediert und lag monatelang auf der Seite, am 14. September torpedierte U-Boot *I-19* die USS *Wasp*. Das Schiff explodierte, nachdem sich die Mannschaft den ganzen Tag lang vergeblich bemüht hatte, die Feuer unter Kontrolle zu bringen. In der Zwischenzeit sandten die Japaner Konvoi um Konvoi zur Versorgung ihrer hungernden Truppen auf Guadalcanal. Einer davon wurde in der Nacht vom 11. auf den 12. Oktober von einem Verband aus einigen Zerstörern sowie zwei leichten und zwei schweren Kreuzern unter Rear Admiral Norman Scott vor Cape Esperance angegriffen. Scott wusste jedoch nichts von der japanischen Eskorte aus drei schweren Kreuzern, die dem Konvoi in einiger Entfernung folgte – allerdings waren die Japaner über die Begegnung ebenso überrascht. Das folgende, konfuse nächtliche Gefecht ging zwar zugunsten der Amerikaner aus, der Konvoi aber kam durch.

Bombardement

Die Japaner trieben die Wetten einigermaßen in die Höhe, als sie zwei Nächte später die Stellungen der Marines um Henderson Field auf Guadalcanal mit dem Geschützfeuer der Schlachtkreuzer *Kirishima* und *Hiei* eindeckten. In der Nacht darauf fuhren schwere Kreuzer die Küste entlang und pumpten 752 203-mm-Granaten in die Stellungen der Amerikaner.

Ohne bessere Seeunterstützung würde General Alexander Vandegrifts Einheit Guadalcanal nicht gegen die Japaner halten können. Zu ihrem Glück hatte der alte Kampfhahn Vizeadmiral William Halsey das Kommando im Südwest-Pazifik übernommen. Er sah es als seine erste Pflicht, die Marines zu unterstützen, selbst wenn er dabei seine Flugzeugträger einem Risiko aussetzte. Genau das hatten Admiral Isoroku Yamamoto und der gemischte Flottenverband erwartet, und Yamamoto dirigierte seine eigenen Träger nach Süden, um der US Navy im Pazifik ein für alle Mal den Garaus zu machen.

Am 25. Oktober entdeckte ein US-Aufklärer einen Verband von drei japanischen Trägern sowie einen vierten, der den „Slot" durchfuhr. In einer typischen Trägerschlacht vor den Santa-Cruz-Inseln (bei der sich die eigentlichen Kontrahenten nie zu Gesicht bekamen) wurden der japanische leichte Träger *Zuiho* versenkt und der schwere Träger *Zuikaku* beschädigt. Auf Seiten der USA musste die USS *Hornet* nach einem Torpedotreffer aufgegeben werden, die geplagte *Enterprise* wurde wieder einmal getroffen. Dieses Mal war der Schaden nur leicht, sie konnte innerhalb weniger Stunden wieder flottgemacht werden. Die Japaner dachten allerdings, sie hätten beide Träger versenkt, ebenso wie einige Eskorten und ein Schlachtschiff. Wenig später fanden sie das brennende, verlassene Wrack der *Hornet* – und jenes Schiff, das den ersten Schlag gegen Japan selbst geführt hatte, wurde von japanischen Torpedos am Morgen des 27. Oktober auf den Grund des Pazifiks geschickt.

Taktischer Sieg

Die Japaner hatten zwar einen taktischen Sieg errungen, strategisch aber war es den Amerikanern gelungen, den Feind lange genug aufzuhalten, sodass die US Marines und die US Navy eine mehr als faire Chance hatten, als es zum letzten Angriff auf Guadalcanal kam. Der erste bedeutende Sieg der USA gegen japanische Truppen in diesem Krieg war sichergestellt.

Vorsichtig manövrierend, um nicht die Aufmerksamkeit eines Nakajima B5N „Kate" Torpedobombers auf sich zu ziehen, schießt die USS* South Dakota *mit ihrer 127-mm-Flak auf feindliche Flugzeuge. In der Schlacht um die Santa-Cruz-Inseln verzeichnete der Kreuzer 26 Abschüsse.

Die Salomonen: Chronologie

Das Engagement der Amerikaner auf der Insel Guadalcanal brachte die Japaner und die US Navy in vier schwere Schlachten vor den Küsten der Salomonen.

1942

8. August
Ein großer Verband japanischer Kriegsschiffe – sieben Kreuzer und ein Zerstörer – brechen von Rabaul auf, um Transporter der US Navy und andere Schiffe vor Savo Island anzugreifen.

9. August
Einige Stunden nach Mitternacht versenken die Japaner vier Kreuzer der Alliierten – drei amerikanische (*Vicennes, Quincy* und *Astoria*) und einen australischen, die *Canberra.* Der Sieg ist vor allem dem Geschick der Japaner in Nachtkämpfen auf See zu verdanken, doch die US-Transportschiffe nehmen in der Schlacht keinen Schaden.

23. August
Die japanische Marine bringt Nachschub nach Guadalcanal. Die Transportschiffe sind gut geschützt von Kampfverbänden, darunter drei Flugzeugträger: *Ryujo, Zuikaku* und *Shokaku.*

23. – 24. August
Der japanische Versorgungskonvoi wird zweimal von patrouillierenden Marineflugzeugen der US Navy ausgemacht. Die US-Träger *Saratoga, Enterprise* und *Wasp* der Task Force 61 nehmen Kurs auf Positionen östlich der Insel Malaita, um die Japaner abzufangen.

15.15 Uhr
Die *Shokaku* wird von Flugzeugen der *Enterprise* beschädigt.

15.50 Uhr
Die *Ryujo* sinkt nach einem massiven Angriff durch die Stukas und Torpedobomber der *Enterprise.*

16.41 Uhr
Die *Enterprise* erhält einige Bombentreffer durch japanische Trägerflugzeuge, wird beschädigt, bleibt aber einsatzfähig.

17.40 Uhr
Der japanische Seeflugzeugträger *Chitose* wird getroffen.

25. August
Zwei japanische Transporter, die weiter auf die Salomonen zusteuern, werden versenkt. Mit dem Untergang der *Jintsu* und der *Kinryu Maru* endet die als „Schlacht bei den Ost-Salomonen" bekannt gewordene Auseinandersetzung. In Zahlen gerechnet war es ein Sieg für die USA: 90 abgeschossenen japanischen Flugzeugen stehen 20 US-Maschinen gegenüber.

11. Oktober
Die Schlacht von Cape Esperance beginnt. Ein amerikanischer Flottenverband aus Kreuzern und Zerstörern unter dem Kommando von Rear Admiral Norman Scott lauert einem japanischen Versorgungskonvoi auf. Dieser wird jedoch auf seiner Passage zwischen den östlichen und den westlichen Salomonen von einer Kreuzerflotte bedeckt.

23.32 Uhr
Die Auseinandersetzung beginnt, nachdem einige Gelegenheiten bereits versäumt worden waren, da Radarbeobachtungen nicht richtig an Scotts Verband weitergegeben wurden. Der Zerstörer USS *Duncan* eröffnet das Feuer, um 23.46 Uhr schließt sich die USS *Helena* an. Kurz darauf werden der Kreuzer *Fubuki* versenkt und die *Furutaka* und die *Aoba* getroffen und beschädigt.

00.00 – 00.40 Uhr
Die Japaner wenden und erwidern das Feuer. Der Kampf endet um 00.30 Uhr, nachdem der US-Kreuzer *Boise* beschädigt worden ist. Der japanische Kreuzer *Furutaka* sinkt um 00.40 Uhr.

25. Oktober
Schlacht um die Santa-Cruz-Inseln. Japanische Kampfschiffe gehen vor Guadalcanal in Stellung, um eine japanische Offensive gegen das Flugfeld auf der Insel, Henderson Field, zu unterstützen. Die Schiffe werden von einer PBY Catalina gesichtet und die US-Verbände Task Force 16 und 17 werden ausgesandt, um sie abzufangen.

Die USS* Indiana *eröffnet das Feuer. Die* Indiana *fuhr während der Auseinandersetzungen bei den Salomonen als Eskorte und auch als Überwasser-Schutz für die Träger* Enterprise *und* Saratoga*. Nur zwei andere Schlachtkreuzer – die USS* Washington *und die USS* South Dakota *– waren zu dieser Zeit am Pazifikschauplatz.

Waffentechniker der USS* Enterprise *laden einen Douglas SBD Dauntless Sturzkampfbomber mit einer 227-kg-Hochexplosiv-Bombe. Diese Maschinen flogen ununterbrochen Angriffe gegen japanische Landziele auf Guadalcanal, da eine intensive Luftunterstützung den Schlüssel zum Erfolg der US-Truppen auf den Salomon-Inseln darstellte.

Mit dabei sind die Träger *Hornet* und *Enterprise* und der Schlachtkreuzer *South Dakota*. Ein Angriff der Trägerflugzeuge kann die Japaner nicht finden.

26. Oktober
02.50 Uhr
Ein Catalina Flugboot bombardiert den Trägerverband von Admiral Nagumo Chuichi, verfehlt aber die Schiffe.

05.00 Uhr
Die *Enterprise* sendet einen Such- und Angriffstrupp von 22 Dauntless Sturzkampfbombern los. Alle bis auf zwei werden von japanischen Jägern abgefangen, die letzten beiden beschädigen um 07.40 Uhr den Träger *Zuiho* .

07.25 – 08.15 Uhr
Enterprise und *Hornet* starten einen Generalangriff mit 72 Flugzeugen gegen den japanischen Trägerverband. Gleichzeitig senden auch die Japaner ihre volle Streitmacht von 110 Maschinen los. Die Flugzeuge beider Parteien begegnen einander in der Mitte zwischen den Flottenverbänden.

09.15 Uhr
Die *Hornet* wird bei einem japanischen Luftangriff schwer beschädigt, sie erhält sechs Bomben- und zwei Torpedotreffer. Die Mannschaft gibt das Schiff auf, um 11.40 Uhr ist die Evakuierung abgeschlossen.

09.18 Uhr
Die schon beschädigte *Zuiho* wird nochmals von vier Bomben getroffen und völlig zerstört.

09.30 Uhr
Der japanische Träger *Shokaku* wird getroffen und schwer beschädigt.

10.15 Uhr
Japanische Stukas beschädigen das Flugdeck und den vorderen Aufzug der *Enterprise*. Der Kommandant des US-Verbands, Admiral Kinkaid, gibt Befehl zum Rückzug.

27. Oktober
Das Wrack der *Hornet* sinkt nach Torpedotreffen von japanischen Zerstörern.

Internationale Ereignisse 1942

8. August
Sechs deutsche Spione werden in den USA am elektrischen Stuhl hingerichtet. Insgesamt waren acht Spione in Florida und Long Island gelandet, um Sabotageakte auszuführen.

9. August
Deutsche Truppen erobern auf ihrem Vormarsch in den Kaukasus die Ölfelder von Krasnodar und Maikop, doch diese sind zuvor von den sich zurückziehenden Sowjets zerstört worden.

20. August
Von insgesamt 6.000 alliierten Soldaten – die meisten davon Kanadier – werden 4.000 getötet oder gefangen genommen, als sie den von den Deutschen besetzten Hafen Dieppe in Frankreich angreifen. Der groß angelegte amphibische Angriff unter dem Codenamen Operation „Jubilee“ sollte in Vorbereitung der Eröffnung einer zweiten Front in Europa die Stärke der deutschen Küstenbastionen testen.

14. Oktober
Die deutschen Truppen um Stalingrad starten eine weitere Großoffensive zur Einnahme der Stadt. Dennoch gelingt es den insgesamt fünf Panzer- und Infanteriedivisionen nicht, den erbitterten sowjetischen Widerstand zu brechen.

23. Oktober
Ein riesiger amphibischer Landungstrupp der USA verlässt Virginia mit Kurs auf Marokko. Er ist Teil der Operation „Torch“, des Landeunternehmens der Alliierten in Marokko und Algerien, mit dem die Alliierten eine zweite Front in Nordafrika eröffnen wollen.

31. Oktober
Bei El Alamein gelingt es den Briten endlich, die deutschen Linien zu durchbrechen und die deutschen und italienischen Truppen zum Rückzug zu zwingen.

Kokoda-Trail

Neuguinea 1942–1943

In der Schacht im Korallenmeer wurden Japans Pläne für eine amphibische Invasion von Port Moresby zerstört. Nun war die japanische Armee an der Reihe.

In den ersten Monaten nach Pearl Harbor lag die Hauptstoßrichtung der japanischen Offensive im Südwesten der eigenen Insel, entlang einer auf Singapur zielenden Achse. Die japanischen Kommandanten wussten jedoch auch, dass sie sich bald gegen amerikanische Verbände zu verteidigen haben würden, die von Osten kamen. Sie hatten daher ihre Kontrolle über die Inselketten im Süden – die Marianen und die Karolinen, besonders das Truk-Atoll mit seinem Hafen – gefestigt. Schon am 23. Januar war ein kleiner Trupp in Kavieng auf Neuirland gelandet, dann sandten sie Truppen nach Rabaul, wo 5.000 Japaner die 1.400 Australier des dortigen Militärstützpunkts schnell besiegen konnten.

Erste Vorbereitungen

Anfang März landeten japanische Einheiten unbehelligt in Lae und Salamaua im Huongolf an der Nordküste Neuguineas. In den nächsten Wochen bauten sie Versorgungslager und Werkstätten für einen Vorstoß weiter nach Süden. Da sie auf so geringen Widerstand trafen – selbst als sie ein Flugfeld von beachtlicher Größe und ebensolcher strategischer Bedeutung bauten – und außerdem wussten, dass sich ein großer Invasionsverband von den Karolinen aufgemacht hatte, um Port Moresby zu erobern, vertrauten sie darauf, bei ihrem Vorstoß nach Süden vergleichsweise leichtes Spiel zu haben. Ihr größtes Problem war das schwierige Gelände.

Die Niederlage der Invasionsflotte bei der Schlacht im Korallenmeer machte diesen geruhsamen Spekulationen ein Ende, nicht jedoch den japanischen Plänen zur Einnahme von Port Moresby: Hatte es die Marine nicht geschafft, den Ort zu erreichen, würde dies eben die japanische Infanterie tun. Doch die notwendige Reorganisation der Truppen brauchte ihre Zeit und in der Zwischenzeit hatten auch die Australier ihre Präsenz in dem Gebiet beträchtlich verstärkt.

Bereits damals wurden australische Kommandoeinheiten – unabgängige Gruppen – nicht müde, die japanischen Vorposten zu schikanieren: Im April wurden sie durch ein weiteres Kommando verstärkt. Kurz darauf kamen zwei australische Brigaden in Port Moresby an, eine weitere wurde in die Milne Bay im äußersten Osten der

Der australische Gegenangriff im September 1942 vertrieb die Japaner aus Uberi. Der japanische Nachschub musste über die Berge transportiert werden, während die Australier nur 48 km entfernt von ihrer Militärbasis waren.

KRIEG IN DEN WOLKEN: ÜBER DIE OWEN-STANLEY-RIDGE

Nach der Landung in Buna am 21. Juli 1942 kämpfte sich die japanische 17. Armee innerhalb einer Woche zu den Bergen bei Kokoda durch. Auch während der nächsten drei Wochen trieben die Japaner die Australier immer weiter zurück und gewannen eine Reihe erbittert geführter Rückzugsgefechte. Je näher sie jedoch der Küste kamen, desto unsicherer wurden die Nachschubwege, während die Australier nur mehr 48 km von ihrem Stützpunkt entfernt waren. Daher hatten die Japaner dem Gegenangriff der australischen 7. Division am 23. September bei Uberi nichts mehr entgegenzusetzen.

Die japanische 17. Armee rückte schnell auf Kokoda vor. Doch sich versteifender Widerstand, alliierte Luftunterstützung und die dürftige Versorgungslage hatten bald schwere Folgen.

Halbinsel entsandt und zwei Bataillone sollten auf dem Kokoda-Trail die Owen-Stanley-Ridge-Berge überwinden und Buna an der Nordküste erreichen. Dort sollte ein Flugfeld gebaut werden, um die japanischen Stellungen an der Küste anzugreifen.

Wie erwartet reagierten die Japaner prompt und mit einigem Nachdruck. Am 21. Juli gingen 2.000 Mann in Buna an Land (die australischen Bataillone waren noch unterwegs). Bis Monatsende war ihnen die japanische 17. Armee unter dem Kommando von Generalleutnant Harukichi Hyakutake mit 13.500 Mann gefolgt. Sie drangen entlang des Kokoda-Trails nach Süden vor, fegten die unabhängigen Kommandos fast „im Vorbeigehen“ beiseite und hatten kaum mehr Mühe mit den beiden anrückenden Bataillonen. Am 27. Juli hatten sie Kokoda erreicht, doch nun schlug das Gesetz der Logistik mit eiserner Härte zu: Die Japaner waren 160 schreckliche Kilometer von ihrer Basis entfernt, die Australier nur 50.

Der Vormarsch der Japaner kam am 25. August zum Stehen, doch am nächsten Tag landeten nochmals 2.000 Mann in der Milne Bay, um eine zweite Speerspitze zu bilden. Ihr Geheimdienst hatte allerdings versagt, denn anstatt der erwarteten zwei oder drei Kompanien australischer Truppen stellten sich ihnen fast zwei Brigaden (die erste war entsprechend verstärkt worden), zwei Jagdgeschwader und eine Reiher gut postierter Geschützbatterien entgegen. Nach fünf Tagen erbitterter Kämpfe erreichten die Japaner zwar das Ende des Flugfelds, wurden aber schrittweise zurückgedrängt. Am 6. September hatten ihre Verluste ein unerträgliches Maß erreicht und die Überlebenden wurden evakuiert.

Zurück über den Trail

Auch die australischen Truppen am Kokoda-Trail machten Boden gut. Langsam, aber unbeirrbar drängten sie die Japaner von Uberi weg und die „goldene Treppe“ wieder hinauf. Diese „Treppe“ bestand aus 25 bis 45 cm hohen Stufen, die an den Vorderkanten mit Holzbalken befestigt waren, welche von kleinen Pfählen gehalten wurden. Dahinter befand sich fast nur Schlamm und Wasser. Auf den ersten 5 km stieg diese „Treppe“ um 365 m an!

Eingeborene „Engel“

Für die Australier bedeutete bereits das simple Hinaufklettern über diese Stufen eine fast unerträgliche Anstrengung, und wären da nicht ihre melanesischen Träger gewesen, die – mit einer Loyalität und Hingabe, die jeden erstaunte – so gut wie alles (und jeden) hinauftrugen, hätte das Unternehmen wohl zehnmal so lange gedauert. Anfang Oktober erreichte die erste australische Brigade den höchsten Punkt der Owen-Stanley-Ridge-Berge. Die Japaner dort müssen unter entsetzlichem Hunger gelitten haben, denn man fand Beweise für Kannibalismus.

Die Australier verließen sich vor allem auf eingeborene Träger zur Beförderung von so gut wie allem – Munition, Essen, ja sogar Verwundete. Diese so genannten „Fuzzy-Wuzzy-Engel“ schienen die Einzigen zu sein, welche dieser Knochenarbeit beim Ersteigen des Kokoda-Trails gewachsen waren.

Alliierter Sieg

Die Australier eroberten Kokoda am 2. November 1942 zurück und konnten das Flugfeld dort wiedereröffnen, sodass sie den ganzen Weg nach Buna alliierte Luftunterstützung hatten. Ein Versuch der Japaner, sich am Kumusi-Fluss einzuigeln, wurde von Flügelattacken frischer australischer und US-Truppen vereitelt. Ihre letzte Position in Buna mussten sie am 21. Januar 1943 aufgeben.

Bei den Kämpfen in Neuguinea fielen 12.000 Japaner, 5.700 Australier und 2.800 Amerikaner – und mindestens dreimal so viele starben durch die Tropen selbst, an Malaria, oder einfach an blanker Erschöpfung.

Doch die Alliierten hatten bewiesen, dass sie die Japaner selbst unter derart entsetzlichen Bedingungen bekämpfen und besiegen konnten – solange sie die Lufthoheit hatten.

Die wilde Serie von Rückzugsgefechten über die Owen-Stanley-Ridge-Berge war eine harte Schule für die Australier, doch sie lernten schnell ihre Lektionen im Dschungelkampf.

Links: Die Japaner hatten sich bereits auf den Philippinen und in Malaysia als Meister des Dschungelkampfs erwiesen, doch die zerklüfteten Berge Neuguineas hielten Herausforderungen bereit, denen auch sie nicht gewachsen waren.

Rechts: Die Australier, welche mit die besten Infanterieeinheiten des II. Weltkriegs stellten, schafften es letztendlich doch, die Japaner von ihrer Heimat fernzuhalten. Sie hatten fast 6.000 Gefallene zu beklagen, doch die Verluste der Japaner waren weit höher – gefallen, krank oder einfach verhungert.

Kokoda-Trail
Chronologie

Der Kokoda-Trail, der die Südinsel Papuas quert, stellte für die japanischen Invasoren im März 1942 eine ideale Route zur Hauptstadt Port Moresby dar.

Australische Infanterie auf dem Kokoda-Trail. Die typische Kampfadjustierung während dieses Feldzugs konnte bis zu 27 kg schwer sein und die Khaki-Uniformen waren für die dampfende Feuchtigkeit des Dschungels denkbar ungeeignet. Hitze und Erschöpfung forderten hunderte Opfer.

1942

8. März
Zwei japanische Bataillone werden in Lae und Salamaua auf Neuguinea angelandet.

21. – 22. Juli
Einheiten der Japaner unter Generalmajor Horii landen auf der südlichen Papua-Halbinsel um Buna am östlichen Ende des Kokoda-Trails. Sie rücken nach Westen auf die Hauptstadt Port Moresby vor.

22. Juli – 14. August
Horiis Truppen drängen die Alliierten, bestehend aus australischen und amerikanischen Einheiten und einem vor Ort rekrutierten Papua-Infanterieregiment, zurück. Bis 14. August kämpfen sich die Japaner durch die Berge der Owen-Stanley-Ridge, stürmen hinunter nach Kokoda, etwa auf halber Strecke des Trails, und erreichen Isurava, nur mehr 100 km von Port Moresby entfernt.

25. – 26. August
Ein Spezialkommando der Japaner landete in der Bucht von Milne am Südende von Papua, um eine zweite Front zu eröffnen. Doch das Entschlüsselungssystem „Ultra“ verriet den Alliierten die geheimen Pläne Japans. Die Landungstruppen werden von Einheiten der 18. australischen Brigade erwartet und an ihrem Brückenkopf festgehalten.

29. August
Die Japaner in der Bucht von Milne erhalten Verstärkung von weiteren 600 Mann (2.000 waren ursprünglich gelandet).

30. August
General Douglas MacArthur betont die Notwendigkeit, den Verteidigern in Papua mehr militärische Ressourcen zur Verfügung zu stellen, da die Insel ansonsten nicht gegen die anstürmenden Japaner gehalten werden könne.

Einheimische Arbeitskräfte waren für die Logistik der Alliierten an vielen Orten überlebenswichtig. Hier gibt ein australischer Soldat während des Feldzugs in Neuguinea 1943 einem melanesischen Träger Feuer für dessen Pfeife.

Eine lange Schlange von einheimischen Trägern ersteigt einen Berg in Neuguinea. Auf dem Kokoda-Trail mussten die Alliierten bis zu 2.100 m hohe, mit dichtem Dschungel bewachsene Berge überwinden.

4. September
Nach dem Verlust von 1.000 Mann evakuieren die Japaner den Brückenkopf in der Bucht von Milne. Der alliierte Widerstand war nicht zu brechen gewesen.

26. September
Hohe Verluste und chronischer Nachschubmangel bringen den japanischen Vormarsch am Kokoda-Trail zum Stehen. die Australier konnten die Offensive knapp westlich von Toribaiwa stoppen und beginnen nun, die Japaner langsam zurückzudrängen.

Oktober
Einheiten der 32. US-Division werden zwischen Pongani und Wanigela an der Ostküste Papuas angelandet, knapp unterhalb des östlichen Endes des Kokoda-Trails.

November
Die Japaner werden in Verteidigungsstellungen in Buna, Gona und Sanananda zurückgeworfen. Ab Mitte November greifen US-Truppen von Norden und Australier von Süden diese Stellungen an, um den Trail wieder freizumachen.

9. Dezember
Gona wird von australischen Truppen eingenommen.

14. Dezember – Januar 1943
Buna fällt am 2. Januar 1943 an die US-Truppen, Ende Januar wird Sananada ebenfalls eingenommen. Der gesamte Kokoda-Trail ist nun in der Hand der Alliierten. Sie verloren 3.000 Soldaten, die japanischen Verluste betragen 12.000 Mann.

Internationale Ereignisse 1942

7. August
US-Truppen landen auf Guadalcanal und beginnen eine blutige Schlacht zur Rückeroberung der Insel und zur Einnahme des wichtigen Henderson Flugfeldes.

15. August
An die 500 jüdische Familien werden von deutschen Soldaten in Zagrodski, Polen, exekutiert.

15. September
Der US-Träger USS *Wasp* wird von Torpedos getroffen und von einem japanischen U-Boot in der Nähe von Guadalcanal versenkt.

23. September
Die US-Regierung überträgt die Verantwortung für die Entwicklung der Atombombe an das Militär.

3. Oktober
Die deutsche SS schließt die Räumung des Warschauer Ghettos ab. Mehr als 310.000 Juden wurden in Todeslager „umgesiedelt".

20. Oktober
Pierre Laval, das Oberhaupt der französischen Vichy-Regierung, ruft 100.000 französische Arbeiter auf, nach Deutschland zu gehen, um die Kriegsanstrengungen der Achse zu unterstützen.

24. Oktober
Bombenangriffe der RAF auf Genua und Mailand. Es sind dies die ersten Luftangriffe auf Italien, die vom RAF Bomber Command von den britischen Inseln aus geflogen werden.

11. November
Nach der Landung der Alliierten in Tunesien (8. bis 11. November) marschieren deutsche Truppen in Teile des „unbesetzten" Frankreich ein, da sie eine Invasion Frankreichs von Süden sowie die Kollaboration der Vichy-Regierung mit den Alliierten fürchten.

25. November
Die Luftwaffe beginnt den zum Scheitern verurteilten Versuch, die belagerte 6. Armee in Stalingrad aus der Luft zu versorgen.

27. November
Französisches Marinepersonal zerstört im Hafen Toulon 40 Schiffe, damit diese nicht in die Hände der Deutschen fallen. Darunter sind zwei Schlachtschiffe, 29 Zerstörer und zwei U-Boote.

1943

1. Januar
Die Rote Armee beginnt eine Großoffensive gegen die deutschen Truppen im Kaukasus, da sich abzeichnet, dass der deutsche Widerstand in Stalingrad bald zusammenbrechen wird.

Blutiges Tarawa
Die Schlacht um die Gilbert-Inseln

Das von Korallenriffen umgürtete kleine Atoll Tarawa lag wie ein Paradies im Pazifik. Aber die Korallenfelsen waren von Tunneln durchzogen, in denen sich 5.000 Japaner verschanzt hatten.

Von 1943 bis 1945 verlief der amerikanische Angriff auf Japan entlang zweier Hauptachsen. Parallel zu jener über die Salomonen, Neuguinea und die Philippinen gab es eine weitere über Myriaden mikronesischer Atolle. Davon kam den Marschall-Inseln, deren Befestigungsanlagen seit dem Ende des I. Weltkriegs, als sie japanisches Mandatsgebiet wurden, ständig ausgebaut worden waren, die größte strategische Bedeutung zu. Über die Inselkette war wenig bekannt: Daher mussten erst die südöstlich davon liegenden Gilbert-Inseln gesichert werden, um eine sichere Basis für den Angiff zu schaffen. Intensive Luftaufklärung hatte ergeben, dass sich Tarawa (mit einem Flugfeld) und Makin (mit Marinehafen und zur Anlage eines Flugfelds geeignetem Terrain) als Angelpunkte eigneten. Beide Atolle wurden daher am 20. November 1943 angegriffen.

Ablenkungsmanöver

Als Erstes lockte die unter Admiral Raymond Spruance neu aufgestellte 5. Flotte mit fünf hochmodernen Schlachtschiffen, sechs Flotten- und fünf leichten Trägern mit insgesamt 700 Flugzeugen die Hauptmacht der in der Region stationierten japanischen Flotte aus ihrer Basis im Hafen von Truk auf den Karolinen bis vor die Marshallinsel Eniwetok. Damit war diese Flotte mit immerhin sechs Schlachtschiffen in ihren Reihen, obwohl nur 1.125 km von Makin entfernt, praktisch bedeutungslos. Ihre Träger waren nach Japan befohlen worden, um neue Maschinen an Bord zu nehmen, da die anderen Flugzeuge zur Verteidigung Rabauls an Land stationiert worden waren. Lediglich die *Zuikaku* war der Flotte verblieben, der Veteran von Pearl Harbor hatte aber ebenfalls wenige Flugzeuge an Bord. So konnte der Kommandant der Japaner keinen Gegenangriff befehlen, er sandte lediglich die Hälfte seiner 18 U-Boote nach Süden, um alles anzugreifen, was ihnen vor die Rohre kam.

Makin wird genommen

Die immense Gefahr, dass Makin rasch von den Japanern zurückerobert werden könnte, da es auf Mili und Jaluit, weniger als eine Flugstunde entfernt, starke japanische Fliegerhorste gab, war bekannt. Man setzte also einen überproportional großen Invasionstrupp ein: Die Insel sollte schnellstmöglich eingenommen und umgehend mit dem Bau eines Flugfelds begonnen werden.

Aus Mangel an für Amphibienoperationen geeigneten Schiffen mussten die Truppen am Westufer mit kleinen Landungsbooten (LCVPs), die zwischen den beiden Landungstransportern (LSTs) pendelten, und mit leichten amphibischen Panzern (LVPs) anlanden. Bevor die Männer am Strand abgesetzt wurden, bereiteten ein 20-minütiges Bombardement der Trägerflugzeuge und die Artillerie der Kreuzer und Zerstörer zusammen mit den Kanonen einiger älterer Schlachtschiffe den Boden auf. Zum Glück traf man danach kaum auf Widerstand, denn das Wasser um das Riff war niedriger als erwartet und die Landungsboote mussten sich trotz Unterwassersperren der Küste weiter nähern als geplant. Als um 10.00 Uhr der Brückenkopf gesichert war, führte man von der Lagunenseite einen zweiten Angriff, der durch wie eine unregelmäßige Perlenkette aus dem Wasser ragende Riffe behindert wurde.

Wieder war die Zeit knapp, weiteren Landungsbooten mit Infanteristen folgten mit Panzern beladene, schwere Boote (LCMs) von einem der beiden Transporter vor Ort. An der Küste standen ihnen nur 800 Japaner gegenüber, davon kaum

Ein Truppführer der Marines leitet das Feuer seiner Männer auf eine japanische Stellung. Da sich die japanischen Stellungen gegenseitig Feuerschutz gaben, erlitten die Marines schwere Verluste, als sie sich ins Inselinnere vorkämpften.

***Oben:* Admiral Hill und sein Stab beobachten das Feuer auf dem Schlachtschiff USS Maryland. Es schien undenkbar, dass irgendetwas die geballte Feuerkraft der US Navy vor Tarawa überleben könnte, aber die Japaner hatten sich tief und gut eingegraben.**

***Links:* Rund um Tarawa ragen Korallenriffs aus dem Wasser, ein massives Hindernis, etwa 460 m vor dem Ufer, das kein Boot überwinden konnte. Die Marines konnten nur ans Ufer waten und hoffen, möglichst viele Feindstellungen zum Verstummen zu bringen.**

die Hälfte Frontsoldaten. Doch deren gekonnter und hartnäckiger Widerstand nagelte 6.500 Amerikaner drei Tage an der Küste fest, dann erst kam die ersehnte Meldung: „Makin taken – Makin genommen."

Anders als die schmale, lediglich 13 km lange Korallenzunge Makin spannt sich Tarawa über 120 km. Das Atoll ist jedoch noch schmäler – die Fläche seiner Hauptinsel Betio wird in Hektar gemessen – und ragt nur 3 m über das Meer. Der Luftwaffenstützpunkt, der die Insel praktisch zur Gänze bedeckte, wurde von 5.000 bestens verschanzten Elitesoldaten gesichert. Und lediglich 5.000 Marines landeten hier. Sie erlitten bereits enorme Verluste, bevor sie die 500 m vor der Küste aus dem Wasser ragenden Korallenriffe überwunden hatten. Viele, die verwundet wurden oder stürzten, zog das Gewicht der Ausrüstung unter Wasser. Es brauchte wieder drei Tage erbitterter Gefechte Mann gegen Mann, bis die Insel gesichert war. Artillerieunterstützung wäre sinnlos gewesen, da der Abstand zu den eigenen Leuten zu gering war, um nur den Feind gezielt zu treffen. Am 23. November aber waren alle Japaner ausgeschaltet, das Flugfeld war gesichert. Der lehrreiche Einsatz in Tarawa wurde zum Maßstab weiterer Unternehmen. Nur 150 Feinde waren lebend gefangen genommen worden, die Amerikaner zählten 3.500 Opfer, darunter 990 Tote.

Der Erfolg der US-Truppen beruhte in erster Linie auf dem Unvermögen der Japaner, die für die Operation wichtige Flotte auszuschalten. Die US-Trägerflugzeuge hatten die Lufthoheit auch noch nach einem erfolgreichen, jedoch relativ bescheidenen Gegenangriff am Abend des ersten Tages. Ein Torpedo beschädigte den leichten Träger USS *Independence*, der abgezogen werden musste. Die radargeleiteten Nachtjäger der größeren Träger bewährten sich hingegen gegen die neue japanische Taktik nächtlicher Torpedoangriffe auf von Aufklärern markierte Ziele.

Problematisch war die Dauer der Landeunternehmen, wodurch die Flotte länger vor der Küste liegen musste: Ab 22. November langten die ersten japanischen U-Boote ein. Zwar wurden vier von acht versenkt (ein katastrophaler Verlust), aber ein Torpedo von *I-175* traf am frühen Morgen des 24. den Eskortträger USS *Liscombe*. Das Ergebnis verdeutlicht die unzureichenden Spezifikationen dieser Träger, die nur auf schnelle Produktion abzielten.

Verluste

Der Torpedo schlug mittschiffs ein und durchbrach die ungepanzerten Schotten des Bombenlagers. Eine ungeheuere Explosion zerfetzte das Heck, das Flugdeck brach in sich zusammen. Der Explosionsdruck war so groß, dass sogar das Deck des eine Meile entfernt liegenden alten Schlachtschiffs USS *New Mexico* von Trümmern überzogen wurde. Zwei Drittel der 900 Mann starken Besatzung verloren ihr Leben.

***Am Strand, 23. November 1943:* Ein M4 Sherman und Trauben von Marines, die es nicht geschafft hatten. Der Anblick der Toten, die in den Wellen schaukeln, brannte sich in das Gedächtnis vieler ein, die auf Tarawa gekämpft hatten.**

Blutiges Tarawa

Chronologie

Tarawa machte deutlich, was den US-Truppen bei der Befreiung der von den Japanern besetzten Pazifikinseln bevorstand. Beim Kampf um die Hauptinsel des Atolls, Betio, die nur 2.740 m lang und 550 m breit ist, fielen in drei Tagen 5.000 Mann.

Ein auf Tarawa bei einem Bombenangriff der Japaner verletzter Marine wartet auf die Sanitäter. 1.056 Amerikaner, die auf dem kleinen Atoll starben, führten in den USA zu einer heftigen Kontroverse und zur Verbesserung der Taktik von Amphibienangriffen.

1943

November
Die amerikanischen Invasionsflotten steuern Betio, die Hauptinsel des Tarawa-Atolls, an. Auf der Insel sind 4.500 japanische Elitesoldaten in hervorragend ausgebauten Befestigungsanlagen stationiert. Die Landungstruppe der Amerikaner besteht aus 35.000 Marines und Soldaten der 37. Infanteriedivision.

13. – 20. November
Tarawa und Makin, die zur Kette der Gilbert-Inseln zählen, werden von Schiffen und Flugzeugen der USA bombardiert.

**20. November
9.10 Uhr**
US Marines landen an der Südwestküste Betios und stoßen auf massiven Widerstand. Bei den ersten Wellen fallen 50% der Männer noch bevor sie den Strand erreichen. Nachdem Panzer angelandet werden, gewinnen die Truppen an Boden. Am Abend befinden sich drei Bataillone der Marines auf der Insel.

21. November
US Marines und Soldaten der US-Armee landen auf Makin, einer weitern Insel der Gilberts. Ihr Einsatz beginnt weit leichter, obwohl die Japaner

US-Sturmtruppen wechseln von einem „Landing Ship, Infantry" (LSI) auf ein kleines Sturmboot. Ein LSI konnte bis zu 1.000 Mann mit voller Kampfausrüstung aufnehmen, das Sturmboot bis zu 60.

Ein schwer verwundeter Marine erhält am Strand von Tarawa eine lebensrettende Transfusion. Die plasmagefüllte Flasche hängt auf einem Gewehrkolben. Die 1939 von den Amerikanern gemachte Entdeckung, dass gut zu lagerndes Blutplasma empfindliches Vollblut ersetzen konnte, revolutionierte die Versorgung im Feld.

buchstäblich bis zum letzen Mann kämpfen: Alle bis auf einen der 800 Soldaten in dem japanischen Militärstützpunkt fallen. Die Amerikaner verlieren 66 Mann. Die Insel Apamama wird ebenfalls genommen – die 22-köpfige japanische Garnison begeht Selbstmord.

21. – 22. November
Die US Marines rücken gegen erbitterten japanischen Widerstand ins Inselinnere vor. Sie kommen nur langsam voran – jeder japanische Bunker und jede Stellung muss zur Sicherung des Vormarsches einzeln bezwungen werden –, trotzdem sind um 20.00 Uhr der westliche und der mittlere Abschnitt der Insel gesichert.

22. – 23. November
In Lauf der Nacht starten die Japaner vom Osten der Insel ausgehend einen massiven Gegenangriff. Obwohl ohne Rücksicht auf eigene Verluste vorgetragen, bleibt er erfolglos. Die Japaner verlieren bis zum Morgen des 23. wahrscheinlich 300 – 500 Mann. Um 13.05 Uhr sind auch die letzten im Nordwesten von Betio kämpfenden Japaner besiegt. Damit sind die Insel und die gesamte Kette der Gilberts unter der Kontrolle der Amerikaner.

Internationale Ereignisse 1943

15. November
Die Nazis führen nun nicht nur Juden, sondern auch Sinti, Roma und ihnen verwandte Volksgruppen der „Endlösung“ zu. Im Tagesbefehl Heinrich Himmlers, des Reichsführers-SS, wird die Verbringung von „Zigeunern“ in die Konzentrationslager verfügt.

16. November
Bomber der 8. US-Luftarmee greifen die im norwegischen Vermork gelegene Produktionsanlage für schweres Wasser, das Herzstück des Atomwaffenprogramms der Deutschen, erfolgreich an.

19. November
Das RAF Bomber Command beginnt eine Serie massiver Bombenangriffe auf die deutsche Hauptstadt Berlin. Allein in der ersten Woche kommt es in vier Nächten zu schweren Bombardements.

22. November
Die 9. Armee der Briten rückt in Italien nach Norden vor und sichert in den Abruzzen, am Nordufer des Sangro, fünf Brückenköpfe.

22. November
Brasilien kündigt die Entsendung von 60.000 Soldaten nach Europa an. Ab 1944 nehmen etwa 25.000 Soldaten des Brasilianischen Expeditionskorps am Italienfeldzug der Alliierten teil.

Imphal und Kohima

Sieg der vergessenen Armee

März 1944: Die 15. japanische Armee in Burma handelt nach der Devise „Angriff ist die beste Form der Verteidigung".

Die Ereignisse, welche zur Schlacht von Kohima führten, begannen in der Nacht des 7. März 1944, als der Kommandant der 15. Armee, Generalleutnant Renya Mutaguchi, den Angriffsbefehl zur Operation „U-Go" gab: Seine Divisionen überschritten den Chindwin, um sich auf ihren „Marsch auf Dehli" zu machen. Das erste Ziel waren die umfangreichen Vorratslager und das britische Verwaltungszentrum in Imphal.

Scheinangriffe im Süden der Stadt sollten nicht nur vom Angriff auf die Depots ablenken, sondern vor allem von der 31. Division unter Generalleutnant Sato, die am 15. März den Chindwin überschritt und gegen Kohima, die Hauptstadt des Nagalands, vorrückte. Hier befanden sich ein Nagadorf, ein *Maidan,* in dem eine Abteilung Assam Rifles ausgebildet wurde, ein Lager für Soldaten, die vom Urlaub oder aus dem Lazarett zurückgekehrt auf ihren nächsten Einsatz warteten, sowie, an strategisch wichtiger Stelle und umgeben von Terrassengärten und einem Tennisplatz, der Bungalow des Distrikt Commissioners. Er beherrschte die einzige Straße, auf der vom Kopfbahnhof in Manipur Nachschub und Verstärkung zu den Briten in Imphal transportiert werden konnten.

Behelfsverteidigung

Dort stießen sie auf einen eiligst improvisierten Verteidigungsring mit nur 1.500 Mann, vorwiegend von den 4. Royal West Kents. Verstärkt wurden diese durch Männer der Assam Rifles, als diese sich von vorgeschobenen Stellungen zurückzogen, von wo aus sie den Vormarsch Satos beobachtet und zu verzögern versucht hatten. Weiters schlossen sich ihnen zuverlässige, zähe und außerordentlich mutige Bewohner des Nagadorfs an. Ebenfalls eine entscheidende Rolle kam einer Batterie von 94-mm-Haubitzen auf einem Hügel bei Jotsoma, 3,2 km westlich von Kohima, zu, die mit Kanonieren der 161. indischen Brigade bemannt war und von der die ersten anrückenden Japaner nichts wussten.

Wenige Stunden nach seiner Ankunft bewies das 58. Regiment der Japaner grimmige

EIN SCHÜTZE DER 14. ARMEE

Die Soldaten der 14. Armee kämpften unter schwierigsten Klima- und Geländebedingungen gegen einen wilden und unbarmherzigen Feind. Anfangs trugen sie die auch im Nahen Osten übliche Khakiuniform. 1943 wurden an Briten und Commonwealth-Truppen dschungelgrüne Uniformen aus Baumwolle ausgegeben, auf die die Soldaten oft schwarze Flicken als zusätzliche Tarnung nähten.

Zu Beginn der „U-Go"-Offensive setzen japanische Truppen auf Elefanten über den Chindwin. Nach dem Ende der erbitterten Schlacht war die Hälfte aller japanischen Soldaten gefallen.

Royal Garwhal Rifles auf Patrouille. Die 15. japanische Armee kämpfte mit wilder Entschlossenheit. Der Sieg über einen derart fanatischen Gegner war ein großer Erfolg.

Entschlossenheit, der die Royal West Kents hartnäckigen Widerstand entgegensetzten. Die Japaner rückten zwischen dem Nagadorf und dem Jail Hill gegen Kohima vor und eroberten in der Nacht des 6. April zwei Stellungen innerhalb des Verteidigungsrings. Aber bereits am nächsten Morgen wurden ihre Angriffseinheiten durch eine Gegenattacke der Royal West Kents ausgelöscht.

Mahrattas greifen eine Stellung der Japaner an – indische Einheiten bildeten im Burmakrieg das Rückgrat der britischen und der Commonwealth-Truppen.

Die West Yorkshires bei Kohima – ein M3 Lee Panzer aus US-Produktion unterstützt einen Infanterieangriff. Die 37-mm-Kanone im Turm schwenkt nach links, während das 75-mm-Geschütz im Rumpf nach vorne und rechts feuert.

Nun aber kamen immer mehr von Satos 12.000 Infanteristen und ihre Feldartillerie ins Spiel. Er war davon überzeugt, binnen 48 Stunden den Sieg zu erringen – sieben Tage später war er bereits weit weniger optimistisch. In der Nacht des 13. April brach eine massive Angriffswelle seiner Stoßtrupps nach der anderen am Felsen der verbissen standhaltenden Verteidigung der Infanterie, die durch punktgenaues Feuer der Haubitzen von Jotsoma unterstützt wurde. Schon in dem Moment, als sie sich formierten, nahmen sie die japanischen Angriffswellen unter Beschuss, deckten sie den ganzen Weg bis zu den Stellungen mit Feuer ein und drangsalierten auch noch die Überlebenden, nachdem der Rückzug befohlen worden war.

Am nächsten Tag traf bei Jotsoma Verstärkung für die unter Druck stehenden Briten ein, welche sofort mit der Bewältigung der 3,2 km langen letzten Etappe beginnen wollten. Erhebliche Schwierigkeiten verzögerten jedoch den Vormarsch um 24 Stunden. Fatal, denn in dieser Nacht belegten die Japaner die Stellungen innerhalb Kohimas mit allem, was ihnen an Granaten und Geschossen zur Verfügung stand. Der Verteidigungsring brach auf und eine der bereits einmal von den Japanern eroberten Stellungen sowie eine zweite, Kukri Piquet, gingen verloren.

Ein Lichtung im Dschungel: Bodenmannschaften bestücken Hawker Hurricane mit Raketen. Da die japanische Luftwaffe in Burma bereits geschlagen war, konnte die britische Infanterie auf dem Luftweg mit Nachschub versorgt werden.

Aber die Briten bei Jotsoma und in den anderen umliegenden Gebieten revanchierten sich am 18. April um 08.00 Uhr mit einem ähnlich vernichtenden Beschuss, in dessen Schutz es gelang, die eingekesselte Garnison zu entsetzten.

Die Schlacht war jedoch keineswegs vorbei. Die Briten führten über die Straße von Dimapur weitere Brigaden der 2. Division heran, während die Japaner noch mehr Einheiten von Satos 31. Division zu entfalten versuchten. Da aber der Operationsraum um Kohima nicht für zwei vollständige Divisionen ausreichte, versuchte jede Seite, die andere durch Umfassungsbewegungen einzukesseln. Dies war in dem unwegsamen Gelände keineswegs einfach: Man musste sich damit abfinden, dass man auch ohne Feindberührung pro Tag nur etwa 1.500 m weiter kam. Als am 27. April heftiger Regen einsetzte, war selbst daran nicht mehr zu denken. Durchfall und Ruhr forderten mehr Opfer als Gewehre und Granaten.

Unterdes tobte an der zentralen Erhebung um Kohima die Schlacht mit unerbittlicher Härte. Die Durhams schlugen einen Angriff auf Garrison Hill zurück, der Sato so viele Männer kostete, dass er die Nachtangriffe aussetzen ließ und dem Kommandanten der 15. Armee, Generalleutnant Mutaguchi, der eben zu dieser Zeit Imphal einzunehmen versuchte, verbittert die Frage sandte, warum er in Kohima weder Nachschub noch Verstärkung erhielte.

Gegen den Bungalow

Die 2. Dorsetshires wollten sich Ende April durch Kohima bis zum Sitz des Commissioners vorkämpfen und erreichten die Begrenzung des Tennisplatzes. Ein Pyrrhussieg.

Keine 22 m trennten die Gegner. Die Japaner waren früher zur Stelle gewesen und hatten sich – ausdauernde Gräber, die sie schon immer waren – tief in die Terrasse am gegenüberliegenden Ende und unter einen großen Wasserbehälter, der das Anwesen beherrschte, gegraben. Keine der Parteien war imstande, bei Tageslicht das offene Gelände zu queren und die Lager in Dimapur waren verwundert, dass mehr und mehr Turnschuhe angefordert wurden – für nächtliche Patrouillen! Zwar erwiesen sich diese als nützlich, aber die Kämpfe gingen umso härter weiter. Erst Mitte Mai kam es zum entscheidenden Durchbruch: Ein einzelner Panzer hatte die gefährliche Strecke bis zum Sitz des Commissioners bewältig und beschoss die Bunker der Japaner: Der „erste Satz“ ging an die Briten.

Ende Mai erkannte Sato, dass Kohima nicht zu nehmen war und weitere Opfer sinnlos wären. In einem zunehmend erregten Gespräch über Funk mit Mutaguchi machte er eine letzte, abfällige Bemerkung („Die taktischen Fähigkeiten des Stabes der 15. Armee liegen unter denen von Kadetten.“), drehte sein Funkgerät ab und befahl seinen Männern den Rückzug.

Widerstrebend folgten ihm seine Soldaten und führten einen verzweifelten Kampf gegen die Briten, die sie nun zur Gänze umschlossen hatten. Dabei verfeuerten sie ihre letzten Granaten und Geschosse. Auf ihrem qualvollen Rückzug an den Chindwin ernährten sie sich von Gräsern und Wurzeln, Kleidung und Schuhe gingen in Fetzen, Stöcke und geborstene Gewehrläufe mussten als Krücken herhalten. Sie zeigten nahezu übermenschliche Ausdauer und Mut, die kein Soldat je gering schätzen würde, am allerwenigsten jene ebenfalls tapferen Männer, gegen die sie gekämpft hatten.

Imphal und Kohima

Chronologie

Anfang 1944 befürchten die Japaner zu Recht, dass die Alliierten von der Grenze Indiens aus einen Angriff auf Zentral-Burma beginnen könnten. Der japanische Präventivangriff auf Indien im März 1944 zielte auf Imphal und Kohima ab, zwei strategisch wichtige Versorgungsstützpunkte für General Slims 14. Armee.

1944

4. Februar
Die 55. Division der Japaner greift an der Arakanküste das XV. britische Korps an. Die britischen Reserven sollen gebunden und vom Hauptkampfgebiet Imphal ferngehalten werden. Die britischen Stellungen bei Sinzweya werden zwar eingekesselt, aber nie überrannt. Bei den Kämpfen der nächsten Wochen verlieren die Japaner mehr als 5.000 Mann.

7. März
Operation „U-Go", der Hauptangriff der Japaner auf Imphal, beginnt. Zwei Flügel ihrer 33. Division stoßen von Süden über Tiddim und Tamu auf Imphal vor.

9. – 13. März
Die 17. indische Division muss sich aus Tiddim zurückziehen, da sie von den Japanern eingekesselt zu werden droht. Etwas weiter im Norden fällt Tamu. Der japanische Vormarsch japaauf Imphal kommt jedoch am Shenan-Sattel zum Stillstand, den die 20. indische Division mit Hingabe verteidigt.

15. – 16. März
Zwei weitere Angriffe im Rahmen der Operation „U-Go" beginnen. Die 15. Division der Japaner rückt direkt auf Imphal vor, die 31. Division bewegt sich auf drei verschiedenen Routen in Richtung Kohima.

19. März
Die britischen Truppen in Imphal werden durch die 5. und die 7. Division verstärkt.

4. – 7. April
Kohima und Imphal sind abgeschnitten und werden von der 31. bzw. der 15. Division der Japaner belagert.

7. April
Das XXXIII. Korps beginnt eine Entlastungsoffensive mit den Zielen Kohima und Imphal.

12. April
Die Japaner blockieren die Hauptstraße zwischen Kohima und Imphal. An beiden Orten sind die bedrängten Alliierten nun ausschließlich von der Versorgung durch die 3. Tactical Air Force der RAF abhängig.

Burma 1944: Ein chinesischer Soldat wird von einem australischen Infanteristen im Gebrauch des amerikanischen Gewehrs M1 Garand unterwiesen.

Bewohner des Gebiets arbeiten an der Wiederherstellung der Straße Imphal – Kohima, die von den Japanern am 12. April zerstört worden war. In der Zwischenzeit bewältigten die Alliierten das Versorgungsproblem, indem sie den Nachschub für die belagerten Truppen an Fallschirmen abwarfen.

14. April
Die 5. britische Brigade rückt aus Dimapur vor, durchbricht bei Zubza nächst der westlichen Route nach Kohima eine japanische Straßenblockade und befreit die belagerte 161. indische Brigade.

18. April
Die 5. Brigade beginnt den Entlastungsangriff auf die japanischen Belagerer von Kohima.

26. April
Der Hauptangriff der Alliierten, der den japanischen Widerstand vor Kohima brechen soll, beginnt. Die 4. Brigade greift aus dem Süden, die 5. Brigade aus dem Norden an. Andere Einheiten der 5. Brigade üben gemeinsam mit der 161. indischen Brigade Druck auf die Mitte aus.

Mai – 3. Juni
Die Schlacht von Kohima ist durch unerbittliche Angriffe und Gegenangriffe geprägt. Teile der 31. japanischen Division beginnen unter dem Druck der alliierten Erfolge am 31. Mai mit dem Rückzug. Nach und nach überwinden britische und indische Truppen die japanischen Verteidigungsstellungen um das Nagadorf und die Berge im Westen Kohimas. Kohima ist am 3. Juni wieder in alliierter Hand. Die 2. britische Division (zu der die 5. Brigade zählt) schwenkt nun nach Süden auf Imphal.

3. – 22. Juni
Während die 2. britische Division weiter auf Imphal vorrückt, muss sich das IV. Korps in Imphal nach wie vor gegen ununterbrochene japanische Angriffe verteidigen. Die Verluste sind auf beiden Seiten äußerst hoch. Die Briten haben den Vorteil, effizient aus der Luft versorgt zu werden, und erhalten auf diesem Weg auch 10.000 Mann Verstärkung.

22. Juni
Die 2. britische und die 5. indische Division vereinigen sich mit Elementen des IV. Korps nächst Kangpopki, bei Meilenstein Nr. 107, 24 km nördlich des britischen Verteidigungsrings um Imphal. Ab diesem Tag ist auch der Landweg zwischen Imphal und Dimapur wieder offen. Die Japaner geraten mehr und mehr in die Defensive.

18. Juli
Die Japaner ziehen sich von Imphal an den Chindwin zurück. Ihre Verluste bei der Operation „U-Go" betragen 65.000 Mann.

Internationale Ereignisse 1944

15. März
Ein massiver Bombenangriff und Artilleriefeuer der Alliierten zerstören die italienische Stadt Cassino und das historische Benediktinerkloster am Monte Cassino. Mehr als 770 Bomber werfen 1.750 t Bomben, die Artillerie feuert an die 200.000 Granaten auf deutsche Stellungen sowie auf das Kloster ab, in welchem sich nur Zivilisten befinden.

19. März
Die Deutschen besetzen Ungarn, um die Südostflanke des „Reichs" zu sichern.

8. April
Die Sowjettruppen am Balkan besetzen Rumänien, erste Einheiten hatten das Land bereits am 2. April betreten.

29. April
Deutsche Torpedoboote greifen eine Übung von US-Verbänden im Ärmelkanal an, 638 US-Soldaten kommen ums Leben. Das Manöver diente der Vorbereitung des „D-Day".

18. Mai
Monte Cassino fällt an die Alliierten, der Weg nach Rom durch das Liri-Tal ist frei.

4. Juni
Nachdem die Deutschen aus Rom abgezogen sind, wird die „offene Stadt" von den Alliierten besetzt.

17. Juni
US-Truppen greifen die Marianen an. Das erste Landungsunternehmen gilt der Insel Saipan, die von 32.000 Japanern besetzt ist.

Die 40-mm-Bordgeschütze eines amerikanischen Trägers feuern Granaten auf einen anfliegenden japanischen Bomber. Kreuzer und Zerstörer scharten sich um die Träger, um deren Flugdecks maximalen Schutz zu gewähren.

Truthahnschießen auf den Marianen

19. Juni 1944: Die japanische Marine tritt zur Verteidigung der Marianen an, es kommt zur letzten großen Trägerschlacht dieses Kriegs im Pazifik.

Am 15. Juni 1944, neun Tage nach den „D-Day", erreicht eine Invasionsflotte von 535 Schiffen nach neuntägiger Fahrt von den Marshall-Inseln die Marianeninsel Saipan. Ein wichtiger Schritt in der sprunghaft voranschreitenden Eroberung der Inseln in der Philippinensee, der nur durch enorme Konzentration der Luftstreitkräfte der US-Trägerflotte möglich war.

Die Operation provozierte die bestimmteste Antwort, die die Amerkaner je erlebt hatten. Japan zog nahezu seine gesamte Überwasserflotte zur 1. mobilen Flotte zusammen. Dazu zählten fünf Flotten- und vier leichte Träger. Das Kommando übernahm Admiral Jisaburo Ozawa, Nagumos Nachfolger als Kommandeur der kaiserlich-japanischen Marine. Zu Ozawas 430 Trägerflugzeugen kamen noch 540 auf einem Ring von Inselflugfeldern stationierte Maschinen. So er die Amerikaner in dem Gebiet stellen konnte, hätten seine Luftstreitkräfte den Vorteil doppelter Reichweite, da sie an jedem Ende des Kreises auftanken und die Invasoren von beiden Seiten angreifen könnten.

Allerdings waren die Japaner in allen anderen Belangen unterlegen. Zur Task Force 58, die zu Admiral Raymond Spruances 5. Flotte zählte, deren Taktik jedoch von Rear Admiral Marc Mitscher bestimmt wurde, zählten sieben Flotten- und acht leichte Träger, 900 Flugzeuge, hervorragend trainierte Besatzungen sowie Geleitträger mit Ersatzmaschinen.

Die taktischen Entscheidungen der Amerikaner waren daran ausgerichtet, dass Spruance die Truppen auf Saipan zu unterstützen hatte. Dabei sorgte der beständige Ostwind dafür, dass die japanischen Flugzeuge starten konnten, wenn sich deren Träger auf die Insel zubewegten, während die US-Träger auf Gegenkurs gehen mussten. Klugerweise hatte Spruance seine Nachteile durch eine Woche ununterbrochener Angriffe auf Ozawas Küstenflugfelder und die Maschinen dort etwas ausgeglichen.

Die japanische Flotte war am 15. Juni von den Philippinen ausgelaufen. Sie kam gut voran, aber ihre Position wurde von amerikanischen U-Booten überwacht und weitergegeben. Doch auch Ozawas Langstreckenaufklärer hatten Spruance ausgemacht. Task Force 58 operierte in vier schnellen Trägergruppen in einem Radius von 20 km. Im Westen, etwa 25 km entfernt, schützten sie die Kanonen der Kampfgruppe Rear Admiral Willis Lees, zu der sieben Schlachtschiffe zählten, vor angreifenden Flugzeugen.

Um 08.30 Uhr am Morgen des 19. Juni – Task Force 58 war noch damit beschäftigt, ihren Beitrag zur Eroberung der Inseln zu leisten – gab Ozawa 69 Flugzeugen den Befehl zum Angriff. Danach sollten sie auf den Inseln auftanken. Die U-Boote hatten Osawa, der sich in 480 km Entfernung befand, aus den Augen verloren, doch zum Glück für die Amerikaner wurden seine Flugzeuge in 240 km Abstand vom Radar Lees erfasst. Zeit genug, um ein großes Geschwader Grumman F6F Hellcat zu starten, das 45 Angreifer zerstörte und lediglich ein eigenes Flugzeug verlor.

Angesichts des hohen Preises nimmt sich das Ergebnis der Japaner – drei Nahtreffer auf verschiedene Schiffe sowie eine Bombe, die den Schlachtkreuzer USS *South Dakota* traf – eher bescheiden aus.

Der ersten Welle folgte eine halbe Stunde später eine zweite, mächtigere von 110 Flugzeugen. Noch in Alarmbereitschaft, schossen die Amerikaner 79 ab, den Japanern gelang lediglich ein Nahtreffer. Durch Munition mit Annäherungszündern, vor

Ein japanisches Flugzeug wird vom Flakfeuer der US-Schiffe zerstört. Den japanischen Piloten fehlte es nie an Mut, einer der Piloten der Taiho, *Sakio Komatsu, flog direkt in die Torpedos, welche von der USS* Albacore *auf sein Schiff abgefeuert worden waren, um den Träger zu retten.*

Um die Japaner zu täuschen, gingen dem Angriff auf Saipan Luftschläge gegen viele andere pozenzielle Ziele voraus.

kurzem eigeführt, stieg die Effektivität der amerikanischen Luftabwehr enorm.

Ozawa, immer noch außer Reichweite von Mitschers Flugzeugen, war inzwischen von den U-Booten wiedergefunden worden: Um 09.10 Uhr traf ein Torpedo der USS *Albacore* die *Taiho*, drei Stunden später erhielt der Pearl-Harbor-Veteran, die *Shokaku,* vier Treffer von der USS *Cavalla*. Kein Träger schien vom Untergang bedroht, doch um 15.10 bzw. 15.30 Uhr wurden beide durch gewaltige Explosionen vernichtet, Dämpfe aus beschädigten Treibstoffleitungen hatten sich entzündet.

Um 10.00 Uhr befahl Ozawa einen dritten Angriff: 42 Flugzeuge griffen von Norden an. Sie entgingen Lees Kanonen, verfehlten jedoch Mitschers Flotte beinahe gänzlich: Sie erreichten nichts und verloren sieben Maschinen. Die vierte und letzte Welle (82 Maschinen) hob um 11.30 Uhr von Ozawas Decks ab. Wieder verfehlten fast alle ihr Ziel, nur neun kehrten zurück. 49 wurden über Guam von Hellcat-Jägern abgeschossen, die anderen gingen verloren, als sie auf dem zerstörten Flugfeld landen wollten.

Kaum zu glauben, doch im Vertrauen auf die von Zweckoptimismus getragenen Berichte seiner Piloten realisierte der japanische Admiral das Ausmaß seiner Verluste nicht. Mit kaum noch 100 Flugzeugen an Bord, aber noch unentdeckt von amerikanischen Aufklärern, zog er sich nach Westen zurück, um über Nacht Treibstoff zu bunkern und die Schlacht am folgenden Tag fortzusetzen. Tatsächlich war er jedoch bereits geschlagen. An einem Tag, dem 19. Juni, hatte er 346 Maschinen verloren, die Amerikaner lediglich 30. Zynisch nannten sie diesen Tag später „Truthahnschießen auf den Marianen“.

Ab 14.30 Uhr war Mitscher auf Gegenkurs gegeangen, um seine Flugzeuge wieder aufzunehmen. Um 20.00 Uhr erlaubte Spruance dreien seiner vier Trägergruppen, nach West zu drehen und Jagd auf die Japaner zu machen. Trotz seiner Fehleinschätzung der Lage hätte Ozawa entkommen können, wäre er nicht am 20. Juni um 15.40 Uhr von einer Grumman TBF Avenger der USS *Enterprise* aufgespürt worden. Er war zwar bereits 445 km entfernt, aber Mitscher nutzte die Chance: Binnen zehn Minuten waren 210 Flugzeuge aufgestiegen und er befahl seiner Flotte volle Kraft voraus, um die Rückflugdistanz zu verkürzen.

Der Angriff war ein voller Erfolg. Zwar gingen 20 Maschinen durch Flak verloren, doch die *Hiyo*, von zwei Torpedos getroffen, explodierte und sank. Der letzte Pearl-Harbor-Veteran, die *Zuikaku*, und der leichte Träger *Chiyoda* erhielten Bombentreffer, zwei Tanker wurden vernichtet und die 85 Begleitjäger schossen 65 japanische Maschinen ab.

80 US-Maschinen mussten wegen trockener Tanks im Dunklen kurz vor den Trägern notwassern, allerdings wurden viele Besatzungen am nächsten Tag von Flugbooten geborgen. Auch heute wird noch diskutiert, ob die vorsichtigen Admiräle Spruance und Mitscher vor Saipan nicht die Gelegenheit hätten nützen müssen, Ozwas Flotte völlig zu vernichten. Er war zwar ob seiner unterlegenen Flugzeugbesatzungen geschlagen worden, hatte aber eine taktisch hervorragende Leistung geliefert. Trotzdem war der amerikanische Sieg in der Philippinensee der Todesstoß für die Luftwaffe der japanischen Marine.

Da die US-Flugzeuge beim letzten Angriff des Tages an die Grenze der maximalen Reichweite gingen, mussten sie ihre Träger nachts finden und im Dunklen landen.

Die F6F Hellcat war das Standardflugzeug auf den Trägern der US Navy. Die starken Jagdgeschwader am Himmel über den Flotten konnten jeden Angriff der Japaner zertrümmern. Ozawa weigerte sich, die Verlustzahlen zu realisieren.

Truthahnschießen auf den Marianen: Chronologie

Der japanische Versuch, die amerikanische Marine vor den Marianen zu zerschmettern, endete mit der Vernichtung ihrer trägergestützten Luftflotte. In vier Tagen gingen 480 Flugzeuge verloren. Die numerisch, technisch und fliegerisch überlegenen US-Piloten nannten die Schlacht später ein „Truthahnschießen".

1944

16. Juni
Die 1. mobile Flotte und die japanische Südflotte vereinen sich im Westen der Philippinen. Ihr Ziel: die Marianen. Ihre Aufgabe: die Landung der Amerikaner zu verhindern.

17. Juni
US-Truppen landen auf der Pazifikinsel Saipan, das Unternehmen zur Eroberung der Marianen hat begonnen. Das Marineelement der US-Streitmacht, die Task Force 58, untersteht Rear Admiral Marc A. Mitscher. Er verfügt über sieben Träger mit 963 Flugzeugen, die Japaner können nur fünf Träger mit 473 Maschinen zum Einsatz bringen.

19. Juni
08.30 Uhr
Mit Unterstützung von auf Guam und Truck stationierten Maschinen greifen trägergestützte Flugzeuge der Japaner Task Force 58 an. Die Hellcat-Jäger der Amerikaner schießen 35 Angreifer ab.

09.00 Uhr
Ein neuerlicher japanischer Angriff, der in 250 km Entfernung auf dem Radar entdeckt worden ist, wird 80 km vor der US-Flotte abgefangen. Von den ersten Angriffswellen aus insgesamt 373 Maschinen kehren lediglich 130 heim, mehr als 200 japanische Flugzeuge werden abgeschossen.

9.05 Uhr
Der japanische Träger *Taiho* wird vom amerikanischen U-Boot *Albacore* torpediert.

12.20 Uhr
Der japanische Träger *Shokaku* wird bei einem weiteren amerikanischen U-Boot-Angriff (*Cavalla*) schwer beschädigt.

14.00 Uhr
Die Japaner starten die zweite große Angriffswelle des Tages. Sie wird fehlgeleitet und von amerikanischen Maschinen über Guam abgefangen. Weitere 50 japanische Maschinen gehen verloren.

16.24 Uhr
Die *Shokaku* sinkt.

16.28 Uhr
Die *Taiho* sinkt.

20. Juni
16.30 Uhr
Die amerikanischen Träger beginnen einen Vergeltungsangriff, zu dem 216 Flugzeuge starten.

18.44 Uhr
Der japanische Träger *Hiyo* wird von Sturzkampfbombern und Torpedoflugzeugen versenkt. Überdies sinken zwei japanische Tanker. Die Träger *Zuikaku* und *Chiyoda* werden schwer beschädigt. Weitere 65 japanische Flugzeuge werden abgeschossen.

20.45 Uhr
Die Amerikaner verlieren ohne Feindeinwirkung 80 Flugzeuge. Die Tanks vieler Maschinen sind trocken, sie müssen notwassern oder werden bei der Nachtlandung durch Zusammenstöße beschädigt. Damit steigen die Verluste der Amerikaner bei dieser Operation auf 100 Maschinen. Die Reste der japanischen Flotte setzen Kurs auf die Heimat.

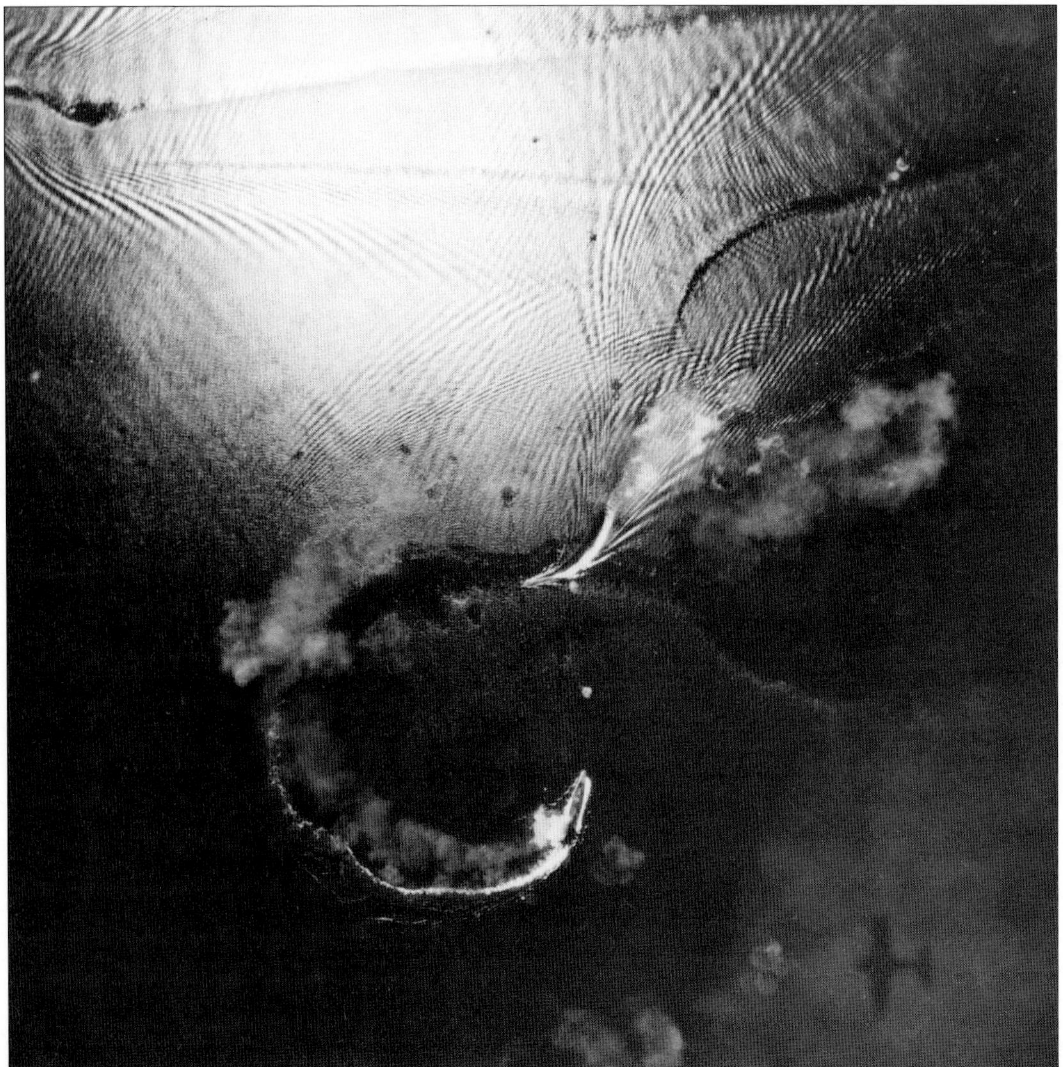

Die japanischen Schiffe versuchten während der Schlacht in der Philippinensee, den US-Bomben durch waaghalsige Manöver zu entgehen. Da Stukas herabstießen und Torpedobomber im Tiefflug angriffen, war ein koordinierter Einsatz der Bordgeschütze zur Flugabwehr kaum möglich.

Internationale Ereignisse 1944

13. Juni
Die erste deutsche V1 (Vergeltungswaffe 1), auch „Flugbombe“ genannt, schlägt in Großbritannien ein.

17. Juni
Zwei von Hitlers populärsten Generälen, von Rundstedt und Rommel, versuchen ihn zu einer Änderung der „desaströsen Taktik an der Westfront“ zu bewegen. Sie erreichen keinerlei Zugeständnis, nur das Versprechen, dass in Kürze Wunderwaffen das Kräfteverhältnis zugunsten der Deutschen verschieben werden.

18. Juni
Einheiten der japanischen 11. Armee, die in China kämpft, erobern die Städte Changsha und Chuzhou.

20. Juni
Die Sowjets ziehen in Weißrussland 166 Divisionen für einen massiven Angriff auf die deutsche Heeresgruppe Mitte zusammen.

22. Juni
Die japanische Belagerung der indischen Stadt Imphal wird nach 88 Tagen durch die 2. und 5. Division der Briten beendet.

Diese Grumman F6F Hellcat trägt die Insignien des Erfolges ihres Piloten im Luftkampf über den Marianen. Die Verluste in der Schlacht, ernsthafte Probleme bei der Treibstoffversorgung und die Zerstörung der Flugfelder an Land hatten zur Folge, dass die japanische Luftwaffe ab Mitte 1944 keine entscheidende Rolle mehr spielte.

Eine Grumman F6F Hellcat wärmt an Bord der USS Lexington auf, bevor sie zu einem Angriff auf Saipan startet. Etwa 480 F6F-Jäger waren bei der Schlacht in der Philippinensee im Einsatz und leisteten ihren Teil bei der Zerstörung von ungefähr 400 japanischen Flugzeugen.

Golf von Leyte
Endgültiger Sieg

Als die Amerikaner auf den Philippinen landen, führt die japanische Marine einen letzten verzweifelten Angriff, um das Unvermeidliche aufzuhalten.

Die 1914 vom Stapel gelaufene **Fuso** *wurde von 1930 – 1933 überholt, mit neuen Maschinen und zusätzlichen 2.500 t Panzerplatten ausgerüstet. Sie bildete mit der* **Yamashiro** *das Rückgrat von Nishimuras Flottengeschwader im Golf von Leyte.*

Vier Monate nach dem Sieg über die Japaner in der Philippinensee begannen die USA die Rückeroberung der Philippinen mit einem großen Landungsunternehmen im Golf von Leyte. Angeführt wurde die Schlachtflotte von der reorganisierten 3. Flotte unter Admiral William Halsey, der Spruance abgelöst hatte. Die Trägerflotte, immer noch unter Vizeadmiral Marc Mitscher, umfasste mittlerweile neun große und acht leichte Träger mit nahezu 1.200 Flugzeugen.

Japans Plan zur Verteidigung der Philippinen, „Sho-Go“, sah den Einsatz von lediglich vier Trägern vor, die zudem über so wenige Marineflieger verfügten, dass nur 120 Flugzeuge an Bord genommen werden konnten. In der Annahme, dass die Abwehr des Feindes demzufolge auf landgestützte Flugzeuge aufbauen müsse, hatten die US-Trägergruppen drei Wochen zuvor mit Zermürbungsangriffen begonnen. In der Folge konnten die Japaner dem Landeunternehmen im Golf von Leyte zwischen 17. und 20. Oktober nur mehr 200 Flugzeuge entgegenwerfen.

Die unter Treibstoffknappheit leidende japanische Flotte war zu Beginn der Operation „Sho-Go“ weit verstreut und musste erst herangeführt werden. Halseys Hauptmacht, die die Landungszone schützte, sollte von Admiral Jisaburo Ozawas vier Trägern (hier als Nordflotte, sonst als 1. mobile Flotte bezeichnet), die sich als Köder anbot, nach Norden gelockt werden. Der nun schutzlose Golf sollte in der Morgendämmerung des 25. Oktober gleichzeitig von zwei starken Überwasserverbänden angegriffen werden, die die Transporter vernichten sollten.

Kampfgruppe Mitte (Kampfgruppe A der 1. Kampfgruppe, 5. Flotte) unter Konteradmiral Takeo Kurita würde über die San-Bernardino-Straße eindringen und von Norden her angreifen, während Kampfgruppe Süd (ungünstigerweise zweigeteilt unter den Vizeadmiralen Shoji Nishimura und Kiyohide Shima – Gruppe C der 1. Kampfgruppe und die 2. Kampfgruppe der 5. Flotte) von Süden durch die Surigao Straße vordringen würden.

Musashi versenkt

Einmal mehr schlugen die US-U-Boote als Erste zu. Als sich am 23. Oktober Kuritas mächtige Kampfgruppe Mitte, zu der fünf Schlachtschiffe und zehn schwere Kreuzer zählten, den Philippinen von Westen näherte, wurden drei ihrer Kreuzer torpediert, zwei sanken. In den ersten Stunden des 24. Oktober machte ein Flugzeug (T1738) von Mitschers Trägerverband, der in vier Gruppen im Osten der Insel operierte, auch die Kampfgruppe Süd aus.

Da alle verfügbaren japanischen Flugzeuge Task Force 38 angriffen (und dabei den leichten Träger USS *Princeton* versenkten), war Kurita ohne Luftschutz, als er die Sibusee im Herzen der Inselgruppe passierte. Daher konnten die Amerikaner ungestört fünf gesonderte Luftangriffe fliegen, die enorme Schäden bewirkten. Sie versenkten unter anderem das Superschlachtschiff *Musashi.* Trotzdem hielt Kurita, obwohl er bereits sieben entscheidende Stunden verloren hatte, unbeirrt auf San Bernardino zu.

Die Kampfgruppe Süd – mit zwei Schlachtschiffen und vier Kreuzern – wurde durch die Sulusee verfolgt. Bald war offensichtlich, dass sie durch die Surigaostraße laufen würde, daher gab Vizeadmiral Thomas Kinkaid der 7. Flotte, die den Invasionstruppen Artillerieunterstützung gab, Befehl, die Japaner zu blockieren.

Halsey sollte mit Kuritas Verband in der San-Bernardino-Straße dasselbe tun, aber er hatte andere Pläne. Ozawa, der im Norden mehrere Versuche unternommen hatte, auf sich

Oben: Zu Kuritas Flotte zählten die beiden größten Schlachtschiffe, die je gebaut wurden, **Yamato** *und* **Musashi**. *Letztere litt unter schweren Angriffen amerikanischer Flugzeuge, die für ihr Ende verantwortlich waren.*

Unten: Vier hervorragende Kriegsschiffe der „Mogami“-Klasse, die früher von Kurita befehligt worden waren, als dieser Konteradmiral war, bildeten das 7. Kreuzergeschwader. Zwei der Kreuzer gingen bei der Schlacht von Leyte verloren.

Die USS **Pennsylvania** *und die USS* **Colorado** *laufen an der Spitze eines Verbandes in den Golf von Lingayen. Nach der Niederlage in der Schlacht von Leyte war die kaiserlich-japanische Marine als Kampfverband zerstört.*

aufmerksam zu machen, wurde am 24. Oktober um 15.40 Uhr endlich „entdeckt“: vier Träger, zwei Hybride aus Schachtschiff und Träger und drei Kreuzer. Halsey schluckte den Köder. Obwohl Kurita noch keinesfalls geschlagen war, stellte man die Luftangriffe auf ihn ein: Halsey drehte nach Norden ab und nahm sogar Vizeadmiral Willis Lees schnelle Schlachtschiffgruppe mit sich.

Er warf dem praktisch zahnlosen Ozawa 64 Kriegsschiffe und an die 800 Flugzeuge entgegen, ließ jedoch die San-Bernardino-Straße ungeschützt.

Halsey erreichte Ozawa am verhängnisvollen 25. Oktober bereits um 02.00 Uhr. Zu dieser Zeit befand sich Kurita nur drei Stunden von der San-Bernardino-Straße entfernt und Nishimura bewegte sich durch die Surigaostraße.

Nishimura und Shima wussten um die Verzögerung Kuritas, waren jedoch zum Handeln entschlossen. Aber als sie in der Dämmerung des 25. Oktober den Golf von Leyte erreichten, stießen sie auf einen übermächtigen Gegner. Kinkaid hatte genügend Vorbereitungszeit gehabt, um Konteradmiral Jesse Oldendorfs sechs alte Schlachtschiffe sowie acht Kreuzer am Nordende der Straße zu postieren. Hatten die Japaner erst die Suriagostraße durchlaufen, wo sie bereits von 39 Schnellbooten und danach von drei Zerstörerdivisionen angegriffen worden wären, würden sie erst auf diesen Verband stoßen. Ab 22.36 Uhr am 24. Oktober griffen die Torpedoboote meist einzeln an, hatten jedoch aufgrund des massiven Abwehrfeuers keinen Erfolg. Am 25. Oktober um 02.30 Uhr übernahmen die Zerstörer in der Enge zwischen Leyte und Dinagat. Nishimuras zwei Schlachtschiffe wurden torpediert, die *Fuso* zerbrach. Um 03.53 Uhr traf die bereits von zwei Torpedos getroffene *Yamashiro*, die nur mehr von einem Kreuzer und einem Zerstörer unterstützt wurde, auf Oldendorf und wurde vernichtet. Vorerst gelang es den beiden anderen Einheiten von Shimas kleinem Verband, sich in Sicherheit zu bringen, aber die südliche Backe der japanischen Zange war zerstört.

Schlacht von Samar

Anders im Norden: Am 5. Oktober um 05.50 Uhr, zu der Zeit, als sich der schwer geschlagene Shima durch die Surigaostraße zurückziehen musste, verließ Kuritas Verband die San-Bernardino-Straße, durch die er ungehindert gelaufen war. Zum Glück für die Amerikaner lagen zwischen den Japanern und den Stränden noch drei Geleitträgerverbände, die zum Schutz der Landungstruppen östlich von Samar zurückgeblieben waren. Obwohl der Großteil der Trägerflugzeuge im Einsatz war, konnte man Kurita, gemeinsam mit von Feldflugplätzen startenden Einheiten, doch eine stattliche Zahl an Maschinen entgegenwerfen. Ab 06.30 Uhr befanden sich die kleinen Träger in einem äußerst unübersichtlichen Gefecht, wobei sie sogar von der *Yamato* mit 460-mm-Granaten beschossen wurden. Sie kämpften beherzt und auch ihre Zerstörer und Geleitzerstörer schlugen sich fabelhaft. Kurita, der keine Luftunterstützung hatte, verlor die Übersicht und meinte, zumindest von einer großen Trägergruppe Mitschers angegriffen zu werden. Er rief alle Einheiten zurück. Die Amerikaner hatten lediglich einen Geleitträger sowie drei kleinere Schiffe verloren, aber drei schwere Kreuzer der Japaner versenkt und mit hoher Wahrscheinlichkeit das ganze Leyte-Unternehmen gerettet.

In der Zwischenzeit setzte Halsey, obwohl er verzweifelte Hilferufe empfing, seine Angriffe zur Vernichtung der Träger Ozawas fort. Den sechsten und letzten Streich befahl er um 17.10 Uhr. Um 11.00 Uhr hatte er eine Trägergruppe und Lees Schlachtschiffe abgeordnet, um die San-Bernardino-Straße zu blockieren. Diese langten dort am 26. Oktober um 01.00 Uhr ein, etwa drei Stunden, nachdem sich Kurita nach der Schlacht von Samar auf diesem Weg zurückziehen hatte können. Wie leicht hätte es zum Desaster kommen können.

Das Glücksspiel von „Sho-Go“ hatte sich nicht gerechnet, die Japaner verloren vier Träger, drei Schlachtschiffe und zehn Kreuzer – und sie verloren ihre letzten gut ausgebildeten Flugzeugbesatzungen. Von diesem Zeitpunkt an konnte die kaiserlich-japanische Marine der US Navy nie mehr ernsthaft gefährlich werden.

Die USS **Sangamon** *war als einer von vier zu Trägern umgerüsteten Flottentankern Teil der Geleitträger-Kräfte vor Samar. Die gesamte „Sangamon“-Klasse überlebte Leyte und tat Anfang 1945 wieder Dienst.*

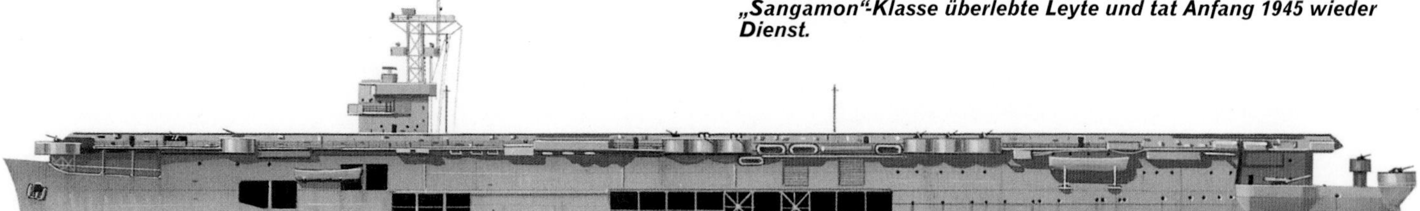

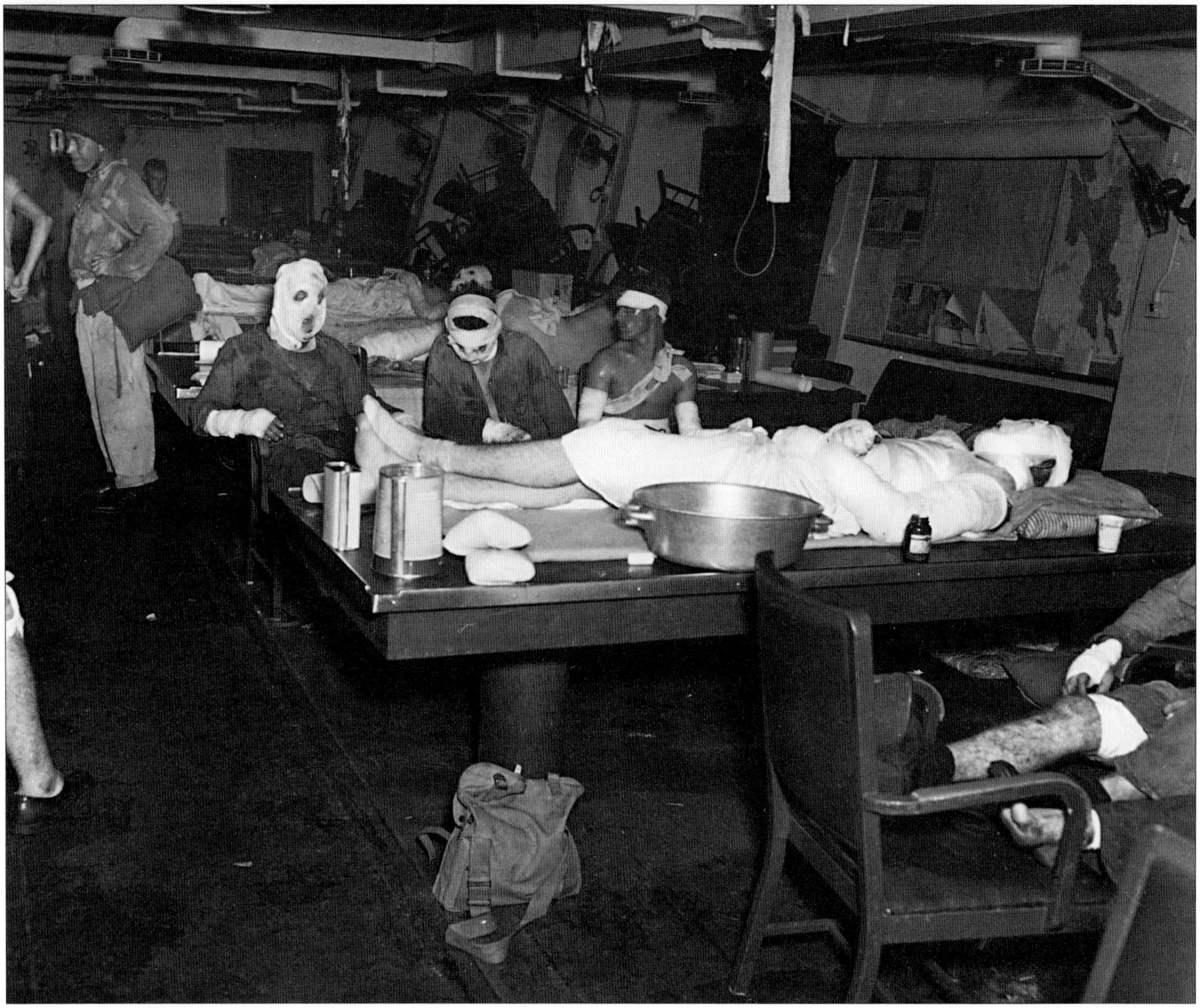

Golf von Leyte
Chronologie

Verwundete der US Navy werden in einer als Krankenstation adaptierten Garderobe behandelt. Zu den häufigsten Verletzungen auf Trägern, wo Treibstoff und Munition in große Mengen allgegenwärtig waren, zählten Verbrennungen.

Die Seeschlachten um den Golf von Leyte zerstörten endgültig den Mythos der kaiserlich-japanischen Marine als eine im Pazifik unbezwingbare Macht.

1944

20. Oktober
Die 6. US-Armee landet auf Leyte und beginnt die Insel zu säubern. Wenige Tage später antworten die Japaner mit der Operation „Sho-Go“. Sie führen nahezu die gesamte japanische Flotte heran. Ihr Plan ist es, die extrem starke 3. US-Flotte von Leyte weg in den Norden zu locken. Admiral Ozamas Trägerflotte (vier Träger) ist der Köder, während zwei Kampfgruppen von Westen aus einen Zangenangriff auf die 7. US-Flotte führen sollen.

23. Oktober
Die 1. japanische Kampfgruppe A, die von Brunei abgelegt hat, wird vor der Insel Palawan von zwei amerikanischen U-Booten entdeckt. Diese versenken die Kreuzer *Atago* und *Mayo* und beschädigen weitere Kreuzer.

24. Oktober
Flugzeuge des US-Trägerverbands Task Force 38 (der zur 3. Flotte zählt) beginnen Schiffe der Kampfgruppe A anzugreifen – dieser Flügel der 1. Kampfgruppe unter Vizeadmiral Kurita läuft durch die Sibuyansee.

09.35 Uhr
Der amerikanische Träger *Princeton* wird von in Luzon gestarteten japanischen Flugzeugen getroffen.

10.30 Uhr
Der Luftangriff der Amerikaner beginnt. Die Schlachtschiffe *Yamato, Musashi* und der schwere Kreuzer *Myoko* werden getroffen, Letzterer muss den Heimweg antreten.

16.30 Uhr
Die *Princeton* sinkt.

19.30 Uhr
Das Schlachtschiff *Musashi* sinkt, nachdem es im Verlauf des Tages 17 Bomben- und 20 Torpedotreffer hinnehmen musste. Die Kampfgruppe A dreht nach Westen, zurück zur San-Bernardino-Straße. Am Abend sendet die 7. US-Flotte die Kriegsschiffgruppe Task Force 77 nach Südwesten, um der Bedrohung durch Vizeadmiral Nishimuras Gruppe C (Teil der 1. Kampfgruppe) und Vizeadmiral Shimas 2. Kampfgruppe zu begegnen, die beide in die Surigaostraße einlaufen.

25. Oktober
Die Schlacht findet an drei getrennten Schauplätzen statt: in der Surigaostraße, vor Samar und vor Kap Engano.

Schlacht in der Surigaostraße 03.00 – 03.40 Uhr
Die amerikanischen Zerstörer feuern in der Surigaostraße eine geballte Salve von

47 Torpedos gegen die Japaner. Ein Schlachtschiff und vier Zerstörer werden getroffen.

03.51 Uhr
Acht Kreuzer und sechs Schlachtschiffe der Amerikaner beginnen ihren Angriff. In der Auseinandersetzung verlieren die Japaner alle ihre Schiffe bis auf zwei – *Shima* und *Shigure*. Sie ziehen sich umgehend aus der Surigaostraße zurück. Insgesamt verlieren die Japaner zwei Schlachtschiffe, einen Kreuzer und drei Zerstörer.

Schlacht von Samar
Taffy 3, eine Geleitträgergruppe der 7. US-Flotte, wird von Kuritas immer noch mächtiger Kampfgruppe A angegriffen. Die Amerikaner sind ihnen in Bezug auf Zahl und Geschütze unterlegen. Trotzdem gelingt es den US-Verbänden, in einer zweistündigen Schlacht nicht aufgerieben zu werden. Die US-Zerstörer *Hoel, Johnston* und *Roberts* werden versenkt, vier weitere Zerstörer schwer beschädigt. Ein US-Träger, die *Gambier Bay*, sinkt um 09.07 Uhr. Aber auch die Japaner verlieren die schweren Kreuzer *Suzya, Chikuma* und *Chokaii*. Die *Kumano* muss wegen schwerer Schäden zurückgezogen werden. Kurita löst sich um 9.30 Uhr vom Feind und befiehlt den Rückzug.

Schlacht vor Kap Engano
Die amerikanische Task Force 38 läuft in den frühen Morgenstunden mit zehn Trägern und 22 Zerstörern nach Norden, um Vizeadmiral Ozamas Träger vor Kap Engano abzufangen.

08.45 Uhr
Die Flugzeuge der US-Träger greifen die japanischen Träger an. Weitere Angriffe starten um 10.00, 13.00 und 17.10 Uhr.

09.37 Uhr
Der japanische Träger *Chitose* und der Zerstörer *Akitsuki* werden beim ersten Luftangriff der Amerikaner versenkt. Der Träger *Chiyoda* ist schwer beschädigt.

14.14 Uhr
Der Träger *Zuikaku* wird von US-Flugzeugen versenkt.

15.26 Uhr
Der Träger *Zuiho* sinkt in Folge eines US-Luftangriffs.

16.55 Uhr
Die *Chiyoda* wird von Schiffen einer amerikanischen Kreuzergruppe versenkt, die von Task Force 38 nach Norden gesandt wurde, um die Japaner anzugreifen.

20.59 Uhr
Der japanische Zerstörer *Hatsusuki* wird durch die US-Kreuzergruppe zerstört und versenkt. Bei Anbruch der Nacht ziehen sich die Reste von Ozamas Gruppe schnell nach Norden zurück, der japanische Versuch, die Landung der Amerikaner auf Leyte zu zerschmettern, ist gescheitert.

Internationale Ereignisse 1944

19. Oktober
Die Sowjets dringen in Ostpreußen ein.

20. Oktober
Die deutschen Wachmannschaften vernichten im KZ Auschwitz Dokumente und Einrichtungen, die als Beweis für das Geschehen im Lager dienen könnten.

20. Oktober
Die 3. Ukrainische Front der Sowjets und Titos Partisanenarmee befreien die jugoslawische Hauptstadt Belgrad.

20. Oktober
Der vormalige Regierungschef Vichy-Frankreichs wird wegen Kollaboration zum Tod verurteilt. Das Urteil ergeht in Abwesenheit, Laval lebt in Deutschland.

21. Oktober
Die deutsche Stadt Aachen fällt nach zehntägiger Belagerung und einem erbittert Haus um Haus geführten Kampf an die Amerikaner.

22. Oktober
Der sowjetische Vormarsch in Nordeuropa steht 72 km vor Rastenburg, Hitlers ostpreußischem Hauptquartier.

24. Oktober 1944: Eine dramatische Aufnahme des japanischen Trägers* Zuikaku*, der vor den Philippinen sinkt. Zuvor hatte er 7 Torpedo- und 9 Bombentreffer erhalten. Mehr als 800 Mann der Besatzung starben.

Rückkehr auf die Philippinen

Nachdem die japanische Marine im Golf von Leyte besiegt worden war, konzentrierten sich die Amerikaner auf die Befreiung der Philippinen.

Nach der großen Trägerschlacht vor den Marianen setzten die USA alles daran, die Eroberung Saipans abzuschließen, da sie dann über eine wichtige Basis für die Angriffe ihrer Boeing B-29 auf Japan verfügen würden. Am 21. Juli landeten US-Truppen auf Guam, vier Tage später auf Tinian. Der Abschluss der Eroberung Guams am 10. August war gleichzeitig das Ende des amerikanischen Feldzugs im Zentralpazifik und das Ende der japanischen strategischen Kriegführung mit Flugzeugträgern. Die *Hiyo* war durch Luftangriffe versenkt worden, *Taiho* und *Shokaku* durch U-Boote. Insgesamt wurden in nur zwei Monaten unglaubliche 1.223 japanische Kriegsschiffe vernichtet.

***Oben:* Japanische Marinesoldaten hatten die philippinische Hauptstadt Manila systematisch und überlegt zur Festung ausgebaut. Als sie nach drei Wochen erbitterten Widerstands überrannt wurden, lag die Stadt in Trümmern.**

***Links:* Die Träger USS *Langley* und USS *Ticonderoga*, von Bord der USS *Essex* aufgenommen, kehren nach vorbereitenden Angriffen für die Invasion der Philippinen zum Atoll Ulithi zurück.**

Vier japanische Träger – *Zuikaku*, *Chitose*, *Chiyoda* und *Zuiho* – sanken in der Schlacht um den Golf von Leyte. Der riesige Träger *Shinano*, ein umgebautes Schlachtschiff, wurde am 30. November, nur elf Tage nach seiner Indienststellung, vom U-Boot USS *Archerfish* in der Bucht von Tokio versenkt. Bis Jahresende versenkte man auch die Träger *Unryu*, *Shinyo*, *Taiyo*, *Chuyo* und *Unyo* und beschädigte die *Junyo* dauerhaft. Im selben Zeitraum verlor die US Navy lediglich den leichten Träger USS *Princeton*.

Die Landung auf Leyte war zwar der Startschuss zur Eroberung der Philippinen, doch die Invasion der Hauptinsel Luzon begann erst am 9. Januar

Gegen Kriegsende war die Nakajima Ki-84 Hayatedas das effektivste japanische Kampfflugzeug. Sie wurde am Vorabend der amerikanischen Landung in großer Zahl auf die Philippinen verlegt.

Mit ihren nach vorne feuernden 20-mm-Zwillingsgeschützen und einer Bombenlast von 907 kg war die Curtiss SB2C Helldiver ein mächtiges Trägerflugzeug, das aber bei den US-Besatzungen nicht sehr beliebt war.

Die US-Flotte erlebte unzählige Angriffe von Kamikazebombern. Obwohl es der Luftabwehr meist gelang, anfliegende Maschinen in Stücke zu schießen, war es selten möglich, sie ganz zu zerstören. Meist starb der Pilot am Steuer und die Treibstofftanks explodierten, aber der Kamikaze folgte weiter seiner ballistischen Kurve.

1945, als vier Divisionen im Golf von Lingayen anlandeten. Task Force 38 musste zuvor mit einem neuen, mächtigen Feind fertig werden: Schlechtwetter. Am 18. Dezember griff ein ausgewachsener Taifun die Flotte an: Drei Zerstörer kenterten, mehr als 800 Mann starben. Flugzeuge rissen sich an Bord der Träger aus ihren Verankerungen und beschädigten Strom- und Treibstoffleitungen, Feuer brachen aus. Die *Cowpens,* die *Monterey* und die *San Jacinto* verloren dabei 33 Maschinen, 19 weitere wurden von den Decks der Schlachtschiffe und Kreuzer gefegt. Die kleineren Geleitträger verloren weitere 94 Flugzeuge. Diese Verluste und die Suche nach Überlebenden in der aufgewühlten See verzögerten den Angriff auf Luzon.

In der ersten Woche des Jahres 1945 führte die Task Force 38 Präventivangriffe auf japanische Flugfelder in Formosa durch. Gleichzeitig wurde die Invasionsgruppe an Bord der 7. US-Flotte unter Vizeadmiral Thomas C. Kinkaid, die sich ihrer Landezone im Lingayen-Golf näherte, Ziel massierter japanischer Kamikazeangriffe. Der Geleitträger USS *Ommaney Bay* wurde getroffen und sank am 4. Januar. Am nächsten Tag wurde die USS *Manila Bay* beschädigt, mehr als 70 Mann starben. Am 8. Januar wurden sowohl die USS *Kitkun Bay* als auch die USS *Kadashan Bay* so schwer beschädigt, dass sie zurückgezogen werden mussten.

25. November 1944: Eine Curtiss SB2C Helldiver erhält die Freigabe zum Start von Bord der USS* Hancock*. Die Zermürbungsangriffe, die den Landungen vorausgingen, waren äußerst erfolgreich.

Südchinesisches Meer

Als die US-Truppen am 9. Januar am Lingayen-Golf landeten, lief Admiral William F. Halseys 3. Flotte (einschließlich TF 38) mit acht Flottenträgern, fünf leichten Trägern, zwei Geleitträgern, sechs Schlachtschiffen, elf Kreuzern und 61 Zerstörern ins Südchinesische Meer. Sie sollte vor allem die beiden japanischen hybriden Schlachtschiff-Träger *Hyuga* und *Ise* aufspüren und zerstören und außerdem verhindern, dass die Japaner signifikante Verstärkung nach Luzon brachten. Allerdings wurden die riesigen Träger nicht gefunden. Zusätzlich flogen US-Trägerflugzeuge Langstreckenangriffe auf Französisch-Indochina, Formosa und das chinesischen Festland, fanden jedoch kaum lohnenswerte Ziele.

Die Zahl der Selbstmordangriffe vor Luzon stieg weiter. So wurde allein der australische Kreuzer HMAS *Australia* fünfmal getroffen. Auch die Kämpfe an Land nahmen an Heftigkeit zu. Obwohl General Yamashita die Evakuierung Manilas befohlen hatte, organisierte ein japanischer Admiral die Verteidigung durch 20.000 Mann des Marinestützpunkts. Bataan fiel am 16., die Insel Corregidor in der Bucht von Manila am 28. Februar. Zu dieser Zeit war die Hauptmacht der US-Trägerkräfte bereits verlegt worden, um die Invasion von Iwo Jima vorzubereiten. Durch den beständigen, wenn auch blutigen Vormarsch auf Luzon, bei dem Flugfelder eingenommen oder neu errichtet worden waren, war es nun den Jägern und Jagdbombern der USAAF und des US-Marinekorps möglich, Luftschutz und Unterstützung zu geben, die Geschütze der Flotte aber bildeten einen Schutzschild gegen Selbstmordattacken.

Der Fall Manilas

Die amerikanischen Truppen eroberten am 4. März 1945, 173 Tage nachdem sie auf Luzon gelandet waren, die in Trümmern liegende Hauptstadt Manila. Der Feldzug hatte 40.000 Tote und Verwundete und mehr als 360 Flugzeuge gekostet. Zehn Tage später fiel auch Iwo Jima an die Amerikaner. Die 10. US-Armee nahm mit den Flugzeugen von 16 Trägern ihrer Task Force 58 das nächste Ziel ins Visier: Okinawa.

Rückkehr auf die Philippinen

Chronologie

Die Rückeroberung der Philippinen erforderte unzählige Amphibienoperationen entlang der vielgliedrigen Inselkette. Die Kampagne war von erbitterten Kämpfen geprägt, die Entscheidungsschlacht wurde um Manila geführt.

1944

20. Oktober
Eine große amerikanische Invasionsflotte setzt auf der Insel Leyte vier Divisionen ab.

15. Dezember
Eine amerikanische Task Force landet auf der kleineren Insel Mindoro südlich von Luzon. Die Insel ist Ende Januar 1945 gesichert; damit verfügen die Amerikaner über zwei Flugfelder von unschätzbarem Wert für den Philippinenfeldzug.

25. Dezember
Der japanische Widerstand auf Leyte ist gebrochen, die Insel in amerikanischer Hand. Mehr als 80.000 Japaner sind gefallen. General MacArthur, Oberbefehlshaber der US-Truppen im Pazifik, konzentriert sich auf die Eroberung von Luzon.

Eine philippinische Nonne mit Brandwunden inmitten der amerikanischen Befreier Manilas. Über 100.000 Filipinos kamen allein in der Schlacht um Manila zu Tode.

1945

2. – 8. Januar
Die 6. US-Armee wird von Leyte nach Lingayen im Golf von Luzon verlegt.

9. Januar
Das I. und das XIV. Korps der 6. US-Armee stoßen bei der amphibischen Landung im Golf von Lingayen nur auf geringen Widerstand. Unmittelbar nach der Landung schwärmen die beiden Korps in den Norden und Süden der Insel aus.

29. Januar
Clark Field, der wichtigste Flughafen Luzons, fällt an die Amerikaner. Am selben Tag landet das XI. US-Korps bei San Antonio, 40 km südlich von Clark Field, und rückt nach Osten vor mit dem Auftrag, die Halbinsel Bataan zu nehmen.

Februar
Während des ganzen Monats kommt es zu weiteren Landungsunternehmen an der Südwestküste Luzons, bei Bataan und Nasugbu. Bataan selbst ist am 28. Februar gesichert, aber die Verluste beider Seiten sind hoch. In Verbindung mit dem nach Süden vorrückenden XIV. Korps stehen die Japaner einem Zangenangriff auf die philippinische Hauptstadt Manila gegenüber. Der Kampf um die Stadt erreicht eine unerträgliche Intensität.

3. März
Die letzten japanischen Widerstandsnester in Manila werden ausgeräuchert. Mehr als 16.000 japanische Soldaten und 100.000 philippinische Zivilisten sind beim Kampf um die Stadt umgekommen. Die Verluste der Amerikaner betragen nur 1.000 Mann.

26. März
San Fernando, der Standort des Hauptquartiers von General Yamashitas 14. Armee, wird von Einheiten des I. Korps von General Swift eingenommen.

13. April
Die japanischen Befestigungsanlagen auf Corregidor in der Bucht von Manila sind zerstört. US-Truppen haben Benzin in das Belüftungssystem eingebracht, um die Munitionsbunker zur Explosion zu bringen: Die Betonwälle werden zerfetzt.

Mai – August
US-Truppen, die ins Innere Luzons ausschwärmen, stoßen überall auf erbitterten Widerstand. Ende Juni erreichen Einheiten den nördlichsten Punkt Luzons, allerdings halten die Japaner noch ein großes Gebiet im nordöstlichen Bergland. Anfang April gehen US-Verbände gegen den Süden der Halbinsel Bicol vor und stehen Ende April an ihrer Spitze. Ab April bis Ende Juli säubert die 8. US-Armee die Insel Mindanao, auf der man bereits Ende Februar gelandet war.

14. August
Japan kündigt seine bedingungslose Kapitulation an. Auf den Philippinen legen mehr als 50.000 japanische Soldaten die Waffen nieder.

Internationale Ereignisse 1944

8. Dezember
In Vorbereitung eines Amphibienangriffs bombardieren die Amerikaner Iwo Jima im Pazifik. Die Zermürbungsangriffe dauern 72 Tage.

16. Dezember
Hitler gibt den Angriffsbefehl zu seiner letzten großen Offensive im Westen. Mehr als 200.000 deutsche Soldaten rücken durch die Wälder der belgischen Ardennen vor. Ihr Ziel ist es, die alliierten Einheiten zu spalten und Antwerpen einzunehmen. Am 28. Januar bricht die Offensive endgültig zusammen, die Deutschen haben 100.00 Soldaten verloren.

1945

24. Januar
Hitlers geschätzter General Guderian sagt seinem Führer: „Der Krieg ist verloren." Im März verliert Guderian den letzten Rest der Gunst Hitlers, der ihn auf immer währenden Krankenurlaub schickt.

28. Januar
Die Bewohner Berlins erhalten Befehl, rund um die Stadt Panzersperren zu errichten.

22. März
Die durch Westeuropa vorrückenden Alliierten setzen über den Rhein.

28. März
Einheiten der 2. Ukranischen Front der über den Balkan vorstoßenden Roten Armee erreichen die österreichische Grenze.

5. April
In Moskau wird der japanische Botschafter zu Molotow bestellt: Die Sowjetunion wird den 1941 geschlossenen Nichtangriffspakt mit Japan nicht erneuern.

21. April
Die Westalliierten sind über den wachsenden Einfluss der Sowjets in Polen beunruhigt. Die polnische Regierung hat einen Beistandspakt unterzeichnet, der der Sowjetunion massivsten Einfluss auf polnische Angelegenheiten gibt.

30. April
Nachdem die Sowjets Berlin praktisch zur Gänze besetzt haben, begeht Adolf Hitler Selbstmord.

7. Mai
Deutschland kapituliert. General Alfred Jodl unterzeichnet den Vertrag. Am 10. Mai sind die Kämpfe in Europa vorüber.

Eine ungewöhnliche Situation – japanische Kriegsgefangene, die die 37. US-Division auf den Vormarsch nach Luzon gemacht hatte. Nahezu alle japanischen Soldaten kämpften im Pazifikkrieg bis zum Tod. Im Normalfall ergaben sich lediglich fünf Prozent.

Eine Gruppe chinesischer Einwanderer begrüßt die amerikanischen Befreier in der Stadt Mercedes auf der philippinischen Insel Mindanao.

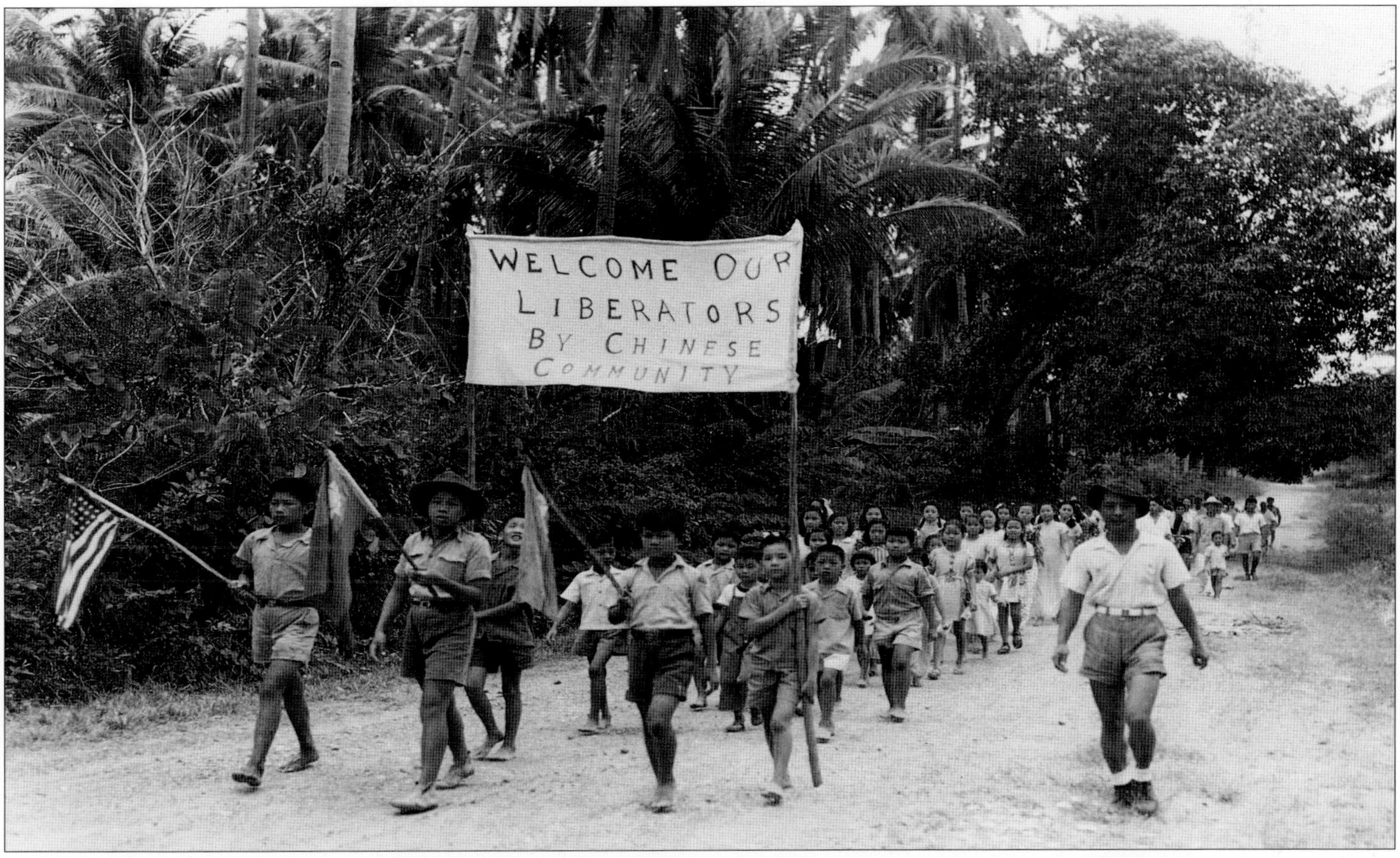

Japan im Würgegriff
U-Boot-Krieg im Pazifik

Die kaiserlich-japanische Marine eroberte ein riesiges maritimes Imperium, bald aber bedrohten amerikanische U-Boote die für Japan lebenswichtigen Seewege.

So penibel Japan vor dem Krieg bei der Planung der Eroberung eines beträchtlichen ozeanischen Reiches gewesen war, so wenig hatte es die Notwendigkeit bedacht, dieses durch eine große Handelsmarine zusammenhalten zu müssen. Japans gesamte Strategie war auf eine kurze Periode intensiver Feindseligkeiten ausgerichtet, der Schutz des Handels schien der Marine als Defensivkonzept keiner Überlegung wert. Obwohl Japan wusste, dass die USA eine schlagkräftige U-Boot-Flotte besaßen, begann es den Krieg, ohne Pläne für Konvois, Geleitschiffe zur U-Boot-Abwehr und ausgebildete Mannschaften zu haben.

Wie die Japaner definierten auch die Amerikaner die U-Boot-Waffe vor allem als Aufklärer für Überwassereinheiten und als Mittel zur Bekämpfung feindlicher Kriegsschiffe. Anders als Japan reagierten sie aber umgehend auf die veränderten Verhältnisse und wandten ihre Aufmerksamkeit der Handelsmarine zu. Die für den Krieg auf hoher See gebauten Boote waren groß und für schnelle Fahrten an der Oberfläche gedacht. Anfangs konnten sie nur langsam abtauchen und lediglich kurz unter Wasser operieren. Ihre Trägheit war nur akzeptabel, solange die feindliche Abwehr eher bescheiden war. Andererseits war die See im Fernen Osten flach und der Feind verfügte über reichliche Vorräte an Unterwasserbomben.

Da die Philippinen und Ostindien nach und nach aufgegeben werden mussten, wurden die amerikanischen U-Boote in den australischen Häfen Fremantle and Brisbane unter Kapitän John Wilkes und in Pearl Harbor unter dem Kommando von Vizeadmiral Charles Lockwood stationiert. Obwohl sie in weiten Zügen ähnliche Ziele wie die Deutschen hatten, setzten die beiden Kommandeure nicht wie Admiral Karl Dönitz auf straffe Führung, sondern auf die Eigeninitiative ihrer Kapitäne.

Während der Periode der großen japanischen Erfolge konnten die wenigen verfügbaren U-Boote kaum mehr tun, als die Dinge etwas zu verlangsamen. Am 16. Dezember 1941 versenkte die USS *Swordfish* den japanischen Frachter *Atsutusan Maru* (8.660 BRT), der damit das zweifelhafte Privileg hatte, das erste von mehreren tausend U-Boot-Opfern zu sein. Der Zerstörer *Natsushio*, der am 8. Februar 1942 in der Makassarstraße Opfer des veralteten „Pig-Boat" *S-37* wurde, war das erste Kriegsschiff, das versenkt werden konnte. Drei Tage später ging die USS *Shark* in der Celebessee vor Sulawesi als erstes U-Boot auf Feindfahrt verloren.

Während der langen Zeit des Aufbaus der U-Boot-Flotte war die Lage angespannt, besonders wegen defekter Torpedos. Ein hoher Prozentsatz erreichte das Ziel nicht, viele andere waren Blindgänger, daher lebten die U-Boot-Besatzungen in großer Gefahr, denn der Feind schlief nicht.

Der Wendepunkt war erreicht, als der verzweifelte Skipper der

Die USS **Nautilus**, *hier in Vorkriegsfarben, war einer der größten Kreuzer der amerikanischen U-Boot-Flotte. Da sie für den Kampfeinsatz zu langsam war, diente sie als Transporter von Truppen und Nachschub zu geheimen Inselstützpunkten.*

U-Boote der Gato-Klasse, die eine große Reichweite hatten, waren mit 24 Torpedos und schweren Waffen für den Überwassereinsatz ausgerüstet. Bis Kriegsende wurden 200 „Gatos" und Boote der verbesserten Balao-Klasse gebaut.

Die Reichweite der zwischen 1918 und 1922 gebauten Boote der S-Klasse war für den Einsatz im Pazifik zu klein, nahezu alle wurden 1943 zurückgezogen. **S28**, *hier im Jahr 1943, ging im Oktober 1944 verloren.*

Diese Aufnahme entstand 1943 durch das Periskop der USS* Puffer*, nachdem sie den von den Japanern erbeuteten und in Dienst gestellten Frachter* D'Artagnan *torpediert hatte.

Tod eines Zerstörers: Ein älterer japanischer Zerstörer geht nach einem Torpedotreffer auf Grund. Die ununterbrochene Bedrohung der Handelsschifffahrt war kriegsentscheidend.

USS *Tinosa* einen großen, vor Anker liegenden Tanker mit elf Torpedos traf, von denen lediglich zwei explodierten, und das Schiff überlebte. Untersuchungen bewiesen – spät aber doch –, dass der Zündmechanismus fehlerhaft war. Verbesserte Waffen, darunter unsichtbar laufende und elektrisch gezündete Torpedos, waren erst Ende 1943 verfügbar. Die schlechte Qualität ihrer Torpedos brachte viele Kapitäne auf die waghalsige Idee, mit ihren 127-mm-Deckgeschützen über Wasser anzugreifen. Ab August 1942 ermöglichte das neu eingeführte SJ Oberflächen-Radarsystem erfolgreiche Angriffe im Schutz der Nacht.

Zermürbungskrieg

Trotz all dieser Probleme hatten die U-Boote Ende 1942 bereits 138 japanische Frachter mit insgesamt 600.000 BRT versenkt. Drei Boote waren verloren gegangen, 33 neue in Dienst gestellt worden. 1943 stiegen die Zahlen: 15 Verluste, 56 neue Boote. Da Japan mittlerweile keine Schiffe mehr erbeutete und das Schiffsbauprogramm inadäquat war, betrug der Nettoverlust seiner jährlichen Transportkapazität bereits 16%.

Die Amerikaner senkten die Verweilzeit in den Häfen durch den Einsatz von Versorgungsbooten und mobiler vorgeschobener Basen. Den ersten Ansätzen japanischer Konvois begegnete man mit der Bildung von Rudeln, die meist aus drei Booten bestanden und treffliche Beinamen wie „Wilkins Wildcats“ oder „Roach's Raiders“ erhielten. Einzelne Kapitäne wurden zu Assen, etwa „Mush“ Morton, der 20 Schiffe mit über 60.000 BRT versenkte, bevor ihm seine USS *Wahoo* in der La-Perouse-Straße zum stählernen Grab wurde. Mit insgesamt 100.000 BRT hielt die USS *Flasher* den Rekord an versenktem Schiffsraum – im Vergleich mit den Erfolgen vieler deutscher U-Boote, etwa *U-35,* das im Ersten Weltkrieg 224 Schiffe mit 536.000 BRT versenkte, oder *U-48,* das es im Zweiten auf 53 Schiffe mit 318.000 BRT brachte, allerdings ein recht bescheidener Wert.

1944 blieben viele japanische Inselgarnisonen ohne Nachschub und in Japan selbst war der Rohstoffimport um 50% gesunken. Besonders schwer wog der Rohölmangel, der sich sogar schon auf die Einsatzfähigkeit der Schlachtflotte auszuwirken begann. 1945 fanden die Amerikaner immer weniger Ziele und die U-Boote stritten sich mit den Trägerflotten um die Beute. In einem Fall kollidierten zwei Boote unter Wasser, die dasselbe Ziel ins Visier genommen hatten.

Fehlerhafte Torpedos waren nie ganz auszumerzen. Einer führte in der Straße von Formosa zum Verlust von Dick O'Kanes USS *Tang,* eben als dieser meinte, sein 24. Schiff versenken zu können. 1944/45 wurden 112 neue Boote in Dienst gestellt, viele von ihnen dienten an den Routen der nunmehr ununterbrochen fliegenden Bomber als Rettungseinheiten. Sie bargen über 600 Piloten, die danach wieder zum Einsatz kamen.

In den letzten Kriegsmonaten drangen die U-Boote trotz riesiger Minenfelder gar in die Inlandsee Japans vor. Bis zur Kapitulation verlor Japan mehr als acht Millionen BRT, davon fünf Millionen durch U-Boote, von denen 42 sanken. Die U-Boote hatten auch mehr als 200 Kriegsschiffe versenkt: Dieser Verlust schmälerte jedoch nur die japanischen Aussichten auf den Sieg, die Zerstörung der Handelsflotte aber war ein wesentlicher Beitrag zur Niederlage Japans.

Ein Geleitschiff des Kaibokhan Type A: Die Japaner hatten es vor dem Krieg verabsäumt, Geleitschiffe zu bauen. Der offensiv eingestellten japanischen Marine gefiel ihr defensives Image nicht. Schiffe des Typs hatten eine enorme Reichweite und 18 Wasserbomben an Bord.

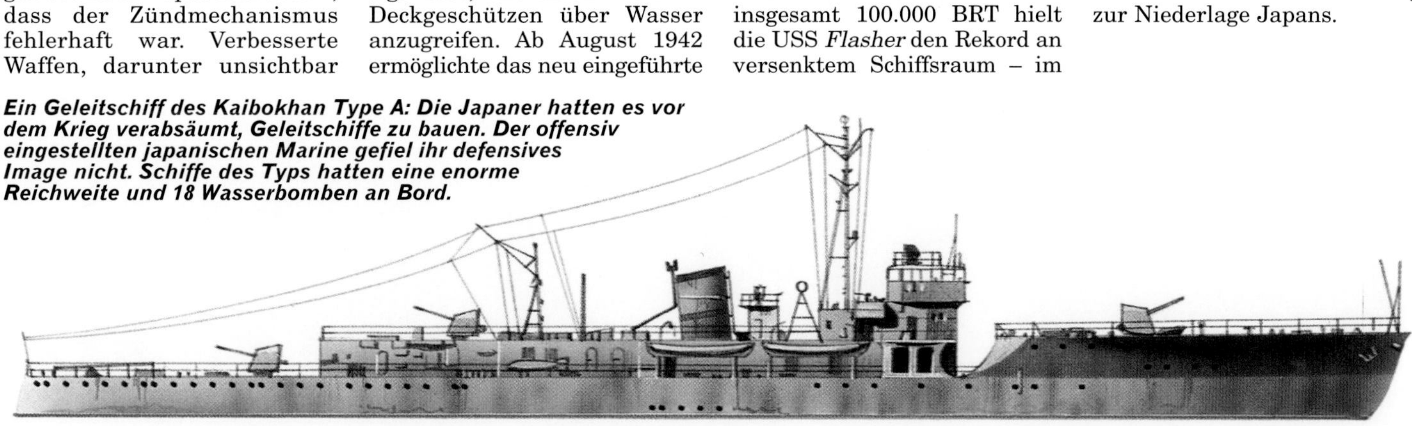

Japan im Würgegriff
Chronologie

Während des Pazifikkriegs versenkten amerikanische U-Boote 201 japanische Kriegsschiffe und 1.113 Schiffe der Handelsflotte. Auch wenn der Beitrag der U-Boot-Waffe manchmal überbewertet wird: Auf das Konto amerikanischer U-Boot-Fahrer gehen 55% aller Schiffe, die Japan im Krieg verlor, und sie trugen nahezu die gesamte Last der Blockade der japanischen Inseln.

1933–1941
Die US Navy erhält 56 neue U-Boote mit diesel-elektrischem Antrieb. Sie sind im Pazifikkrieg das Rückgrat der ersten Operationen gegen die Japaner.

1941

8. Dezember
Die US Navy verliert ihr erstes U-Boot. Die USS *Sealion* sinkt nach einem Luftangriff der Japaner auf den philippinischen Marinehafen Cavite.

11. Dezember
Das U-Boot *S 38* versenkt nach einer fehlerhaften Identifikation vor Mindoro westlich des Kaps Calavite das norwegische Handelsschiff *Hydra II.*

1942

7. Januar
Die USS *Pollack* versenkt einen japanischen Frachter in der Bucht von Tokio. Er ist das erste japanische Opfer eines amerikanischen U-Boots.

Die Wache sucht den Himmel nach Feindflugzeugen ab. Die durchschnittliche Reichweite eines amerikanischen U-Boots betrug bei Überwasserfahrt 21.000 km, unter Wasser aber kaum mehr als 200 km.

Der kommandierende Offizier eines amerikanischen U-Boots am Periskop. In den ersten Jahren waren versagende Torpedos das größte Problem der amerikanischen U-Boote, ein hoher Prozentsatz wurde wegen fehlerhafter Aufschlagzünder zu Blindgängern.

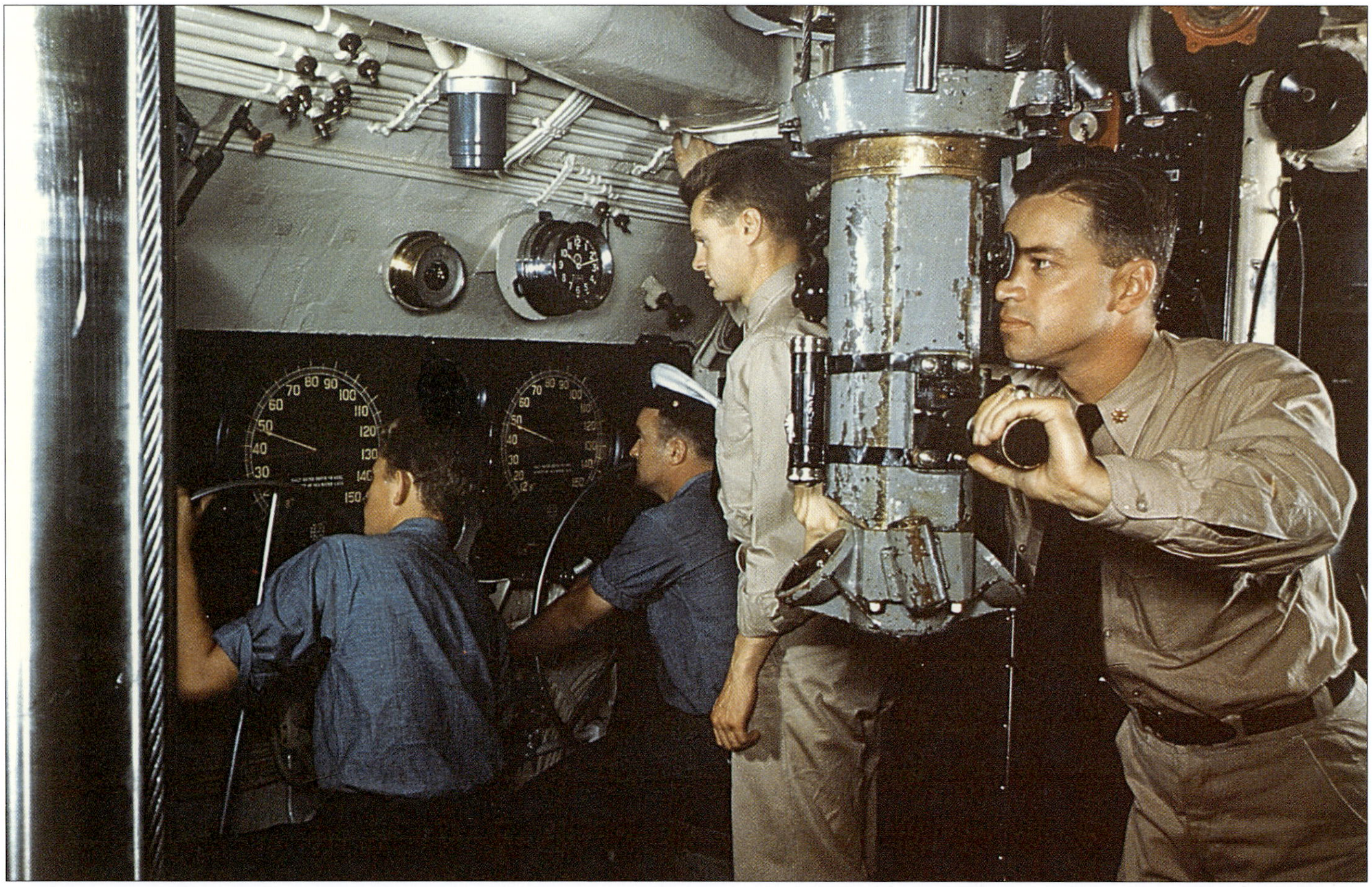

Der Torpedoraum eines US-U-Boots. Die größte,* Narwhal *genannte U-Boot-Klasse hatte 40 533-mm-Torpedos an Bord, die aus zehn Rohren abgefeuert werden konnten.

27. Januar
Die USS *Cudgeon* wird zum ersten amerikanischen U-Boot, das ein feindliches U-Boot im Zweikampf versenkt.

4. Juni
Bei der Schlacht um Midway torpediert die *Nautilus* (*SS-168*) den japanischen Träger *Kaga*, aber alle Torpedos sind Blindgänger.

10. August
USS-44 versenkt nächst Kavieng den schweren japanischen Kreuzer *Kako*, der von der Schlacht um die Insel Savo zurückgezogen worden war.

7. Dezember
Die *Drum* legt in der Bungostraße Minen um die japanischen Inseln.

1943

Die Taktik der amerikanischen U-Boote ändert sich entscheidend. Bisher operierten sie nach Bedarf und jagten entweder japanische Schiffe oder erfüllten Geleitschutzaufgaben. Ab den Anfängen des Jahres 1943 patrouillieren sie vermehrt an stark frequentierten japanischen Schiffahrtsrouten. Zusätzlich werden die bisher häufig zu Torpedoversagern führenden Magnetzünder auf Befehl von Admiral Nimitz 1943 deaktiviert: Die Erfolgsrate der Angriffe auf japanische Schiffe steigt sofort.

10. Juni
Die *Trigger* (SS-237) beschädigt den japanischen Träger *Hiyo*.

Juli
Amerikanische U-Boote operieren nun auch in der Japanischen See.

August
U-Boote mit Schnorchel, die Dieselfahrten, Luftversorgung und Ladung der Batterien auch auf Tauchfahrt ermöglichen, operieren nun auch im Pazifik.

19. – 20. November
USS *Harder* greift einen japanischen Konvoi an und versenkt in der Nähe der Marianen die Frachter *Hokko Maru, Nikko Maru* und *Udo Maru*.

4. Dezember
Die *Sailfish* versenkt südöstlich von Honschu den japanischen Geleitträger *Chuyo,* obwohl dieser Überlebende ihres am 19. November versenkten Schwesterschiffs *Sculpin* an Bord hat.

25. Dezember
Die *Skate* torpediert nordöstlich von Truk (Karolinen) das japanische Schlachtschiff *Yamato*.

1944

19. Februar
482 km westlich von Luzon greift USS *Jack* einen aus sechs Tankern bestehenden Konvoi an und versenkt vier Tanker.

19. Juni
Während der Schlacht um die Philippinensee versenkt das U-Boot *Albacore* den japanischen Träger *Taiho*. Das U-Boot *Cavalla* wird vom japanischen Träger *Shokaku* versenkt.

1945

6. August
USS *Bullhead* wird in der Nähe Balis von einem Flugzeug der japanischen Luftwaffe bombardiert und versenkt. Sie ist das letzte amerikanische U-Boot, das in diesem Krieg verloren geht. 84 Mann werden getötet.

14. August
USS Torsk versenkt ein Schiff der japanischen Küstenverteidigung, es wird zum letzten japanischen Opfer eines amerikanischen U-Boots.

Internationale Ereignisse 1942

3. – 9. Mai
Bei der Schlacht im Korallenmeer schlagen britische und US-Marineeinheiten eine japanische Invasionsgruppe, die Port Moresby in Neuguinea zum Ziel hat, zurück.

4. Juni
Japan verliert bei der Schlacht um Midway die Hälfte aller seiner Flugzeugträger.

1943

7. Februar
Der amerikanische Angriff auf Guadalcanal endet mit einem Sieg, nach welchem 11.000 japanische Soldaten von der Insel evakuiert werden.

17. August
US-Truppen nehmen die Stadt Messina in Sizilien ein. Die Befreiung Siziliens ist seit Kriegsbeginn der erste große Sieg der Alliierten in Europa.

1944

6. Juni
Mit einer amphibischen Landung in der Normandie eröffnen die Alliierten die zweite Front in Europa. 326.000 Mann, 50.000 Fahrzeuge und mehr als 100.000 t Material werden an Land gebracht.

20. – 25. Oktober
Die japanische Marine verliert während der Schlacht am Golf von Leyte 60 Schiffe und hat fortan dem Fortschritten der Alliierten im Pazifik kaum noch etwas entgegenzusetzen.

1945

7. Mai
Deutschland unterzeichnet die bedingungslose Kapitulation.

15. August
Japan kapituliert bedingungslos, Kaiser Hirohito muss nicht abdanken.

Die Strände von Iwo Jima

19. Februar 1945: Am blutigsten Tag der Geschichte des United States Marine Corps greifen zwei Marinedivisionen die befestigte Insel Iwo Jima an.

Ende 1944 stand es für das amerikanische Oberkommando im Pazifik fest, dass in naher Zukunft ein großräumiger Angriff auf die japanische Insel Iwo Jima notwendig werden würde.

Drei Faktoren machten die Entscheidung unausweichlich. Zum Ersten hatten sich die von schweren Boeing B-29 Bombern ab den Marianen gegen das japanische Kernland geführten Bombenangriffe als zu verlustreich erwiesen, da sogar die P-51 Mustang nicht dazu in der Lage war, sie auf ihrem 4.500 km Rundkurs zu schützen. Iwo Jima lag hingegen nur 1.060 km vor Tokio und besaß zwei Flugfelder, von denen eines sofort für die B-29 geeignet war. Zum Zweiten war Iwo Jima, auch wenn man keine weiteren Fortschritte in Richtung Japan machen würde, für die Verteidigung der erst kürzlich eroberten Marianen von großer Bedeutung. Und zum Dritten war die Insel ein Teil Japans und gehörte sogar zum Verwaltungsbezirk Tokio. Ihr Fall wäre daher ein schwerer Schlag für das japanische Volk.

20. Februar, 09.00 Uhr (D-Day + 1): Die Landung am 19. Februar teilte die Insel, der Vulkan Suribachi (im Hintergrund) wurde von den japanischen Positionen im Norden Iwo Jimas isoliert.

FESTUNG IWO JIMA

Die kleine Insel Iwo Jima war vor allem wegen ihrer beiden Flugfelder von Bedeutung. In den Händen der USA würden sie es den Jägern ermöglichen, die Angriffe der B-29 Bomber auf Japan zu decken. Die Japaner waren sich dieser Fakten schmerzlich bewusst: Ihre hervorragend gerüstete Garnison war verteidigungsbereit.

Japanische Verteidigung

Aber auch das Oberkommando der Japaner besaß zum Nachteil der Amerikaner einen ausgeprägten Sinn für strategische Realitäten und rechnete daher schon seit geraumer Zeit damit, Iwo Jima gegen die Amerikaner verteidigen zu müssen. Bereits Anfang Juni 1944 hatte man den angesehen Generalleutnant T. Kuribayashi mit der Organisation der Inselverteidigung beauftragt und ihm zu verstehen gegeben, dass er im Fall seines Scheiterns nicht erwarten sollte, Familie und Heimat wiederzusehen. Dies galt auch für 20.000 kampferprobte Soldaten, die ihm während der folgenden Monate als Verstärkung folgten. Die Truppen verfügten über schwere und mittlere Artillerie, Flak, schwere und leichte Maschinengewehre, Granatwerfer und Panzer sowie Munition im Übermaß und auch ihre Kampfmoral hatte keineswegs unter dem harten Befehl gelitten.

Sie gingen voll Elan an die Arbeit, gruben ihre Geschütze in den Boden und legten auf der ganzen Insel tief gestaffelte Verteidigungsstellungen an. Bei dieser Aufgabe begünstigte sie der vulkanische Ursprung Iwo Jimas, da Bimsstein leicht auszuschachten und dennoch tragfähig ist. Im folgenden März durchzogen 4,8 km Tunnel die Nordhälfte der Insel.

Dies war für die Verteidiger gut, da sowohl die US Navy als auch die USAAF die Insel in Vorbereitung des Angriffs über viele Wochen massiv bombardierten. Die US Navy eröffnete den Angriff im November 1944 mit dem Feuer der Geschütze von sechs Zerstörern und vier schweren Kreuzern, das den ganzen Morgen anhielt. Ein Vorgehen, das in regelmäßigen Abständen bis Februar wiederholt wurde. Am 8. Dezember begannen Angriffe von Consolidated B-24 und North American B-25, die 72 Tage dauerten. Am Morgen des 19. Februar kam es zum Eklat: 120 Trägerflugzeuge warfen erstmals in der Kriegsgeschichte Napalm ab, um die Landstreifen vor den für die Invasion vorgesehenen Stränden zu „säubern". Im Anschluss daran schob sich der Beschuss aus den schweren Geschützen von sieben Schlachtschiffen, vier schweren und drei leichten Kreuzern, einer unbarmherzigen Feuerwand gleich, voran.

In der Morgendämmerung des 19. Februar lagen 450 Schiffe der 5. US-Flotte vor der Küste, 483 Landungsfahrzeuge unterschiedlichster Art, die Männer und Material des 8. US-Marinebataillons an Bord hatten, schwärmten aus. In den ersten 20 Minuten trafen die Marines nur auf sporadischen und unorganisierten Widerstand. Als sie aber über einen niedrigen Sandhügel vorrückten, gerieten sie unter massiven Beschuss von Maschinengewehrnestern und Mörsern. Ein todbringender Metallregen überzog den Strand,

21 Februar: Unheil verheißend ragt der Kegel des Suribachi über dem Brückenkopf, den die Amerikaner am Strand eingenommen hatten, auf. Zwei Tage später war sein Gipfel erstürmt, aber viele Japaner hatten sich weiterhin in einem Labyrinth aus Kavernen und Tunneln verschanzt.

Unten: Für die 4. Marinedivision war der Angriff die vierte amphibische Landung in 13 Monaten. Der kurze Strand stieg zu einem sanften Hügel an, dessen landseitiger Abhang von gut geschützten Maschinengewehrnestern mit dichtem Feuer bestrichen wurde.

die opferreichste Schlacht der Geschichte des US-Marinekorps hatte begonnen.

Unter Beschuss

Für Sekunden erstarrten die Marines unter dem Schock des plötzlich einsetzenden Feuers, dann aber brachten sie ihre trainierten Reflexe und der Ernst der Lage zum Handeln. Wenn sie blieben, wo sie waren, würden sie sterben. Sie konnten aber auch nicht zurück, obwohl Kugeln und Granaten den Sand umpflügten, denn durch Gischt und Brandung näherten sich immer noch LCVs, die Welle um Welle weiterer Soldaten absetzten, welche an Land strömten und den Strand blockierten.

Es war der schiere Druck des menschlichen Mahlstroms hinter ihnen, der die Platoons an der Spitze zu den und über die ersten Defensivstellungen der Japaner drängte. Einige davon zerstörten sie sofort, andere überließen sie ihren nachrückenden Kameraden, und in weniger als einer Stunde hatte der Brückenkopf eine Tiefe von 800 m erreicht. Sieben Bataillone der US Marines waren mit ihrer gesamten Ausrüstung angelandet und die ersten Stoßtrupps erreichten bereits den Rand des wichtigsten Flugfelds, das in Sichtweite des Weststrands lag.

Am Ende des Tags waren 30.000 Marines samt Waffen und Vorräten an Land – und sie hatten vor zu bleiben. Die Verluste waren so hoch wie erwartet, aber sie hatten bereits die Anhöhen der Insel erreicht und den erloschenen Vulkan Suribachi und die Bunker in dessen Flanke von der Hauptmacht der Verteidiger isoliert. Auch das Südende des wichtigsten Flugfelds befand sich in amerikanischer Hand.

Abnutzungsschlacht

Die folgenden vier Tage widmeten die US-Truppen der Eroberung des Vulkans Suribachi. Von dort stammt das berühmteste Foto der amerikanischen Militärgeschichte, allerdings ist die Aufnahme der Marines, die am 23. Februar am Gipfel das Sternenbanner hissen, nachgestellt. Ab diesem Tag focht man einen harten Zermürbungskampf, bei dem die Marines immer wieder die Verteidigungsstellungen im Norden angriffen.

Zehn Tage nach der Landung waren die Marines bereits auf die Hälfte ihrer Stärke dezimiert worden. Die 3. Marinedivision, die zur Verstärkung gelandet war, wurde von einem dichten Abwehrnetz blockiert. In einem Gebiet von 915 m Breite und 200 m Tiefe befanden sich 800 Bunker voll von Verteidigern – von denen jeder, wie man später erfuhr, geschworen hatte, bis zum Tod zu kämpfen und zuvor mindestens zehn Marines zu töten.

Erst 18 Tage nach der Invasion erreichten die ersten Marines die Nordostküste. Danach wurde es möglich, das immer noch von den Japanern gehaltene Gebiet in isolierte Bereiche zu teilen und diese nach und nach einzunehmen, bis die Verteidigung endgültig zusammenbrach. In der Nacht zum 26. März führten die letzten Verteidiger einen „Banzai"-Angriff: Am folgenden Morgen lagen die Leichen von 300 ergebenen Dienern des Kaisers, die dazu angetreten waren, wie Abfall um den Eingang zu ihrer letzten Position.

Zu dieser Zeit landeten auch die ersten B-29 Bomber auf dem Hauptflugfeld der Insel und Ende März folgten P-51 Geschwader, die ab sofort die schweren Bomber auf ihrem Weg über Japan schützen sollten. Es war ein weiterer wichtiger Schritt auf dem Weg zum Sieg über Japan, aber er hatte die Marines 6.821 Gefallene und dreimal so viele Verwundete gekostet. Vor der ersten Landung hatten sich 23.000 Japaner auf der Insel befunden, nur 216 davon ließen sich, meist schwer verwundet, gefangen nehmen.

Iwo Jima ist keine 25 km^2 groß, aber es hatte 72 Tage schwerster Luftangriffe, drei Tage konzentrierten Feuers aus den Geschützen der Flotte und 36 Tage erbitterter Kämpfe der Infanterie bedurft, um sie zu erobern. Wie lange würde es dauern und welcher Preis würde zu zahlen sein, wenn man versuchen wollte, das japanische Kernland mit denselben Methoden zu erobern?

Blick vom Vulkan Suribachi auf die Landungsstrände: Männer und Nachschub werden nach der Eroberung der Insel am Strand der ersten Landung abgesetzt.

Die Strände von Iwo Jima

Chronologie

Die Schlacht von Iwo Jima verdeutlicht besser als jede andere die Heftigkeit des Pazifikkriegs. Mehr als 20.000 Japaner und fast 6.000 US-Soldaten starben auf der öden, nur 13 km breiten Vulkaninsel.

1944

15. Juni
Amerikanische Trägerflugzeuge beginnen mit der Bombardierung von Iwo Jima.

1945

19. Februar
Soldaten der 4. und der 5. US-Marinedivision (die 3. stand als Reserve bereit) landen nach massivem Bombardement durch Schiffsgeschütze sowie der vorangegangenen 72-tägigen Bombardierung aus der Luft auf Iwo Jima. Die erste Welle schien kaum auf Widerstand zu stoßen, aber nach 20 Minuten richtete sich furioser Beschuss auf den amerikanischen Brückenkopf: Die Verteidiger hatten sich gefasst.

20. Februar
Das erste von drei Flugfeldern der Insel fällt an die beständig vorrückenden Marines, doch jeder Meter Bodengewinn ist mit hohen Verlusten zu bezahlen. Weit im Süden versuchen Soldaten der 5. Marinedivision in einer furchtbaren Schlacht den Vulkan Suribachi zu sichern.

21. Februar
Japanische Kamikazeangriffe auf amerikanische Schiffe vor Iwo Jima führen zum Untergang des Trägers *Bismarck Sea* und zur Beschädigung des Träges *Saratoga*.

23. Februar
Der Vulkan Suribachi ist erobert. Der Fotograf Jim Rosenthal verewigt den Augenblick mit der berühmten Aufnahme von amerikanischen Soldaten, die am Gipfel das Sternenbanner hissen. Die Schlacht zur Eroberung der gesamten Insel wird jedoch noch bis zum 24. März dauern.

23. Februar
Die 3. Marinedivision landet auf Iwo Jima. Die Amerikaner nehmen das zweite Flugfeld ein. Bisher haben die Marines etwa die Hälfte der Insel erobert, dabei sind sie in fünf Tagen gegen erbitterten Widerstand lediglich 6,4 km vorgerückt.

25. Februar
Soldaten der 3. Marinedivision beginnen mit der Erstürmung des Nordplateaus im Herzen der Insel. Sie benötigen dafür drei Tage.

***Oben:* US-Soldaten empfangen auf Iwo Jima die heilige Kommunion. Die vor der Schlacht lediglich dünn besiedelte Insel war während der 36-tägigen Schlacht eine der am dichtesten bevölkerten Regionen der Erde.**

Eine Luftaufklärer-Aufnahme von Iwo Jima. Die Insel ist praktisch kahl, die Übersetzung des Namens – „Schwefelinsel" – ist ein guter Hinweis auf ihre ungastliche Natur.

2. März
Das letzte Flugfeld wird von den Alliierten erobert. Noch befindet sich aber ein Drittel der Insel in der Hand der Japaner. Diese verteidigen jede Stellung bis zum Tod. Nur wenige Männer der aus 22.000 Mann bestehenden Garnison überleben die Schlacht. In der Nacht zum 3. März führen die Marines Nachtangriffe durch, um die Verteidiger von Hügel 362A, einer der Schlüsselstellungen, zu überraschen und ausschalten zu können.

8. März
Einige japanische Einheiten führen einen Gegenangriff auf das 23. und das 24. Marinebataillon. Er wird zurückgeschlagen, 600 Japaner fallen.

26. März
Nach 36 Tagen ist Iwo Jima frei von japanischem Widerstand. Der Operationsplan sah vor, dass sie in lediglich 14 Tagen gesichert sein sollte.

Internationale Ereignisse 1945

20. Februar
Die amerikanische Atomanlage in Oak Ridge, Tennessee, hat genug waffenfähiges Uran (U-235) für den Bau einer Atombombe produziert.

22. – 23. Februar
Amerikanische Truppen queren Saar und Rur und stoßen damit tief in das Herz Deutschlands vor. An der Ostfront erobern Sowjettruppen unter Marschall Schukow die polnische Stadt Posen.

25. Februar
Tokio wird durch einen mit 172 B-29 Superfortress Langstreckenbombern geführten Angriff durch Brandbomben verwüstet.

5. März
In einem letzten Verzweiflungsakt befiehlt Hitler, alle männlichen Jugendlichen ab einem Alter von 16 Jahren zum Militär einzuziehen.

10. März
Bei einem weiteren Brandbombenangriff unglaublichen Umfangs, den 279 US B-29 Superfortress auf Tokio führen, verlieren 80.000 japanische Zivilisten das Leben.

24. März
Die Rote Armee bereitet sich an der Oder auf ihre letzte Offensive gegen die „Reichshauptstadt“ Berlin vor. Im Westen setzen die Briten unter Montgomery und die Amerikaner unter Patton über den Rhein.

Ein Soldat des 7. Kriegshundezugs des 25. Regiments der 4. Marinedivision schläft im Schützengraben, während sein Hund Butch Wache hält. Hunde wurden im Allgemeinen zur Bewachung und zum Aufspüren versprengter Feinde und Feindeinheiten im Dschungel eingesetzt. Sie mussten ausgesprochen nervenstark sein, um den Dauerbeschuss auf der Insel zu ertragen.

Die Straße nach Mandalay

Triumph in Burma

Der Monsun machte die Verfolgung der Japaner durch Burma zum Albtraum, aber die 14. britische Armee war fest entschlossen, ihre Arbeit zu Ende zu bringen.

Ende August 1944 suchten die erschöpften und vom Hungertod bedrohten Überlebenden der 15. japanischen Armee auf ihrem leidvollen Rückzug von Imphal und Kohima das relativ sichere Land östlich des Chindwin zu erreichen. In einiger Entfernung folgten ihnen die Männer von Lieutenant General Sir William Slims 14. Armee, deren Tempo im Wesentlichen durch den bereits seit drei Monaten fallenden Monsun bestimmt war. Heftiger Dauerregen hatte auf weiten Strecken Straßen und Schienen unterspült und zerstört. Lediglich allradgetriebene Jeeps kamen voran, als weitere Transportmittel für Waffen und Vorräte taugten nur noch Tragtiere und die Männer selbst, die seit Juni keine trockene Kleidung mehr am Leib gehabt hatten.

Ein von Admiral Lord Louis Mountbatten, dem Oberkommandierenden der Alliierten in Südostasien, im September herausgegebener Befehl begann mit den Worten: „Eure Aufgabe ist es, Burma so früh wie möglich zurückzuerobern."

Als dieser Befehl Slim erreichte, sah dieser nur einen Weg, ihm einfach und so gut wie möglich nachzukommen: Er musste die japanische Burmaarmee vernichten, die damals unter dem Befehl Generalleutnant Huyotaro Kimuras stand, einem der herausragendsten Militärs Nippons.

Das Gebiet, das nach Meinung Slims am besten für den Kampf geeignet war, lag zwischen dem Chindwin und dem Irrawaddy, in der großen Irrawaddy-Schleife zwischen Myinmu, Sagaing und Mandalay. In Umsetzung seines Plans befahl er der 19. indischen Division, bei Sittaung den Chindwin zu queren und über Pinlebu nach Indaw vorzustoßen. Dann sollten sie nach Süden schwenken und entlang des Westufers des Irrawaddy nach Shwebo marschieren. Weiter im Süden sollten die 2. britische sowie die 2. und die 20. indische Division bei Kalewa über den Chindwin setzen und danach nach Südosten auf Monywa und Myinmu zuhalten. Durch diese Zangenbewegung würden die Japaner nach einem langen und schwierigen Rückzug gegen das Ufer des hier 1,6 km breiten Irrawaddy gedrängt werden, über den sie nur schwer Nachschub und Verstärkung heranführen würden können.

Ein Funker der japanischen Armee: Um die 14. Armee zum Stillstand bringen zu können, mussten die Japaner deren Hauptstoßrichtung identifizieren.

Japaner setzen über den Chindwin: Sie wussten von der britischen Offensive, konnten jedoch wenig gegen die Probleme tun, die die Verteidigung eines Flussufers mit sich bringt.

Am 4. Dezember setzte sich die nördliche Angriffskolonne in Bewegung. Am 15. Dezember erreichte die Vorhut der 19. indischen Division Indaw und war bereit, nach Süden zu schwenken. Zu dieser Zeit erkannte Slim, dass sein Plan modifiziert werden musste. Kimura, der sich nicht im Knie von Mandalay stellen wollte, zog seine Truppen bereits zurück und schien die Verteidigung der Ölfelder von Yenangyaung und der lebenswichtigen Reisfelder im Delta des Irrawaddy vorbereiten zu wollen.

Slims neuer Plan, der als einer der verwegensten und bedeutendsten des Krieges gilt,

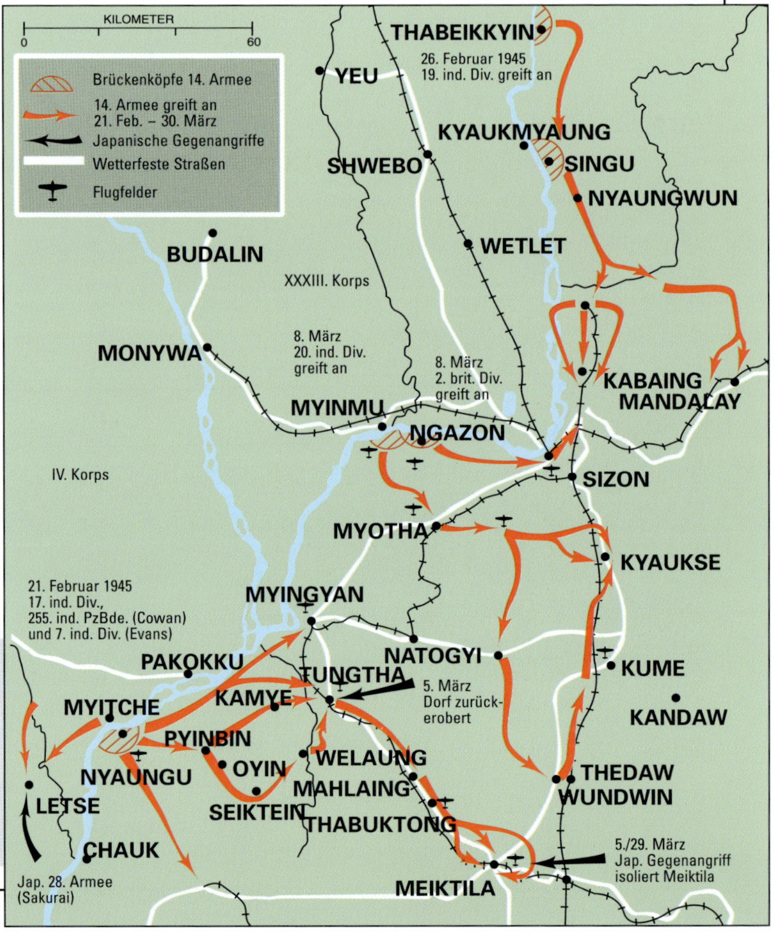

DIE BEFREIUNG BURMAS

Major General Rees zeigte Initiative und führte am 11. Januar die 19. indische Division bei Thabeikkyin über den Irrawaddy. Die Aufmerksamkeit der Japaner richtete sich auf den Norden Mandalayas. Der geplante Ablenkungsangriff bei Myinmu überzeugte sie endgültig, dass der britische Hauptangriff auf Mandalay zielen würde. Man hatte sie hinters Licht geführt.

Die Hawker Hurricane Mk IIC, die mit vier 20-mm-Bordkanonen bewaffnet und mit Langstreckentanks ausgerüstet war, erwies sich in Burma als sehr effektiv. Der Erfolg des Mandalay-Feldzugs hing auch von der Luftüberlegenheit ab, die taktische Manöver der Japaner erschwerte und es den britischen Speerspitzen ermöglichte, ohne großen Bedacht auf Flankenschutz vorzupreschen.

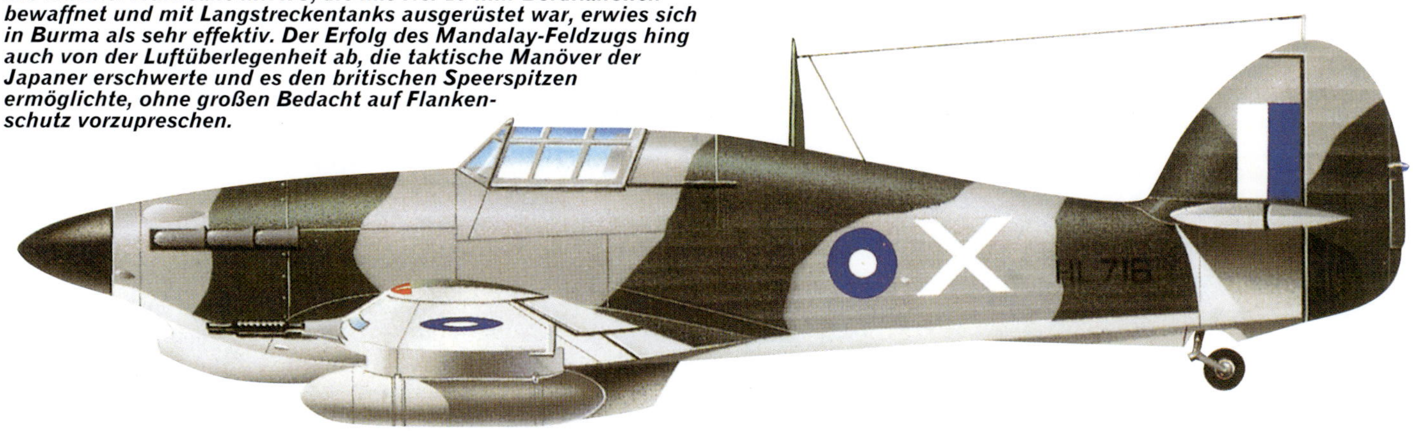

war spektakulär und effektiv. Mit Ausnahme der 19. indischen Division, die Befehl hatte, von Indaw aus entlang des Westufers des Irrawaddy vorzurücken, gruppierte er das gesamte IV. Korps um, verlegte es nach Kalemyo und befahl der 28. ostafrikanischen Brigade an der Spitze, über Gangaw, Tilin und Pauk bis zum Irrawaddy nächst Pakokku vorzustoßen. Auf die Afrikaner folgte die 7. indische Division. Die Komplexität des Unternehmens verdeutlicht die Tatsache, dass zwischen der Spitze der Division und ihrer Nachhut, nachdem sich die Truppen in Bewegung gesetzt hatten, 240 äußerst beschwerliche Kilometer lagen. Nicht nur die Männer und Fahrzeuge von drei Brigaden mussten die Strecke bewältigen, sondern auch Transporter mit Panzern und ausreichend Brückenelementen, um an der endgültig für die Querung des Irrawaddy gewählten Stelle eine 800 m lange Brücke zu schlagen.

Über den Irrawaddy

Der Brückenschlag war ein Meisterstück der Technik, das nicht nur zeitgerecht, sondern auch bis zum letzten Moment von den Japanern unbemerkt ausgeführt wurde.

Slims Hauptziel war das japanische Kommunikations- und Nachschubzentrum zwischen Meiktila und Thazi, ohne das Kimuras Armeegruppe nicht überleben konnte. Im Januar und in der ersten Februarhälfte 1945 unternahm man alles, um den Eindruck zu erwecken, dass Mandalay Primärziel wäre. Obwohl unbeschreibliche Schwierigkeiten überwunden werden mussten, stand die 14. Armee am 1. Februar geschlossen an einem 320 km langen Uferabschnitt und die Japaner wussten nicht, wo sie ihren Hauptangriff zu führen gedachte.

Jenseits des Irrawaddy waren kleinere Brückenköpfe errichtet worden: im Norden bei Thabeikkyin und Singu durch die 19. indische und die 2. britische Division, die Mandalay zu bedrohen schienen. Die 7. indische Division erreichte Pauk am 26. Januar und bedrohte Pakokku und Seikpyu. Zur selben Zeit ging die 20. indische Division über Monywa gegen Myinmu vor.

Nach massiven Artillerie- und Luftangriffen, welche die Japaner völlig überraschten, setzten am 13. und 14. Februar Sturmbrigaden bei Ngazun westlich von Mandalay und bei Nyaungu südwestlich von Pakkoku über den Fluss. Da der erste Angriff massiver zu sein schien als der zweite, glaubten die Japaner weiterhin, dass Mandalay das Hauptziel sei – und warfen alle Reserven an diese Front.

Am 18. Februar wurde der Brückenkopf von Nyaungu von einer vollständiger Division (17. indische) und einer Panzerbrigade, die aus Indien nachgeführt worden waren, verstärkt. Nur drei Tage später stießen sie auf die Straße nach Meiktila vor. Darauf folgte die 7. indische Division, während im Norden bei Ngazun die 20. indische gegen die Japaner kämpfte und sie einzukesseln drohte. Zu ihrer Entlastung wurde Verstärkung herangeführt – dies schwächte die Verteidiger Meiktilas. Zu selben Zeit brach die 19. indische Division aus ihrem Brückenkopf aus und hielt auf Mandalay zu.

Nach einer der härtesten Schlachten des Feldzugs nahm die 17. indische Division am 4. März Meiktila ein. Tags darauf war das gesamte Ostufer des Irrawaddy in der Hand der 14. Armee, Mandalay selbst fiel am 20. März. Zentralburma stand nicht mehr unter japanischer Kontrolle – aber noch erinnerten die Körper der gefallenen Japaner an die Hingabe, mit der sie gekämpft hatten, und an die Grausamkeit der Schlachten.

Oben: Kurz vor dem Sieg. Unter ihrem herausragenden Kommandanten Lt-Gen. Slim fügte die 14. Armee den Japanern die schwerste Niederlage zu, die diese je an Land erlebt hatten.

Rechts: Die 11. Sikhs auf der Jagd. 1945 konnte sich die indische Armee rühmen, mehr als 2,5 Millionen Inder unter Waffen zu haben, während nur eine Hand voll für die Japaner kämpften.

Die Straße nach Mandalay

Chronologie

Der alliierte Feldzug zur Befreiung Burmas begann nach der erfolgreichen Verteidigung von Imphal und Kohima im Juli 1944. Die japanischen Truppen um Mandalay wurden mit Hilfe von Kriegslisten nach und nach von den Alliierten bezwungen, die bessere Nachschubwege, Verstärkung und hoch begabte Kommandeure hatten.

1944

19. November

Beginn der Operation „Extended Capital" (Erweiterte Hauptstadt): Die Alliierten treten zur Befreiung Mandalays, der Hauptstadt Burmas, an. Das XXXIII. britische Korps rückt aus Stellungen südöstlich von Imphal auf direktem Weg nach Mandalay vor und folgt dem Chindwin. Das IV. britische Korps zieht durch das Gangaw-Tal nach Süden, um den Verkehrsknotenpunkt Meiktila, 97 km südlich von Mandalay, anzugreifen und den Japanern den Rückzug abzuschneiden.

4. Dezember

Die Spitzen des XXXIII. Korps setzen über den Chindwin und errichten mehrere Brückenköpfe. Die 19. indische Division rückt im Nordosten von Sittaung gegen Banmauk vor und zieht mit diesem Angriff Japaner aus Mandalay ab.

5. Dezember

Die 19. indische Division vereinigt sich bei Banmauk, dem nördlichsten Punkt der Operation, mit US-Truppen unter General Joseph Stilwell.

1945

11. Januar

Der Ablenkungsangriff der 19. indischen Division, der nun entlang des Irrawaddy nach Süden gegen Mandalay vorgetragen wird, stößt auf steifen Widerstand der 33. japanischen Armee, als man bei Thabeikkyin über den Irrawaddy setzt.

12. – 13. Februar

Das XXXIII. und das IV. Korps queren den Irrawaddy. Letzteres bei Nyaungu und Pakkokku, etwa 160 km südwestlich von Mandalay, und Ersteres bei Ngazun, nur 48 km westlich der Hauptstadt.

17. Februar

Die 17. indische Division, die 255. indische Panzerdivision und die 7. indische Division stoßen bei Nyaungu aus den Brückenköpfen des IV. Korps gegen Meiktila vor.

3. März

Meiktila fällt an die indischen Einheiten. Den gesamten März hindurch führt die 15. japanische Armee heftige Gegenangriffe.

Die westafrikanische Division wird im Kaledan-Tal am Arakan aus der Luft versorgt. Zwar wurden vor allem Munition und Reis abgeworfen, aber einige Container enthielten auch tausende Regenmäntel, die verhinderten, dass die Soldaten an den Belastungen durch den Mosunregen starben.

Angehörige einer gefürchteten US-Infanterieeinheit, „Merrills Marauders“ genannt, reinigen in einem ruhigen Moment ihre Gewehre. Ihre Mulis dürfen ein wenig grasen, während die Männer auf den Abwurf von Nachschub durch die 10. US Air Force warten.

20. März
Mandalay fällt an das XXXIII. Korps. Der japanische Widerstand in der Stadt lässt nach, da viele Einheiten für Gegenangriffe auf die alliierten Positionen bei Meiktila abgezogen wurden. Trotzdem kommt es in der Stadt noch immer zu heftigen Gefechten – 1.472 alliierte Soldaten fallen.

29. März
Gegenangriffe der 15. und der 33. japanischen Armee werden abgebrochen, da der Druck der Alliierten auf Mandalay steigt. Die Japaner beginnen sich nach Süden zurückzuziehen.

2. – 3. Mai
Die 26. indische Division führt am 2. Mai südlich von Rangoon eine amphibische Landung durch und nimmt die Stadt am 3. Mai ohne Gegenwehr ein. Die Japaner hatten sie am 2. Mai aufgegeben. Abgesehen von Scharmützeln mit Japanern, die sich auf dem Rückzug befinden, ist der Krieg in Burma beendet.

Internationale Ereignisse 1944

7. Dezember
Im befreiten Griechenland kämpfen die Briten erneut in Athen, nun zur Niederschlagung eines Aufstands der kommunistischen Nationalen Befreiungsarmee (ELAS).

31. Dezember
Die neu eingesetzte provisorische Regierung in Ungarn erklärt Deutschland den Krieg.

1945

17. Januar
Warschau fällt nach einer fünftägigen Offensive an die Rote Armee.

31. Januar
Das deutsche Passagierschiff *Wilhelm Gustloff* wird vor der Küste Ostpreußens von einem sowjetischen U-Boot torpediert. Das Schiff hat mehr als 6.000 Flüchtlinge an Bord, alle ertrinken.

16. Februar
Die Sowjets nehmen Budapest ein.

5. April
Japans Premier, General Kuniaki Koiso, tritt mit seinem Kabinett zurück. Sein Nachfolger ist Admiral Baron Kantaro Suzuki, ein Mann, der als Diplomat immer gegen den Krieg eingetreten war.

12. April
Die US-Generäle Eisenhower, Bradley und Patton werden durch das KZ Buchenwald geführt. Sie sind von den Bildern des Schreckens erschüttert.

Ein verwundeter Japaner wird zur chirurgischen Versorgung in ein amerikanisches Feldlazarett gebracht, um danach von Offizieren des Nachrichtendienstes verhört zu werden.

Okinawa
Ende eines Imperiums

Die Insel Okinawa ist das vorletzte Ziel der Alliierten, bevor sie Japan selbst angreifen. Die kaiserlich-japanische Marine macht einen letzten verzweifelten Versuch, die Insel zu retten.

Ein M4 Sherman Panzer mit Flammenwerfer brennt sich einen Weg. Obwohl die US-Truppen beim Angriff auf Okinawa jede erdenkliche Waffe einsetzten, war die einzige Möglichkeit für einen GI, eine Stellung zu erobern, die, mit dem Gewehr in der Hand hineinzugehen.

In der Nacht zum 1. April 1945 begann die 10. US-Armee unter Lieutenant General Simon Bolivar Buckner mit der Landung auf der Insel Okinawa – der größten der Ryukyu-Inseln, 106 km lang und zwischen 4,8 und 16,1 km breit. Die Operation war das bisher größte amphibische Landungsunternehmen im Pazifik. Fast 550.000 Personen, 180.000 davon Teil der kämpfenden Truppe, waren beteiligt. Angriffe von Trägerflugzeugen Mitte März gegen die japanischen Flugfelder auf Kyushu legten diese in Schutt und Asche und zerstörten um die 500 Flugzeuge. So war sichergestellt, dass aus dieser Richtung nur wenig Widerstand zu erwarten war. In den ersten paar Tagen trafen die Amerikaner kaum auf Gegenwehr. Die Position der japanischen Garnison blieb bis zum 5. April ein Mysterium, erst dann wurde klar, dass der Südteil Okinawas sorgfältig befestigt war: In einem kunstvollen Netzwerk aus Bunkern und Schützengräben verborgen lagen ungefähr 85.000 japanische Soldaten unter dem Befehl von Generalleutnant Mitsuru Ushijima. Ein Teil der Truppen bestand aus neuen Rekruten, doch das Rückgrat der Verteidiger bildete die 62. Veteranendivision, die man aus China zurückgeholt hatte.

Sonderkommandos

Die Infanterieschlacht um Okinawa hatte kaum begonnen, als die kaiserlich-japanische Marine ihre letzte große Operation startete: eine Kamikazemission großen Stils, an der das großartige Schlachtschiff *Yamato* beteiligt war. Ein speziell zusammengestellter Flottenverband mit der *Yamato*, einem Kreuzer und einigen Zerstörern machte sich auf den Weg nach Okinawa: Eine Rückfahrt war nicht vorgesehen, sie sollten bloß vor ihrer unvermeidlichen Zerstörung so viel Schaden wie möglich anrichten. Die *Yamato* war das größte und mächtigste Schlachtschiff aller Zeiten. Ihre Verdrängung bei Volllast betrug 70.000 Tonnen, 2.500 Offiziere, Matrosen und Kanoniere bedienten das Schiff und ihre neun 46-cm-Geschütze (mit einer Reichweite von 41.150 m) sowie mehr als 150 Flaks. Unter der Flagge von Vizeadmiral Ito verließ sie am 6. April in Begleitung des leichten Kreuzers *Yahagi* und acht Zerstörern japanische Gewässer. Amerikanische U-Boote sichteten den Leviathan knapp nach Kyushu, bevor die *Yamato* das Ostchinesische Meer erreichte. Trägergestützte Aufklärer meldeten sie nochmals am Morgen des 7. April und 380 Flugzeuge der Task Force 58 wurden losgeschickt. Die niedrige Wolkendecke und vereinzelte Regenböen kamen den Flugzeugen nicht eben gelegen, doch die *Yamato* hatte keinerlei Jagdschutz und die Bomber konnten ungestört angreifen.

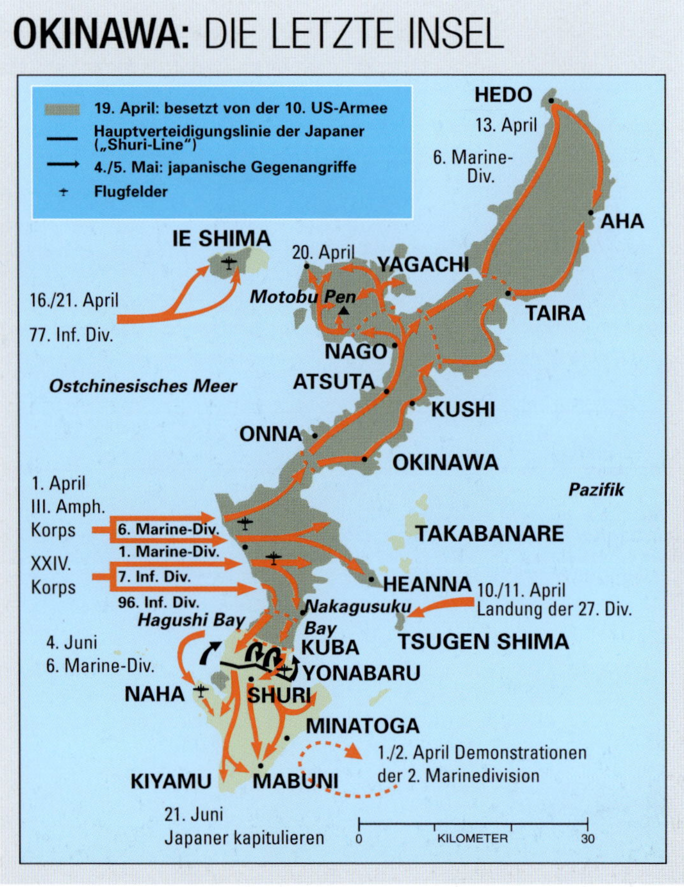

Vom Luftstützpunkt Okinawa wären Bombenangriffe auf Japan noch wirksamer. Die Japaner wussten um die Bedeutung der Insel als „unsinkbarer Träger“ und der Kommandant der dort stationierten 62. Veteranendivision war nie in Zweifel über seine Verantwortung. Der Kampf auf Okinawa war brutal und schonungslos, denn die japanischen Positionen waren geschickt gewählt und gut getarnt.

Das gewaltige Schiff begrüßte die trügerisch winzigen Angreifer mit einem Salut ihrer Flugabwehrraketen und manövrierte „auf Teufel komm raus“ – sie kämpfte um ihr Leben. Die US-Maschinen umschwirrten den Riesen und landeten Treffer um Treffer, doch die *Yamato* zeigte keinerlei sichtbare Wirkung. Doch nach und nach wurde sie langsamer und die Flaksalven ebbten merkbar ab. In der Zwischenzeit hatten ihre Gefährten jede Formation aufgegeben. Vier der Zerstörer waren gesunken und der Kreuzer *Yahagi* teilte um 14.00 Uhr deren Schicksal. Eine halbe Stunde später konnten auch die verzweifelten Versuche, das Schiff gegenzufluten, die *Yamato* nicht mehr retten: Sie neigte sich zur Seite und sank. Ein Magazin explodierte und 320 km vor der Küste Okinawas markierte eine himmelhohe Rauchsäule das Grab eines stolzen Kriegsschiffs samt seiner Besatzung.

Dem heldenhaften Scheitern dieses letzten Versuchs eines Überwasserangriffs folgte eine wilde Serie von Attacken durch Kamikazepiloten auf die US-Kriegsschiffe vor der Küste, während Ushijimas Truppen jeden Fußbreit der Insel mit Zähnen und Klauen verteidigten. Am 19. April startete Buckner eine konzentrierte Attacke, um eine Bresche in die japanische Verteidigung zu schlagen, doch diese scheiterte mit fast 1.000 Gefallenen. Den Rest des Monats sowie einen Teil des nächsten hämmerte die 10. Armee erbarmungslos auf die Shuri-Linie ein: Gewaltigem Geschützfeuer folgte ein verbissenes Anrennen gegen geschickt angelegte Bunker und fanatisch verteidigte Blockhäuser. Obwohl die Amerikaner wussten, dass der Blutzoll der

Raketenbestückte Landungsboote wurden auf Okinawa häufig eingesetzt, um die japanischen Stellungen mit ihren Explosivgeschossen einzudecken und den Verteidigern keine Chance auf irgendeine Bewegung zu lassen.

Die Yamato auf ihrer Todesfahrt nach Okinawa. Die Zerstörung des riesigen Schiffs und der Tod ihrer 2.700 Mann Besatzung brachten den Verteidigern nichts – es war nur ein vergeblicher Holocaust.

Die USS* Bunker Hill *– trotz ihrer oft vergeblichen Selbstaufopferung waren die Kamikaze eine ernste Gefahr für die US Navy, die durch sie regelmäßig schwere Verluste erlitt.

Gegenseite schier ins Unermessliche stieg, denn jede Stellung wurde buchstäblich bis zum letzten Mann verteidigt, erreichten auch die eigenen Verluste bald ein alarmierendes Maß. Ende Mai schien es, als wäre letztendlich doch ein Durchbruch gelungen, doch dann brachen sintflutartige Wolkenbrüche los und brachten alle Operationen für mehr als eine Woche zum Erliegen. Ushijima ergriff die Gelegenheit, zog alle seine noch kampffähigen Männer aus der Schlacht und begann sich nach Süden zurückzuziehen. Ein Angriff der Amerikaner auf die Nachhut wurde zurückgeschlagen und die Japaner setzten sich am Südzipfel Okinawas fest, bereit für ein letztes Gefecht.

Seppuku

Die 10. Armee rückte nach, das letzte Stadium der Schlacht war erreicht und die grausige Aufgabe, die japanischen Positionen zu durchbrechen, stand bevor. Schließlich, am 17. Juni, war die japanische Garnison in drei eingeschlossene Gruppen gespalten, eine koordinierte Verteidigung nicht mehr möglich und einige wenige, frisch rekrutierte Soldaten ergaben sich. Buckner forderte Ushijima über Radio auf, die Kämpfe einzustellen und das Leben der letzten Soldaten zu retten, da das Ende unausweichlich war.

Als Ironie des Schicksals war es Buckner, der zuerst getötet wurde: Während einer Inspektion der 8. Marines am nächsten Tag wurde er von einem Granatsplitter tödlich getroffen. Ushijima überlebte ihn um eine Woche. Gemeinsam mit seinen Offizieren beging er Seppuku, nachdem er eine letzte Nachricht nach Tokio gesandt hatte: „Unsere Strategie, unsere Taktik und unsere Ausrüstung wurden bis zum Letzten genutzt und wir haben tapfer gekämpft […], doch im Vergleich zur Übermacht des Feindes waren wir ein Nichts.“ Ushijima hatte Recht, Japan war dem Untergang geweiht.

Oben: Die meisten japanischen Soldaten zogen den Tod der Schmach der Kapitulation vor. In Okinawa gab es allerdings doch einige, vor allem jüngere Rekruten, welche sich unverletzt in Gefangenschaft begaben.

Unten: Die* Yamato *war in jeder Hinsicht das ultimative Schlachtschiff: 70.000 Tonnen gepanzerte Eleganz mit dem härtesten Schlag der sieben Meere. Doch ihre Reise nach Okinawa war eine vergebliche und schicksalsschwere Fahrt.

Okinawa
Chronologie

Okinawa, die größte der japanischen Ryukyu-Inseln, stand im Brennpunkt des letzten – und blutigsten – Inselfeldzugs des Pazifikkriegs. 137.000 Japaner kämpften bis zum letzten Mann und nahmen mehr als 12.500 US-Soldaten mit sich.

1945

24. – 31. März
US Navy und US Air Force bombardieren Okinawa über eine Woche lang, um die japanische Verteidigung zugunsten der bevorstehenden Landung zu schwächen. Allein in den Landungszonen schlagen über 30.000 Schiffsgranaten ein.

24. März
Die 77. Infanteriedivision besetzt die Kerama-Inseln im Südosten Okinawas.

1. April
Zwei US-Marinedivisionen und eine Division der US-Armee landen am Südwestende von Okinawa, in der Nähe von Hagushi. Die Landungstrupps stoßen auf so gut wie keinen Widerstand – die japanische Garnison unter dem Befehl von General Mitsuru Ushijima hat sich ins Landesinnere zurückgezogen und in dem felsigen und kleinräumigen Gelände verschanzt.

6. April
Mittlerweile wird heftig um die Insel gekämpft. Die 1. und die 6. Marinedivision versuchen in den Norden der Insel vorzudringen, während sich die 7. und die 96. Infanteriedivision dem gebirgigen Süden zuwenden.

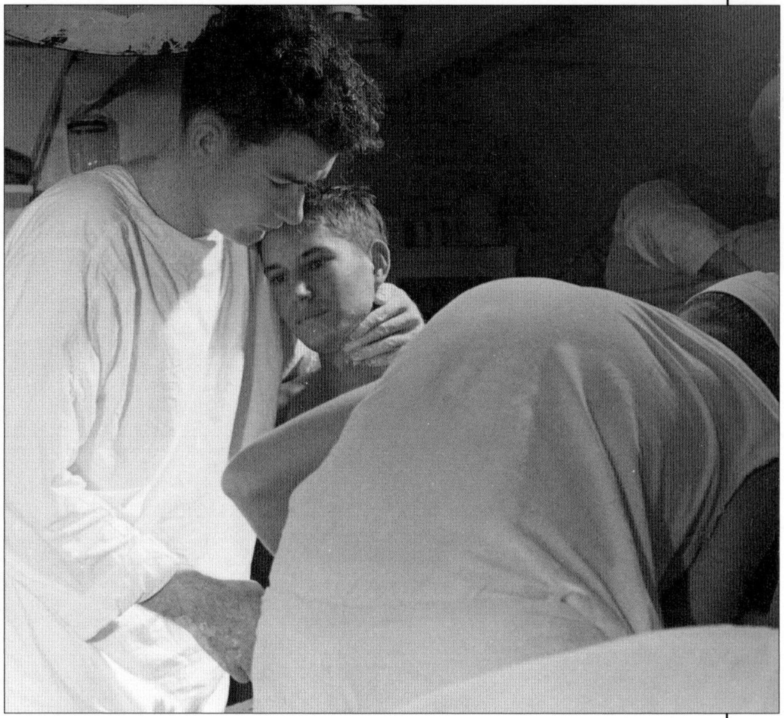

Ein auf Okinawa verwundeter US-Soldat wird von Sanitätern der US Navy versorgt. Der Feldzug war für die USA extrem verlustreich – 12.500 Soldaten fanden den Tod.

Verwundete japanische Kriegsgefangene werden mit Hilfe Ortsansässiger auf einen LKW geladen. Die Zahl der getöteten Zivilisten auf der Insel überstieg noch die Zahl der gefallenen Soldaten.

2. September 1945: Eine japanische Delegation geht an Bord der USS Missouri*, um die offizielle Kapitulation Japans zu unterzeichnen. Ein sechs Jahre dauernder Weltkrieg ist zu Ende.*

6. – 10. April
Japanische Kamikazepiloten fliegen in nicht enden wollenden Angriffswellen gegen die US-Flotte vor der Küste Okinawas. Das japanische Schlachtschiff *Yamato* – das größte Kriegsschiff aller Zeiten – macht sich ebenfalls zu einem Selbstmordkommando auf, um das Landeunternehmen der USA so gut wie möglich zu behindern. Am Nachmittag des 7. April sinkt das Schiff nach Luftangriffen von US-Flugzeugen. Während der Kämpfe um Okinawa werden 34 US-Schiffe versenkt, die meisten durch Kamikazeangriffe.

10. – 11. April
Die 27. Infanteriedivision landet auf Tsugen und erobert die Insel vor der Ostküste Okinawas.

13. April
Marines erreichen Hedo Point, die Nordspitze Okinawas.

16. April – 21. April
Der 77. US-Infanteriedivision gelingt in einer fünftägigen Kampagne die Einnahme von Ie Shima, einer Insel vor der Zunge der Halbinsel Motobu.

19. April
Die US-Truppen, welche im Süden der Insel angreifen, drängen die japanische Verteidigungslinie in Richtung Naha zurück.

20. April
Der japanische Widerstand auf der Halbinsel Motobu, einem heftig umkämpften Vorgebirge im Westen Okinawas, wird gebrochen.

4. – 27. Mai
Ein massiver Gegenangriff der Japaner im Süden der Insel festigt eine Verteidigungslinie, die von Naha an der Westküste bis Yonabaru an der Ostküste reicht. Den ganzen Mai hindurch rennen US-Truppen unentwegt gegen diese Linie an, bis am 27. Mai Naha endlich eingenommen wird. Der Weg zur Südspitze der Halbinsel Orouku ist frei.

22. Juni
Die Kämpfe auf Okinawa finden ein Ende. Ushijima begeht Selbstmord.

Internationale Ereignisse 1945

23. – 24. März
US-Truppen unter General George Patton überqueren am 23. den Rhein bei Nierstein. Tags darauf wird der Fluss von Montgomerys britischen, von kanadischen und weiteren US-Einheiten 160 km weiter im Norden bei Wesel überschritten.

28. März
Eisenhower befiehlt den britischen und amerikanischen Verbänden, den Sowjets die Einnahme Berlins zu überlassen. Im Rennen um die Hauptstadt sollen nicht noch mehr Leben geopfert werden.

11. April
Das Konzentrationslager und Rüstungszentrum Dora-Mittelbau in Nordhausen, wo die deutschen V2 hergestellt wurden, fällt an die Alliierten. Sofort beginnt man, Unterlagen und Inventar nach Westen zu schaffen, damit die Technologie nicht in die Hände der Sowjets fällt.

12. April
US-Präsident Franklin D. Roosevelt stirbt im Alter von 63 Jahren.

16. April
Die Sowjettruppen, welche Berlin eingeschlossen haben, beginnen ihren letzten Angriff auf die „Reichshauptstadt".

28. April
Hitler befiehlt die Exekution Heinrich Himmlers, nachdem er von dessen Friedensverhandlungen mit den Alliierten erfahren hat. Himmler entgeht der Vollstreckung durch Hitlers Selbstmord zwei Tage später.

30. April
Berlin fällt an die Rote Armee, die in dieser Schlacht 300.000 Mann verloren hat. Adolf Hitler begeht Selbstmord.

Anhänge

Mannstärke der aufgestellten Truppen, für alle kriegführenden Nationen 1939–1945

Staat		Bei Kriegseintritt	Kriegsende	Höchstzahl*	Insgesamt
[*in Klammern = geschätzt*]					
Albanien		13.000	k. A.	k. A.	k. A.
Australien	bewaffnete Truppen gesamt	91.700	575.100	k. A.	993.000
	Heer	82.800	380.700	k. A.	727.200
	Luftstreitkräfte	3.500	154.500	k. A.	216.900
	Marine	5.400	39.900	k. A.	48.900
Belgien		600.000	650.000	k. A.	[900.000]
Bulgarien		160.000	450.000 (mit Sowjets)	k. A.	1,011.000
China		2,500.000 (1939)	5,000.000	5,700.000	14,000.000
Dänemark		6.600	k. A.	k. A.	k. A.
Deutschland	bewaffnete Truppen gesamt	3,180.000	7,800.000	9,500.000	17,900.000
	Heer (Waffen-SS in Klammern)	2,730.000 (30.000)	6,100.000 (800.000)	6,500.000	k. A.
	Luftwaffe	400.000	1,000.000	2,100.000	k. A.
	Marine	50.000	700.000	800.000	k. A.
Finnland	1939–1940	127.800	200.000	k. A.	k. A.
	1941–1944	400.000	270.000	k. A.	k. A.
Frankreich	Sept. 1939	900.000	k. A.	k. A.	k. A.
	1940	2,680.000	k. A.	k. A.	k. A.
	1943–1944 Italien	15.000	98.000	113.000	160.000
	1944–1945 Westeuropa	k. A.	437.000	k. A.	k. A.
Griechenland	Okt. 1940	430.000	k. A.	k. A.	k. A.
	April 1941	540.000	k. A.	k. A.	k. A.
Indien	bewaffnete Truppen gesamt	197.000	2,159.700	k. A.	2,581.800
	Heer	194.900	2,100.000	k. A.	2,500.000
	Luftstreitkräfte	300	29.200	k. A.	52.800
	Marine	1.800	30.500	k. A.	29.000
Italien	bewaffnete Truppen gesamt	1,899.600	k. A.	k. A.	9,100.000
	Heer	1,630.000	k. A.	2,563.000	k. A.
	Luftstreitkräfte	101.000	(Mai '43) 200.000	k. A.	k. A.
	Marine	168.600	(Sept. '43) 259.100	k. A.	k. A.
Japan	bewaffnete Truppen gesamt	1,700.000	7,200.000	k. A.	9,100.000
	Heer	1,500.000	5,500.000	k. A.	k. A.
	Marine	200.000	1,700.000	k. A.	k. A.
Jugoslawien	1941	150.000	k. A.	k. A.	[1,500.000]
	1941–1945 Partisanen	(Dez.) 2.000	800.000	k. A.	k. A.
Kanada	bewaffnete Truppen gesamt	63.100	759.800	k. A.	1,100.000
	Heer	55.600	474.000	k. A.	690.000
	Luftstreitkräfte	3.100	193.000	k. A.	222.500
	Marine	4.400	92.800	k. A.	99.400
Niederlande		270.000	400.000	k. A.	400.000
Neuseeland	bewaffnete Truppen gesamt	13.800	192.800	k. A.	k. A.
	Heer	11.300	157.000	k. A.	k. A.
	Luftstreitkräfte	1.200	ca. 27.000	k. A.	k. A.
	Marine	1.300	5.800	k. A.	k. A.

** Nur wenn sich die Zahl von den vorherigen unterscheidet.*

k. A. = keine Angaben

Mannstärke der aufgestellten Truppen, für alle kriegführenden Nationen 1939–1945 (Fortsetzung)

Staat		Bei Kriegseintritt	Kriegsende	Höchstzahl*	Insgesamt
Norwegen		25.000	k. A.	k. A.	[90.000]
Polen	1939	1,200.000	250.000	k. A.	[2,400.000]
	1943–1945 Italien	8.600	50.000	k. A.	k. A.
	1944–1945 Westeuropa	28.000	k. A.	k. A.	k. A.
	1941–1945 Ostfront	30.000	k. A.	k. A.	200.000
Rumänien	1941–1944	686.000	1,225.000	k. A.	k. A.
	1944–1945 einschl. Rote Armee	k. A.	370.000	k. A.	539.000
Südafrika	bewaffnete Truppen gesamt	k. A.	k. A.	k. A.	250.000
	Heer	18.000	k. A.	198.000	208.000
	Luftstreitkräfte	1.000	k. A.	k. A.	38.000
	Marine	k. A.	k. A.	k. A.	4.000
UdSSR	bewaffnete Truppen gesamt	9,000.000	12,400.000	13,200.000	k. A.
	Heer	2,900.000	6,000.000	k. A.	k. A.
	Luftstreitkräfte	k. A.	k. A.	k. A.	k. A.
	Marine	k. A.	k. A.	266.000	k. A.
Ungarn		80.000 (1939)	210.000	k. A.	k. A.
USA	bewaffnete Truppen gesamt	5,413.000	11,877.000	k. A.	16,354.000
	Heer (ohne USAAF)	4,602.000	5,851.000	k. A.	k. A.
	Luftstreitkräfte	354.000	2,282.000	k. A.	11,260.000
	Marine	382.000	3,288.000	k. A.	4,183.000
	US Medical Corps	75.000	456.000	k. A.	669.000
Vereinigtes Königreich	bewaffnete Truppen gesamt	681.000	4,683.000	k. A.	5,896.000
	Heer	402.000	2,931.000	k. A.	3,778.000
	Luftstreitkräfte	118.000	963.000	1,012.000	1,185.000
	Marine	161.000	789.000	k. A.	923.000

Verluste an Militär- und Zivilpersonen der kriegführenden Nationen 1939–1945

Staat		Einwohner	Soldaten	Gefallen/ Vermisst	Verwundet	Kriegs- gefangene	Militärische Opfer ges.	Zivile Opfer gesamt
Albanien		1,100.000	k. A.	k. A.	k. A.	k. A.	k. A.	k. A.
Australien		6,900.000	1,340.000	29.400	39.800	26.400	69.200	k. A.
Belgien	1940	8,300.000	650.000	7.500	15.900	200.000	234.000	12.000
	im Exil		3.500	500	k. A.	k. A.	k. A.	k. A.
Bulgarien	für die Achse	6,300.000	k. A.	k. A.	k. A.	k. A.	k. A.	50.000 Tote, einschl. 40.000 Juden
	für Russland		500.000	32.000		k. A.	32.000	
China		450,000.000	14,000.000	1,400.000	1,800.000	k. A.	k. A.	8,000.000
Dänemark		3,800.000	6.600	k. A.	k. A.	k. A.	k. A.	1.000 Tote
Deutschland		78,000.000 (1938)	17,900.000	3,250.000	4,606.600	k. A.	7,856.600	2,050.000 getötet von den Allierten, 300.000 v. Deutschen
Finnland	Winterkrieg	3,800.000	k. A.	24.900	43.600	k. A.	78.500	3.400 Tote
	1941–1944		k. A.	65.000	158.000	k. A.	223.000	
Frankreich	1940 }	42,000.000	ca. 4,000.000	92.000	250.000	1,450.000	342.000	470.000
	im Exil }		ca. 600.000	ca. 30.000	ca. 85.000	6500	ca. 115.000	
Griechenland		7,000.000	k. A.	18.300	60.000	k. A.	78.300	415.000 Tote, einschl. 260.000 verhungert
Indien		359,000.000	2,582.000	36.100	64.300	79.500	100.400	k. A.
Italien		43,830.000	k. A.	226.900	k. A.	k. A.	k. A.	60.000 getötet

Verluste an Militär- und Zivilpersonen der kriegführenden Nationen 1939–1945 (Fortsetzung)

Staat		Einwohner	Soldaten	Gefallen/ Vermisst	Verwundet	Kriegs- gefangene	Militärische Opfer ges.	Zivile Opfer gesamt
Japan		72,200.000 (1937)	9,100.000	1,740.000	94.000	41.000	1,834.000	393.400 getötet, 275.000 verw./verm.
Jugoslawien		15,400.000	k. A.	Von 1941–1945 getötete Jugoslawen geschätzt 1,5 bis 1,7 Mill.				
Kanada		11,100.000	1,100.000	39.300	532.000	9000	92.500	k. A.
Niederlande	1940	8,700.000	400.000	2.900	6.900	k. A.	9.800	150.000 tot o. verm.
	im Exil		k. A.	10.800	k. A.	k. A.	k. A.	
Neuseeland		1,600,000	k. A.	12.200	19.300	8.500	31.500	
Norwegen		2,900.000	25.000	2.000	k. A.	k. A.	k. A.	3.800 getötet
Polen	1939	34,800.000	1,200.000	66.300	133.700	787.000	200.000	4,800.000 getötet in Lagern, plus ca.500.000 andere
	Westeuropa		ca. 90.000	4.500	13.000	k. A.	27.500	
	mit Russen		200.000	mind. 40.000		k. A.	mind. 40.000	
Rumänien	mit d. Achse	19,600.000 (Dez. 1937)	k. A.	381.000	243.000	k. A.	624.000	340.000 getötet
	mit Russen		540.000	170.000		k. A.	170.000	
Südafrika		10,000.000	250.000	8.700	14.400	14.600	23.100	k. A.
Tschechoslowakei	(Exil)	10,300.000	ca. 5.000	k. A.	k. A.	k. A.	k. A.	215.000 Tote
UdSSR		194,100.000	ca. 30,000.000	11,000.000	k. A.	ca. 6 Mill.	k. A.	6,700.000
Ungarn		10,000.000 (1938)	k. A.	136.000	ca. 250.000	k. A.	ca. 386.000	300.000
USA		129,200.000	16,354.000	405.400	670.800	139.700	1,076.200	k. A.
Vereinigtes Königreich		47,500.000	5,896.000	305.800	277.100	172.600	582.900	146.800, einschl. 60.600 Tote

Verluste der haupt-kriegführenden Nationen nach Waffengattungen 1939–1945

Staat	Waffengattung	Soldaten gesamt	Gefallen/ Vermisst	Verwundet	Kriegs- gefangene
UdSSR	*Aufschlüsselung nicht verfügbar*	k. A.	k. A.	k. A.	k. A.
USA	Heer	ca. 7,900.000	165.800	574.300	79.800
	Luftstreitkräfte	ca. 3,400.000	54.700	17.900	40.200
	Marine	4,183.000	36.900	37.800	k. A.
	US Marines	669.000	19.600	67.200	k. A.
Vereinigtes Königreich	Heer	3,778.000	177.800	239.600	152.076
	Luftstreitkräfte	1,185.000	76.300	22.800	13.100
	Marine	923.000	51.600	14.700	7400
Deutschland	Heer	13,000.000	1,622.600	4,188.000	1,646.300
	Luftstreitkräfte	3,400.000	294.900	216.600	k. A.
	Marine	1,500.000	149.200	25.300	k. A.
Japan	Heer	6,300.000	1,562.000	85.600	41.500
	Marine	2,100.000	414.900	8.900	

Verluste in den wichtigsten Schlachten 1939–1945

Schauplatz	Nationalität	Gefallen/Vermisst	Verwundet	Kriegsgef.
Polen	Polen	66.300	133.700	787.000
	Deutsche	13.110	27.280	k. A.
	Russen	900	k. A.	k. A.
Dänemark/Norwegen	Dänen	k. A.	k. A.	k. A.
	Norweger	2.000	k. A.	k. A.
	Deutsche	3.692	1.600	k. A.
Frankreich 1940	Holländer	2.890	69.000	k. A.
	Belgier	7.500	15.850	200.000
	Franzosen	120.000	250.000	1,450.000
	Briten	11.010	14.070	41.340
	Deutsche	43.110	111.640	k. A.
	Italiener	1.250	4.780	k. A.
Balkan 1941	Jugoslawen	k. A.	k. A.	k. A.
	Griechen	19.000	70.000	k. A.
	Deutsche	3.674		k. A.
	Italiener	38.830	50.870	k. A.
Ostfront	Russen	ca. 11,000.000	k. A.	ca. 6,000.000
	Deutsche	2,415.690	3,498.060	k. A.
	Italiener	84.830	30.000	k. A.
	Rumänen (für Deutschland)	381.000	243.000	k. A.
	Rumänen (für Russland)	17.000	k. A.	k. A.
	Ungarn	136.000	ca. 250.000	k. A.
	Polen	mindestens 40.000		k. A.
	Bulgaren	32.000		k. A.
Nordafrikanische Wüste	Briten	ca. 7.000	k. A.	k. A.
	Inder	1.720	3.740	9.750
	Australier	3.150	8.320	9.250
	Neuseeländer	6.340	32.870	8.520
	Südafrikaner	2.100	3.930	14.250
	Deutsche	12.810	k. A.	} 266.600
	Italiener	20.720	k. A.	
Tunesien	US-Amerikaner	3.620	9.250	4.640
	Briten	6.230	21.260	10.600
	Inder	in den Zahlen für Nordafrika enthalten		k. A.
	Neuseeländer	in den Zahlen für Nordafrika enthalten		k. A.
	Franzosen	militär. Verluste gesamt = 12.920		k. A.
	Deutsche	in den Zahlen für Nordafrika enthalten		k. A.
	Italiener	in den Zahlen für Nordafrika enthalten		k. A.
Italien	US-Amerikaner	29.560	82.180	7.410
	Briten	89.440		k. A.
	Inder	4.720	17.310	46
	Kanadier	5.400	19.490	1.000
	Neuseeländer	in den Zahlen für Nordafrika enthalten		k. A.
	Polen	2.460	8.640	k. A.
	Südafrikaner	710	2.670	160
	Franzosen	8.660	23.510	k. A.
	Brasilianer	510	1.900	k. A.
	Deutsche	59.940	163.600	357.090

Verluste in den wichtigsten Schlachten 1939–1945 (Fortsetzung)

Schauplatz	Nationalität	Gefallen/Vermisst	Verwundet	Kriegsgef.
Westeuropa	US-Amerikaner	109.820	356.660	56.630
	Briten	30.280	96.670	14.700
	Kanadier	10.740	30.910	2.250
	Franzosen	12.590	49.510	4.730
	Polen	1.160	3.840	370
	Deutsche	128.030	399.860	7,614.790
Pazifik	US-Amerikaner	55.060	162.230	30.000
	Japaner	685.230	k. A.	37.280
Südostasien	Briten	5.670	12.840	53.230
	Inder	6.680	24.200	68.890
	Afrikaner	860	3.210	200
	Australier	1.820	1.370	18.130
	US-Amerikaner	3.650	2.600	680
	Japaner	210.830	k. A.	3.100
China	Chinesen	militär. Verluste gesamt = 3,211.420		k. A.
	Japaner	388.600	k. A.	1.060

Jährliche Produktion von Panzern und selbstfahrenden Geschützen 1939–1945 (Stück)

Nation	1939	1940	1941	1942	1943	1944	1945	Gesamt
USA	k. A.	331	4.052	24.997	29.497	17.565	11.968	88.410
UdSSR	2.950	2.794	6.590	24.446	24.089	28.963	15.419	105.251
Ver. Königreich	969	1.399	4.841	8.611	7.476	4.600	k. A.	27.896
Kanada	k. A.	k. A.	k. A.	k. A.	k. A.	k. A.	k. A.	5.678
Alliierte gesamt	**3.919**	**4.524**	**15.483**	**58.054**	**61.062**	**51.128**	**27.387**	**227.235**
Deutschland	247	1.643	3.790	6.180	12.063	19.002	3.932	46.857
Italien	40	250	595	1.252	336			2.473
Ungarn	k. A.	k. A.	k. A.	ca. 500			k. A.	ca. 500
Japan	k. A.	315	595	557	558	353	137	2.515
Achsenmächte ges.	**287**	**2.208**	**4.980**	**7.989**	**12.957**	**19.355**	**4.069**	**ca. 52.345**

Stärke der deutschen und russischen Panzerwaffe an der Ostfront 1941–1945

Datum	Deutsche	Russen
1941 – Juni	3.671	28.800
1942 – März	1.503	4.690
1942 – Mai	3.981	6.190
1942 – November	3.133	4.940
1943 – März	2.374	7.200
1943 – August	2.555	6.200
1944 – Juni	4.470	11.600
1944 – September	4.186	11.200
1944 – Oktober	4.917	11.900
1944 – November	5.202	14.000
1944 – Dezember	4.785	15.000
1945 – Januar	4.881	14.200

Stärke der Marine bei Kriegseintritt

	Flugzeugträger	Schlachtschiffe	Kreuzer	Zerstörer	Eskortträger	U-Boote
Australien	k. A.	k. A.	6	k. A.	7	k. A.
Brasilien	k. A.	2	2	13	k. A.	4
China	k. A.	k. A.	6	k. A.	k. A.	k. A.
Dänemark	k. A.	2	1	k. A.	k. A.	12
Deutschland	k. A.	5	6	12	k. A.	57
Finnland	k. A.	2	k. A.	k. A.	k. A.	5
Frankreich	1	7	19	70	k. A.	77
Griechenland	k. A.	k. A.	2	10	k. A.	6
Indien	k. A.	k. A.	k. A.	k. A.	5	k. A.
Italien	k. A.	2	22	59	k. A.	115
Japan	10	10	36	113	k. A.	63
Jugoslawien	k. A.	k. A.	2	3	k. A.	4
Kanada	k. A.	k. A.	k. A.	6	k. A.	k. A.
Neuseeland	k. A.	k. A.	2	k. A.	k. A.	k. A.
Niederlande	k. A.	k. A.	5	8	k. A.	21
Norwegen	k. A.	k. A.	k. A.	8	k. A.	5
Polen	k. A.	k. A.	k. A.	4	k. A.	5
Rumänien	k. A.	k. A.	k. A.	4	k. A.	k. A.
UdSSR	k. A.	2	2	47	k. A.	75
USA (Stand 12/41)	8	17	36	171	k. A.	112
Ver. Königreich	8	12	50	94	87	38

Jährliche Schiffsproduktion der Alliierten und der Achse 1939–1945 (Stück)

Nation	Schiffstyp	1939	1940	1941	1942	1943	1944	1945	Gesamt
USA	Flugzeugträger	k. A.	k. A.	k. A.	18	65	45	13	141
	Schlachtschiffe	k. A.	k. A.	k. A.	4	2	2	k. A.	8
	Kreuzer	k. A.	k. A.	1	8	11	14	14	48
	Zerstörer	k. A.	k. A.	2	82	128	74	63	349
	Eskortträger	k. A.	k. A.	k. A.	k. A.	298	194	6	498
	U-Boote	k. A.	k. A.	2	34	55	81	31	203
Vereinigtes Königreich	Flugzeugträger	k. A.	2	2	k. A.	2	4	4	14
	Schlachtschiffe	k. A.	1	2	2	k. A.	k. A.	k. A.	5
	Kreuzer	3	7	6	6	7	2	1	32
	Zerstörer	22	27	39	73	37	31	13	240
	Eskortträger	5	109	87	71	79	55	7	413
	U-Boote	7	15	20	33	39	39	14	167
UdSSR	Flugzeugträger	k. A.	k. A.	k. A.	k. A.	k. A.	k. A.	k. A.	k. A.
	Schlachtschiffe	k. A.	k. A.	k. A.	k. A.	k. A.	k. A.	k. A.	k. A.
	Kreuzer	k. A.	k. A.	k. A.	k. A.	k. A.	k. A.	k. A.	2
	Zerstörer	k. A.	k. A.	k. A.	k. A.	k. A.	k. A.	k. A.	25
	U-Boote	k. A.	k. A.	k. A.	k. A.	k. A.	k. A.	k. A.	52
Kanada	Flugzeugträger	k. A.	k. A.	k. A.	k. A.	k. A.	k. A.	k. A.	k. A.
	Schlachtschiffe	k. A.	k. A.	k. A.	k. A.	k. A.	k. A.	k. A.	k. A.
	Kreuzer	k. A.	k. A.	k. A.	k. A.	k. A.	k. A.	k. A.	k. A.
	Zerstörer	k. A.	k. A.	k. A.	k. A.	k. A.	k. A.	k. A.	k. A.
	Eskortträger	k. A.	k. A.	k. A.	k. A.	k. A.	k. A.	k. A.	191
	U-Boote	k. A.	k. A.	k. A.	k. A.	k. A.	k. A.	k. A.	k. A.
Alliierte gesamt	**Flugzeugträger**	k. A.	**2**	**2**	**18**	**67**	**49**	**17**	**155**
	Schlachtschiffe	k. A.	**1**	**2**	**6**	**2**	**2**		**13**
	Kreuzer	**3**	**7**	**7**	**14**	**18**	**16**	**15**	**82**
	Zerstörer	**22**	**27**	**41**	**155**	**165**	**105**	**76**	**814**
	Eskortträger	**5**	**109**	**87**	**71**	**377**	**249**	**13**	**1.102**
	U-Boote	**7**	**15**	**22**	**67**	**94**	**120**	**45**	**422**
Deutschland	Flugzeugträger	k. A.	k. A.	k. A.	k. A.	k. A.	k. A.	k. A.	k. A.
	Schlachtschiffe	k. A.	k. A.	k. A.	k. A.	k. A.	k. A.	k. A.	k. A.
	Kreuzer	k. A.	k. A.	k. A.	k. A.	k. A.	k. A.	k. A.	k. A.
	Zerstörer	k. A.	2	5	3	7	k. A.	k. A.	17
	U-Boote	58	68	129	282	207	258	139	1.141
Italien	Flugzeugträger	k. A.	k. A.	k. A.	k. A.	k. A.	k. A.	k. A.	k. A.
	Schlachtschiffe	k. A.	2	1	k. A.	k. A.	k. A.	k. A.	3
	Kreuzer	k. A.	2	3	1	k. A.	k. A.	k. A.	6
	Zerstörer	k. A.	k. A.	k. A.	6	k. A.	k. A.	k. A.	6
	U-Boote	k. A.	2	7	10	3	k. A.	k. A.	28
Japan	Flugzeugträger	k. A.	k. A.	1	6	4	5	k. A.	16
	Schlachtschiffe	k. A.	k. A.	1	1	k. A.	k. A.	k. A.	2
	Kreuzer	k. A.	k. A.	k. A.	4	3	2	k. A.	9
	Zerstörer	k. A.	k. A.	k. A.	10	12	24	17	63
	U-Boote	k. A.	k. A.	k. A.	61	37	39	30	167
Achse gesamt	**Flugzeugträger**	k. A.	k. A.	**1**	**6**	**4**	**5**	k. A.	**16**
	Schlachtschiffe	k. A.	**2**	**2**	**1**	k. A.	k. A.	k. A.	**5**
	Kreuzer	k. A.	**2**	**3**	**5**	**3**	**2**	k. A.	**15**
	Zerstörer	k. A.	**2**	**5**	**19**	**19**	**24**	**17**	**86**
	U-Boote	**58**	**70**	**136**	**353**	**253**	**297**	**169**	**1.337**

Verlorene Schiffe der haupt-kriegführenden Nationen 1939–1945

Staat		Flugzeugträger	Schlachtschiffe	Kreuzer	Zerstörer	Eskortträger	U-Boote
(in Klammer = selbst versenkt)							
USA	gesamt	11	2	10	71	10	53
	Pazfik	10	2	10	56	5	49
Vereinigtes	gesamt	8	5	30	110	58	77
Königreich	Mittelmeer	2	1	19	45	19	41
UdSSR	k. A.	k. A.	1	3	33	k. A.	ca.100
Australien	k. A.	k. A.	k. A.	3	4	2	k. A.
Kanada	k. A.	k. A.	k. A.	k. A.	6	11	k. A.
Japan	k. A.	19	8	37	134	k. A.	130
Deutschland	k. A.	k. A.	9 (3)	7 (3)	44 (6)	k. A.	785 (17)
Italien	k. A.	k. A.	1	11	84	k. A.	84

Anteil der auf See versenkten Handelsgüter der haupt-kriegführenden Nationen 1939–1945 (in %)

Durch	Nation	1939	1940	1941	1942	1943	1944	1945	Gesamt
U-Boote	Alliierte	55,8	54,8	50,1	80,4	80,3	74,0	64,2	68,1
	Achse im Mittelmeer	k. A.	26,8	41,0	47,5	29,7	k. A.	k. A.	k. A.
	Japan	k. A.	k. A.	56,5	59,8	76,2	64,1	19,9	54,8
Flugzeuge	Alliierte	0,4	14,5	23,5	10,0	13,2	11,5	10,1	13,4
	Achse im Mittelmeer	k. A.	21,8	26,1	39,2	36,5	k. A.	k. A.	33,2
	Japan	k. A.	k. A.	30,1	24,6	18,5	31,7	41,7	30,8
Minen	Alliierte	34,8	12,8	5,3	1,3	3,4	9,2	21,3	6,5
	Achse im Mittelmeer	k. A.	20,2	10,6	6,0	3,8	k. A.	k. A.	7,2
	Japan	k. A.	k. A.	k. A.	2,8	0,3	0,9	33,3	k. A.
Überwasser-schiffe	Alliierte	8,1	12,8	11,2	5,1	2,5	3,3	2,3	7,3
	Achse im Mittelmeer	k. A.	11,4	13,7	3,1	3,3	k. A.	k. A.	6,7
	Japan	k. A.	k. A.	k. A.	5,3	0,2	0,4	0,4	0,9
Andere	Alliierte	0,9	5,1	9,9	3,2	0,6	2,0	2,1	4,7
	Achse im Mittelmeer	k. A.	19,8	8,6	4,2	26,7	k. A.	k. A.	16,7
	Japan	k. A.	k. A.	22,3	7,5	4,8	2,9	4,7	4,5

Jährliche Flugzeugproduktion der Alliierten und der Achse 1939–1945 (Stück)

Nation	1939	1940	1941	1942	1943	1944	1945	Gesamt
USA	5.856	12.804	26.277	47.836	85.898	96.318	49.761	324.750
UdSSR	10.382	10.565	15.735	25.436	34.845	40.246	20.052	157.261
Ver. Königreich	7.940	15.049	20.094	23.672	26.263	26.461	12.070	131.549
Kanada	k. A.	k. A.	k. A.	k. A.	k. A.	k. A.	k. A.	16.431
Andere	k. A.	k. A.	k. A.	k. A.	k. A.	k. A.	k. A.	3.081
Alliierte gesamt	**24.178**	**38.418**	**62.106**	**96.944**	**147.006**	**163.025**	**81.883**	**633.072**
Deutschland	8.295	10.826	11.776	15.556	25.527	39.807	7.544	189.307
Italien	1.692	2.142	3.503	2.818	967	k. A.	k. A.	11.122
Ungarn	k. A.	k. A.	k. A.	6	267	773	k. A.	1.046
Rumänien	k. A.	k. A.	k. A.	k. A.	k. A.	k. A.	k. A.	ca. 1.000
Japan	4.467	4.768	5.088	8.861	16.693	28.180	8.263	76.320
Achse gesamt	**14.454**	**17.736**	**20.367**	**27.234**	**43.454**	**68.760**	**15.807**	**89.488**

Verluste an Flugzeugen sowohl im Einsatz als auch andere 1939–1945

Staat	Jäger	Bomber	Andere	Gesamt
Finnland	k. A.	k. A.	k. A.	603
Frankreich (1940)	508	218	166	892
Deutschland	41.452	30.585	44.547	116.584
Italien	k. A.	k. A.	k. A.	5.272
Japan	k. A.	k. A.	k. A.	50.000
Niederlande (1940)	k. A.	k. A.	k. A.	81
Polen (1939)	116	148	134	398
UdSSR	k. A.	k. A.	k. A.	106.652
USA	k. A.	k. A.	k. A.	45.000
Ver. Königreich	10.045	11.965	k. A.	22.010

Rohölproduktion der Alliierten und der Achse 1939–1945 (in Tonnen)

Nation	1939	1940	1941	1942	1943	1944	1945	Gesamt
USA	k. A.	k. A.	k. A.	183,9	199,6	222,5	227,2	833,2
UdSSR	k. A.	k. A.	33	22	18	18,2	19,4	110,6
Ver. Königreich	k. A.	11,9	13,9	11,2	15,8	21,4	16,6	90,8
Kanada	1	1,1	1,3	1,3	1,3	1,3	1,1	8,4
Alliierte gesamt	**k. A.**	**13**	**48,2**	**218,4**	**234,7**	**263,4**	**264,3**	**1.043**
Deutschland	3,1	4,8	5,7	6,6	7,6	5,6	k. A.	33,4
Deutschland (synthetisches Öl)	2,2	3,2	3,9	4,6	5,6	3,9	k. A.	23,4
Italien	k. A.	0,01	0,12	0,01	0,01	k. A.	k. A.	0,17
Ungarn	k. A.	0,3	0,4	0,7	0,8	1	k. A.	3,2
Rumänien	k. A.	5	5,5	5,7	5,3	3,5	k. A.	25
Japan	k. A.	k. A.	k. A.	1,8	2,3	1	0,1	5,2
Achsenmächte gesamt	**3,1**	**10,1**	**11,7**	**14,8**	**16**	**11,1**	**k. A.**	**67**

Index

Seitenzahlen in *kursiv* beziehen sich auf Bildtexte.